TELESHOPPING IN DEUTSCHLAND

Goldmedia in Kooperation mit HSE 24 (Hrsg.)

TELESHOPPING IN DEUTSCHLAND

**Wie es funktioniert, wer es nutzt
und warum es so erfolgreich ist**

VISTAS

Bibliografische Information der Deutschen Bibliothek
Die Deutsche Bibliothek verzeichnet diese Publikation in der
Deutschen Nationalbibliografie; detaillierte bibliografische Daten
sind im Internet über http://dnb.ddb.de abrufbar.

Herausgeber:
Goldmedia GmbH
Media Consulting & Research
Oranienburger Straße 27
D-10117 Berlin
Kontakt: Michael Lessig
Telefon: 030/246 266-0
Fax: 030/246 266-66
E-Mail: info@goldmedia.de
Internet: www.goldmedia.de

HSE 24
Home Shopping Europe AG
Münchener Straße 101 h
D-85737 Ismaning
Kontakt: Alexandra Brune
Telefon: 089/960 60-0
Fax: 089/960 60-110
E-Mail: presse@hse24.de
Internet: www.homeshoppingeurope.net

Autoren:
Prof. Dr. Klaus Goldhammer
Michael Lessig

Mitarbeit:
Elisabeth Unverricht
Christian Ackermann

Copyright © 2005 by
Home Shopping Europe AG

Verlag:
VISTAS Verlag GmbH
Goltzstraße 11
D-10781 Berlin
Telefon: 030/32 70 74 46
Fax: 030/32 70 74 55
E-Mail: medienverlag@vistas.de
Internet: www.vistas.de

Alle Rechte vorbehalten
ISBN 3-89158-417-2

Umschlaggestaltung und Layout: Franziska Kaiser, München
Satz: TYPOLINE – Karsten Lange, Berlin
Druck: Bosch-Druck, Landshut

INHALT

Grußwort		11
Vorwort		13
1	**EXECUTIVE SUMMARY**	**15**
2	**VORBETRACHTUNGEN UND ABGRENZUNGEN**	**21**
2.1	**Aufbau und Ziele des Buches**	**21**
2.2	**T-Commerce**	**22**
2.3	**Formen des Produktverkaufs im Fernsehen**	**25**
	2.3.1 „Echtes" Teleshopping	26
	2.3.1.1 Reine Teleshopping-Sender	27
	2.3.1.2 Fensterprogramme	28
	2.3.2 Direct Response Television (DRTV)	29
	2.3.2.1 Infomercials	30
	2.3.2.2 DRTV-Commercials	30
	2.3.3 Reiseshopping als Spartenlösung	31
3	**SITUATIONSANALYSE: TELESHOPPING IN DEUTSCHLAND**	**33**
3.1	**Historische Entwicklung**	**33**
3.2	**Gesamtmarkt Teleshopping**	**34**
	3.2.1 Kennzahlen und Marktstruktur	34
	3.2.2 Einordnung im Einzel- und Versandhandelsmarkt	36
	3.2.3 Gesamtwirtschaftliche Bedeutung	40
3.3	**Kurzprofile der Teleshopping-Sender**	**44**
	3.3.1 HSE 24	45
	3.3.1.1 Geschäftsentwicklung und allgemeine Kenndaten	45
	3.3.1.2 Programm und Kommunikationskanäle	48
	3.3.2 QVC Deutschland	50
	3.3.2.1 Geschäftsentwicklung und allgemeine Kenndaten	50
	3.3.2.2 Programm und Kommunikationskanäle	52
	3.3.3 RTL Shop	54
	3.3.3.1 Geschäftsentwicklung und allgemeine Kenndaten	54
	3.3.3.2 Programm und Kommunikationskanäle	56

3.3.4 1-2-3.TV ... 60
    3.3.4.1 Geschäftsentwicklung und allgemeine Kenndaten ... 60
    3.3.4.2 Programm und Kommunikationskanäle ... 62
3.4 **Exkurs: Teleshopping im Ausland** ... **66**
    3.4.1 USA ... 66
    3.4.2 Großbritannien ... 70
    3.4.3 Frankreich ... 73
3.5 **Exkurs: DRTV in Deutschland** ... **76**

4 TELESHOPPING ALS VERTRIEBSKANAL ... 79
4.1 **Konkurrenz und Komplementarität zu anderen Vertriebswegen** ... **79**
    4.1.1 Fernsehen als Impulskauf-Medium ... 80
    4.1.2 „Kaufdruck" im Teleshopping ... 82
    4.1.3 Komplementarität von Fernsehen und Internet ... 83
4.2 **Anbietersicht: Spezifische Vor- und Nachteile von Teleshopping** ... **85**
4.3 **Verbrauchersicht: Ablehnungsgründe und Kaufkriterien im Teleshopping** ... **89**
    4.3.1 Ablehnungsgründe ... 90
    4.3.2 Kaufkriterien ... 93
4.4 **Produktangebot im Teleshopping** ... **95**
    4.4.1 Anforderungen an das „typische" Teleshopping-Produkt ... 95
        4.4.1.1 Qualität der Produkte ... 96
        4.4.1.2 Preisspanne ... 96
        4.4.1.3 Exklusiv-Produkte, Produktlinien, Bundle-Angebote ... 97
    4.4.2 Zeitlich begrenzte Sonderangebote ... 99
    4.4.3 Produktgruppen ... 100
    4.4.4 Produktstruktur der bestehenden Sender ... 103
        4.4.4.1 HSE24 ... 103
        4.4.4.2 QVC ... 105
        4.4.4.3 RTL Shop ... 107
        4.4.4.4 1-2-3.TV ... 109

5 SEHER UND BESTELLER ... 111
5.1 Methodik der Nutzerbefragung ... 111
5.2 Allgemeine Bekanntheit und Nutzung von Teleshopping ... 113
5.3 Demografische Strukturen ... 116
    5.3.1 Kenner und Zuschauer von Teleshopping ... 117
    5.3.2 Teleshopping-Besteller ... 122
5.4 Vom Zuschauer zum Kunden ... 129
    5.4.1 Sehverhalten ... 129
    5.4.2 Einschaltquoten vs. Umwandlungsquoten ... 132
        5.4.2.1 Zuschauerzahlen beim Teleshopping ... 133
        5.4.2.2 Vom Zuschauer zum Besteller ... 134
        5.4.2.3 Vorlaufzeit für Erstbestellungen ... 135
    5.4.3 Bestellverhalten ... 136
    5.4.4 Bewertung des Teleshopping ... 138
5.5 Fazit, Potenziale und Veränderungen ... 140

6 RECHTLICHE RAHMENBEDINGUNGEN ... 143
6.1 Anbieterpflichten und Verbraucherschutz im Versandhandel ... 143
    6.1.1 Produkteigenschaften und Gewährleistung ... 143
    6.1.2 Wettbewerbsrechtliche Vorschriften ... 144
    6.1.3 Widerruf und Rückgabe bei Fernabsatzverträgen ... 145
    6.1.4 Informationspflichten des Anbieters ... 146
    6.1.5 Umgang mit Kundendaten ... 147
6.2 Teleshopping als Mediendienst ... 148
    6.2.1 Abgrenzung zum Rundfunk ... 151
    6.2.2 Telemediengesetz ... 154
    6.2.3 Einordnung der bestehenden Anbieter und medienrechtliche Evolution ... 155
    6.2.4 Rundfunkrechtliche Unbedenklichkeit von Mediendiensten ... 157
    6.2.5 Erlangung von Übertragungskapazitäten ... 158
        6.2.5.1 Zuweisungskompetenzen der Landesmedienanstalten ... 158
        6.2.5.2 Belegung von Kabelanlagen ... 160
        6.2.5.3 Terrestrik ... 162
    6.2.6 Zuweisungsentscheidungen der LMA in der Praxis ... 164

6.3 Teleshopping innerhalb von Rundfunkprogrammen ... **165**
    6.3.1 Teleshopping-Fenster und Werbung ... 165
        6.3.1.1 Grundsätze und Beschränkungen ... 165
        6.3.1.2 Sonderregelungen für regionale/lokale Veranstalter ... 166
    6.3.2 Eigenwerbekanäle mit Rundfunk-Lizenz ... 167
6.4 Fazit: Rechtliche Problemlagen und Lösungsansätze ... **168**
    6.4.1 Wettbewerbsrecht ... 168
    6.4.2 Versandhandelsrecht ... 170
        6.4.2.1 Schutzmaßnahmen gegen Retourensünder ... 170
        6.4.2.2 Gleichstellung mit anderen Formen des Versandhandels ... 171
    6.4.3 Medienrecht ... 171
        6.4.3.1 Zuweisung von Übertragungskapazitäten ... 171
        6.4.3.2 Kopplung von Programm und Produktverkauf ... 173
        6.4.3.3 Zugangsfreiheit im digitalen Fernsehen ... 174

7 BETRIEB EINES TELESHOPPING-PROGRAMMS ... **177**
7.1 Allgemeine Wertschöpfung und Erfolgsfaktoren ... **177**
7.2 Wareneinkauf ... **181**
7.3 Programmplanung ... **183**
    7.3.1 Teleshopping-Nutzung im Zeitverlauf ... 184
        7.3.1.1 Einschaltverhalten und Zuschauerreichweite ... 185
        7.3.1.2 Programmplatz- und Affinitätsfaktoren ... 187
    7.3.2 Strategien der Programmstrukturierung ... 189
    7.3.3 Audience Flow und Product Flow ... 192
    7.3.4 Programm-Events ... 193
7.4 Live-Produktion: Erfolgsfaktor Flexibilität ... **194**
    7.4.1 Steuerung des laufenden Programms ... 194
    7.4.2 Showablauf ... 196
    7.4.3 Vorteile des Live-Betriebs ... 197
7.5 Programmgestaltung ... **198**
    7.5.1 Themenwelten ... 198
    7.5.2 Dramaturgie, Bild und Moderation ... 200
    7.5.3 Call-Ins/Studiopublikum ... 203
    7.5.4 Unterhaltungswert als Erfolgsfaktor ... 205

7.6	**Programmdistribution**	**206**
	7.6.1 Wege der Direktverbreitung	207
	7.6.1.1 Kabel	208
	7.6.1.2 Satellit	209
	7.6.1.3 Terrestrik	211
	7.6.2 Indirekte Verbreitung	213
	7.6.2.1 Bundesweite Fensterprogramme	214
	7.6.2.2 Regionale und lokale Fensterprogramme	214
7.7	**Bestellannahme und Fulfilment**	**215**
	7.7.1 Bestellwege	219
	7.7.1.1 Telefon/Mobilfunk	219
	7.7.1.2 Interactive Voice Response (IVR)	222
	7.7.1.3 Internet	223
	7.7.2 Herausforderungen bei der telefonischen Bestellannahme	223
	7.7.2.1 Planung und Flexibilität	224
	7.7.2.2 Intelligentes Routing	226
	7.7.2.3 Gesprächsführung im Call Center	227
	7.7.2.4 Upsell	228
	7.7.3 Kommissionierung, Versand, Retouren	229
7.8	**Auf dem Weg zum Stammkunden: Instrumente des CRM**	**231**
8	**ZUKUNFTSPERSPEKTIVEN UND FAZIT**	**235**
8.1	**Umsatzpotenzial: Teleshopping 2010**	**235**
8.2	**Entwicklungstrends**	**240**
	8.2.1 Digitalisierung der Übertragungswege	240
	8.2.1.1 Ende der Frequenzknappheit im Kabel	240
	8.2.1.2 Sinkende Distributionskosten über Satellit	241
	8.2.1.3 Wachsende Programmkonkurrenz	242
	8.2.1.4 Programmlistung in Navigatoren und EPGs	244
	8.2.2 Teleshopping und interaktives Fernsehen	244
	8.2.3 Ausdifferenzierung der Teleshopping-Angebote	253
	8.2.3.1 Verspartung	253
	8.2.3.2 Regionalisierung	254
	8.2.4 Produkttrends	256

8.2.5 Neue Geschäftsmodelle im Teleshopping 257
    8.2.5.1 Programmbezogenes Teleshopping 258
    8.2.5.2 Programmkooperationen 260
    8.2.5.3 Sende-Plattformen 261
    8.2.5.4 Handelsunternehmen als Veranstalter von Teleshopping 262

8.3 Schlussbemerkung **264**

ANHANG **267**
    A.1 Gesellschafterstrukturen der Teleshopping-Sender 267
        A.1.1 Home Shopping Europe 267
        A.1.2 QVC Deutschland 268
        A.1.3 RTL Shop 269
        A.1.4 1-2-3.TV 270
    A.2 Programmpläne der Teleshopping-Sender (exemplarisch) 271
        A.2.1 HSE 24 271
        A.2.2 QVC Deutschland 272
        A.2.3 RTL Shop 272
        A.2.4 1-2-3.TV 273
    A.3 Qualitätssicherung bei HSE 24 273

ABKÜRZUNGSVERZEICHNIS **275**

BEGRIFFSERLÄUTERUNGEN **277**

ABBILDUNGS- UND TABELLENVERZEICHNIS **279**

LITERATUR **283**

GRUSSWORT

Mit HSE 24 feiert eine ganze Branche in Deutschland ihren zehnten Geburtstag. Dazu meine herzlichen Glückwünsche.

Heute kann man sich kaum mehr vorstellen, was für ein schwieriges Unterfangen es war, Teleshopping in Deutschland auf den Weg zu bringen, Jahre nach der Verwirklichung solcher Projekte in anderen europäischen Ländern und vor allem in den Vereinigten Staaten. Wie so häufig hinkten bei uns die rechtlichen Gegebenheiten innovativen unternehmerischen Ideen hinterher. Hätten wir als Bayerische Landeszentrale für neue Medien damals nicht einen Weg gefunden, dem Antragsteller Home Order Television über den pragmatischen Weg eines öffentlich-rechtlichen Vertrages eine Genehmigung für ein zeitlich begrenztes Pilotprojekt zu erteilen, wären sicher noch ein bis zwei Jahre vergangen, bis Teleshopping in Deutschland möglich geworden wäre. Unterstützt wurden wir damals gegen zahlreiche Widerstände von der bayerischen Staatsregierung und vom Bayerischen Verfassungsgerichtshof. Die BLM hat sich mit ihrer damaligen Vorgehensweise vor allem bei einigen anderen Landesmedienanstalten nicht beliebt gemacht. Mir ist bewusst, dass wir damit das föderale Prinzip ein Stück weit strapaziert haben. Andererseits war mir von Anfang an klar, dass auf Angebote wie Teleshopping nicht die klassischen Spielregeln des Rundfunkrechts angewendet werden können. Und war ich schon damals fest davon überzeugt, dass das Medienrecht nicht in erster Linie ein Instrument sein darf, um Entwicklungen zu verhindern, sondern im Gegenteil ein Werkzeug, um Entwicklungen zu ermöglichen. Die Genehmigung von H. O. T. war in diesem Zusammenhang ein wichtiger Meilenstein, der gezeigt hat, dass es in Zeiten dynamischer Entwicklungen notwendig ist, das Medienrecht flexibel anzuwenden.

Mittlerweile ist Teleshopping ein äußerst erfolgreiches Geschäftsfeld, das die in der Anfangsphase vorhandenen Erwartungen mehr als erfüllt hat. Mitte der 90er Jahre wurde das Potential von Teleshopping in Deutschland langfristig auf eine Mrd. DM geschätzt, zehn Jahre später liegt es bei mehr als einer Mrd. Euro – mit weiterhin steigender Tendenz. Während Einzel- und Versandhandel seit einigen Jahren Umsatzeinbußen hinnehmen müssen, liegen die Umsatzsteigerungen beim Teleshopping deutlich im zweistelligen Bereich. Die Deutschen als Weltmeister des Versandhandels haben die Vorteile des Verkaufsfernsehens für sich entdeckt. Teleshopping bietet damit einen Gegentrend zur allgemein schwachen Wirtschaftslage und sinkenden Konsumausgaben. Teleshopping ist aber nicht nur eine gelungene Kombination aus Handel und Fernsehen,

[GRUSSWORT]

sondern wurde darüber hinaus zum Vorreiter des interaktiven Fernsehens und zum Ausgangspunkt für weitere Formen des Transaktionsfernsehens, dessen Bedeutung als Finanzierungsform vor allem für die privaten TV-Sender immer mehr zunimmt. Gerade die aktuelle Entwicklung zeigt, dass mit der steigenden Marktdurchdringung des digitalen Fernsehens in diesem Bereich eine Fülle neuer Projekte zu erwarten sind. – Eine sympathische Nebenerscheinung von Teleshopping ist zudem, dass es, gerade unter dem Aspekt des Jugendschutzes, nie zu einem Thema für die Medienaufsicht geworden ist. Es ist damit eine rühmliche Ausnahme.

Teleshopping in Deutschland ist mittlerweile seit zehn Jahren eine Erfolgstory. Ich bin überzeugt, dass dies auch in Zukunft so bleiben wird.

München, im Oktober 2005

Prof. Dr. Wolf-Dieter Ring,
Präsident der Bayerischen Landeszentrale für neue Medien (BLM)

VORWORT

Teleshopping boomt. Seit HSE 24 vor zehn Jahren als Pionier diese Branche in Deutschland begründet hat, verzeichnet der Markt hohe Zuwachsraten. Teleshopping ist als massentauglicher Vertriebskanal etabliert und wird von Millionen Deutschen ganz selbstverständlich genutzt. Als wichtigste Anbieter gestalten vor allem HSE 24, QVC und RTL Shop den Markt.

Zehn Jahre Teleshopping in Deutschland – ein Meilenstein für die Branche. Goldmedia und HSE 24 nehmen dieses Jubiläum zum Anlass, Teleshopping als eigenständigen Markt erstmals zu definieren. Entstanden ist ein Werk, das eine umfassende wissenschaftliche Gesamtschau zum Thema Kaufhaus Fernsehen bietet – aus Sicht sowohl der Anbieter als auch der Nutzer.

Die besonderen wirtschaftlichen Rahmenbedingungen dieses Marktes an der Schnittstelle zwischen Handel und TV werden darin ebenso dargestellt wie die spezifischen Produktionsbedingungen und Prozesse des Teleshopping, seine Vor- und Nachteile als Vertriebskanal und seine kritischen Erfolgsfaktoren. Zahlreiche Gastbeiträge ausgewiesener Experten aus Medien, Handel, Logistik ergänzen die einzelnen Themen.

Teleshopping stößt Innovationen an. In einem sich rasant wandelnden Fernsehmarkt spielen transaktionsbasierte Geschäftsmodelle eine Schlüsselrolle. Ausgehend vom Erfolg des Teleshopping bilden sich neue Transaktionsformate und Sender wie Auktions- und Reise-TV heraus, die unterschiedliche Zielgruppen adressieren. Von den heutigen und künftigen Möglichkeiten dieser jungen Branche in einer digitalen, interaktiven Medienwelt vermittelt „Teleshopping in Deutschland – Wie es funktioniert, wer es nutzt und warum es so erfolgreich ist" ein detailliertes und fundiertes Bild.

München und Berlin, im Oktober 2005

Dr. Konrad Hilbers,
Vorstandsvorsitzender HSE 24

Dr. Klaus Goldhammer,
Geschäftsführer Goldmedia GmbH

1 EXECUTIVE SUMMARY

Teleshopping in Deutschland feiert sein zehnjähriges Branchenjubiläum: Im Oktober 1995 war der Sender H.O.T. Home Order Television, heute HSE 24, als Teleshopping-Pionier zunächst in Bayern und ab Dezember 1995 dann sukzessive bundesweit gestartet. Die hohen Wachstumserwartungen, die mit dem Geschäftsmodell von Anfang an verbunden waren, haben sich mehr als erfüllt. Die zahlreichen Klischees dagegen, mit denen das Verkaufsfernsehen lange Zeit charakterisiert worden ist, greifen heute deutlich zu kurz: Teleshopping ist inzwischen mehr als bloßes „Hausfrauenfernsehen".

Der Umsatz im deutschen Teleshopping-Markt belief sich im Geschäftsjahr 2004 auf insgesamt 871 Mio. Euro. Von 1997 – dem ersten gemeinsamen Jahr von HSE 24 und QVC – bis 2004 lagen die Steigerungsraten, gemessen am Nettoumsatz aller Anbieter, im Durchschnitt bei rund 52 Prozent pro Jahr.

Nach HSE 24 und QVC, die 2004 rund 90 Prozent des Gesamtmarktes auf sich vereinten, war im März 2001 RTL Shop mit einem eigenen Kanal auf Sendung gegangen. Jüngster Anbieter ist 1-2-3.TV, der im Oktober 2004 gestartet ist und sich auf Verkäufe nach dem Auktionsprinzip spezialisiert hat. Für das Geschäftsjahr 2005 ist davon auszugehen, dass alle vier Teleshopping-Sender deutliche Umsatz- und Ergebnissteigerungen erzielen werden, und dass damit beim Branchenumsatz erstmals die Grenze von 1 Mrd. Euro überschritten wird.

Angesichts dieser Umsatzdimensionen liegt die gesamtwirtschaftliche Bedeutung des Teleshopping auf der Hand: Sie manifestiert sich in insgesamt rund 5.700 direkt oder indirekt bei den Sendern Beschäftigten und in umfangreichen Geschäftsbeziehungen der Teleshopping-Anbieter zu meist mittelständischen Lieferanten. Allein HSE 24 generierte in 2004 eine Bruttonachfrage von rund 280 Mio. Euro bei seinen Lieferanten in Deutschland; der Anteil deutscher Unternehmen liegt hier bei 70 Prozent.

In einer im Mai 2005 durchgeführten Repräsentativbefragung mit 1.107 Befragten stellte Goldmedia fest, dass 29 Prozent der deutschen TV-Nutzer zur aktiven Zuschauerschaft von Teleshopping-Sendern zählen, d.h. dass beinahe jeder Dritte zumindest selten Sender wie HSE 24, QVC, RTL Shop oder 1-2-3.TV einschaltet. Weitere 56 Prozent gaben an, Teleshopping zu kennen, aber noch nie geschaut zu haben bzw. nicht mehr zu schauen. Gänzlich unbekannt waren TV-Sender, die rund um die Uhr Produkte zum Bestellen präsentieren, nur 15 Prozent der Befragten.

32 Prozent der aktiven Teleshopping-Zuschauer haben bereits mindestens einmal bei einem der Sender etwas bestellt. Mehr als die Hälfte von ihnen tut dies auch

weiterhin und repräsentiert damit die aktive Teleshopping-Kundschaft. Diese umfasst also – hochgerechnet auf die gesamte Bevölkerung in Deutschland – rund 5,4 Mio. Menschen.

Dass die Verkaufssender ihr anfängliches Nischendasein längst hinter sich gelassen haben, belegen nicht nur diese Zahlen, sondern zeigt sich auch mit Blick auf die Struktur der Teleshopping-Nutzer: So ist der Zuschaueranteil bei Männern und Frauen nahezu gleich groß. Hinsichtlich anderer Merkmale wie Alter, Bildung und Einkommen lässt sich konstatieren, dass die Verkaufsprogramme die Mitte der Bevölkerung erreichen. In der Gruppe der Besteller zeigen sich demgegenüber Schwerpunkte bei Frauen und den Altersgruppen über 35 Jahre, die allerdings im Wesentlichen auf die bisherige Sortimentsausrichtung und die Art der Kundenansprache bei den bestehenden Sendern zurückzuführen sind.

Klassische Frauenprodukte, insbesondere Kosmetika und Schmuck, stehen vor allem bei HSE 24 und QVC noch klar im Vordergrund. Die Gründe hierfür liegen u. a. in der anfangs niedrigeren Markteintrittsschwelle bei entsprechenden Produkten – im Vergleich bspw. zu Elektronikartikeln –, in den besonderen Möglichkeiten der Exklusivstellung und in der relativen Margenstärke dieser Warengruppen. Bereits mit dem Markteintritt von RTL Shop hat aber eine allmähliche Verschiebung der Sortimentsschwerpunkte eingesetzt: Produkte, die sich vorrangig an Männer richten, wie Heimwerkerartikel und Unterhaltungselektronik, gewinnen seitdem zunehmend an Bedeutung. Gleichzeitig entstehen neue Produktkategorien, bspw. im Dienstleistungsbereich, so dass die Spannbreite der im Teleshopping angebotenen Produkte insgesamt größer wird, wobei die einzelnen Anbieter trotzdem verstärkt ihre jeweils spezifischen Kompetenzen betonen: HSE 24 in den Bereichen Beauty/Wellness und Schmuck, QVC im großen Warensegment Home und bei Bekleidung, RTL Shop bei Technik/Haushalt und Dienstleistungen. Der Auktionssender 1-2-3.TV definiert sich dagegen weniger über sein Produktsortiment, als vielmehr über sein besonderes Verkaufsprinzip.

Der wachsende Erfolg des Teleshopping in den verschiedensten Zielgruppen gründet auf die zahlreichen Vorteile, die dieser Vertriebsweg für beide Seiten – Anbieter und Nutzer gleichermaßen – bietet. Für Anbieter steht hier die hohe Verfügbarkeit des Mediums Fernsehen in den Haushalten im Mittelpunkt; ebenso die gestalterischen und dramaturgischen Möglichkeiten, welche es erlauben, informative Produktpräsentationen in hohem Maße emotional aufzuladen, so dass bei den Zuschauern Bedürfnisse geweckt und Impulskäufe angestoßen werden können. Nicht zuletzt spielt auch die Unmittelbarkeit der live produzierten Verkaufssendungen eine wesentliche Rolle: Jede Aktion innerhalb der Show führt direkt zu einem Feedback der Zuschauer, anhand dessen sich Nachfrage und Abverkauf flexibel optimieren lassen.

Wichtigstes Argument für die Nutzung von Teleshopping auf Seiten der Verbraucher ist der umfassende Kundenservice der Sender. Mit kostenlosen Bestell- und Beratungshotlines, kundenfreundlichen Rückgaberegelungen und einer individualisierten Betreuung von Stammkunden gehen vor allem die Service-Leistungen von HSE 24 und QVC über das hinaus, was im stationären Handel, aber auch bei anderen Betriebsformen des Versandhandels heute üblich ist.

Für die Verbraucher vereint das Teleshopping damit sicheres und bequemes Einkaufen mit einer hohen Informationstiefe und Unterhaltsamkeit des Programms. Dies kommt u. a. darin zum Ausdruck, dass in der durchgeführten Repräsentativbefragung von den bisherigen und potenziellen Bestellern Aspekte wie die ausführliche Produktdemonstration, die kostenlose Bestellhotline und das lange Rückgaberecht zu jeweils mehr als 80 Prozent als Gründe für einen Kauf im Teleshopping genannt worden sind.

Diesen Vorteilen stehen aber auch spezifische Herausforderungen beim Betrieb eines Verkaufssenders gegenüber: So stellt die Live-Produktion – insbesondere dann, wenn sie rund um die Uhr erfolgt – hohe Anforderungen an Technik und Personal. Die Präsentatoren im Studio müssen die angebotenen Produkte überzeugend erläutern und Fragen der Zuschauer jederzeit kompetent beantworten können. Je nach Feedback der Zuschauer, welches in der Regie unmittelbar aufläuft, müssen sie sich dabei nicht nur auf verschiedene Produkte, sondern auch auf schnelle Wechsel in der Verkaufsargumentation einstellen und dabei stets sachlich korrekt bleiben. Dies gilt in ähnlicher Weise für die Mitarbeiter im Call Center, die telefonische Bestellungen entgegennehmen und Fachberatung leisten.

Der reibungslose Ablauf des gesamten Verkaufsprozesses – von der Produktpräsentation über die Bestellannahme bis hin zu Versand und nachgelagertem Service – stellt unbestritten einen globalen Erfolgsfaktor des Teleshopping dar, weil durch das Medium Fernsehen bei den Konsumenten eine besonders hohe Erwartungshaltung aufgebaut wird. Unstimmigkeiten, wie bspw. zu lange Lieferzeiten, führen hier schneller als bei anderen Vertriebsformen dazu, dass das Retourenaufkommen die Wirtschaftlichkeit gefährdet bzw. aufwändig gewonnene Kunden wieder verloren gehen.

Die kritische Bedeutung einer funktionierenden Prozesskette verstärkt sich zusätzlich durch die begrenzte Planbarkeit des Teleshopping-Geschäfts: Ausgeprägte Nachfragespitzen mit mehreren tausend Anrufen innerhalb weniger Minuten wechseln sich mit

Phasen relativ schwacher Nachfrage ab. Vorhersagen sind schwierig, weil die Response von einer Vielzahl sich überlagernder Einflussfaktoren abhängt. Call Center und Logistik müssen deshalb außerordentlich flexibel sein, um einerseits ein hohes Bestellaufkommen bewältigen zu können, andererseits aber Kosten durch Überkapazitäten möglichst zu vermeiden.

Ein weiterer Erfolgsfaktor für einen Teleshopping-Sender ist seine technische Haushaltsreichweite. Entscheidend ist für das Geschäft zwar nicht, welche Einschaltquote das Verkaufsprogramm erzielt, sondern lediglich, wie erfolgreich hierüber Transaktionen angestoßen werden können. Allerdings ist die Zahl der Haushalte, die das Programm empfangen können, letztlich ausschlaggebend für die wichtige Größe der Anrufer und Besteller. Je größer diese technische Basis ist, desto eher lässt sich die Wirtschaftlichkeit des entsprechenden Senders erreichen. Als notwendig zu erachten ist eine kritische Masse von etwa 10 bis 15 Mio. Empfangshaushalten für einen spezialisierten Sender mit klar abgegrenzter Zielgruppe. Für die klassischen, universellen Teleshopping-Sender ist ein profitabler Betrieb – angesichts höherer Streuverluste – nur mit einer noch deutlich größeren technischen Reichweite möglich.

Den Spezifika des Teleshopping werden die rechtlichen und regulatorischen Rahmenbedingungen bisher noch nicht in ausreichendem Maße gerecht. Zum einen betrifft dies die Regelungen des Wettbewerbsrechts und des Verbraucherschutzes, welche sich in ihrer bestehenden Form fast ausschließlich an der Kommunikationsform des geschriebenen Wortes und damit bspw. an Katalogen und Online-Werbemitteln orientieren. Der Produktverkauf über das Fernsehen im Rahmen von Live-Präsentationen wird dagegen nicht abgebildet. Zum anderen existieren eine Reihe von Herausforderungen im medienrechtlichen Bereich, die sich u. a. aus der Abgrenzung von Rundfunkprogrammen und Mediendiensten ergeben. Von höchster Bedeutung ist hier vor allem die Frage des diskriminierungsfreien Zugangs von Teleshopping-Anbietern zu digitalen Plattformen sowie zu den knappen Übertragungskapazitäten in den analogen TV-Kabelnetzen. Werden Mediendienste derzeit bei Zuweisungsentscheidungen der Landesmedienanstalten de facto nachrangig berücksichtigt, so könnten künftig im Sinne eines fairen Wettbewerbs zwischen den Angebotsformen andere Aspekte stärker einbezogen werden, u. a. die Zahl der von einem Anbieter geschaffenen Arbeitsplätze, die geleisteten Investitionen sowie die Zuschauerverträglichkeit der jeweiligen Programminhalte. Darüber hinaus ist die von den Rundfunkveranstaltern ausgehende Gefahr eines einseitigen Aufbrechens von Werbebeschränkungen nicht von der Hand zu weisen: Durch die direkte Kopplung von Rundfunkprogrammen mit dem Vertrieb von Produkten oder

[1 EXECUTIVE SUMMARY]

Dienstleistungen könnte sich das Ungleichgewicht im Wettbewerb weiter zu Lasten der Mediendienste verstärken.

Trotz aller Herausforderungen und heute noch ungelösten Fragen lässt sich abschließend feststellen, dass die Zukunftsperspektiven des deutschen Teleshopping-Marktes klar positiv sind: Goldmedia prognostiziert eine Fortsetzung des Wachstumstrends mit jährlichen Steigerungsraten, bezogen auf den Branchen-Nettoumsatz, von durchschnittlich rund 11 Prozent bis zum Jahr 2010. Der Teleshopping-Umsatz in Deutschland wird dann eine Größenordnung von hochgerechnet 1,6 Mrd. Euro erreichen.

Die erwartete Entwicklung wird dabei im Wesentlichen von den bereits etablierten Anbietern HSE 24, QVC, RTL Shop und 1-2-3.TV getragen, die ihre jeweiligen Profile weiter schärfen und von einer klaren Forcierung des effizienten Kundenservice und der nachhaltigen Kundenbindung profitieren. Gleichzeitig verbreitert sich die Basis potenzieller Zuschauer und Besteller für Teleshopping-Sender, indem eine Ausdifferenzierung im Hinblick auf Produktsortimente und Kundenansprache stattfindet. Bereits heute können sich laut Repräsentativbefragung rund 24 Prozent der Nicht-Nutzer vorstellen, in Zukunft Teleshopping-Sendungen zu schauen und/oder Bestellungen via TV zu tätigen. Mit der weiteren Digitalisierung des Fernsehens werden zudem neue Anbieter, speziell Handelsunternehmen bzw. Markenartikler, in den Markt eintreten und die Akzeptanz des Vertriebsweges Teleshopping nochmals deutlich erhöhen.

Eine zusätzliche Dynamisierung des Marktes steht zu erwarten, wenn Defizite der linearen Verkaufssendungen – insbesondere die Flüchtigkeit der Produktinformationen und die Trennung zwischen Präsentations- und Bestellmedium – mittels interaktiver Elemente aufgehoben werden. Der Erfolg von QVC UK mit seinem entsprechenden Angebot *QVC Active,* das die Bestellung per *red button* auf der Fernbedienung erlaubt, stützt diese Erwartung – auch wenn in Deutschland eine nennenswerte Marktdurchdringung des interaktiven Fernsehens (in dieser Form) derzeit noch nicht absehbar ist.

2 VORBETRACHTUNGEN UND ABGRENZUNGEN

2.1 Aufbau und Ziele des Buches

In den letzten zehn Jahren hat sich in der deutschen Fernsehlandschaft praktisch aus dem Nichts ein neuer Typus von Medienunternehmen etabliert, der inzwischen mit jährlichen Umsätzen von rund einer Milliarde Euro ein wichtiges Segment der TV-Wirtschaft bildet. Die Rede ist von den Teleshopping-Anbietern HSE 24, QVC, RTL Shop und 1-2-3.TV, die mit dem Produktverkauf über den Fernsehbildschirm die vielleicht bedeutsamste „Revolution" in der Medienbranche seit Einführung des Privatfernsehens angestoßen haben: Neben die Werbefinanzierung der privaten Voll- und Spartenprogramme ist die Transaktionsfinanzierung getreten, die zugleich eine neue Form der Interaktion zwischen Medienanbieter und Zuschauer begründet.

Die vorliegende Publikation möchte einen umfassenden Überblick über den Teleshopping-Markt in Deutschland geben, wobei im Mittelpunkt die vier genannten Anbieter stehen werden. Inhaltlich lässt sich die Analyse in drei wesentliche Bereiche untergliedern:

Nach den notwendigen Vorbetrachtungen und begrifflichen Abgrenzungen wird zunächst der Status Quo des deutschen Teleshopping-Marktes dargestellt – die in Kap. 3 gesammelten Entwicklungsdaten und Profile der bestehenden Sender dienen als Ausgangsbasis, um in Kap. 4 die Stellung des Teleshopping als Vertriebskanal eingehend zu beleuchten. Das nachfolgende Kap. 5 widmet sich ausführlich dem Teleshopping aus der Perspektive der Nutzer. Die Grundlage hierfür bildet eine eigens für dieses Buch durchgeführte, umfassende Repräsentativbefragung in der kauffähigen Bevölkerung in Deutschland. Zuschauer- und Kundenstrukturen wurden in diesem Zusammenhang ebenso untersucht, wie Nutzungsmotivationen und Einstellungen zum Teleshopping.

Der zweite Komplex widmet sich – beginnend mit den rechtlichen Rahmenbedingungen in Kap. 6 – den Gestaltungsmöglichkeiten von Teleshopping-Programmen und deren praktischer Umsetzung. Das Kap. 7 schlägt hierfür einen weiten Bogen vom Wareneinkauf über die inhaltlichen, konzeptionellen und planerischen Anforderungen an Verkaufssendungen bis hin zur Programmdistribution, die letztlich als der Weg zum Kunden einen der kritischsten Erfolgsfaktoren für das Teleshopping darstellt. Berücksichtigung in der Analyse finden außerdem Fulfilment/Logistik und Service/CRM als diejenigen Prozesse, welche die direkte Endkundenbeziehung kennzeichnen.

Schließlich werden im dritten und letzten Teil die Zukunftsperspektiven des Verkaufsfernsehens in Deutschland mit Blick vor allem auf die Digitalisierung der Übertragungswege und die aktuellen bzw. absehbaren rechtlichen Herausforderungen diskutiert. Der Ausblick beinhaltet eine Berechnung und Darstellung des Marktpotenzials von Teleshopping in Deutschland bis 2010.

Die analytische Auseinandersetzung mit dem Thema wird ergänzt durch eine Reihe von Gastbeiträgen zu einzelnen Aspekten des Teleshopping: Anerkannte Experten sowohl aus der Branche selbst als auch aus angrenzenden Bereichen haben hierzu ihre Erfahrungen und Einschätzungen formuliert.

Insgesamt hebt das vorliegende Buch ab auf die enge Verbindung von Handel und Medien, die für das Teleshopping kennzeichnend ist, und der deshalb in besonderer Weise Rechnung getragen werden soll. Ziel ist es, dem Teleshopping als einer modernen und für die Anbieter wie auch für die Kunden gleichermaßen reizvollen Betriebsform des Handels mehr Transparenz zu verleihen, die gesamtwirtschaftliche Bedeutung des Marktes darzustellen und ihm damit, zumindest ein Stück weit, auch die Last der immer noch weit verbreiteten Klischees und Vorurteile zu nehmen.

2.2   T-Commerce

Der mit Abstand größte Teil der Umsätze der Fernsehwirtschaft wird nach wie vor durch den Verkauf von Werbezeiten generiert. Im Jahr 2004 verzeichneten die deutschen Sender lt. Nielsen Media Research Brutto-Werbeeinnahmen von insgesamt rund 7,7 Mrd. Euro. Mehr und mehr spielen darüber hinaus aber auch andere Erlösquellen eine Rolle, die sich unter dem Begriff T-Commerce zusammenfassen lassen. Hierunter zählen die Geschäftsfelder Pay-TV/Pay per View, TV-basierte Telefon-Mehrwertdienste, TV-basierte Produktverkäufe sowie TV-Reiseshopping.

Der deutsche T-Commerce-Markt erreichte in 2004 nach Berechnungen von Goldmedia eine Umsatz-Größenordnung von 3,1 Mrd. Euro. Dies entspricht beinahe 30 Prozent des Gesamtumsatzes im Privatfernsehen, welcher sich aus T-Commerce-Erlösen und Brutto-Werbeeinnahmen zusammensetzt. Für die kommenden Jahre wird ein anhaltendes T-Commerce-Wachstum mit jährlich zweistelligen Steigerungsraten prognostiziert, d. h. der Stellenwert transaktionsbasierter Dienste im Fernsehen wird weiter deutlich zunehmen. [Vgl. GOLDMEDIA 2005]

Vor diesem Hintergrund gewinnt T-Commerce insgesamt an Bedeutung als Finanzierungsform – sowohl im Rahmen spezieller Spartenkanäle und neuer Sendungsformate als auch für die bereits etablierten Sender und Sendungen. So erlebte die Fernsehlandschaft zuletzt einen Boom vor allem bei Telefon-Mehrwertdiensten, mit denen innerhalb der verschiedensten Formate zum Teil beträchtliche Zusatzeinnahmen generiert wurden und werden.

Den bedeutendsten Anteil am T-Commerce-Wachstum bis 2009 haben allerdings die Umsätze aus TV-basierten Produktverkäufen, d. h. Teleshopping und DRTV (vgl. hierzu die Abgrenzung im nachfolgenden Abschnitt), sowie aus TV-Reiseshopping. Nachdem die drei originären Teleshopping-Sender HSE 24, QVC und RTL Shop in 2004 bereits Nettoumsätze von zusammen rund 871 Mio. Euro erzielt haben (vgl. Abschnitt 3.2), soll sich diese Zahl bis 2009 auf 1,5 Mrd. Euro nahezu verdoppeln. Teleshopping wird dann das umsatzstärkste T-Commerce-Segment vor Pay-TV sein. Bis 2010 erwartet Goldmedia ein Wachstum des Teleshopping-Marktes um weitere 100 Mio. Euro auf mehr als 1,6 Mrd. Euro. [Vgl. GOLDMEDIA 2005 sowie speziell zu den Zukunftsperspektiven des Teleshopping Kapitel 8]

Jürgen Doetz Präsident des Verbandes Privater Rundfunk und Telekommunikation (VPRT e. V.) und bis 2004 Vorstand Medienpolitik und Regulierung der ProSiebenSat.1 Media AG.

ERFOLGSMODELL TELESHOPPING

Teleshopping hat sich in den letzten 10 Jahren als feste Größe im Markt etabliert. Neben den Rundfunkangeboten trägt das Teleshopping maßgeblich zu einer größeren Angebotsvielfalt in der deutschen Medienlandschaft bei.

Der Startschuss für die Ausstrahlung von Teleshopping-Sendern fiel Mitte der 80er Jahre, als die Eureka Televisions GmbH (später ProSieben) erstmals in Zusammenarbeit mit dem Versandhaus Quelle täglich 40 Minuten lang die Sendung *„Telekaufhaus"* sendete. Als erster reiner Teleshopping-Sender startete

H.O.T. Home Order Television – heute HSE 24 – im Oktober 1995. Es folgten 1996 QVC und 2001 RTL Shop. In Ergänzung zu den klassischen Teleshopping-Anbietern ging am 1. Juni 2001 TV Travel Shop als erster deutscher Reiseshopping-Sender auf Sendung, gefolgt von sonnenklar TV im Jahre 2003.

Das klassische Verkaufsfernsehen in Deutschland, das von den drei Sendern HSE 24, QVC und RTL Shop repräsentiert wird, hat im Jahr 2004 einen Nettoumsatz von 871 Mio. Euro erwirtschaftet. Von 1997 bis 2003 betrug die durchschnittliche jährliche Wachstumsrate gemessen am Netto-Gesamtumsatz nahezu 60 Prozent. In der Zukunft ist mit weiter steigenden Umsätzen zu rechnen. Als Bereich des T-Commerce, des so genannten Transaktionsfernsehens, hat die Zahl der verschiedenen Formate und Angebote stetig zugenommen. Angelockt durch die attraktiven Wachstumsraten kommen immer mehr neue Spezialanbieter hinzu, wie z.B. 1-2-3.TV, bei dem die Zuschauer interaktiv den Preis des Produktes selbst bestimmen.

Neue Marktteilnehmer, aber auch agierende Anbieter im Bereich des Teleshopping, haben wie Rundfunkveranstalter mit den Engpässen bei der analogen Kabelverbreitung zu kämpfen und sind als Verteildienste ebenfalls auf große Reichweiten beim Kunden angewiesen. Bei der Kapazitätenvergabe auf Landesebene sind Teleshopping-Angebote angemessen zu berücksichtigen. Auch die Digitalisierung bietet für das Teleshopping neue Chancen.

Die Digitalisierung wird eine steigende Sender- und Angebotszahl sowie Verspartung zur Folge haben. Anbieter spezialisieren sich schon jetzt auf Produkte oder Dienstleistungen – ein Trend, der sich mit Sendern, die sich beispielsweise speziell der Weinvermarktung widmen, abzeichnet. Zwar wird es in absehbarer Zeit in Deutschland nicht zu einer Senderflut kommen, wie dies in Großbritannien mit über 30 Teleshopping-Kanälen der Fall ist. Dennoch geht die Entwicklung hin zu einer weit reichenden Anbieter- und Produktpalette und zu einer Orientierung an den Interessen und Bedürfnissen der Zuschauer und Verbraucher.

Beim Teleshopping werden Produkte kundennah vorgeführt. Das ermöglicht auch den Absatz von Waren, die wegen erhöhten Erklärungsbedarfs sonst schwer verkäuflich sind oder die es im stationären Einzelhandel nicht gibt. Zudem hat nicht zuletzt die Entwicklung des Internets dazu geführt, dass Warenbestellungen bequem von zu Hause aus salonfähig geworden sind. Schon heute hat jeder sechste Bundesbürger mindestens einmal bei einem

> Verkaufssender bestellt. Ein Anbieter kann erfahrungsgemäß am Markt nur überleben, wenn er serviceorientiert arbeitet. Dabei kommt den Sendern zugute, dass sie neben dem Fernsehen verschiedenste Distributionskanäle, wie das Internet, Teletext oder Teleshopping-Fenster auf anderen Sendern, nutzen.
>
> Man muss kein Hellseher sein, um weiteres deutliches Wachstum im Bereich des Teleshopping vorauszusehen. Mit dem Wachstum werden nicht nur neue Arbeitsplätze geschaffen, es kommt auch zu ganz neuen Sendeformaten und Innovationen. Der Zuschauer verlässt dabei immer mehr die Rolle des passiven Betrachters – mit erfreulichen Konsequenzen: Er kann auf Knopfdruck mittels Rückkanal direkt auf Inhalte einwirken und damit langfristig entscheiden, welche Produkte gezeigt und welche Dienstleistungen ihm offeriert werden. So setzt sich Qualität und Kundennähe weiter durch, was die Attraktivität des Teleshopping auch in der Zukunft sichert.

2.3 Formen des Produktverkaufs im Fernsehen

Gegenstand dieses Buches ist das Teleshopping als eine Betriebsform des Handels, welche im Wesentlichen das Fernsehen als Kommunikationskanal nutzt. Der Begriff Teleshopping selbst wird in der Literatur zumeist auf eine Kombination aus den Worten *telecommunication* und *shopping* zurückgeführt [siehe dazu ausführlicher GRUNINGER-HERMANN 1999, S. 10 ff.]. Dies würde allerdings auch Angebote über andere elektronische Medien, z. B. das Internet, einschließen. Um diesbezüglich eine klare Abgrenzung zu treffen, soll der Begriff Teleshopping im weiteren Verlauf als Kurzform von *Television Shopping* betrachtet werden. Damit rückt das Medium, über welches die Verkaufsangebote unterbreitet werden, in den Mittelpunkt – nicht länger der Response-Kanal.[1]

Der Rundfunkstaatsvertrag (RStV) definiert als Teleshopping in § 2 Abs. 2 Nr. 8 „*die Sendung direkter Angebote an die Öffentlichkeit für den Absatz von Waren oder die Erbringung von Dienstleistungen, einschließlich unbeweglicher Sachen, Rechte und Verpflichtungen, gegen Entgelt*". Dabei wird nicht unmittelbar zwischen einzelnen Angebots-

---

[1] *Teleshopping* und *Television Shopping* werden v. a. von amerikanischen Autoren i. d. R. synonym verwendet [vgl. beispielhaft GRANT et al. 1991; AUTER/MOORE 1993]. Für das elektronische Einkaufen unter Zuhilfenahme der Telekommunikation wird dann sinnvoller der Oberbegriff *Homeshopping* gebraucht.

formen unterschieden, allerdings wird im weiteren Verlauf durch die §§ 43 ff. doch eine (indirekte) Einteilung vorgenommen, indem bestimmte Varianten des Teleshopping wie Werbung behandelt, für andere dagegen Sonderregelungen getroffen werden. (Vgl. hierzu ausführlich Kapitel 6)

Nach dem RStV lassen sich Verkaufssendungen anhand ihrer Platzierung sowie ihrer zeitlichen Ausdehnung innerhalb von Rundfunkprogrammen kategorisieren, hinzu kommen Verkaufskanäle, die bisher dem Mediendienstestaatsvertrag (MDStV) bzw. künftig dem Telemediengesetz (TMG) unterliegen und in § 45a Abs. 1 RStV nur in Form einer Ausschlussklausel Erwähnung finden. Zusammengenommen führen diese Aspekte, die im Folgenden noch um die inhaltliche Gestaltung der Verkaufsprogramme zu erweitern sind, zu einer Unterteilung des rundfunkrechtlichen Teleshopping-Begriffs in die zwei wesentlichen Bereiche „echtes" Teleshopping und DRTV.[2]

Hieraus ergibt sich auch die thematische Eingrenzung der vorliegenden Publikation: Die Analyse konzentriert sich klar auf Formate im Sinne des „echten" Teleshopping – Spotformate, d. h. DRTV-Sendungen, finden nur am Rande Berücksichtigung, bspw. zur Herstellung eines Vergleichsmaßstabes. Notwendig ist eine solche Fokussierung deshalb, weil zwischen Teleshopping und DRTV grundlegende Unterschiede in kommunikativer, wirtschaftlicher und rechtlicher Hinsicht bestehen, deren detaillierte Aufarbeitung den Rahmen dieses Buches sprengen würde.

2.3.1 „Echtes" Teleshopping

Der Begriff des „echten" Teleshopping zielt auf Verkaufsprogramme, die durch integrierte Gesamtkonzepte[3], durch Kontinuität sowie durch eine relativ konsistente und stabile Kundenstruktur gekennzeichnet sind. Dies trifft zu auf die reinen Teleshopping-Sender und deren Fensterprogramme, die deshalb, in Anlehnung an WOLDT (1988), auch als „High-Road-Angebote" bezeichnet werden können [siehe dazu ebd., S. 422].

Sie repräsentieren gewissermaßen das „Teleshopping im engeren Sinne", weil sie die Kunden in besonderer Weise ansprechen und mit ihnen in einen mittelbaren und

---

2 Diese Einteilung ist angelehnt an die Unterscheidung der Angebotsvarianten bei GRUNINGER-HERMANN (1999) [vgl. ebd., S. 16 ff.].

3 Von einem integrierten Gesamtkonzept ist dann zu sprechen, wenn die Maßnahmen eines Anbieters deutlich über den einfachen Abverkauf von Produkten hinaus gehen, speziell wenn Aspekte wie die Kundenbindung und die Kommunikation einer (Sender-)Marke eng mit dem Produktvertrieb verknüpft werden.

unmittelbaren Dialog treten: Die Verkaufssendungen der Teleshopping-Kanäle besitzen Live-Charakter; im Rahmen der Moderation, durch Call-In und/oder über dynamische Texteinblendungen ist eine Bezugnahme auf den laufenden Abverkauf und damit auf die Kundenreaktionen möglich. Dadurch wird eine Atmosphäre des direkten Kontakts zwischen Verkäufer (Moderator) und potenziellem Kunden (Zuschauer) geschaffen (vgl. Abschnitte 7.5.2 f.).

Ein weiterer kennzeichnender Aspekt des Teleshopping ist die Ausrichtung auf dauerhafte, intensive Kundenbeziehungen: Beratung und Service sowie weitreichende CRM-Maßnahmen[4], gerade auch nach dem Kauf, stellen entscheidende Erfolgskriterien für die Teleshopping-Anbieter dar. Ihr Geschäft lebt viel mehr vom nachhaltig aufgebauten Kundenvertrauen als von kurzfristigen, einmaligen Kaufentscheidungen.

Würde man Teleshopping am ehesten als „Kaufhaus im Fernsehen" charakterisieren, so wären die in Abschnitt 2.3.2 beschriebenen DRTV-Formate – um eine vergleichbare Analogie zu bilden – als die „Fliegenden Händler" des Fernsehens zu bezeichnen: Als „Low-Road-Angebote", die jeweils stark auf einzelne Produkte ausgerichtet sind und hinsichtlich Platzierung und Kundenansprache in der Regel keine kontinuierliche, ganzheitliche Strategie erkennen lassen [siehe dazu auch WOLDT 1988, S. 422].

Der Begriff Teleshopping im Sinne des vorliegenden Buches beschränkt sich deshalb auf den direkten Absatz von Waren und Dienstleistungen über reine Teleshopping-Sender bzw. über deren Fensterprogramme. Entscheidendes Abgrenzungskriterium zu anderen Formen des Produktverkaufs im Fernsehen ist die direkte Ansprache der Zuschauer in längeren, moderierten Sendungen mit Live-Charakter, wobei eine unmittelbare Rückkopplung zwischen Bestellverhalten auf Seiten der Zuschauer und Präsentationsweise auf Seiten des Senders möglich ist. Die beiden Varianten des Teleshopping – eigenständige Sender sowie Fensterprogramme – sollen nachfolgend kurz erläutert werden.

2.3.1.1 Reine Teleshopping-Sender

Eigenständige TV-Sender, deren Programm überwiegend aus moderierten Verkaufssendungen besteht, aus „echtem" Teleshopping also, existieren in Deutschland seit Ende 1995. Derzeit teilen sich im Wesentlichen HSE 24, QVC und RTL Shop den Markt als reine Teleshopping-Sender, der jüngste Sender ist 1-2-3.TV mit der spezifischen

---

4 Die Abkürzung CRM steht für Customer Relationship Management. In Abschnitt 7.8 wird auf die entsprechenden Instrumente, die von den Sendern eingesetzt werden, weiterführend eingegangen.

Verkaufsform des „Auktionsfernsehens". Diese Anbieter agieren dabei als vollwertige Handelsunternehmen, d. h. sie stellen nicht lediglich Sendezeit für Dritte zur Verfügung, sondern treten selbst als Händler mit eigenem Einkauf und eigener Sortimentspolitik auf. Die Geschäftsmodelle basieren deshalb klar auf den durch die Produktverkäufe zu erzielenden Handelsspannen. Hinzu kommen z. T. Einnahmen aus Werbung sowie ggf. Vermittlungsprovisionen und Kostenbeteiligungen aus Programmkooperationen.[5]

Unterschiede zwischen den Sendern bestehen hinsichtlich ihrer internen Strukturen, vor allem auf Produktionsseite und bei Fulfilment/Logistik. Außerdem finden sich bei den einzelnen Anbietern unterschiedliche Sortimentsschwerpunkte. Umfassend beleuchtet werden diese Unterschiede in den Anbieterprofilen in den Abschnitten 3.3 und 4.4.4.

2.3.1.2 Fensterprogramme

Neben den eigenen Kanälen, über welche die reinen Teleshopping-Sender ihre Programme im Kabel und/oder über Satellit ausstrahlen, belegen HSE 24, QVC und RTL Shop Fensterprogramme. Dabei handelt es sich um halb- bis mehrstündige Verkaufssendungen, die unter dem Branding des jeweiligen Teleshopping-Senders zu festen Zeiten innerhalb privater Voll- oder Spartenprogramme, aber auch auf regionalen und lokalen TV-Kanälen platziert werden (vgl. weiterführend Abschnitt 7.6.2).

Inhaltlich entsprechen die Verkaufssendungen innerhalb der Fenster in der Regel dem Programm, welches die Teleshopping-Sender über ihre eigenen Kanäle verbreiten. Teilweise existieren aber auch Spezialsendungen, die in Gestaltung und Sortiment an das Umfeld und die Zielgruppe des belegten Senders angepasst sind. Beispiele hierfür liefert RTL Shop mit dem *„Boxenshop"* auf RTL und dem *„Trendshop"* auf n-tv.

Die Fensterprogramme eines Teleshopping-Senders zeugen nicht selten von dessen unternehmerischen Verbindungen. So ist RTL Shop hauptsächlich innerhalb von Sendern der RTL Group vertreten, HSE 24 dagegen auf den Kanälen der ProSiebenSat.1-Gruppe. QVC als Unternehmen ohne Wurzeln in der deutschen TV-Landschaft verfügt über keine Fensterprogramme auf den großen Privatsendern. (Vgl. auch Abschnitt 3.3)

---

5 Insbesondere bei RTL Shop gibt es Kooperationen mit anderen Handels- und Dienstleistungsunternehmen bzw. mit Markenartiklern, bei denen der Teleshopping-Sender letztlich die Rolle einer reinen Vermarktungsplattform übernimmt. Diese bilden derzeit aber noch die Ausnahme. (Vgl. Abschnitte 4.4.4.3 und 8.2.5.2)

2.3.2 Direct Response Television (DRTV)

Etwa ebenso lange wie das „echte" Teleshopping existieren im Fernsehen Verkaufssendungen mit werblichem Charakter, die ihrer Anmutung und Platzierung nach als Spotformate einzuordnen sind. Dabei wird innerhalb eines wenige Sekunden bis mehrere Minuten langen Spots jeweils ein bestimmtes Produkt vorgestellt. Namensgeber für diese Formate ist die direkte Antwortmöglichkeit des Zuschauers, zumeist über eine eingeblendete Telefonnummer, die eine unmittelbare Bestellung zulässt.[6] Wenngleich diese Möglichkeit auch beim „echten" Teleshopping durch die ständige Einblendung der Bestellinformationen gegeben ist, hat sich der Ausdruck *Direct Response Television* in der Medienwirtschaft als Bezeichnung speziell für Spotformate etabliert und soll deshalb auch hier in diesem Sinne verwendet werden [vgl. auch RIDDER 1995, S. 416; WOLDT 1988, S. 421].

Das hauptsächliche Abgrenzungsmerkmal der DRTV-Sendungen zum Teleshopping ist ihre Nähe zur Werbung, insbesondere durch ihren Nicht-Live-Charakter.[7] Die Spots werden vorproduziert und dann über längere Zeiträume sowie häufig über eine breite Palette an Sendern ausgestrahlt. Ziel ist die Ansprache einer möglichst weit gefassten Zielgruppe und die Generierung von Kontakten, die schließlich zu Bestellungen führen. Die Mediastrategie der DRTV-Anbieter setzt daher sehr stark auf Quantität: Anbieter wie Best Direct und Teleshop gehören zu den volumenmäßig größten Einkäufern von TV-Werbezeit in Deutschland – allein Teleshop ist nach eigenen Angaben mit rund 20.000 Sendeminuten pro Jahr auf deutschen TV-Kanälen vertreten. Hauptkriterium bei der Buchung von Werbezeiten sind die Mediakosten, weil der Schaltpreis für einen Spot innerhalb weniger Minuten nach dessen Ausstrahlung durch Transaktionsumsätze aufgefangen werden können muss.

DRTV-Spots, insbesondere Infomercials, werden zumeist in größeren Blöcken nacheinander geschaltet. Aus den genannten Erwägungen heraus werden dafür hauptsächlich die zuschauerschwachen Nacht- und Vormittags-Sendezeiten kleinerer privater Voll-

---

[6] Neben dem direkten Abverkauf von Produkten werden DRTV-Spots auch häufig zur Generierung von Kontaktdaten bzw. als Informations- und Service-Instrument von klassischen Werbetreibenden eingesetzt.

[7] Die Nähe der DRTV-Formate zur Werbung findet ihren Niederschlag auch darin, dass sie ebenso von den Bestimmungen des §45 RStV betroffen sind (vgl. Abschnitt 6.3.1.1).

und Spartenprogramme genutzt, die für klassische Werbung relativ unattraktiv sind.[8] Die Werbezeiten werden dabei durch die Sender meist auf Basis von CpO- bzw. CpI-Deals (Cost per Order/Interest) zur Verfügung gestellt.[9] Auf Händlerseite ergibt sich hierdurch eine gewisse Risikominimierung, indem sich die Mediakosten nach der Responsequote richten.

2.3.2.1 Infomercials

Vorläufer des „echten" Teleshopping sind die so genannten Infomercials – eine Wortschöpfung aus *Information* und *Commercial*. Dabei handelt es sich um Dauerwerbesendungen, die in der Regel eine Länge von 15 bis 30 Minuten aufweisen und entsprechend viel Raum bieten, um ein einzelnes Produkt ausführlich zu erläutern und dessen Vorzüge zu demonstrieren. Infomercials kommen deshalb vorrangig für erklärungsbedürftige, aber zugleich massentaugliche Produkte zum Einsatz. Sie sind häufig mit zwei Protagonisten besetzt – einem Moderator und einem Testimonial. In den meisten Fällen wiederholen sich die Produktdemonstration und die Einblendung der Bestellinformationen innerhalb eines Infomercials mehrere Male.

Der massive „Import" von Infomercials aus den USA, mit dem die amerikanischen Anbieter versuchten, ihre Marktanteile in Deutschland rasch zu steigern, erwuchs bis Mitte der 90er Jahre zu einem ernsthaften Problem für die DRTV-Branche. Die vorhandenen Spots wurden für den deutschen Markt lediglich synchronisiert und ansonsten unverändert übernommen. Diese Art der Produktpräsentation fand jedoch wegen ihrer übertriebenen, unseriösen Anmutung hierzulande nur geringe Akzeptanz. Sie färbte zwangsläufig auf die Produkte ab und hat letztlich dem gesamten Marktsegment geschadet. Auch der lange Zeit schlechte Ruf des Teleshopping in Deutschland ist nicht zuletzt auf die Erfahrungen der Zuschauer mit jener Art von DRTV-Spots zurückzuführen.

2.3.2.2 DRTV-Commercials

DRTV-Commercials sind Werbespots, welche auf den direkten Absatz von Waren und Dienstleistungen gerichtet sind. Sie verfolgen damit das gleiche Ziel wie die Infomercials, sind aber mit 30 bis 90 Sekunden nicht länger als klassische (Image-)Werbespots. Zudem sind DRTV-Commercials aufgrund ihrer Kürze in aller Regel nicht moderiert und

---

8 Typische Beispiele für Sender mit solchen DRTV-Schienen sind RTL II, Kabel 1, DSF und Eurosport.

9 Die DRTV-Anbieter zahlen dabei zunächst nur eine geringe bis gar keine Pauschalvergütung, die Sender erhalten aber eine Provision je Bestellung bzw. je telefonischem Kundenkontakt.

kommen hauptsächlich für weniger erklärungsbedürftige Produkte wie z. B. CD-Kollektionen und Bücher zum Einsatz, deren Nutzwert auf der Hand liegt. Bekannt sind in diesem Zusammenhang insbesondere die Anbieter Time Life und Weltbild.

Wegen ihrer Nähe zur klassischen Werbung und des nur geringen benötigten Zeitvolumens können DRTV-Commercials auch innerhalb der gewöhnlichen Werbeblöcke der Privatsender platziert werden. Damit besteht die Möglichkeit der Belegung deutlich attraktiverer Umfelder im Vergleich zu den Sendeplätzen für Infomercials. Aufgrund dessen nutzen zunehmend auch Markenunternehmen diese gestraffte Form des DRTV-Vertriebs. Dazu gehören beispielsweise das Versandhandelsunternehmen Quelle und der Pay-TV-Anbieter Premiere. Ebenso ist zu erwarten, dass die TV-Sender selbst in Zukunft verstärkt DRTV-Commercials einsetzen, z. B. in Verbindung mit Merchandising-Artikeln zu bestimmten Sendungen. Dies geschieht bereits heute, wobei aber zumeist keine direkte telefonische Bestellmöglichkeit angeboten wird, sondern lediglich ein Verweis auf den Online-Shop des jeweiligen Senders erfolgt.

2.3.3 Reiseshopping als Spartenlösung

Innerhalb des TV-Shopping hat sich in den zurückliegenden fünf Jahren der Vertrieb von Reisen als eine Spezialform – im Sinne der Konzentration auf ein spezifisches Produktsegment – herauskristallisiert.[10] Im August 2000 war mit via1 der erste Sender gestartet, dessen Programm ausschließlich aus Reiseangeboten bestand[11], ihm folgten die beiden Sender TV Travel Shop (Juni 2001) und sonnenklar TV (März 2003), die noch heute am Markt aktiv sind. Daneben sendet das Touristikunternehmen BigXtra ein täglich 75minütiges Fensterprogramm mit dem Titel *„FerienSupermarkt.tv"* auf dem Sender Tele 5. Auch Berge & Meer Touristik vermarktet Reisen über das Fernsehen und nutzt dafür samstags und sonntags jeweils eine halbe Stunde Programmfläche auf dem Nachrichtensender n-tv.

---

10 Erste Versuche mit Reiseshopping im TV hatte es 1987 mit der Sendung *„Telereisen"* von Tjaereborg gegeben.

11 via1 musste Ende 2001 Insolvenz anmelden und verschwand daraufhin von den Bildschirmen. Die Hauptursache dafür lag in einer Fehleinschätzung der Entwicklung digitaler Empfangswege. Der Sender wurde ausschließlich digital verbreitet, so dass keine ausreichende Zuschauerbasis erreicht werden konnte. Auch der im März 2003 gestartete Sender TV Lastminute.de, der ebenfalls nur digital zu empfangen war, stellte seinen Betrieb nach weniger als zwei Jahren wieder ein.

Die visuellen Gestaltungsmöglichkeiten und die emotionale Ansprache der Zuschauer machen das Fernsehen zum idealen Vertriebsmedium für das Produkt Reisen. Gleichzeitig sind damit aber eine Reihe von Besonderheiten im Hinblick auf die Inhalte, die Sortimentspolitik, das Fulfilment usw. verbunden, durch die sich das Reiseshopping klar von anderen Formen des TV-Shopping unterscheidet. So treten bspw. die genannten Sender nicht selbst als Reiseanbieter, sondern als Vermittler auf. Entsprechend erhalten sie für die im Auftrag verschiedenster Touristikunternehmen vermittelten Reisen lediglich eine Provision in Höhe von zumeist 10–15 Prozent.

Als prinzipiell Erfolg versprechendes Geschäftsmodell steht Reiseshopping diesem Problem der niedrigen Vermittlungsmargen gegenüber. Verschärft wird dies durch die teilweise von den Sendern selbst geschürte Zuschauer-Erwartung, dass im Fernsehen hauptsächlich Reisen zu Schnäppchen-Preisen angeboten werden. Gleichzeitig ist vor allem der Abwicklungsaufwand im Call Center vergleichsweise hoch, weil Reisen per se ein sehr beratungsintensives Produkt darstellen.

Der Gesamtumsatz im Segment Reiseshopping belief sich in 2003 – das letzte Jahr, für welches die einzelnen Anbieter Umsatzzahlen kommuniziert haben – auf rund 290 Mio. Euro. Hiervon entfiel mit 141 Mio. Euro beinahe die Hälfte auf sonnenklar TV. Der Markt-Zweite TV Travel Shop setzte etwa 60 Mio. Euro um. Beide Sender arbeiteten in 2004 noch nicht profitabel, erwarteten allerdings den Break-Even für das Geschäftsjahr 2005. [Vgl. GOLDMEDIA 2005]

Aufgrund der genannten Besonderheiten werden die Anbieter, die sich auf den TV-Vertrieb von Reisen spezialisiert haben, im Folgenden nicht dem Teleshopping zugerechnet.

3 SITUATIONSANALYSE: TELESHOPPING IN DEUTSCHLAND

3.1 Historische Entwicklung

Die erste Verkaufssendung in Deutschland war das von Dezember 1987 bis Juli 1988 von der Eureka Televisions GmbH (später ProSieben) gestartete *„Telekaufhaus",* eine zweimal täglich ausgestrahlte, zwanzigminütige Sendung in Zusammenarbeit mit dem Versandhaus Quelle. 1988 zog der Otto Versand mit der Verkaufsshow *„Teleshop"* auf dem Privatsender Sat.1 nach; 1989 folgten, wiederum initiiert von Quelle, die Sendungen *„Tele-Boutique"* und *„Showladen"* auf RTL.

Diese frühen TV-Shopping-Aktivitäten wurden einige Zeit später mit dem Verweis auf die restriktiven rundfunkrechtlichen Rahmenbedingungen wieder eingestellt: Quelle beendete sein Engagement Ende 1991 nach rund zwei Jahren, Otto gab nach fast sechs Jahren Anfang 1994 auf. Zum damaligen Zeitpunkt war in Rundfunkprogrammen maximal eine Stunde Teleshopping pro Tag zulässig. Der Aufwand für die Sendungen stand angesichts der zeitlichen Beschränkungen in keinem Verhältnis zu ihrem wirtschaftlichen Nutzen, zumal ein Bewusstsein für die Möglichkeit des Einkaufs via Fernsehen bei den Zuschauern erst geschaffen werden musste.

Im Oktober 1995 nahm HSE 24, damals noch unter dem Namen H.O.T. Home Order Television, als erster vollwertiger Teleshopping-Sender seinen Betrieb auf. Wieder agierten ProSieben und Quelle als Pioniere: Beide Unternehmen waren zu gleichen Teilen an dem neuen Sender beteiligt. Die Ausstrahlung von H.O.T. war zunächst auf Bayern beschränkt, wurde aber bereits im Dezember 1995 auf das gesamte Bundesgebiet ausgeweitet.

Eine medienrechtliche Grundlage für die Veranstaltung eines reinen Teleshopping-Kanals existierte anfangs nicht. Wie schon bei den Verkaufssendungen Ende der achtziger Jahre – damals gab es im Medienrecht noch nicht einmal den Begriff des Teleshopping – mussten die Rahmenbedingungen erst entwickelt werden. H.O.T. sendete deshalb in den ersten Monaten im Rahmen eines Pilotprojektes und auf Basis eines öffentlich-rechtlichen Vertrages mit der Bayerischen Landeszentrale für neue Medien (BLM). Ein ähnlicher Modellversuch der Landesmedienanstalt in Nordrhein-Westfalen (LfM) bildete ein knappes Jahr später die Grundlage für den Start von QVC als zweitem Teleshopping-Anbieter. Erst mit der Verabschiedung des Mediendienstestaatsvertrages im Februar 1997 wurde die unbefristete Zulässigkeit reiner Teleshopping-Kanäle explizit geregelt. (Siehe weiterführend Abschnitt 6.2.3)

H.O.T., heute HSE 24, und QVC entwickelten den deutschen Teleshoppingmarkt kontinuierlich bis zu einer Umsatzdimension von rund 400 Mio. Euro im Jahr 2000 fort, bevor im März 2001 mit RTL Shop der dritte Teleshopping-Sender an den Start ging. Der jüngste Anbieter ist das im Oktober 2004 gestartete 1-2-3.TV, welches sich im Wesentlichen durch sein Verkaufskonzept auf Basis eines Auktionsprinzips von den drei größeren Wettbewerbern unterscheidet. (Vgl. hierzu die nachfolgenden Abschnitte 3.2 und 3.3)

3.2 Gesamtmarkt Teleshopping

3.2.1 Kennzahlen und Marktstruktur

Die Teleshopping-Anbieter HSE 24, QVC und RTL Shop haben über ihre jeweiligen Sender und Fensterprogramme im Jahr 2004 Nettoumsätze[12] von insgesamt 871 Mio. Euro erzielt. Klar angeführt wurde der Markt dabei von den beiden seit längerer Zeit etablierten Anbietern HSE 24 und QVC mit rund 32 bzw. rund 59 Prozent Marktanteil, wohingegen RTL Shop im vierten Jahr seiner Geschäftstätigkeit einen Marktanteil von neun Prozent erreichte. Der erst im Oktober 2004 gestartete Sender 1-2-3.TV hat für das Rumpfgeschäftsjahr keine Umsatzzahlen veröffentlicht.

Bereits seit seinen Anfängen verzeichnet der Teleshopping-Markt ein sehr starkes Wachstum. Von 1997 – dem ersten gemeinsamen Geschäftsjahr von HSE 24 und QVC – bis 2004 betrugen die jährlichen Steigerungsraten, gemessen am Nettoumsatz aller Anbieter, im Durchschnitt fast 52 Prozent.[13] Dennoch haben vor allem HSE 24 als der deutsche Teleshopping-Pionier und RTL Shop als jüngster der klassischen Teleshopping-Anbieter in den zurückliegenden Jahren auch mit Schwierigkeiten zu kämpfen gehabt, die u.a. im Produktportfolio sowie in Umstrukturierungsmaßnahmen begründet lagen (vgl. Abschnitt 3.3).

Insgesamt ist zu konstatieren, dass im Teleshopping-Markt zuletzt eine Konsolidierung stattgefunden hat, der sich allein QVC weitgehend entziehen konnte. Die Markt-

---

12 Siehe Begriffserläuterung im Anhang.
13 Es handelt sich hierbei um die Kennzahl CAGR (siehe Begriffserläuterung im Anhang).

Tabelle 1: Konsolidierte Vergleichszahlen der bestehenden Sender

	HSE 24	QVC	RTL Shop	1-2-3.TV
Sendestart	Oktober 1995	Dezember 1996	März 2001	Oktober 2004
Break-Even	1999	2002	2005 (e)	2006 (e)
Umsatz 2004 (netto)	275 Mio. Euro	516 Mio. Euro	80 Mio. Euro	n/a
Marktanteil 2004	31,6 Prozent	59,2 Prozent	9,2 Prozent	n/a
EBITDA 2004	n/a (profitabel)*	74,6 Mio. Euro	−2,9 Mio. Euro (EBIT)	n/a
Techn. Reichweite in HH (D/A/CH gesamt, ohne Fenster)	38,3 Mio.	35,7 Mio.	ca. 20 Mio.	ca. 25 Mio.**
… davon HH in Dtl.	34,2 Mio. (98 % der HH)	ca. 33 Mio. (95 % der HH)	ca. 18 Mio. (52 % der HH)	ca. 23 Mio. (66 % der HH)
Aktive Kunden 2004	1.400.000	n/a	1.040.000***	ca. 107.000****
Live-Anteil pro Tag	16 Std.	24 Std.	Mo.–Fr. 8 Std. Sa./So. 12 Std.	18 Std.
Angebots-Schwerpunkte	Beauty/ Wellness, Schmuck	Home, Schmuck, Bekleidung	Technik/ Haushalt, Dienstleistg.	Restposten/ Schnäppchen

Quelle: Senderangaben, Goldmedia

*   HSE 24 kommuniziert aus Gesellschaftergründen (Konsolidierung bei IAC InterActiveCorp – NASDAQ: IACI) seit 2003 keine EBITDA-Zahlen mehr, ist aber nach eigenen Angaben seit 1999 nachhaltig profitabel.
**   HH in Österreich und der Schweiz können das Programm von 1-2-3.TV empfangen, sind aber aus rechtlichen Gründen von der Auktionsteilnahme ausgeschlossen.
***   Aktive Kundenzahl 2003 (aktuellere Daten nicht verfügbar)
**** Sendereigene Schätzung für die Zahl der aktiven Kunden (Zeitraum: Oktober 2004 – November 2005)

aufteilung dürfte jedoch noch nicht abgeschlossen sein, zumal HSE 24 und RTL Shop ihr jeweiliges Profil inzwischen deutlich geschärft haben. Nachdem der deutsche Teleshopping-Markt seine Pionierphase hinter sich gelassen hat, wird in Zukunft die Abgrenzung der einzelnen Player über die Präsentationsweise und das Produktsortiment (siehe dazu Abschnitt 4.4.4) zunehmend an Bedeutung gewinnen.

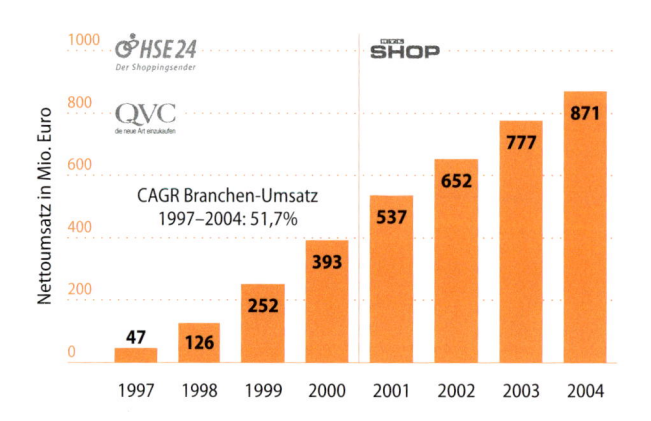

Abbildung 1: Umsatzentwicklung im deutschen Teleshopping-Markt 1997–2004

Jahr	Nettoumsatz in Mio. Euro
1997	47
1998	126
1999	252
2000	393
2001	537
2002	652
2003	777
2004	871

CAGR Branchen-Umsatz 1997–2004: 51,7%

Quelle: Senderangaben, Goldmedia; ohne 1-2-3.TV

3.2.2 Einordnung im Einzel- und Versandhandelsmarkt

Der deutsche Einzelhandel befindet sich seit Jahren in einer schwierigen Situation. Nachdem der Einzelhandelsumsatz im engeren Sinne[14] in 2001 mit 381 Mrd. Euro den bisher höchsten Wert erreicht hatte, ist er in den darauf folgenden Jahren bis 2004 um insgesamt 4,2 Prozent auf 365 Mrd. Euro zurückgegangen und hat damit wieder das Niveau von 1997 erreicht. Für das Jahr 2005 war der Hauptverband des Deutschen Einzelhandels HDE zuletzt von einem weiteren, wenn auch gebremsten Absinken des Umsatzes auf 362 Mrd. Euro ausgegangen. [Vgl. HDE 2005]

Gleichzeitig hat hinsichtlich des privaten Konsums und des Einkaufsverhaltens ein dramatischer Wandel eingesetzt: Der Anteil des Einzelhandels am privaten Verbrauch nimmt seit 1990 kontinuierlich ab.[15] Auf Verbraucherseite ist eine „Flucht aus der Mitte" zu beobachten, die sich zum einen in der wachsenden Bedeutung von Discount-, wie auch von Luxusmärkten niederschlägt. Zum anderen steigt, getrieben durch die sich

---

14 Ohne Kfz, Kraft- und Brennstoffe sowie Apotheken
15 Dieser Anteil hatte 1990 bei 42,2 Prozent gelegen, 2002 bei nur noch 29,9 Prozent. Ein weiteres Absinken auf 25 Prozent oder noch darunter ist in den nächsten Jahren zu befürchten. [Vgl. EGGERT 2005, S. 28]

verändernde Bevölkerungsstruktur, die Relevanz von Convenience-/Dienstleistungsmärkten (für Senioren) sowie von Erlebnis-/Entertainmentmärkten (für Junioren). [Vgl. EGGERT 2005, S. 28]

Von diesen Veränderungen konnte sich auch der Versandhandel nicht abkoppeln, wenngleich dieses Handelssegment in Deutschland auf eine lange Tradition zurückblickt und hohes Vertrauen in der Bevölkerung genießt. Seit jeher zählen die Unternehmen Quelle und Otto zu den größten Versandhäusern der Welt. Die im internationalen Vergleich sehr hohe Affinität der Deutschen zum Einkauf auf Distanz zeigt sich an der großen Zahl von Versandhandelskunden: In 2004 hat weit mehr als jeder Zweite Waren per Versand bestellt.[16] Allerdings ist zwischen 2002 und 2004 der Versandhandelsumsatz um 4,7 Prozent – von 21,3 Mrd. auf 20,3 Mrd. Euro – eingebrochen und damit zeitversetzt der allgemeinen Entwicklung im Einzelhandel gefolgt. Vor allem der Universalversandhandel verzeichnete in 2004 drastische Umsatzeinbußen von 8,8 Prozent. Der Bundesverband des Deutschen Versandhandels erwartete für das Jahr 2005 insgesamt ein mageres Umsatzplus von 0,3 Prozent. [Vgl. BVH 2005]

Dagegen finden die Vertriebskanäle Internet und TV trotz gesamtwirtschaftlicher Turbulenzen stetig wachsenden Zuspruch. So hat sich der Anteil des Teleshopping an den Versandhandelsumsätzen zwischen 1999 und 2004 nahezu vervierfacht. Von insgesamt im Versandhandel umgesetzten 20,3 Mrd. Euro stammten in 2004 rund

Abbildung 2: Segmentierung des Versandhandels-Umsatzes in Deutschland (2004)

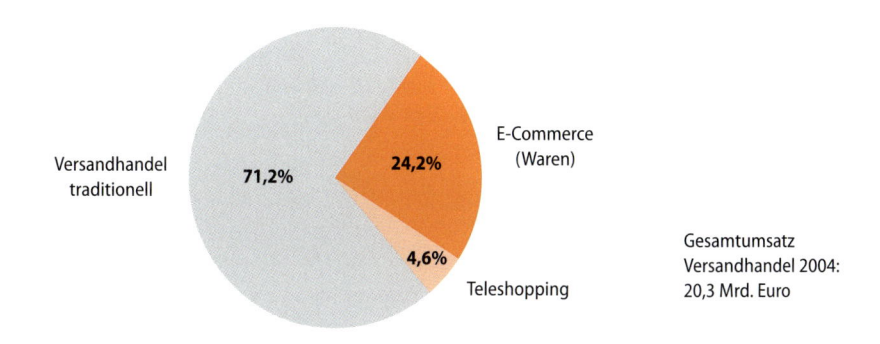

- Versandhandel traditionell: 71,2%
- E-Commerce (Waren): 24,2%
- Teleshopping: 4,6%

Gesamtumsatz Versandhandel 2004: 20,3 Mrd. Euro

Quelle: BVH, Goldmedia

---

16 Allein im zweiten Halbjahr 2004 waren 57,7 Prozent der deutschen Bevölkerung ab 14 Jahre aktive Versandhandelskunden. [Vgl. DVHI 2005, S. 1]

4,6 Prozent von den Teleshopping-Sendern. Das Segment Teleshopping gewinnt also an Bedeutung, während der Versandhandelsmarkt insgesamt sich seit 1992 in einer Spanne zwischen etwa 20 und 21 Mrd. Euro Umsatz bewegt [vgl. BVH 2005]. Die Gründe für die relative Stärke des Teleshopping sind sicherlich in den besonderen Serviceleistungen der Branche zu sehen, die mit umfangreichen Produktpräsentationen, Beratung und Support weit über die reine Möglichkeit des bequemen Einkaufs von zuhause hinausgehen (siehe hierzu Abschnitt 4.3.2).

Rolf Schäfer Präsident des Bundesverbandes des Deutschen Versandhandels (bvh e.V.) und Vorsitzender des Vorstandes Schwab Versand.

TELESHOPPING: EINE MODERNE FORM DES EINKAUFENS

Als sich Ende des 19. Jahrhunderts der Versandhandel in Deutschland zu etablieren begann, war er zunächst auf Muster und Listen, später dann auf den gedruckten Katalog beschränkt. Heute bietet die mediale Vielfalt dem Versandhandel viele neue und zusätzliche Möglichkeiten. Neben dem Onlineshopping zählt dazu eben auch, Waren über den Fernseher anzubieten.

Teleshopping hat ähnlich wie das Internet mit einem rasanten Tempo Einzug in die Versandhandelslandschaft gehalten. Was noch vor fünfzehn Jahren wenigen aus den USA her bekannt war, ist heute fest in unserem Leben verankert und wird von Millionen Menschen täglich genutzt. Produkte vom Fernsehsessel aus einzukaufen ist ein Shoppingerlebnis, für das die Deutschen in diesem Jahr wohl erstmals über eine Milliarde Euro ausgeben werden. Das sind bereits 5 Prozent vom gesamten deutschen Versandhandelsumsatz in Höhe von gut 20 Milliarden Euro. TV-Shopping ist nicht nur modern und neu, es ist auch innerhalb der letzten zehn Jahre ein bedeutender und unverzichtbarer Wachstumsfaktor der Versandbranche geworden. Sowohl hinsichtlich des Umsatzes als auch als Jobmotor. Praktisch jeden Tag entstehen hier weitere Arbeitsplätze.

Teleshopping hat sich längst als der dritte wichtige Vertriebskanal im Versandhandel neben dem Katalog und dem Internet etabliert. Für 85 Prozent der Fernsehzuschauer ist es ein Begriff, fast jeder dritte Deutsche hat schon einmal via TV bestellt. Teleshopping ist eine Darstellung der weiten Angebotswelt und Konsumorientierung in einem. Heute kann bis zu 24 Stunden zu jeder Tages- und Nachtzeit im Fernsehen eingekauft werden. Und das vollkommen risikolos. Denn wie bei allen Versandhandelskäufen in Deutschland gilt auch hier ein uneingeschränktes Rückgaberecht aller Waren. Sicherlich hat auch das dazu beigetragen, dass die Menschen hierzulande so begeistert im Versandhandel kaufen wie keine andere Nation Europas.

Die Angebotswelt im Fernsehen hat einige entscheidende Vorteile, die ein Katalog und selbst das Internet in diesem Maße nicht herstellen können: Alle angebotenen Produkte werden in ihrer gesamten Handhabung ausführlich erklärt. Die Moderatoren als immer wiederkehrende Bezugsperson stärken die Bindung und Vertrauen des Zuschauers und tragen dazu bei, jedem Teleshop seinen unverwechselbaren Charakter zu verleihen. Sie dürften wohl auch die einzigen Verkäufer in Deutschlands Handelslandschaft sein, die sich über Fanpost freuen können. Außerdem werden die angebotenen Produkte überwiegend exklusiv entwickelt und angeboten, was sie nur wenig vergleichbar und austauschbar macht.

Der Erfolg des Teleshopping, davon bin ich überzeugt, wird sich weiter fortsetzen. Teleshopping ist die Symbiose aus unterhaltsam und nützlich, aus Fernsehen und Einkaufen – live und rund um die Uhr. Teleshopping fördert den Impulskauf und das ist gerade angesichts einer weiterhin lahmenden Konsumkonjunktur in Deutschland ein entscheidender Erfolgsfaktor.

Unsere Versandbranche nutzt wie keine andere den technischen Fortschritt und die neuen Medien, um den Kunden zu erreichen. Hier liegen weitere Chancen und Erfolgspotentiale, die uns auch gegen den stationären Handel abgrenzen. Auch wenn das digitale, interaktive TV im Augenblick noch Zukunftsmusik ist, auch diese Entwicklung kommt. Damit wird die interaktive TV-Shoppingwelt endgültig erschlossen sein und Teleshopping einen weiteren Schub erhalten. Der Versandhandel ist gut gerüstet, alle modernen Formen des Einkaufens weiterhin erfolgreich zu besetzen.

3.2.3 Gesamtwirtschaftliche Bedeutung

Mit der dynamischen Geschäftsentwicklung des Teleshopping wächst auch die gesamtwirtschaftliche Bedeutung dieser Branche, die sich vor allem anhand der in Deutschland geschaffenen Arbeitsplätze illustrieren lässt: Zu Beginn des Jahres 2005 waren rund 5.700 Menschen direkt bei einem der deutschen Teleshopping-Anbieter bzw. in deren Call und Logistik Centern beschäftigt – mit deutlich steigender Tendenz: HSE 24 hat die Zahl der Arbeitsplätze zwischen den Jahren 2000 und 2005 von 740 auf rund 2.000 gesteigert. Sogar auf einer Rangliste der 100 größten Arbeitsplatzschaffer Deutschlands in 2004 findet sich auf Platz 15 mit QVC einer der Teleshopping-Sender.[17] Hiervon profitieren nicht nur die Sender-Standorte, sondern gerade auch strukturschwache

Tabelle 2: Direkte und indirekte Arbeitsplätze bei den Teleshopping-Sendern (01/2005)

Sender	Bereich	Anzahl Mitarbeiter
HSE 24	Sender/Zentrale	440
	Call Center	1.135
	Logistik	420
	TÜV München	15
	Ausbildungsplätze/Trainees	11
	SUMME	2.021
QVC	Sender/Zentrale	635
	Call Center	1.504
	Logistik	841
	Ausbildungsplätze/Trainees	20
	SUMME	3.000
RTL Shop	Sender/Zentrale	110
	Call Center, Lager, Debitorenbuchhaltung	390
	SUMME	500
1-2-3.TV	Sender/Zentrale	75
	Call Center, Logistik	100
	SUMME	175
SUMME ALLE SENDER		**5.696**

Quelle: Senderangaben, Juli 2005

---

17 Vgl. Wirtschaftswoche Nr. 10/2005 vom 03.03.05, S. 46.

Regionen, in denen z. B. Teile des telefonischen Kundenservice angesiedelt sind. Gemessen an der Zahl der Beschäftigten übertreffen sowohl HSE 24 als auch QVC alle anderen (klassischen) privaten TV-Sender in Deutschland bei weitem.[18]

Hinzu kommt auf Seiten der meist mittelständischen Lieferanten eine nicht näher zu beziffernde Zahl an Arbeitsplätzen, die allein auf den Vertriebsweg Teleshopping zurückgehen. So stammen bspw. 70 Prozent der bei HSE 24 verkauften Produkte aus Deutschland; der Sender unterhält aktive Lieferantenbeziehungen in 15 von 16 Bundesländern. Hierüber wurde in 2004 eine Bruttonachfrage von rund 280 Mio. Euro generiert. Wenngleich der weltweite Wareneinkauf natürlich eine Rolle spielt, sind allein sechs der zehn wichtigsten Lieferanten von HSE 24 deutsche Unternehmen.

Abbildung 3: Lieferanten-Anteile bei HSE 24 nach Ländern (2005)

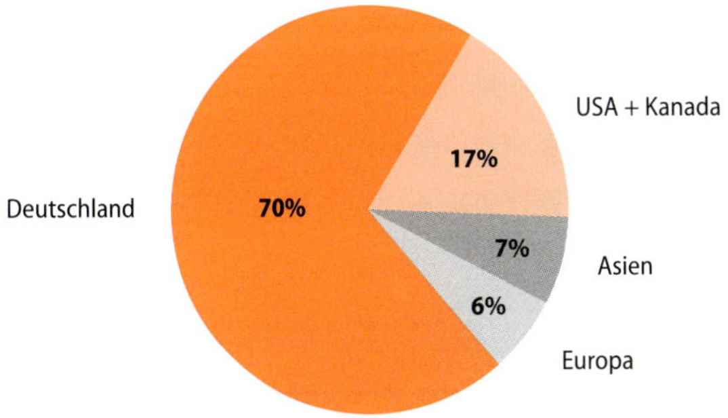

- Deutschland 70%
- USA + Kanada 17%
- Asien 7%
- Europa 6%

Quelle: HSE 24, Mai 2005

An den Standorten der Sender selbst sowie der Call und Logistik Center haben die Teleshopping-Anbieter bzw. ihre Kooperationspartner in den vergangenen Jahren insgesamt dreistellige Millionenbeträge investiert, um leistungsfähige Infrastrukturen für ihren Geschäftsbetrieb zu schaffen. Allein die Investitionen von QVC im Land Nordrhein-Westfalen belaufen sich seit Sendestart auf rund 200 Mio. Euro.

---

18 Zum Vergleich: RTL Television Deutschland beschäftigt ca. 1.150 Mitarbeiter, kleinere Sender wie VOX, RTL II und DSF jeweils zwischen etwa 100 und 250 Mitarbeiter. Die Beschäftigtenzahl der ProSiebenSat.1 Media AG (inkl. der einzelnen Sender) beläuft sich auf insgesamt etwa 2.700 Personen.

Auch in den nächsten Jahren kann angesichts der prognostizierten Umsatzsteigerungen mit einer Fortsetzung der Investitionstätigkeiten und mit der Schaffung weiterer Arbeitsplätze im Teleshopping-Bereich gerechnet werden. Der Bau eines neuen Logistikzentrums für HSE 24 durch den Kooperationspartner DHL in Greven (Investition bis 2006: mehr als 35 Mio. Euro/rd. 250 neue Arbeitsplätze) sowie die Expansion von QVC in Düsseldorf (Investition in 2005: 11 Mio. Euro/rd. 280 neue Arbeitsplätze) sind nur zwei konkrete Beispiele hierfür.[19]

René Strothmann/Michael Sander Die Autoren sind Geschäftsführer der 4S-marketing GmbH, die auf die Entwicklung, Herstellung und Vermarktung von Kosmetikprodukten u. a. für Handelsunternehmen und Markenartikler spezialisiert ist. Seit fünf Jahren arbeitet 4S-marketing eng mit HSE 24 zusammen und zeichnet für zahlreiche Produkte im Bereich Beauty/Wellness verantwortlich.

IF YOU CAN DO IT HERE, YOU CAN DO IT EVERYWHERE

Anfang 2000 gründeten wir unser Unternehmen und verkauften nach dem „Avon-Prinzip" mit einem Netz an Beratern Kosmetik an Endkunden. Hierdurch um unmittelbare Eindrücke von der Vertriebsfront bereichert, sollte als nächster Expansionsschritt der Weg in den Stationärhandel folgen. Was im Wohnzimmer geht, wird doch auch in der Drogerie funktionieren!

Schnell mussten wir aber lernen, dass ohne starke Marke oder umfangreiche Werbespendings Listungen kaum zu erreichen sind. Selbst Präsentationstermine waren „im Handel" so gut wie nicht zu bekommen. Es begann die Analysephase. Unsere Stärke ist, komplette Produktlinien von der ersten Idee bis zur Marktreife zu entwickeln. Wo konnten wir sie am besten ausspielen? Wo findet sich im Spannungsfeld zwischen hohem Innovationsdruck,

---

19 Vgl. Pressemitteilungen von HSE 24 vom 16.12.04 bzw. QVC vom 11.04.05.

ehrgeiziger „time to market", kleinen bis mittleren Losgrößen und dem Anspruch nach hoher Preiswürdigkeit unsere unternehmerische Nische?

Nach Prüfung aller uns zur Verfügung stehenden Vertriebswege erwies sich das Teleshopping als nahezu ideal!

Wir erhielten die Chance, unsere Leistungsfähigkeit anhand spezieller Aufgabenstellungen für die erfolgreiche Eigenmarke *Christine Kaufmann Wellness Care* unter Beweis zu stellen. Es folgte die Einbindung in die gesamte Verpackungs- und Produktionsorganisation für die neue Linie *Special Care* – die Rezepturen entwickelt Christine Kaufmann mit einem eigenen Expertenstab.

Das Vertriebskonzept Teleshopping faszinierte und forderte uns. Nirgendwo sonst ist die Rückmeldung vom Markt so unmittelbar und unverfälscht wie im Teleshopping. Ob das neue Produkt bei den Kundinnen ankommt oder nicht – die Antwort steht nach ein paar Sendeminuten fest. Keine Chance, erst einmal „in Ruhe" die nächsten Nielsen-Zahlen abzuwarten.

Nirgendwo sonst lernt man so schnell, sich bei jeder Phase der Produktentwicklung in die Rolle des Konsumenten zu versetzen. Wenn bei einem Live Call-in gefragt wird, ob das Augenserum denn nun über oder unter der Nachtcreme aufgetragen wird, und ob eine kleinere Flasche für die Handtasche denn nicht viel praktischer sei, dann wird einem bewusst, dass Teleshopping eine der unmittelbarsten Möglichkeiten ist, wirkliches Marketing zu betreiben. Marketing also, als die vollständige Ausrichtung aller Unternehmensbereiche zur Befriedigung der Marktansprüche.

Deshalb kann nach unserer Einschätzung Teleshopping nicht nebenbei betrieben werden. Jederzeit über Trends in der Kosmetik informiert zu sein und Kundenwünsche in nur wenigen Wochen in neue Produkte umzusetzen, erfordert bei den Lieferanten Organisationsstrukturen, die vollumfänglich auf die Anforderungen des Teleshopping zugeschnitten sein müssen.

Wir haben daher mit den herkömmlichen Organisationsformen gebrochen und eine ausschließlich kunden- und projektzentralisierte „Fraktalorganisation" implementiert – kleine Teams aus 2–5 umfangreich qualifizierten Mitarbeitern betreuen ein Projekt von der Ideenfindung bis zur Lieferorganisation. Zum einen sichert dies extrem kurze Entscheidungswege und eröffnet die Möglichkeit, so flexibel wie irgend möglich im Kundensinne zu agieren. Zum anderen setzten die umfangreichen Kompetenzen und klaren Verantwortlichkeiten der

> Mitarbeiter ein so hohes Maß an Kreativität und Engagement frei, dass unsere Produktivität deutlich über dem Branchenschnitt liegt.
>
> In Organisation, Qualitätsanspruch und Marketing sind wir am Teleshopping gewachsen. Wir waren gezwungen, die gesamte Unternehmenskultur der schnellen Gangart des Fernsehverkaufs anzupassen – Ineffizienzen hatten so von Anfang an keinen Raum.
>
> Belohnt wurden unsere Bemühungen durch eine unvergleichliche Dynamik des Geschäftes, durch die wir in kurzer Zeit stark wachsen konnten. Schon im ersten Jahr der Zusammenarbeit wurden gemeinsam mit HSE 24 über 50 neue Produkte entwickelt und in den Markt gebracht, kaum eine Woche verging, in der wir nicht über neue Ideen und Pläne mit dem Einkauf von HSE 24 beraten haben. Derzeit beschäftigen wir 8 Mitarbeiter im Geschäftsfeld Teleshopping und erwirtschaften dort mit fast 100 verschiedenen Produkten einen erheblichen Teil unseres Umsatzes – das ist aber nur die vordergründige Betrachtung. Viel wichtiger ist: Teleshopping ist Fitness-Training für das ganze Unternehmen und hat unsere Leistungsfähigkeit sicher auch für andere Projekte erhöht.
>
> Teleshopping bedeutet für uns: *If you can do it here, you can do it everywhere.*

3.3 Kurzprofile der Teleshopping-Sender

Im Folgenden sollen die vier Sender HSE 24, QVC, RTL Shop und 1-2-3.TV jeweils in Form eines Kurzprofils mit den wichtigsten Leistungskennzahlen, ihrer bisherigen Geschäftsentwicklung und den von ihnen genutzten Kommunikationskanälen beschrieben werden. Eine Charakterisierung der Sender nach ihrer jeweiligen Produktstruktur, die wiederum in engem Zusammenhang mit inhaltlichen Aspekten steht, erfolgt über die hier getroffenen Aussagen hinaus in Abschnitt 4.4.4 (siehe auch exemplarische Programmpläne im Anhang A.2). Im Anhang A.1 sind außerdem die Gesellschafterstrukturen der einzelnen Sender dargestellt, die bei einer Betrachtung und Bewertung der Unternehmenshistorie sinnvollerweise zu berücksichtigen sind.

3.3.1 HSE 24

3.3.1.1 Geschäftsentwicklung und allgemeine Kenndaten

Im Dezember 1995 startete mit Home Order Television (H.O.T.) der erste bundesweite Sender, dessen Geschäftsmodell vollständig auf dem Verkauf von Waren und Dienstleistungen basierte. Der heutige Name HSE 24 ist im Februar 2004 aus dem früheren Ansatz der europäischen Teleshopping-Dachmarke Home Shopping Europe hervorgegangen und unterstreicht die Rund-um-die-Uhr-Serviceorientierung des neu positionierten Senders.

HSE 24 war gemessen am Nettoumsatz bis 2001 Marktführer unter den deutschen Teleshopping-Anbietern. In 2002 übernahm QVC diese Position, weil der Nettoumsatz von HSE 24 trotz kontinuierlichen Wachstums mit 288 Mio. Euro knapp hinter dem des Konkurrenten QVC (289 Mio. Euro) zurückblieb.

Tabelle 3: Kerninformationen zu HSE 24

Unternehmensdaten	
Anschrift	Home Shopping Europe AG Münchener Straße 101 h 85737 Ismaning
Sendestart/Relaunches	Oktober 1995/Mai 2001/Februar 2004
Break-Even	1999 (im vierten Geschäftsjahr)
Techn. Reichweite in HH (D/A/CH gesamt, ohne Fenster)	38,3 Mio. (davon 34,2 Mio. in Dtl.)
Leistungskennzahlen 2004	
Nettoumsatz	275 Mio. Euro
EBITDA	n/a (profitabel)*
Aktive Kunden	1,4 Mio.
Umsatz pro aktivem Kunden	196 Euro
Angenommene Anrufe/Tag	22.000 (Tagesrekord: 68.000)
Versendete Pakete/Tag	21.000 (Tagesrekord: 34.000)

Quelle: Senderangaben, Goldmedia

* HSE 24 kommuniziert aus Gesellschaftergründen (Konsolidierung bei IAC InterActiveCorp – NASDAQ: IACI) seit 2003 keine EBITDA-Zahlen mehr, ist aber nach eigenen Angaben seit 1999 nachhaltig profitabel.

[3 SITUATIONSANALYSE: TELESHOPPING IN DEUTSCHLAND]

Im Geschäftsjahr 2004 verzeichnete HSE 24 erstmals einen Umsatzrückgang. Die Hauptgründe hierfür lagen in umfangreichen Restrukturierungsmaßnahmen mit einer nunmehr klaren Konzentration auf den Kernmarkt Deutschland. Der Strategiewechsel weg von den Internationalisierungsplänen[20], welche zudem diverse Wechsel auf Managementebene nach sich zogen, hatte letztlich auch Auswirkungen auf das Markenbild: War die gesamte Kommunikation im Mai 2001 zunächst von H. O. T. Home Order Television auf den neuen Sendernamen Home Shopping Europe umgestellt worden, so wurde dieser bereits knapp drei Jahre später wieder verworfen. Nach dem Relaunch als

Abbildung 4: Umsatz- und Ergebnisentwicklung HSE 24 (in Mio. Euro)

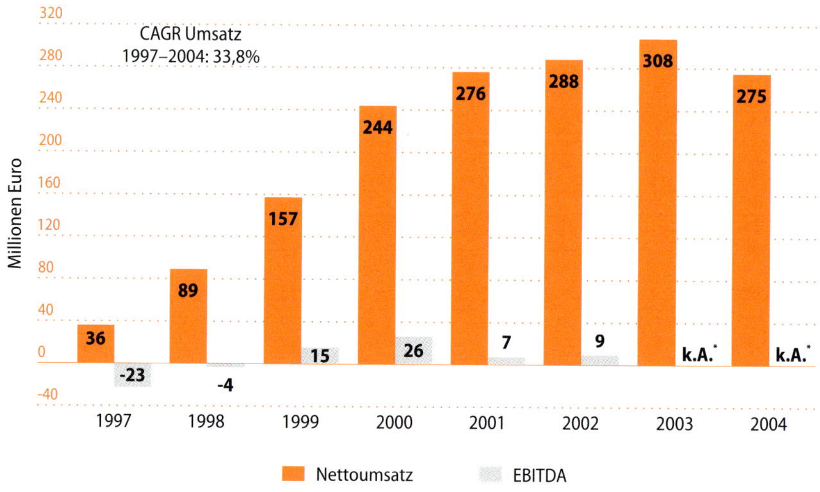

CAGR Umsatz 1997–2004: 33,8%

Jahr	Nettoumsatz	EBITDA
1997	36	-23
1998	89	-4
1999	157	15
2000	244	26
2001	276	7
2002	288	9
2003	308	k.A.*
2004	275	k.A.*

Quelle: Senderangaben

* HSE 24 kommuniziert aus Gesellschaftergründen (Konsolidierung bei IAC InterActiveCorp – NASDAQ: IACI) seit 2003 keine EBITDA-Zahlen mehr, ist aber nach eigenen Angaben seit 1999 nachhaltig profitabel.

---

20 Von 2000 bis 2001 waren von der Finanzholding hot networks AG in Italien, Großbritannien und Belgien eigenständige Home Shopping Europe-Ableger gegründet worden, die jedoch ihren Betrieb nach kurzer Zeit wieder einstellten bzw. an Wettbewerber verkauft wurden. Ursächlich dafür war u. a. die Insolvenz der KirchMedia, welche den Aufbau der Sender über firmeninterne Kredite finanziert hatte. Vgl. Pressemitteilung von HSN vom 25.10.02: HSN parent turns off Italy Shopping Channel.

HSE 24 kann der Markenauftritt nun jedoch als gefestigt angesehen werden. Zusätzliche Unsicherheiten rührten in 2004 aus der Erwartung eines Gesellschafterwechsels aufgrund der Restrukturierungen beim Anteilseigner Quelle AG. Dieser Wechsel wurde schließlich im Februar 2005 vollzogen: Der verbliebene 10,1-Prozent-Anteil der Quelle AG an der Home Shopping Europe AG wurde von der amerikanischen Home Shopping Network Inc. (HSN) übernommen, die damit nunmehr alleiniger Gesellschafter von HSE 24 ist (vgl. Anhang A.1).

Trotz der schwierigen internen Situation schloss der Sender 2004 das sechste Jahr in Folge mit einem positiven Betriebsergebnis ab. Die Gewinnzone hatte HSE 24 bereits im vierten Jahr nach Sendestart und damit deutlich schneller als der Wettbewerb erreicht. QVC benötigte sechs Jahre bis zum Break-Even, RTL Shop befand sich 2004 noch in der Verlustzone und rechnet mit dem ersten positiven Ergebnis 2005, im fünften Jahr der Geschäftstätigkeit (vgl. Abschnitte 3.3.2 f.).

Um künftig wieder deutliche Umsatzsteigerungen zu erreichen, wurde von HSE 24 in 2004 ein interner Maßnahmenkatalog mit verschiedenen Einzelprojekten entwickelt. Dieser schließt den Nachholbedarf in den Geschäftsprozessen und beinhaltet u. a. eine Verbesserung der Planungs- und Servicestrukturen, technologische Optimierungen, die Nachverhandlung sämtlicher großer Dienstleistungsverträge sowie spezielle Marketingaktionen wie *„Shoppen & Sparen"* und *„Joker der Woche"*.

Erste Erfolge dieser Anstrengungen sind bereits im vierten Quartal 2004 sichtbar geworden: Der Umsatz ist wieder auf Wachstumskurs, parallel wurden die Kostenstrukturen verbessert. Die positive Entwicklung mit deutlichen Umsatzsteigerungen gegenüber dem Vorjahr hat sich auch im ersten Halbjahr 2005 fortgesetzt.

Für den Betrieb seines Teleshopping-Programms arbeitet HSE 24 mit verschiedenen externen Dienstleistern zusammen. Dies betrifft vor allem die Prozesse der Bestellannahme und -abwicklung. Die komplette Betreuung der Kunden im Call Center, d. h. die Bearbeitung von bis zu 70.000 telefonischen Bestellanfragen pro Tag, liegt seit Sendestart in den Händen der Quelle.Contact GmbH & Co. KG. Fünf der deutschen Call Center des Unternehmens sind mit mehr als 1.100 Mitarbeitern allein für den Kunden HSE 24 tätig.[21] Im Bereich des Warenversands besteht eine enge Kooperationsvereinbarung mit der Post-Tochter DHL Fulfilment. Ab 2006 wickelt DHL die komplette Logistik von HSE 24 über ein eigens hierfür errichtetes Logistikzentrum mit 250 Mitarbeitern in

---

21 Die Zusammenarbeit von HSE 24 mit Quelle.Contact geht noch auf den früheren Gründungsgesellschafter Quelle zurück.

Greven ab, welches direkt an das dort bestehende Paketzentrum angeschlossen ist. Ein weiterer wichtiger Dienstleister für HSE 24 ist der TÜV Product Service, der – neben einem senderinternen Qualitätsmanagement – die Einhaltung hoher Qualitätsstandards für die Produkte des Teleshopping-Senders überwacht und hierfür ein exklusives Qualitätssiegel vergibt.

3.3.1.2 Programm und Kommunikationskanäle

19 Moderatoren führen bei HSE 24 durch die verschiedenen, wie bei allen Sendern jeweils einstündigen Verkaufsshows. Das Programm wird rund um die Uhr gesendet, der Liveanteil ist jedoch aus Kosten-/Nutzen-Erwägungen heraus auf 16 Programmstunden beschränkt. Die Verbreitung des 24-Stunden-Kanals erfolgt analog und digital über Satellit ASTRA, bundesweit im Kabel sowie über die wichtigsten Kabelnetze in Österreich und der Schweiz.[22] Damit verfügt der Sender über eine technische Reichweite von 38,3 Mio. deutschsprachigen Haushalten, davon 34,2 Mio. in Deutschland.

Abbildung 5: Screenshot einer Verkaufssendung bei HSE 24

Quelle: HSE 24

---

[22] HSE 24 wird als einziger der deutschen Teleshopping-Sender in den Schweizer Kabelnetzen verbreitet.

Seit März 2001 strahlt HSE 24 Teleshopping-Fenster auf Sat.1 und Kabel 1 aus – beides Sender der ProSiebenSat.1 Media AG. Vorrangiges Ziel der Fensterprogramme ist es, die Bekanntheit der Marke HSE 24 zu steigern und Neukunden zu gewinnen.

Tabelle 4: Fensterprogramme von HSE 24

Sender	Wochentage	Uhrzeit*	Sendestunden pro Woche
Sat.1	Montag bis Freitag	02.00–03.00 09.00–10.00	10
Kabel 1	Montag bis Freitag	03.00–04.00	12
	täglich	07.30–08.30	

Quelle: Senderangaben

* Sendezeiten variieren je nach Programmplanung, daher Cirka-Angaben

Frauenthemen, allen voran die Produktbereiche Beauty und Wellness sowie Schmuck, bilden den inhaltlichen Schwerpunkt des Programms von HSE 24. Entsprechend sind 70 Prozent der Kunden weiblich. Das Senderimage insgesamt ist dabei sehr stark durch die Eigen- und Exklusivmarken in diesen Segmenten – z. B. *Christine Kaufmann* und *Udo Walz* – geprägt. (Siehe weiterführend zur Produktstruktur Abschnitt 4.4.4)

Der Vertriebskanal Fernsehen wird ergänzt durch den Online-Shop: Die Internetadresse *www.hse24.de* wird während der Verkaufssendungen als alternative Bestellmöglichkeit neben der Telefon-Hotline eingeblendet und zudem in Trailern als Vertriebsplattform offensiv beworben. Der Erlösbeitrag des Online-Shops wächst seit 2001 um jährlich etwa 50 Prozent. In 2004 lag der Umsatzanteil des E-Commerce-Geschäfts bereits bei rund 10 Prozent oder 26 Mio. Euro. Das Internet spielt bei HSE 24 aber nicht nur als Umsatzbringer, sondern vor allem für die Neukundengewinnung eine wichtige Rolle. So tätigten 15 Prozent aller Neukunden 2004 ihren ersten Kauf im Online-Shop, insgesamt waren rund 40 Prozent der Online-Besteller Neukunden. Zudem eignet sich das Internet hervorragend als Dialogmedium, mit dem z. B. über Neuerungen in Programm und Sortiment informiert werden kann. Per E-Mail kann HSE 24 jederzeit mehrere 100.000 seiner Kunden erreichen.

Zusätzliche Instrumente, die HSE 24 für Kommunikation und/oder Vertrieb nutzt, sind:

- das monatliche Kundenmagazin mit Geschichten über die Moderatoren, dem HSE 24-Programm für den ganzen Monat sowie einigen Produkthighlights;
- Mailings, Paketbeilagen, Coupons und
- der Teletext.

Darüber hinaus führt der Sender eine Reihe von teilweise individualisierten Dialogmarketing-Maßnahmen durch, die jeweils auf ausgewählte Kundengruppen fokussiert sind. So kann u. a. per Postkarte, E-Mail oder SMS auf Sendungen, Produktpremieren oder Tagesangebote hingewiesen werden, die für den jeweiligen Kunden mit hoher Wahrscheinlichkeit von Interesse sind (siehe hierzu auch Abschnitt 7.8).

3.3.2 QVC Deutschland

3.3.2.1 Geschäftsentwicklung und allgemeine Kenndaten

QVC startete 14 Monate nach HSE 24, im Dezember 1996, in den deutschen Teleshopping-Markt. Die drei Buchstaben des Firmennamens stehen für *Quality, Value* und *Convenience* als Kernelemente der Unternehmensphilosophie. Um diese umzusetzen, verfolgt QVC Deutschland – anders als seine Wettbewerber – eine Strategie des autarken Unternehmens, welche eine weitreichende Unabhängigkeit von Drittfirmen ermöglicht: QVC kontrolliert alle Stufen des Teleshopping-Ablaufs von der Sendungsproduktion bis zur Bestellabwicklung selbst (siehe auch Anhang A.1.2).

Im Geschäftsjahr 2002 konnte QVC die Marktführerschaft in Deutschland knapp übernehmen und verzeichnete erstmals ein positives Betriebsergebnis. Mit einem Nettoumsatz von 516 Mio. Euro erreichte das Unternehmen in 2004 einen Marktanteil von rund 59 Prozent. Während die geschäftliche Entwicklung beim Teleshopping-Pionier HSE 24 durch diverse Gesellschafter- und Managementwechsel sowie Neupositionierungen gebremst worden ist, konnte QVC seit dem Sendestart von beständigen Führungsstrukturen und einer stringenten Markenkommunikation profitieren. Im Teleshopping-Geschäft, das langfristige strategische Planung und sehr viel Detailarbeit zur Optimierung der Prozesse erfordert, brachte dies dem Sender zuletzt klare Vorteile gegenüber den Wettbewerbern.

[3 SITUATIONSANALYSE: TELESHOPPING IN DEUTSCHLAND]

Tabelle 5: Kerninformationen zu QVC Deutschland

Unternehmensdaten	
Anschrift	QVC Deutschland GmbH Rheinstudios, Plockstraße 30 40221 Düsseldorf
Sendestart	Dezember 1996
Break-Even	2002 (im sechsten Geschäftsjahr)
Techn. Reichweite in HH (D/A/CH gesamt, ohne Fenster)	35,7 Mio. (davon ca. 33 Mio. in Dtl.)
Leistungskennzahlen 2004	
Nettoumsatz	516 Mio. Euro
EBITDA	74,6 Mio. Euro
Aktive Kunden	n/a
Umsatz pro aktivem Kunden	n/a
Angenommene Anrufe/Tag	54.000
Versendete Pakete/Tag	30.000

Quelle: Senderangaben, Goldmedia

Seit Markteintritt verzeichnete QVC eine durchschnittliche jährliche Steigerungsrate von 73 Prozent beim Nettoumsatz. In den Jahren 2002 bis 2004 war das Wachstum mit jeweils rund 30 Prozent gegenüber dem Vorjahr bemerkenswert stabil. Für 2005 ist erneut ein zweistelliges Umsatzplus avisiert.[23] Nach einer langen Aufbauphase wächst auch das EBITDA des Senders kontinuierlich. Dies zeigt, dass die konsequente Strategie der Bündelung aller wesentlichen Geschäftsprozesse im eigenen Unternehmen bzw. in Tochtergesellschaften richtig war.

Lediglich in einem wichtigen Bereich, nämlich bei der Auslieferung der Pakete an die Kunden, arbeitet QVC mit einem externen Dienstleister zusammen, weil die Zustellung nicht sinnvoll selbst realisiert werden kann: Seit Oktober 2004 besteht hier eine Kooperation mit der Hermes Logistikgruppe.

---

23 Im ersten Halbjahr 2005 erwirtschaftete QVC Deutschland einen Nettoumsatz von 295,2 Mio. Euro, rund 18 Prozent mehr als im Vorjahreszeitraum. Das EBITDA wuchs dabei um rund 28 Prozent. Vgl. Pressemitteilung von QVC vom 08.08.05.

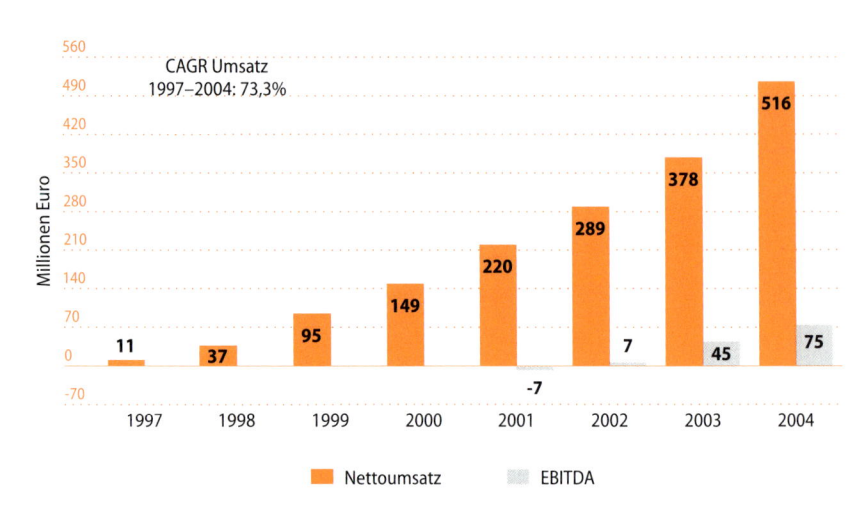

Abbildung 6: Umsatz- und Ergebnisentwicklung QVC Deutschland (in Mio. Euro)

	1997	1998	1999	2000	2001	2002	2003	2004
Nettoumsatz	11	37	95	149	220	289	378	516
EBITDA					-7	7	45	75

CAGR Umsatz 1997–2004: 73,3%

Quelle: Senderangaben

3.3.2.2 Programm und Kommunikationskanäle

Als einziger der vier Teleshopping-Sender produziert QVC sein Programm rund um die Uhr live. Die Voraussetzungen hinsichtlich der technischen Reichweite sind vergleichbar mit denen von HSE 24: Das Programm ist analog und digital über ASTRA sowie in den meisten Kabelnetzen empfangbar, so dass in Deutschland praktisch eine Vollverbreitung in den Haushalten gegeben ist. Kabelverbreitung besteht darüber hinaus auch in einigen regionalen Kabelnetzen in Österreich. In der Schweiz ist QVC jedoch ausschließlich via Satellit zu empfangen.

Fensterprogramme spielen bei QVC eine untergeordnete Rolle. Dies ist sicherlich der Tatsache geschuldet, dass QVC anders als HSE 24 und RTL Shop keine Verbindungen zu einer der beiden großen privaten Senderfamilien aufweist. Das Teleshopping-Programm wird lediglich zeitpartagiert auf der Frequenz des Ballungsraumsenders Hamburg1 ausgestrahlt.[24]

---

24 Das Programm von QVC läuft hier täglich von 09:00 bis 15:00 Uhr. Dies entspricht 42 Sendestunden pro Woche.

Abbildung 7: Screenshot einer Verkaufssendung auf QVC

Quelle: QVC Deutschland

In den ersten Jahren seines Bestehens lag ein deutlicher Schwerpunkt von QVC auf dem Produktbereich Schmuck. Inzwischen hat sich dieser Fokus etwas verlagert, das Segment Mode hat erheblich an Bedeutung gewonnen. Verschiedene weitere Produktkategorien fasst QVC unter dem Oberbegriff *Home* zusammen, auf den beinahe die Hälfte des Umsatzes entfällt. Insgesamt werden durch die Sortimentszusammensetzung und die Präsentationsweise überwiegend weibliche Kunden angesprochen. Deren Anteil liegt ähnlich wie bei HSE 24 bei rund zwei Dritteln. (Siehe weiterführend zur Produktstruktur Abschnitt 4.4.4)

Stärker als die Wettbewerber setzt QVC auf Events bzw. themenbezogene Specials in seinem TV-Programm. So steht nicht nur jede Programmwoche unter einem bestimmten Thema – z. B. die „QVC-Modewoche" –, sondern es finden sich beinahe täglich mehrstündige Sendungs-Specials wie das „Festival der Edelsteine" oder die „QVC Bastelparty". Im Zusammenhang mit bestimmten Sendungen oder Produktlinien wird regelmäßig auf Jubiläen hingewiesen.[25] Besonders deutlich wird die Event-Orientierung von

---

25 z. B. *250. Show* oder *3. Jahrestag*

QVC an Aktionen wie „Weihnachten im Juli", bei denen einen ganzen Tag lang nur ein relativ eng begrenztes Thema bedient wird.

Der Online-Shop www.qvc.de wurde im März 2002 – mehr als fünf Jahre nach Start des TV-Kanals – gelauncht. Seitdem besteht die Möglichkeit, das aktuelle Produktsortiment online abzurufen und sich über TV-Programm und Service zu informieren. Mit einem Erlösbeitrag von rund 31 Mio. Euro oder sechs Prozent des Gesamtumsatzes ist die Bedeutung des E-Commerce-Geschäfts allerdings vergleichsweise gering. Dies lässt sich u. a. auf die Altersstruktur der QVC-Besteller(innen) zurückführen.

Weitere von QVC genutzte Vertriebs- und Kommunikationskanäle sind:

- ein 14-tägiges TV Magazin, welches jeder Warensendung beiliegt;
- der Teletext und
- Outlet-Stores in Neuss und Hückelhoven, in denen vor allem Restposten zu stark gesenkten Preisen verkauft werden.

3.3.3 RTL Shop

3.3.3.1 Geschäftsentwicklung und allgemeine Kenndaten

Der jüngste der drei klassischen Teleshopping-Anbieter in Deutschland nahm den Sendebetrieb über einen eigenen TV-Kanal im März 2001 auf, vorangegangen war eine Testphase mit Verkaufssendungen auf RTL. Nach rund vier Jahren am Markt erreichte RTL Shop in 2004 einen Anteil von rund neun Prozent am gesamten Branchen-Umsatz. Der Nettoumsatz des Senders lag im Geschäftsjahr 2004 bei 80 Mio. Euro und ist damit gegenüber dem Vorjahr um zwölf Prozent zurückgegangen. Als Gründe hierfür nennt das Unternehmen juristische Probleme in bestimmten Produktbereichen sowie den Wegfall von verschiedenen Programmfenstern.

Bemerkenswert ist, dass die von RTL Shop neben dem Nettoumsatz ausgewiesene Bruttonachfrage seit 2001 kontinuierlich gestiegen ist. Auch 2004 zeigte sich hier eine – wenn auch geringe – Steigerung gegenüber dem Vorjahr.[26] Dem steht ein Umsatzrückgang gegenüber, d.h. das Netto-Brutto-Verhältnis hat sich von 2003 auf 2004 spür-

---

26 Nach Angaben von RTL Shop ist die Bruttonachfrage von 148,8 Mio. Euro in 2003 auf 152,2 Mio. Euro in 2004 gestiegen.

Tabelle 6: Kerninformationen zu RTL Shop

Unternehmensdaten	
Anschrift*	RTL Shop GmbH Am Coloneum 1 50829 Köln
Sendestart	März 2001
Break-Even (geplant)	2005 (im fünften Geschäftsjahr)
Techn. Reichweite in HH (D/A/CH gesamt, ohne Fenster)	ca. 20 Mio. (davon ca. 18 Mio. in Dtl.)
Leistungskennzahlen 2004	
Nettoumsatz	80 Mio. Euro
EBIT	−2,9 Mio. Euro
Aktive Kunden (2003)**	1,04 Mio.
Umsatz pro aktivem Kunden (2003)**	87,50 Euro
Angenommene Anrufe/Tag (2003)**	4.900
Versendete Pakete/Tag (2003)**	4.400

Quelle: Senderangaben, Goldmedia

* Im Juni 2005 kündigte RTL Shop den Umzug von Sendebetrieb und Verwaltung nach Hannover für 2006 an.
** Daten für das Geschäftsjahr 2004 wurden nicht kommuniziert.

bar verschlechtert. Konnten in den ersten drei Geschäftsjahren jeweils rund 60 bis 64 Prozent der Bruttonachfrage in Nettoumsatz umgewandelt werden, so waren es in 2004 nur noch 52 Prozent. Dies kann z. B. auf einen gestiegenen Versandkostenanteil – d. h. letztlich auf einen gesunkenen Durchschnittsbon –, aber auch auf eine ungünstige Entwicklung der Retourenquote hindeuten.

Von Beginn an profitierte RTL Shop vom positiven Imagetransfer der Sendermarke RTL. Dies ermöglichte einen relativ schnellen Anstieg der Kundenbasis und eine hohe Markenbekanntheit. Dennoch arbeitete der Sender zuletzt noch nicht profitabel – der in 2004 erwirtschaftete Verlust betrug 2,9 Mio. Euro. Der Break-Even war ursprünglich für das Geschäftsjahr 2004 avisiert, die Planungen mussten jedoch auf 2005 verschoben werden. Nichtsdestotrotz konnten die Verluste bisher kontinuierlich verringert werden.

Die Struktur von RTL Shop ist geprägt durch die Einbindung in das Konzerngeflecht um RTL, viele Prozesse sind ganz oder teilweise externalisiert. So werden die Bereiche

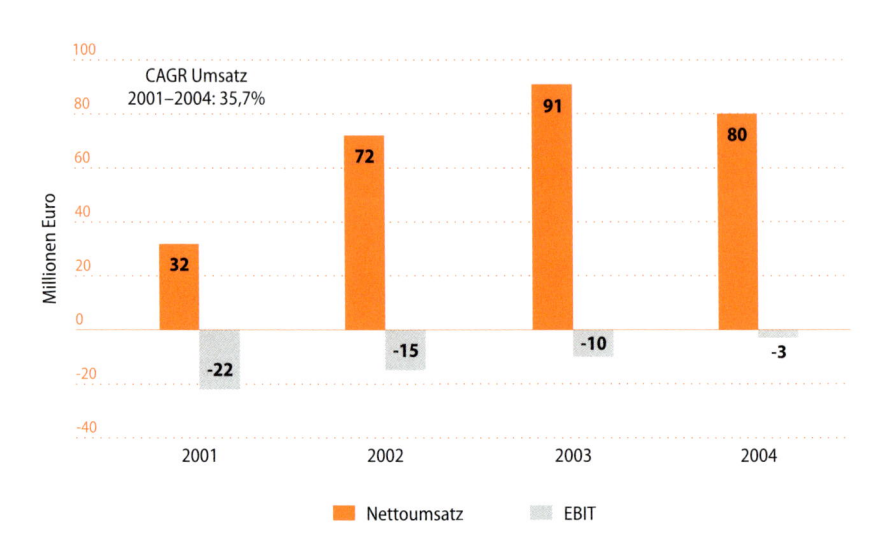

[3 SITUATIONSANALYSE: TELESHOPPING IN DEUTSCHLAND]

Abbildung 8: Umsatz- und Ergebnisentwicklung RTL Shop (in Mio. Euro)

CAGR Umsatz 2001–2004: 35,7%

Jahr	Nettoumsatz	EBIT
2001	32	-22
2002	72	-15
2003	91	-10
2004	80	-3

Quelle: Senderangaben

TV-Technik und Fulfilment von Dienstleistern betreut, die zur RTL Group bzw. zum Bertelsmann-Konzern gehören: Produziert wird in den Studios der Magic Media Cologne. Bestellannahme, Auslieferung, Abrechnung und weitere Kundenbetreuung liegen in den Händen der Bertelsmann Services Group, die dafür zum Sendestart zwei Logistik Service Center in Münster und Dortmund bereitstellte.

3.3.3.2 Programm und Kommunikationskanäle

RTL Shop produziert werktags acht Stunden Live-Programm in der Zeitschiene von 12 bis 14 und von 16 bis 20 Uhr. Am Wochenende beginnt die Live-Ausstrahlung zwei Stunden früher und endet zwei Stunden später, so dass samstags und sonntags jeweils zwölf Stunden live gesendet wird. In der Abend- und Nachtschiene sowie morgens besteht das Programm zum Teil aus Wiederholungen mit den erfolgreichsten Produkten, zum Teil aus Infomercials von Drittanbietern.

Hinsichtlich Programmgestaltung und Kundenansprache unterscheidet sich RTL Shop von HSE 24 und QVC, weil unterhaltende Elemente insgesamt ein größeres Gewicht haben. Der Stil der Moderation zeigt deutlich, dass Teleshopping hier stärker (auch) als TV-Entertainment verstanden wird. Chefmoderator Walter Freiwald hatte die Präsenta-

Abbildung 9: Screenshot einer Verkaufssendung auf RTL Shop

Quelle: RTL Shop

tionsweise in der Vergangenheit gern mit dem Kunstwort „Entersalesment" charakterisiert. Ein Grund für diese spezifische Ausrichtung von RTL Shop liegt in der Zugehörigkeit zur Dachmarke RTL, durch die naturgemäß bestimmte inhaltliche Erwartungen auf Seiten des Publikums bestehen. Zudem sollen im Vergleich zu HSE 24 und QVC männliche sowie jüngere Zielgruppen in stärkerem Maße angesprochen werden. Dies findet auch Ausdruck darin, dass die Produktkategorie Hartwaren[27] den klaren Sortimentsschwerpunkt bildet, sowie darüber hinaus in besonderen Programmformaten wie dem bis 2004 produzierten „Auktionsshop".[28]

---

27 Die Kategorie Hartwaren umfasst im Wesentlichen Artikel aus den Bereichen Elektronik & Multimedia sowie Küche & Haushalt. (Siehe weiterführend zur Sortimentsstruktur Abschnitt 4.4.4)

28 Im unterhaltungslastigen „Auktionsshop", der in einem dreiwöchentlichen Rhythmus gesendet wurde, konnten die Zuschauer in jeweils sechsminütigen Auktionen Artikel ersteigern. Das Konzept ähnelte sehr stark dem heute von 1-2-3.TV angewandten Verkaufsprinzip. Offenbar war das Format erfolgreich, denn die Sendezeit wurde kurz nach der Premiere von zwei auf drei Stunden erhöht. Außerdem wurde eine zweite Auktionssendung mit dem Fokus auf Schmuck gestartet. Dennoch stellte RTL Shop den „Auktionsshop" im Februar 2004 mit Verweis auf die Verlängerung der Live-Sendezeiten im Kernprogramm ein.

[3 SITUATIONSANALYSE: TELESHOPPING IN DEUTSCHLAND]

Die technische Reichweite des TV-Kanals beträgt über Satellit ASTRA (analog und digital) 15,2 Mio. Haushalte in Deutschland sowie weitere 2,1 Mio. Haushalte in Österreich und der Schweiz.[29] In den (maßgeblichen) analogen Kabelnetzen verfügt RTL Shop bislang lediglich über eine lückenhafte Verbreitung: Der Sender erreicht auf diesem Wege insgesamt rund 3 Mio. Haushalte. Die Direktreichweite von RTL Shop liegt damit bei nur knapp über der Hälfte der deutschen TV-Haushalte, während HSE 24 und QVC in der Bundesrepublik nahezu flächendeckend empfangbar sind. Die mangelnde Kabelverbreitung rührt vom späten Start des Senders und von seiner Stellung als 3rd Mover her: Die knappen Kapazitäten im analogen Kabel erlauben in den meisten Netzen die analoge Einspeisung von höchstens zwei Teleshopping-Kanälen. Dieses Kontingent wird in der Regel bereits von den größeren Wettbewerbern ausgeschöpft.[30]

Teilweise kompensiert wird dieser Reichweiten-Nachteil durch die Belegung von Fensterprogrammen auf nationalen Sendern der RTL Group sowie auf einer Vielzahl von regionalen und lokalen TV-Sendern.[31] Von erheblicher Bedeutung sind die Fenster auf den verbundenen Sendern RTL, VOX und n-tv, auf die im Geschäftsjahr 2002 nach Unternehmensangaben etwa die Hälfte des Gesamtumsatzes von RTL Shop entfiel. Die einzelnen Verkaufssendungen sind dabei unterschiedlich ausgerichtet und nehmen jeweils Bezug auf das Programmumfeld und die Zuschauergruppen der belegten Sender. So wird auf VOX ein Familien-orientiertes Best-Of-Angebot ohne Schmuck und Sammelobjekte präsentiert, der *„Trendshop"* auf dem Nachrichtensender n-tv richtet sich eher an Männer und deckt vorwiegend Produktbereiche wie Elektronik, Heimwerken und Finanzdienstleistungen ab.[32]

---

29 Weder in Österreich noch in der Schweiz wird RTL Shop im Kabel verbreitet.

30 Dennoch konnte RTL Shop seine Reichweite im analogen Kabel im ersten Halbjahr 2005 deutlich steigern und ist nun in Hessen und Niedersachsen flächendeckend zu empfangen. Allerdings muss der Sender inzwischen auch mit dem Anbieter 1-2-3.TV um Übertragungskapazitäten konkurrieren, der u. a. aufgrund seines besonderen Verkaufsmodells Vorteile bei der Kabeleinspeisung genießt. (Siehe hierzu Abschnitt 3.3.4.2)

31 Zum Zeitpunkt der Drucklegung dieses Buches war RTL Shop auf insgesamt 16 Regionalsendern mit Fensterprogrammen vertreten, meist täglich in der Zeit von 10 bis 14 Uhr. (Siehe hierzu auch Abschnitt 7.6.2.2)

32 2004 musste RTL Shop erhebliche Einbußen bei der Fensterverbreitung hinnehmen: Rund 45 wöchentliche Programmstunden – beinahe zwei Drittel des Fenstervolumens zum damaligen Zeitpunkt – fielen insbesondere durch die Einstellung des Senders Onyx und durch Programmveränderungen bei NBC weg.

Tabelle 7: Fensterprogramme von RTL Shop (national)

Sender	Wochentage	Uhrzeit*	Sendestunden pro Woche
RTL	Montag bis Freitag	04:00–04:55 08:05–09:00	rd. 12
	Samstag	07:00–08:00	
	Sonntag	06:20–07:20	
VOX	Dienstag bis Freitag	05:30–06:00	4
	Samstag	07:30–08:00	
	Sonntag	04:00–05:00 07:30–08:00	
n-tv	Montag	01:15–01:55	rd. 4
	Dienstag bis Freitag	zwischen 03:15–06:00 jede ½ Std./je 15 Min.	
	Samstag	11:15–11:55	
	Sonntag	01:15–01:55 11:15–11:55	
NBC	Samstag bis Sonntag	14:00–17:00	6

Quelle: Senderangaben

* Sendezeiten variieren je nach Programmplanung, daher Cirka-Angaben

Wie die Wettbewerber betreibt auch RTL Shop einen Online-Shop – www.rtlshop.de –, in dem Produkte aus dem TV-Sortiment erhältlich sind. Darüber hinaus nutzt das Unternehmen eine breite Palette an zusätzlichen Vertriebs- und Kommunikationskanälen, von denen besonders der gedruckte Katalog hervorzuheben ist. Seit Oktober 2004 erhalten ausgewählte Bestandskunden des Senders, als Erweiterung des bisherigen Programmhefts, einen Warenkatalog, über den sie Produkte bestellen können. Um einer der größten Schwächen des Teleshopping beizukommen – der fehlenden Anfassmöglichkeit der Produkte vor dem Bestellen –, vereinbarte RTL Shop im Dezember 2002 eine Kooperation mit der REWE Handelsgruppe. In deren bundesweit rund 60 SB-Warenhäusern der Marke *toom* findet sich eine monatlich wechselnde Produktauswahl aus dem RTL Shop-Sortiment. Den Kunden soll darüber die Möglichkeit gegeben werden, sich selbst ein Bild von den Produkten und von deren Qualität zu machen.

Weitere von RTL Shop genutzte Vertriebs- und Kommunikationskanäle sind:

- der Teletext mit einem Angebot an kostenpflichtigen Service-Hotlines;
- das zweimonatlich erscheinende Club-Magazin des Muttersenders RTL sowie
- Newsletter und andere Dialogmarketing-Maßnahmen im Online-Bereich.

3.3.4 1-2-3.TV

3.3.4.1 Geschäftsentwicklung und allgemeine Kenndaten

Neun Jahre nach dem ersten „konventionellen" Teleshopping-Anbieter startete im Oktober 2004 der Sender 1-2-3.TV mit einem auf dem Auktionsprinzip basierenden Geschäftsmodell. Dabei können die Zuschauer nach einmaliger Registrierung den Preis der präsentierten Produkte selbst bestimmen, indem sie telefonisch oder im Internet Kaufgebote abgeben.[33] Nachdem RTL Shop diese Art des Produktverkaufs in mehreren Ausgaben seines *„Auktionsshop"* getestet hatte, ist 1-2-3.TV der erste Sender in Deutschland, der sich ausschließlich hierauf konzentriert. Das Unternehmen wurde von zwei früheren HSE24-Managern gegründet und ist Venture Capital finanziert. Vorbild ist der britische Anbieter sit-up Ltd, der mit den Auktionskanälen bid tv und price-drop.tv seit Oktober 2000 bzw. Juni 2003 auf Sky Digital erfolgreich ist.

Abgesehen von Planzahlen für die registrierten Teilnehmer und die aktiven Kunden hat 1-2-3.TV bis Juli 2005 keine konkreten Daten zur Geschäftsentwicklung veröffentlicht.[34] Bereits im dritten Geschäftsjahr, 2006, soll jedoch bei einem geplanten Umsatz von rund 100 Mio. Euro und 500.000 Kunden die Gewinnzone erreicht werden.

Um diese ehrgeizigen Ziele zu verwirklichen, setzt der Sender auf ein konsequentes Kostenmanagement und nutzt gezielt Überkapazitäten bspw. bei der Programmdistri-

---

33 Das Management von 1-2-3.TV spricht bezüglich des Verkaufsprinzips ausdrücklich von Aktionen statt Auktionen, da juristisch gesehen keine Versteigerung, sondern ein Verkauf zum höchsten bzw. frühesten Gebot stattfindet.

34 Die Geschäftsführung von 1-2-3.TV ging im Juli 2005 davon aus, dass sich bis November 2005 etwa 197.500 Personen bei dem Sender registriert haben werden. Die Zahl der tatsächlichen Kunden – die also zwischen Oktober 2004 und November 2005 erfolgreich an Auktionen von 1-2-3.TV teilgenommen haben – wurde mit etwa 107.000 Personen erwartet. Im April 2005 hatte die Zahl der Registrierungen bei rund 80.000 gelegen.

Tabelle 8: Kerninformationen zu 1-2-3.TV

Unternehmensdaten	
Anschrift	1-2-3.TV GmbH Medienallee 24 85774 Unterföhring
Sendestart	Oktober 2004
Break-Even (geplant)	2006 (im dritten Geschäftsjahr)
Techn. Reichweite in HH (D/A/CH gesamt, ohne Fenster)	ca. 25 Mio. (davon ca. 23 Mio. in Dtl.)
Leistungskennzahlen 2005	
Aktive Kunden (Plang. November 2005)	ca. 107.000
Paketaussendungen/Tag (Plang. November 2005)	ca. 6.000

Quelle: Senderangaben, Goldmedia

bution. Die Kosten für das Programm lassen sich auf diese Weise soweit reduzieren, dass sie je Minute bei nur noch 25–35 Prozent der Kosten eines klassischen Teleshopping-Senders liegen. Gleichzeitig muss 1-2-3.TV jedoch mit spürbar geringeren Margen auskommen. Aufgrund des Auktionsmodells liegen diese um etwa 10–20 Prozentpunkte niedriger als z.B. bei HSE 24 und QVC.

Im Bereich der Bestellabwicklung kooperiert 1-2-3.TV ebenso wie HSE 24 mit Quelle.Contact (Call Center) und DHL Fulfilment (Logistik). Nur Kernprozesse wie Wareneinkauf, Sendeplanung und Produktion sind im Unternehmen selbst konzentriert. Insgesamt sind die Geschäftsabläufe bei 1-2-3.TV durch einen vergleichsweise hohen Automatisierungsgrad gekennzeichnet, der sich aus den Besonderheiten des Verkaufsprinzips ergibt: So ist das Call Center lediglich zur Annahme von Registrierungen erforderlich, weil das Mitbieten über eine IVR-Plattform erfolgt.[35] Die Logistik lässt sich dadurch deutlich vereinfachen, dass jede erfolgreiche Bestellung einzeln fakturiert und verschickt wird – eine aufwändige Kommissionierung entfällt.

---

35 IVR steht für „Interactive Voice Response". Im konkreten Fall werden nach Registrierung alle telefonischen Gebote über die Telefontastatur eingegeben und bestätigt. Sämtliche Eingaben werden per Computer erfasst und verarbeitet, so dass ein kostenintensiver Personaleinsatz in den Call Centern weitgehend entfällt.

3.3.4.2 Programm und Kommunikationskanäle

Das Programm von 1-2-3.TV wird über Satellit ASTRA (analog und digital) ausgestrahlt und erreicht hierüber 15,2 Mio. Haushalte in Deutschland.[36] Zusätzlich konnte der Sender seine technische Reichweite im analogen Kabel binnen weniger Monate auf rund 7,5 Mio. Haushalte steigern. Eine Einspeisung erfolgt durch den Kabelnetzbetreiber ish in Nordrhein-Westfalen (08:00 bis 18:00 Uhr) sowie durch Kabel Deutschland in Bayern, Berlin und Hamburg (jeweils nachts bzw. vormittags). Insgesamt erreicht 1-2-3.TV damit 23 Mio. oder zwei Drittel der Haushalte in Deutschland auf direktem Wege – mehr als RTL Shop.[37] Haushalte in Österreich und der Schweiz können das Programm zwar über ASTRA empfangen, sind aber bislang aus rechtlichen Gründen von einer Registrierung und damit von der Auktionsteilnahme ausgeschlossen.

1-2-3.TV sendete anfangs 10 Stunden pro Tag live, weitete den Live-Anteil aber bereits nach sechs Monaten auf 18 Stunden aus. Seit April 2005 gestalten zwölf Moderatoren das Programm zwischen 8 Uhr morgens und 2 Uhr nachts, in den übrigen Zeiten werden überwiegend DRTV-Spots und Telefonmehrwertdienste-Angebote von Dritten ausgestrahlt. Eine Besonderheit ist hier, dass Programmwiederholungen oder Zusammenschnitte, bspw. von Best-Of-Produkten, nicht sinnvoll möglich sind: Der Produktverkauf kann ausschließlich live stattfinden, weil das Gebotsverfahren ein direktes Feedback an die Nutzer erfordert.[38]

Prinzipiell kommen bei 1-2-3.TV zwei verschiedene *„Aktionstypen"* zum Einsatz:

- Bei der *1-Euro-Aktion* wird jedes Produkt ca. fünf Minuten lang präsentiert. Während dieser Zeit können die Zuschauer telefonisch Gebote abgeben, indem sie den Gebotsbetrag auf ihrer Telefontastatur eintippen und mit der Raute-Taste bestätigen. Es ist jeweils eine begrenzte Anzahl jedes Artikels verfügbar (in der

---

36 Der analoge Satellitentransponder wurde zu günstigen Konditionen übernommen vom öffentlich-rechtlichen Landesprogramm RBB, nachdem durch die Fusion von ORB und SFB vorübergehend eine Doppelverbreitung dieses Programms gegeben war.

37 1-2-3.TV genießt gegenüber RTL Shop möglicherweise Vorteile bei Belegungsentscheidungen, weil der Sender sich als besonders innovativ positioniert und sein Verkaufsprinzip sich von den klassischen Teleshopping-Sendern abhebt. (Siehe prinzipiell zur Erlangung von Übertragungskapazitäten im Kabel Abschnitte 6.2.5.1 f.)

38 Denkbar ist zwar die automatisierte Kombination von aufgezeichneten Produktpräsentationen mit den live einlaufenden Kaufgeboten, allerdings würde sich das Feedback dann auf die Verkaufsgrafik beschränken und der Moderator könnte auf die jeweilige Situation nicht eingehen.

Abbildung 10: Screenshot einer Verkaufssendung auf 1-2-3.TV (1-Euro-Aktion)

Quelle: 1-2-3.TV

Regel maximal 30 Stück), der Startpreis liegt immer bei 1 Euro. Werden bspw. zehn Stück eines Artikels angeboten, dann erhalten nach Ablauf der Produktpräsentation die zehn meistbietenden Kunden den Zuschlag, wobei alle den niedrigsten Preis zahlen, d.h. maßgeblich ist der Zuschlagspreis des letzten erfolgreichen Bieters.

- *Preissturz-Aktionen* funktionieren umgekehrt: Das Produkt wird zunächst zum Marktpreis bzw. UVP[39] angeboten. In festgelegten Zeitabständen reduziert sich der Preis um jeweils den gleichen Betrag. Den Zuschlag erhalten alle Zuschauer, die rechtzeitig bieten, bevor alle Exemplare des Artikels verkauft sind. Auch hier zahlen alle den Preis des letzten erfolgreichen Bieters.

Es ist davon auszugehen, dass – unabhängig von den angebotenen Produkten – für die Nutzer von 1-2-3.TV auch die Unterhaltung und die Spannung, die aus der Teilnahme an den Aktionen erwächst, eine wichtige Rolle spielt. Ein besonderer Effekt ergibt sich zudem durch die Wahrnehmung, aktiv „im Fernsehen dabei" zu sein, da die Nicknames

---

39 Unverbindliche Preisempfehlung des Herstellers

der einzelnen Bieter während und nach der Produktpräsentation eingeblendet werden bzw. der Moderator Bieter sogar gezielt ansprechen kann.

Der Kommunikationskanal Internet ist für den Auktionssender von besonderer Bedeutung und findet bereits im Namen seinen Niederschlag: Das Online-Angebot ist unter der Adresse *www.1-2-3.tv* zu erreichen. Der Schwerpunkt liegt hier auf der ausführlichen Erläuterung des Verkaufskonzeptes, auf Empfangshinweisen sowie auf der Vor- und Nachbereitung von im TV getätigten Bestellungen. Eine wesentliche Funktion kommt dem Internet für die Registrierung der Nutzer zu, die vor der erstmaligen Teilnahme an den TV-Auktionen erforderlich ist. Im Fernsehprogramm wird hierauf intensiv hingewiesen. Darüber hinaus finden sich online die Käuferlisten und Zuschlagspreise für alle Aktionen der letzten beiden Tage. Eine direkte Bestellung der angebotenen Produkte ist nicht möglich, jedoch können Produktinformationen zu den geplanten Aktionen abgerufen werden. Internet-Nutzer können außerdem bei den TV-Aktionen live mitbieten oder Vorab-Gebote platzieren, die später bei der Live-Präsentation berücksichtigt werden.

Dr. Andreas Büchelhofer Der Autor ist Gründer und Geschäftsführender Gesellschafter von 1-2-3.TV. Er zählt zu den Teleshopping-Machern der ersten Stunde in Deutschland: 1995 wechselte er vom ORF zu H.O.T. Home Order Television und leitete den Sender bis Ende 2000. Neben anderen Stationen war Andreas Büchelhofer außerdem Geschäftsführer der OnAir Reisen GmbH, die das Reiseshopping-Format *Neckermann Urlaubswelt TV* produzierte.

1-2-3.TV – PIONIER FÜR INNOVATIVES TELESHOPPING MIT GROSSEM POTENZIAL IM DEUTSCHEN MARKT

Die Anfänge des Teleshopping als neuer Weg für Kunden, via TV von zu Hause aus einzukaufen, liegen in den USA. Mehr als zehn Jahre, nachdem dort das erste Teleshopping-Programm startete, wurden Mitte der neunziger Jahre auch in Deutschland neue Sender mit großem Erfolg aufgebaut. Heute wie damals bildet dabei der Zugang zu den knappen analogen Kabelplätzen das größte Wachstumshemmnis. Aktuell gewinnt Teleshopping wie alle neuen Geschäftsmodelle von Transaktionsfernsehen, bei denen eine Refinanzierung direkt vom Endkunden erfolgt, stetig an Bedeutung. Um zurückgehende Werbeeinnahmen zu kompensieren, integrieren mittlerweile alle Free-TV-Sender entsprechende Formate in ihre Programme, die beiden großen Senderfamilien betreiben jeweils einen eigenen Sender in diesem Bereich. Die voranschreitende Digitalisierung mit zusätzlichen Verbreitungswegen schafft vor dem Hintergrund des Erlösdrucks durch wegbrechende Werbeeinnahmen zusätzliche Potenziale für Transaktionssender und -formate.

Transaktionsfernsehen ist – im Gegensatz zu werberefinanzierten Geschäftsmodellen – unabhängig von teurem Content, unabhängig von der seitens der Werbewirtschaft gewünschten, aber leider zu wenig fernsehenden jungen Zielgruppe. Außerdem kann es, je nach Geschäftsmodell, schon ab einer kritischen Verbreitung von ca. 10–15 Mio. Haushalten kostendeckend betrieben werden – werberefinanzierte Sender hingegen benötigen nahezu Vollverbreitung. Zurzeit befindet sich Deutschland in einer Übergangsphase zwischen analoger und digitaler Verbreitung. Kritische Massen für reine Digitalangebote sind voraussichtlich ab 2007 zu erwarten. Das bedeutet, dass Marktpioniere derzeit den relativ teuren Weg einer simultanen analogen und digitalen Verbreitung wählen müssen. Diese relativ kapitalintensive Phase lässt daher nur wirklich neue und potenziell sehr erfolgreiche Marktmodelle zu.

Analysiert man den heute digital am weitesten entwickelten Markt Europas, Großbritannien, so kann man zahlreiche Rückschlüsse auf die weitere Entwicklung des Teleshopping in Deutschland ziehen. In Großbritannien hat sich neben dem bestehenden Modell von QVC UK nach dem Scheitern vieler Nachahmungsversuche letztlich einzig der Auktionsansatz durchgesetzt. Selbst die in UK bereits 1995 eingeführten Reiseverkaufsender werden schrittweise abgebaut. Ähnliches hat mit Neckermann Urlaubswelt TV bereits auch in Deutschland stattgefunden. Auch bei TV Travel Shop und sonnenklar TV sind in Deutschland weitere Desinvestitionen zu erwarten.

Der britische Auktionssender der ersten Stunde hingegen, bid tv, entwickelte sich äußerst positiv und konnte mit einer Ausweitung auf einen zweiten Kanal seine Wachstumsgeschwindigkeit beibehalten und 2004 bereits

Umsätze von über 200 Mio. GBP ausweisen. Nachfolgende Sender hatten auch in UK Schwierigkeiten. Diese Entwicklung zeigt, dass auch das Geschäftsmodell Auktionsfernsehen eine hohe „First Mover Advantage" aufweist.

Vor dem Hintergrund dieser Markterfahrung konnten die Gründer von 1-2-3.TV – Henning Schnepper und der Autor – in relativ kurzer Zeit eine Venture Capital Finanzierung für ihr Projekt realisieren. Zu den Gesellschaftern gehören neben den beiden Geschäftsführenden Gesellschaftern und Gründern die Venture Capital Unternehmen Wellington Partners, 3i, Target Partners sowie die Cuneo AG.

Am 1. Oktober 2004, nur fünf Monate nach Abschuss der Finanzierung, startete 1-2-3.TV sein Live-Programm, bei dem die Zuschauer im Wettbewerb zueinander mit interaktiven Angeboten den Preis bilden, den ihnen ein Produkt wert ist.

Die ersten Analysen zeigen, dass es auch 1-2-3.TV in Deutschland gelungen ist, den Markt für Teleshopping schon in der Zielgruppe zu erweitern. Der Käufer von 1-2-3.TV ist bedeutend jünger, auch der Männeranteil ist höher als bei herkömmlichen Teleshopping-Angeboten. Das Kaufmotiv „Schnäppchenjagd" unterscheidet sich deutlich von den bisherigen Ansätzen, das Programm insgesamt wird durch seine interaktiven Elemente von einer breiteren Schicht unterhaltsamer als bestehende Teleshopping-Programme empfunden.

Es wird erwartet, dass – ähnlich wie in UK – Auktionsfernsehen auch in Deutschland eine sehr breite Zielgruppe ansprechen wird. Durch den frühen Start von 1-2-3.TV konnten darüber hinaus hohe Eintrittsbarrieren für Nachahmer geschaffen werden. Die Wachstumsperspektive für das Unternehmen stufen wir vor diesem Hintergrund als sehr hoch ein.

3.4 Exkurs: Teleshopping im Ausland

3.4.1 USA

Die Vereinigten Staaten gelten als das Mutterland des Teleshopping – hier reifte die Idee, das Medium Fernsehen zum direkten Produktvertrieb zu nutzen. Paradoxerweise hat das Konzept seine Wurzeln aber nicht im TV, sondern im Radio: Um ihre Liquidität zu sichern, begann eine Radiostation in Clearwater, Florida, 1977 mit dem Verkauf von elektrischen Dosenöffnern, die ein zahlungsunfähiger Werbekunde als Entschädigung

„in Naturalien" lieferte. Das aus der Not geborene Geschäftsmodell war so erfolgreich, dass daraus die regelmäßige Radio-Verkaufsshow *„Suncoast Bargaineers"* entstand und 1981 ein eigener TV-Sender namens Home Shopping Channel gegründet wurde, der in der Region Tampa, Florida, im Kabelnetz zu empfangen war. Nach dem Wegfall von Werbezeitbeschränkungen im amerikanischen Fernsehen wurde Teleshopping in größerem Umfang attraktiv, so dass aus Home Shopping Channel in 1985 das national verbreitete Home Shopping Network (HSN) hervorging. HSN produzierte vom Start weg ein 24-Stunden-Programm. Das Sortiment bestand zunächst ausschließlich aus Billigprodukten aus Konkurs- und Outlet-Beständen. Bereits ein Jahr später ging der Anbieter QVC auf Sendung.

In 2004 wurden über den Vertriebskanal Teleshopping in den USA mehr als 7 Mrd. USD (5,2 Mrd. Euro) umgesetzt. Obwohl es zwischenzeitlich mehr als 60 verschiedene Sender gab, wird der Markt heute klar von den Teleshopping-Pionieren HSN und QVC dominiert. Kleinere Anbieter sind zum Teil übernommen worden, wurden relativ schnell wieder eingestellt oder sind weitgehend bedeutungslos geblieben. Mit ShopNBC und Shop At Home existieren lediglich zwei weitere Unternehmen mit einer nennenswerten Marktrelevanz.

HSN U.S. erreicht mit zwei Sendern – HSN und America's Store – rund 86 Mio. Haushalte und ist momentan der viertgrößte Kabel-TV-Anbieter in den USA. In 2004 verzeichnete das Unternehmen 5 Mio. aktive Kunden, der Umsatz lag bei 1,9 Mrd. USD und damit rund 8 Prozent über dem Vorjahr. Der operative Gewinn konnte dabei gegenüber 2003 sogar um 16 Prozent auf 194,7 Mio. USD gesteigert werden. Neben der TV-Präsenz nutzt HSN sowohl das Internet als auch Kataloge für den Produktvertrieb. Außerdem existieren Teleshopping-Ableger in Deutschland (HSE24), Japan (SHOP Channel) und China (TVSN Ltd.). Muttergesellschaft von HSN ist die IAC/InterActiveCorp unter Barry Diller, die 100 Prozent der Anteile hält.[40]

Die Produktpalette von HSN ist im Vergleich zu QVC substanzieller ausgerichtet. Der Bereich *Home Hard Goods* bildet mit 35 Prozent den größten Umsatzanteil, gefolgt von *Health & Beauty* mit 22 Prozent. Weitere Segmente wie Schmuck und Accessoires liefern Erlösbeiträge von jeweils rund 10 bis 20 Prozent. Dem Image eines Vermarkters von Billigware ist HSN mit einer Qualitätsoffensive begegnet. Dazu gehören auch umfangreiche Kooperationen mit bekannten und angesehenen Handelspartnern.

---

40 Unternehmensdaten lt. IAC Quarterly Report Q4 2004. Umsatz- und Ergebniszahlen von HSN beziehen sich auf das USA-Geschäft und beinhalten nicht die internationalen Aktivitäten.

Seit 1993 ist QVC Teleshopping-Marktführer in den USA. Nach seinem Start verzeichnete der Sender eine rasante Entwicklung – nicht nur durch organisches Wachstum, sondern u. a. auch durch die Übernahme des wesentlich größeren Konkurrenten Customer Value Network im Jahre 1989. Im Geschäftsjahr 2004 setzte QVC im Heimatmarkt USA rund 4,1 Mrd. USD um – 7,7 Prozent mehr als im Vorjahr –, musste aber zuletzt in sechs aufeinander folgenden Quartalen Marktanteile an HSN abgeben. Der operative Gewinn ging zwischen 2003 und 2004 leicht von 785 auf 760 Mio. USD zurück.[41] Im Wesentlichen nutzt QVC die Vertriebswege TV und Internet.[42] Ähnlich wie HSN kann das Programm von rund 96 Prozent der amerikanischen Kabel-Haushalte sowie von 23 Mio. Satelliten-Haushalten empfangen werden. International erfolgreich operiert das Unternehmen mit eigenen Sendern in Deutschland (36 Mio. HH), Großbritannien (15 Mio. HH) und Japan (14 Mio. HH). Als Konzern befindet sich QVC zu 98 Prozent im Besitz der Liberty Media Corporation[43] von John Malone, der in 2002 in Deutschland mit dem Versuch gescheitert war, weite Teile der TV-Kabelnetze von der Deutschen Telekom zu übernehmen. Liberty Media hält gleichzeitig rund 20 Prozent der Gesellschaftsanteile am HSN-Mutterunternehmen IAC/InterActiveCorp.

Die Bandbreite der von QVC USA angebotenen Produkte reicht von Kleidung über Schmuck und Kosmetika bis hin zu elektronischen Geräten und Heimwerkerbedarf. Besonderes Augenmerk gilt dem Segment Schmuck, dem etwa 30 Prozent der gesamten Sendezeit gewidmet sind. QVC bezeichnet sich selbst als einen der größten Abnehmer von Goldschmuck weltweit. Die Schwerpunktsetzung in diesem Bereich geht zurück auf den Kompletterwerb des Schmuck-Herstellers MSB Industries inklusive der Namensrechte an der Produktlinie *Diamonique* in 1988.

ShopNBC, der Teleshopping-Ableger des Medienkonzerns NBC Universal, ist mit großem Abstand auf HSN der drittgrößte Anbieter im amerikanischen Markt. Er erreicht insgesamt rund 60 Mio. TV-Haushalte. Der Umsatz belief sich in 2004 auf etwa

---

41   Alle Geschäftszahlen entstammen dem Annual Report 2004 der Liberty Media Corporation. Der angegebene Gewinn bezieht sich auf QVC als Gesamtunternehmen inkl. der Sender in Deutschland, UK und Japan.

42   Neben den Kernaktivitäten im Tele- und Online-Shopping verfügt QVC über eine Reihe von Tochtergesellschaften bis hin zum eigenen Plattenlabel *Q Records*. Wie in anderen Märkten auch, verfolgt QVC in den USA eine Strategie des autarken Unternehmens.

43   Bis 2003 war das Kommunikationsunternehmen Comcast Cable mit 57 Prozent größter Gesellschafter von QVC. Sämtliche Anteile gingen im September 2003 zum Preis von 7,9 Mrd. USD an Liberty Media über, die bereits vorher einen 41 Prozent-Anteil an QVC hielt.

650 Mio. USD. Mit dem Produktschwerpunkt Schmuck & Uhren, meist in einer Preisspanne von 200 bis 1.000 USD, wird ganz klar ein „Upscale"-Publikum angesprochen. Während bei HSN und QVC der durchschnittliche Bestellwert unter 50 USD beträgt, kommt ShopNBC deshalb auf einen Durchschnittsbon von etwa 180 USD. Dennoch schreibt der Sender trotz steigender Umsätze seit Jahren Verluste, zuletzt rund 42 Mio. USD im Geschäftsjahr 2004.[44]

Der vierte nennenswerte Player Shop At Home ging 1988, zwei Jahre nach QVC, an den Start. 2002 wurde das Network von der E. W. Scripps Company übernommen, die u. a. verschiedene Fernsehstationen – wie Home & Garden TV und Fine Living – betreibt sowie 21 Tageszeitungen kontrolliert. Shop At Home erzielte 2004 bei einer technischen Reichweite von 54 Mio. Haushalten einen Umsatz von 293 Mio. USD. Obwohl dies gegenüber 2003 einer Umsatzsteigerung von 23 Prozent entspricht, lag der Verlust bei unverändert 22 Mio. USD.[45]

Insgesamt lässt sich für den Teleshopping-Markt USA konstatieren, dass die vier skizzierten Anbieter ein relativ stabiles Oligopol bilden. Aufgrund der Marktreife bestehen hohe Eintrittsbarrieren für potenzielle neue Anbieter. Die Umsätze der dominierenden Sender HSN und QVC wachsen – auf hohem Niveau – moderat im Bereich von etwa 8 Prozent jährlich.

Deutliche Unterschiede im Vergleich zum Teleshopping in Deutschland sind hinsichtlich der inhaltlichen Gestaltung festzustellen. Die amerikanischen Verkaufsprogramme sind in viel stärkerem Maße durch eine Unterhaltungsorientierung geprägt: Regelmäßig finden größere Live-Übertragungen mit Show-Charakter statt, wie die „HSN Goddess Cruise" – eine Pyjama-Party mit 2.000 Teilnehmerinnen auf einem Kreuzfahrt-Schiff –, Live-Musik-Shows, z. B. mit Shania Twain, oder Außenproduktionen im Rahmen von Sender-„Tourneen", z. B. der „Decade of Discoveries Tour 2005" von QVC.

Auch spielt der Vertrieb von Markenartikeln in den USA eine viel größere Rolle. So finden sich im Elektronik-Bereich von HSN eine Vielzahl bekannter Hersteller wie HP, Canon, Samsung etc. und QVC erzielt Umsatzrekorde mit Dell Computern als Tagesangebot. Hier kommt die besonders breite Akzeptanz bei den amerikanischen TV-Nutzern zum Ausdruck, die Teleshopping seit Jahren als eine bequeme und selbstverständliche Form des Einkaufens begreifen. Eine ähnliche Entwicklung – mit einem

---

44 Die Geschäftszahlen sind dem Annual Report 2004 der ValueVision Media, Inc. entnommen.
45 Die Geschäftszahlen sind dem Annual Report 2004 der E. W. Scripps Company entnommen.

wachsenden Angebot an Markenartikeln – zeichnet sich auch bereits bei den deutschen Sendern ab und wird sich künftig weiter verstärken.

3.4.2 Großbritannien

Großbritannien verfügt über das mit Abstand dichteste und am weitesten entwickelte Angebot an Teleshopping-Sendern weltweit: Die Zahl der Kanäle, die klassisches Teleshopping bzw. Auktionsfernsehen betreiben, DRTV-Spots senden, oder Reisen vermarkten, erreichte ihren bisherigen Höhepunkt in 2002, als insgesamt 39 solcher Sender ausgestrahlt wurden. Der Hauptgrund für diese Angebotsvielfalt ist in dem hohen Digitalisierungsgrad der britischen TV-Haushalte zu sehen: Rund 62 Prozent oder 15,4 Mio. von ihnen verfügten im ersten Quartal 2005 über eine digitale Empfangsmöglichkeit. Einer der wesentlichen Treiber dieser Entwicklung war und ist BSkyB mit seiner Pay-TV-Plattform Sky Digital, die über Satellit rund 7,5 Mio. Haushalte in UK erreicht. Die zweite wichtige digitale Plattform in Großbritannien ist Freeview, das im Oktober 2002 gestartete digital-terrestrische Angebot. Freeview umfasst 30 frei empfangbare TV-Kanäle, teilweise mit interaktiven Zusatzfeatures, und verzeichnete zuletzt ein Reichweiten-Wachstum von über 10 Prozent im Quartal. Ende März 2005 nutzten rund 5,1 Mio. britische TV-Haushalte Freeview.

Für die Verbreitung von Teleshopping-Programmen spielt aufgrund der Kanalkapazitäten und der Marktstellung vor allem Sky Digital eine wichtige Rolle. Alle relevanten Sender sind auf dieser Plattform präsent, während sich die Auswahl bei Freeview auf die vier größeren Kanäle QVC, Ideal World, bid tv und price-drop.tv beschränkt.

Das Gesamtvolumen des Teleshopping-Marktes in Großbritannien lässt sich nur schätzen, da viele Anbieter keine bzw. nur vage Umsatzzahlen veröffentlichen. Außerdem stellt sich der Markt aufgrund der Vielzahl der Kanäle und Angebotsformen, die zum Teil nur schwer voneinander abzugrenzen sind, als sehr unübersichtlich dar. Der Teleshopping-Umsatz (ohne DRTV, Reiseshopping und ähnliche Angebote) dürfte in Großbritannien 2004 im Bereich von etwa 580 Mio. GBP (820 Mio. Euro) gelegen haben. Für das deutlich umfangreichere Gesamtsegment TV-Shopping und T-Commerce in UK ist der Umsatz im Jahr 2004 auf rund 1,8 Mrd. GBP (2,5 Mrd. Euro) taxiert worden. [Vgl. GOLDMEDIA/SCREEN DIGEST 2004, S.122]

Als erster Teleshopping-Sender nahm 1993 QVC als Joint Venture mit BSkyB seine Sendetätigkeit in Großbritannien auf. QVC UK erreicht heute insgesamt 15,6 Mio. Haushalte und wuchs mit einem Umsatz von 265 Mio. GBP in 2004 um rund 17 Prozent gegenüber dem Vorjahr.[46] Seit seinem Sendestart ist QVC UK unangefochtener Marktführer, was einmal mehr der klaren und konsequent durchgesetzten Strategie des Unternehmens sowie seinem frühen Start zu verdanken ist. Weil QVC UK bis zum Jahr 2000 praktisch konkurrenzlos blieb, konnte der Sender frühzeitig eine große Kundenbasis und eine hohe Markenbekanntheit aufbauen und sich nachhaltig als klassischer Teleshopping-Anbieter mit einem relativ breiten Sortiment positionieren. QVC verfolgt im Gegensatz zu den meisten Wettbewerbern keine Diversifikationsstrategie, sondern setzt auf die ganze Spannbreite der Teleshopping-Zielgruppen und lebt dabei von der Exklusivität der angebotenen Produkte.

Wesentliche Bedeutung hat für QVC UK inzwischen das interaktive Angebot *QVC Active*. Der Sender war in 2000 Vorreiter hinsichtlich Interaktivität im Teleshopping. Möglich war dies durch die Verbreitung von digitalen Set-Top-Boxen mit spezieller Software und direktem Rückkanal.[47] Mittels eines Browsers haben die Zuschauer am Fernsehbildschirm Zugriff auf eine umfangreiche Auswahl an Produkten, können hierzu oder zum Programm Zusatzinformationen aufrufen, den Kundenservice kontaktieren oder unmittelbar über die Fernbedienung Bestellungen tätigen. Etwa 32 Prozent der Bestellungen von Sky-Nutzern bei QVC UK entfallen auf den so genannten *red button* auf der Sky-Fernbedienung. (Siehe hierzu auch Abschnitt 8.2.2)

Größter Wettbewerber von QVC UK ist das Unternehmen sit-up Ltd, welches die Auktionskanäle bid tv und price-drop.tv sowie den DRTV-Kanal Screenshop betreibt. sit-up startete im Oktober 2000 zunächst mit bid-up tv und einem klassischen Auktionsmodell mit Verkauf zum Höchstgebot. Später wurden auch fallende Auktionen eingeführt und der Sendername in bid tv geändert. Als Anbieter, der ausschließlich auf fallende Auktionen spezialisiert ist, ging im Juni 2003 price-drop.tv auf Sendung. Den Infomercial-Sender Screenshop hatte sit-up im April 2001 vom vorherigen Betreiber Flextech übernommen. Insgesamt erzielte das Unternehmen im Geschäftsjahr 2004 einen Umsatz von 207 Mio. GBP. Gegenüber 2003 entspricht dies einem Wachstum von rund 73 Prozent. Der Gewinn vor Steuern kletterte im gleichen Zeitraum um

---

46 Geschäftszahlen lt. Unternehmensangaben QVC UK.
47 Die Boxen von Sky Digital sind mit einem Modem ausgestattet. Neukunden auf der Pay-TV-Plattform sind vertraglich verpflichtet, die eingesetzte Box mindestens in den ersten 12 Monaten der Vertragslaufzeit mit dem Telefonanschluss zu verbinden. Solange diese Verbindung besteht, können interaktive Zusatzfunktionen direkt über die Fernbedienung genutzt werden. Auch in bestimmten Kabelnetzen kann die entsprechende Funktionalität genutzt werden.

etwa 700 Prozent auf 11,3 Mio. GBP. Damit wächst sit-up außerordentlich stark und ist bislang der Einzige einer Reihe von Auktions-TV-Anbietern, der profitabel arbeitet.[48] Jüngster Spross der Senderfamilie ist der Ende Juli 2005 gestartete Kanal speed auction tv.

Der dritte größere Player im britischen Teleshopping-Markt ist Ideal Shopping Direct Plc. Das im Jahre 1980 unter dem Namen Wrightway Marketing Ltd als klassisches Versandhaus gegründete Unternehmen hatte seinen ersten Kontakt zum Teleshopping 1994 als Lieferant von QVC UK. Fünf Jahre später firmierte Wrightway Marketing um und startete seinen eigenen 24-Stunden-Sender Ideal World TV. 2003 folgten mit Create & Craft sowie dem heutigen Ideal Vitality zwei weitere, spezialisierte Verkaufskanäle, die allerdings ausschließlich vorproduziertes Material ausstrahlen und daher eher im Bereich DRTV anzusiedeln sind. Insgesamt erreichte Ideal Shopping in 2004 einen Umsatz von 60,4 Mio. GBP, der neben den TV-Kanälen auch das Geschäftsfeld Katalogversandhandel beinhaltet. Die Sender – und hier vor allem Ideal World – bilden aber mit einem Erlösbeitrag von rund 70 Prozent ganz klar das Kerngeschäft des Unternehmens. Die Geschäftsentwicklung verläuft äußerst positiv – Ideal World konnte seinen Umsatz in 2004 um 42 Prozent gegenüber 2003 steigern – und Ideal Shopping war zuletzt mit einem Betriebsergebnis von 4,1 Mio. GBP profitabel.[49]

Neben den genannten existieren eine Vielzahl weiterer Anbieter, darunter viele Kanäle, die überwiegend oder ausschließlich Infomercials ausstrahlen. Als Beispiele hierfür seien TV Shop, Best Direct, Tel Sell sowie TV Warehouse genannt. In den letzten Jahren sind jedoch auch verschiedene weitere Live-Kanäle gestartet, die sich jeweils auf bestimmte Produktgruppen und/oder Geschäftsmodelle spezialisiert haben. Angesichts der Zahl von über 30 Verkaufssendern liegt es nahe, dass der englische Markt heute sehr stark ausdifferenziert ist. Lediglich QVC UK und Ideal World TV sind noch als klassische Teleshopping-Angebote mit umfassendem Produktsortiment – vergleichbar HSE 24, QVC und RTL Shop in Deutschland – einzustufen. Alle anderen Sender bedienen letztlich kleinere Marktnischen bzw. spezifische Produktinteressen, von Musik-CDs bis hin zu Handy-Verträgen. Einen regelrechten Boom hat dabei das Auktionsshopping erlebt. So startete z. B. im Oktober 2004 der überaus erfolgreiche Sender Gems TV, der nach dem Auktionsprinzip Schmuckstücke verkauft.

---

48 Umsatz- und Ergebniszahlen entstammen den kommunizierten Jahresabschlüssen der sit-up Ltd.
49 Geschäftszahlen lt. Ideal Shopping Direct Plc Report and Accounts 2004.

Die Ausdifferenzierung, die vor allem auf die kostengünstigen digitalen Möglichkeiten zur Programmdistribution zurückgeht, kann als ein möglicher Entwicklungstrend auch für den deutschen Markt gelten. Sobald auf digitalen Übertragungswegen, insbesondere über Satellit ASTRA, eine ausreichende Masse an Zuschauern[50] in der Bundesrepublik zu erreichen ist, wird auch hier die Etablierung von Spezialkanälen immer wahrscheinlicher. Die Dynamik des Teleshopping-Geschäfts wird vor diesem Hintergrund auch weiterhin anhalten – zum einen, weil neue Zielgruppen-Märkte erschlossen werden, zum anderen, weil auch die generelle Akzeptanz und Nutzung des Teleshopping zunehmen wird. Ungeachtet dessen zeigt das Beispiel Großbritannien, dass etablierte klassische Teleshopping-Anbieter auch in einem stark diversifizierten Markt ihre Relevanz aufrechterhalten und langfristig das Schwergewicht bilden können. (Siehe weiterführend Abschnitte 8.2.1 ff.)

Einen zweiten Hinweis auf die künftige Entwicklung in Deutschland liefert die Bedeutung des interaktiven Teleshopping im Sinne eines Einkaufs direkt via Fernbedienung. Zwar ist der deutsche Digital-TV-Markt im Hinblick auf leistungsfähige Boxen und Rückkanäle noch deutlich rückständig, mittel- und langfristig besteht hier aber erhebliches Entwicklungspotenzial. Für Teleshopping-Anbieter ergeben sich daraus neue Chancen vor allem zur Erweiterung ihrer Programme um Zusatzinformationen und zum effizienteren Handling von Bestellungen. (Siehe weiterführend Abschnitt 8.2.2)

3.4.3 Frankreich

Im Vergleich zu den Referenzmärkten USA und Großbritannien ist das Teleshopping-Geschäft in Frankreich noch relativ wenig ausgereift. Zwar war und ist Frankreich in Europa Vorreiter hinsichtlich Pay-TV und Digitalfernsehen – mit dem Start von Canal Plus in 1984 bzw. der digitalen Plattform CanalSatellite in 1996. Jedoch haben erfolglose staatliche Infrastrukturprojekte sowie eine protektionistische Politik gegenüber ausländischen Unternehmen die Entwicklung immer wieder gebremst.

Die ersten Verkaufssendungen entstanden 1987 mit der Geburt des ersten kommerziellen terrestrischen TV-Senders, TF1: Das damals gestartete *„Le magazine de l'objet"* wurde bald umbenannt in *„Téléshopping"* und ist noch heute auf TF1 zu finden. Im

---

50 Im Allgemeinen wird die sogenannte „kritische Masse", die für den profitablen Betrieb eines (spezialisierten) transaktionsbasierten Programms notwendig ist, bei einer technischen Reichweite von etwa 10 bis 15 Mio. TV-Haushalten gesehen. (Vgl. Abschnitt 7.6)

selben Jahr begann auch die Ausstrahlung der „M6 Boutique" auf dem heute zweitgrößten, mit der RTL Group verbunden Privatsender M6. Aufgrund der Frequenzknappheit auf dem terrestrischen Übertragungsweg konnte der Startschuss für den ersten 24-Stunden-Shopping-Kanal, Canal Club, erst 1996 gegeben werden, als das digitale Satellitenangebot CanalSatellite auf Sendung ging. Zwei Jahre später folgte der ebenfalls dedizierte Verkaufssender Club Téléachat von Seiten der Groupe M6. In den Folgejahren scheiterten Versuche zur Etablierung von zwei weiteren reinen Teleshopping-Sendern durch die Groupe AB, den dritten großen Player im französischen Satelliten-TV-Markt, bzw. durch TF1.

Aktuell existieren in Frankreich lediglich zwei Unternehmen, die echtes Teleshopping veranstalten: Home Shopping Service (HSS) und Téléshopping erreichten in 2004 einen Umsatz von zusammen 194,5 Mio. Euro. Darüber hinaus gibt es einige DRTV-Anbieter, wobei der Produktvertrieb über Infomercials inzwischen auch bei HSS einen wesentlichen Teil des Geschäfts umfasst. Insgesamt bleibt aber der Verkauf von Produkten über das Fernsehen in Frankreich deutlich hinter Deutschland und Großbritannien zurück. Ein wesentlicher Grund hierfür ist die generell relativ geringe Affinität der Franzosen zum Distanzkauf, die möglicherweise u.a. den üblichen Versandzeiten von im Durchschnitt mehr als zwölf Tagen geschuldet ist. Zweitens findet Teleshopping für den Großteil der Bevölkerung nur in Form der Fensterprogramme, d.h. zeitlich sehr eng begrenzt statt: Nach wie vor empfangen rund zwei Drittel aller Haushalte Fernsehen ausschließlich analog terrestrisch und haben deshalb lediglich Zugang zu den sechs großen TV-Sendern, einschließlich TF1 und M6. Reine Teleshopping- bzw. DRTV-Kanäle, die aufgrund der Frequenzsituation nur über Satellit oder Kabel verbreitet werden können, erreichen dagegen maximal ein Drittel der Bevölkerung und spielen dementsprechend eine geringere Rolle. Nach der im März 2005 erfolgten Einführung des digitalen Antennenfernsehens TNT – dem Äquivalent zum deutschen DVB-T – kann sich dies möglicherweise ändern, weil sich damit die Übertragungskapazitäten im terrestrischen Bereich deutlich erhöhen. Bis 2007 sollen 85 Prozent der französischen Bevölkerung rund 30 verschiedene Programme (inkl. Pay-TV) über TNT empfangen können.

Klarer Teleshopping-Marktführer in Frankreich ist HSS. Das Unternehmen, das zu 100 Prozent zur Groupe M6 gehört, bündelt deren gesamte Teleshopping-Aktivitäten und erzielte in 2004 einen Umsatz von insgesamt 111,9 Mio. Euro – rund 21 Prozent mehr als 2003. Der Nettogewinn stieg gegenüber dem Vorjahr um etwa 12 Prozent auf 4,6 Mio. Euro. HSS betreibt das auf M6 ausgestrahlte Fensterprogramm „M6 Boutique" sowie den Teleshopping-Kanal M6 Boutique la Chaine, der 2004 aus dem Sender Club

Téléachat hervorging. Im März 2004 erwarb HSS außerdem alle Anteile an dem Konkurrenz-Sender Canal Club und benannte diesen um in Boutiques du Monde. Nach eigenen Angaben erreicht HSS derzeit einen Marktanteil[51] von 55 Prozent, wobei jedoch sowohl echte Teleshopping-Angebote als auch DRTV einbezogen werden. So konzentriert sich Boutiques du Monde auf die Ausstrahlung von Infomercials und den Vertrieb von Exklusiv-Produkten, während M6 Boutique la Chaine als „Teleshopping-Kaufhaus" mit zahlreichen Markenartikeln in den verschiedensten Produktbereichen positioniert ist.[52]

Weitere Geschäftsfelder von HSS betreffen den Katalogversandhandel sowie die Produktion von Shopping-Formaten für verschiedene TV-Sender in Frankreich, Belgien und den Niederlanden. Darüber hinaus besitzt HSS eigene Teleshopping-Ableger in Belgien und Ungarn und ist mit 20 Prozent an RTL Shop in Deutschland beteiligt.

Télévision Francaise 1 (TF1) als wichtigster privater Fernsehanbieter in Frankreich bündelt seine TV-Shopping-Aktivitäten unter der Marke *Téléshopping* in einer gleichnamigen Tochtergesellschaft, wobei ausschließlich Fensterprogramme produziert werden. Diese laufen täglich (außer Mittwoch und Sonntag) im Morgenprogramm des Senders TF1. Neben dem Haupt-Fenster *„Téléshopping"* gibt es die beiden Programme *„Télévitrine"* und *„Shopping Avenue"*. Außerdem ist TF1 ebenso wie M6 im Kataloggeschäft tätig. Insgesamt wurden von Téléshopping in 2004 82,6 Mio. Euro umgesetzt, was einer Steigerung um 13 Prozent gegenüber 2003 entspricht. Gleichzeitig konnte der operative Gewinn von 4,4 auf 9,5 Mio. Euro mehr als verdoppelt werden.[53]

Auch wenn sich die beiden im Bereich Teleshopping tätigen Unternehmen zuletzt deutlich positiv entwickelt haben, so ist doch eine Sättigung des französischen Marktes absehbar. Wesentliche Umsatzsteigerungen sind nicht mehr zu erwarten, solange die potenzielle Zuschauerbasis von reinen Teleshopping-Kanälen auf weniger als die Hälfte der TV-Haushalte beschränkt bleibt. Stattdessen konzentrieren sich die beiden bestehenden Marktteilnehmer auf eine Stabilisierung und Optimierung ihres Geschäfts, wie auch die Übernahme von Canal Club durch HSS zeigt. Weiterhin bleibt auch die Etablierung neuer Teleshopping-Anbieter durch ausländische Unternehmen unwahrscheinlich, weil die Politik und einflussreiche Lobby-Gruppen hohe Hürden für nicht-französische Wettbewerber aufgestellt haben.

---

51   Gesamtmarkt Frankreich + Belgien
52   Alle Geschäftszahlen sind dem Annual Report 2004 der Groupe M6 entnommen.
53   Alle Geschäftszahlen sind dem Annual Report 2004 von TF1 entnommen.

3.5 Exkurs: DRTV in Deutschland

Der Vertrieb von Produkten über Werbespots (Commercials) und vorproduzierte Verkaufssendungen von bis zu 30 Minuten Länge (Infomercials) war in Deutschland bereits lange vor dem „echten" Teleshopping etabliert. Pionier dieses DRTV-Geschäftsmodells – dessen grundsätzliche Abgrenzung zum Teleshopping bereits in Abschnitt 2.3.2 vorgenommen worden ist – war das 1988 gegründete Unternehmen Teleshop. Anfang der 90er Jahre traten weitere, vor allem internationale Anbieter wie Best Direct, TV Shop und Quantum in den deutschen Markt ein. Auch etablierte Unternehmen aus dem Handel, dem Verlagswesen und anderen Bereichen sprachen dem DRTV-Vertrieb großes Potenzial zu, so dass sich die Basis dieses Vertriebswegs im Laufe der 90er Jahre deutlich verbreiterte.

Dennoch ist das Geschäft relativ schnell an seine Grenzen gestoßen und verzeichnet heute nur noch ein geringes Wachstum. Zu einem nachhaltigen Problem ist der schlechte Ruf von DRTV-Angeboten und das mangelnde Nutzervertrauen erwachsen, welches im früheren Einsatz von schlecht synchronisierten, meist amerikanischen Infomercials mit einer übertriebenen, aggressiven Kundenansprache begründet liegt. Zwar haben die heute aktiven DRTV-Versender von diesem Konzept des „Hard Selling" überwiegend Abstand genommen, allerdings können sich im Umfeld des klar auf die Kundeninteressen ausgerichteten Teleshopping die Verkaufssendungen im Spotformat nur schwer behaupten. DRTV-Anbieter leiden dabei auch unter den Spezifika ihres Geschäfts, nämlich der notwendigen Konzentration auf eines oder wenige Produkte, dem bei Belegung verschiedenster Sender und Zeiten zwangsläufig nur sporadischen Zuschauerkontakt sowie dem langfristigen Einsatz immer ein und derselben vorproduzierten Programmteile.

Aktuell agieren in Deutschland vier größere DRTV-Anbieter: Vector, TV Shop, Teleshop und Best Direct. Daneben gibt es eine Vielzahl von Unternehmen, die DRTV in geringerem Umfang als Vertriebskanal nutzen. Hierzu zählen u. a. Time Life, die Quelle AG sowie das Bayerische Münzkontor Goede. Den Produktumsatz im Bereich DRTV in Deutschland schätzte Goldmedia für das Jahr 2004 auf insgesamt 205 Mio. Euro.[54] Mittelfristig ist von einer Stagnation auf diesem Umsatzniveau bzw. von einem nur schwachen Wachstum auszugehen. [Vgl. GOLDMEDIA 2005]

---

54 Darin sind nicht solche DRTV-Angebote berücksichtigt, die zur Vermarktung von Telefon- und SMS/MMS-Mehrwertdiensten, insbesondere von Handy-Klingeltönen, eingesetzt werden.

Marktführer ist nach eigenen Angaben die Vector Versandhandels GmbH, die ursprünglich mit dem kanadischen DRTV-Anbieter Interwood als Partner gegründet wurde und seit 1999 eigenständig ist. Der Produktumsatz im deutschsprachigen Raum lag zuletzt bei rund 50 Mio. Euro, den Schwerpunkt bilden global vermarktete Produkte[55] aus den Bereichen Fitness und Haushaltsgeräte sowie z.T. unter eigener Lizenz hergestellte CD-Kompilationen. Vector strahlt überwiegend auf VOX, Super RTL und Tele 5 Infomercials von 15 bis 30 Minuten Länge aus. Die Gesamtsendezeit liegt pro Woche bei 10 bis 20 Stunden und verteilt sich jeweils auf weniger als zehn verschiedene Produkte. Darüber hinaus unterhält Vector einen DRTV-Ableger in Großbritannien und zählt auch dort zu den größten Marktteilnehmern.

Die Wettbewerber TV Shop, Best Direct und Teleshop bewegen sich jeweils mit einer Umsatzdimension zwischen 20 und 30 Mio. Euro jährlich im deutschen Markt, wobei die beiden erstgenannten international tätig sind. Hinsichtlich des Ausstrahlungsvolumens kommt TV Shop die höchste Bedeutung zu, weil der Anbieter seit März 2005 den ersten dedizierten DRTV-Kanal in deutscher Sprache über Satellit ASTRA (analog + digital) betreibt. Außerdem belegt TV Shop täglich die Nachtschiene des Senders Eurosport von 01:30 bis 08:30 Uhr. TV Shop gehört zum schwedischen Medienkonzern Modern Times Group (MTG) und ist in 52 Ländern aktiv – mit Schwerpunkten in den skandinavischen Ländern, in Deutschland und Großbritannien. Das Gesamtsegment Home Shopping der MTG, das neben dem DRTV-Geschäft auch den Online-Anbieter CDON.COM umfasst, erzielte in 2004 einen Umsatz von 826 Mio. SEK (ca. 92 Mio. Euro) und war nur knapp profitabel mit einem operativen Gewinn von 15 Mio. SEK (ca. 1,7 Mio. Euro).

Um der Konkurrenz der Teleshopping-Sender zu begegnen, verfolgen die DRTV-Versender zwei wesentliche Strategien: Einige Anbieter stärken ihre Kompetenzen auf dem Feld von Kundenservice und Kundenbindung, indem sie – wie bspw. Vector – ihre Service-Orientierung intensiv kommunizieren, in Aktionszeiträumen auf die Berechnung von Versandgebühren verzichten und weitgehende Kontinuität in der Programmplatzierung anstreben. Dagegen versuchen vor allem kleinere Anbieter, Profitabilität allein durch größtmögliche Kosteneffizienz zu erreichen. In 2004 kamen in diesem Zusammenhang eine Reihe von schmalbandig verbreiteten, so genannten VIC-TV-Programmen auf. Dabei handelt es sich um wechselnde Standbildtafeln, die mit Audio unterlegt

---

55 Für die globale Vermarktung von Produkten ist Vector beteiligt an Interglobal, einer Art Einkaufsgemeinschaft verschiedener DRTV-Unternehmen aus Europa, Japan und Mexiko.

sind. Ein entsprechender Kanal, der äußerst kostengünstig produziert und über ASTRA digital ausgestrahlt werden kann, wurde z. B. einige Monate lang von dem Wein-Versender Avinos belegt. Dass sich diese Strategie der Programmreduzierung zugunsten der Kosteneffizienz für den Produktverkauf via TV langfristig durchsetzen wird, steht indes nicht zu erwarten. (Siehe auch Abschnitt 8.2.1.2)

4 TELESHOPPING ALS VERTRIEBSKANAL

4.1 Konkurrenz und Komplementarität zu anderen Vertriebswegen

Für den Warenkauf auf Distanz kommt nach wie vor der Katalog am weitaus häufigsten zum Einsatz, der sich als Vertriebsmedium über Jahrzehnte etabliert hat. Das Internet konnte, seitdem es Mitte der 90er Jahre erstmals Bedeutung erlangt hat, deutlich aufholen: In 2004 wurde es bereits von mehr als einem Drittel der Versandhandelskunden für Bestellungen genutzt.[56] Aufgrund weitreichender Überschneidungen zwischen beiden Medien im Hinblick auf die Angebotsstruktur ist langfristig eine Substitution der gedruckten Kataloge durch die „elektronischen Kataloge" in Form von Online-Shops absehbar. So sind Bestellungen über Katalog seit Jahren rückläufig, während Bestellungen über das Internet kontinuierlich zunehmen.[57]

Abbildung 11: Von Versandhandelskunden genutzte Bestellkanäle (2. Halbjahr 2004)

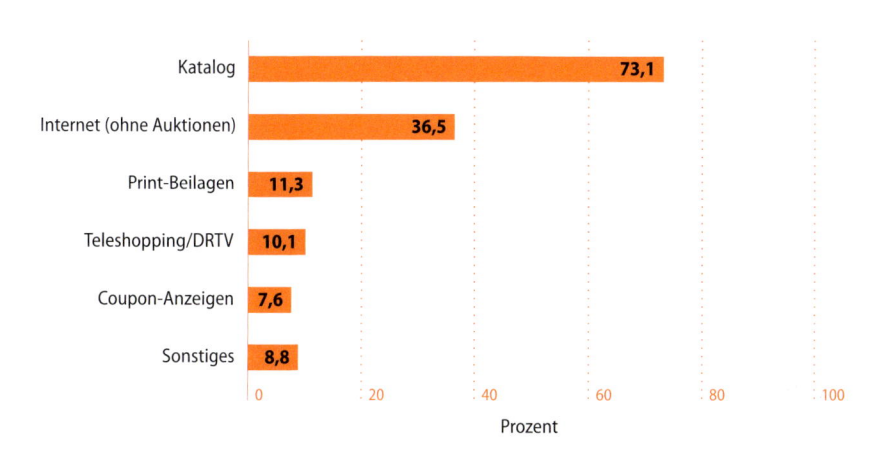

Bestellkanal	Prozent
Katalog	73,1
Internet (ohne Auktionen)	36,5
Print-Beilagen	11,3
Teleshopping/DRTV	10,1
Coupon-Anzeigen	7,6
Sonstiges	8,8

Basis: Besteller der letzten sechs Monate, Mehrfachnennungen möglich
Quelle: DVHI 2005, S. 13

---

[56] Rechnet man Bestellungen im Rahmen von Internet-Auktionen, z.B. bei eBay, hinzu, so liegt der Anteil der Internet-Besteller sogar bei 46 Prozent.

[57] Der Anteil der Katalog-Besteller an den Versandhandelskunden hatte laut Versandhandelsstudie 2002 in 2001 noch bei 86,4 Prozent gelegen und ist demnach bis 2004 um rund 13 Prozentpunkte geschrumpft. Gleichzeitig wuchs der Anteil der Internet-Besteller von 27,5 auf 36,5 Prozent.

Mit gut zehn Prozent der Versandhandelskunden rangiert das Fernsehen mit Teleshopping und DRTV an vierter Stelle der Vertriebskanäle. Dabei kommen zwischen TV-Vertrieb und Katalog bzw. Internet kaum Substitutions- oder Kannibalisierungseffekte zum Tragen, weil sowohl die Nutzungssituation als auch das daran ausgerichtete Absatzkonzept im Teleshopping nicht mit den anderen Betriebsformen des Handels kollidieren. Daten von HSE 24 zur TV- und Internetnutzung der Kunden bestätigen dies (siehe hierzu Abschnitt 4.1.3).

4.1.1 Fernsehen als Impulskauf-Medium

Das Fernsehen zeichnet sich durch seine spezielle Nutzungsmotivation aus, welche keinem anderen der aufgeführten Vertriebsmedien zu Eigen ist: Es wird vorrangig genutzt, um zu entspannen und sich berieseln zu lassen.[58] Konsumiert wird eine fertige Lösung, die keine Anstrengungen seitens des Nutzers erfordert, die daher für diesen besonders bequem ist und ihm insoweit nützt, als er sich auf das jeweils Angenehme oder Notwendige konzentrieren kann. Hinzu kommt, dass das Fernsehen damit eine Eignung als Nebenbei-Medium erfährt, die bei Katalog und Internet systembedingt nicht gegeben ist.[59]

Bei der Nutzung von Teleshopping-Sendungen kann zunächst die für den Fernsehkonsum typische, passive Lean-Back-Rezeption identifiziert werden [vgl. GRUNINGER-HERMANN 1999, S.139]. Dies hat essentiellen Einfluss auf das Nachfrageverhalten und bestimmt damit letztlich die Zusammensetzung des Sortiments sowie die Art der Präsentation. Wesentliche Unterscheidungsmerkmale des Teleshopping zu Katalog und Internet sind seine Emotionalität und sein Unterhaltungswert. In Verbindung mit der oftmals Event-orientierten Programmgestaltung (vgl. Abschnitt 7.3.4) sowie der Exklusivität, dem vom Zuschauer wahrgenommenen innovativen Charakter und/oder der besonderen Preiswürdigkeit der Produkte (vgl. Abschnitt 4.4.1.2) werden spontane Kauf-

---

58 So gaben bei einer Repräsentativbefragung der ARD Werbegesellschaften in 2003 80 Prozent der Befragten Entspannung als eine Kernfunktion des Fernsehens an. Beim Internet spielt die Entspannung dagegen mit 29 Prozent eine nachgeordnete Rolle, bei den meisten Nutzern dominiert ein funktionell-pragmatischer Umgang mit dem Medium. Vgl. Media Perspektiven 10/2004, S.477: Mediennutzung in der Zukunft – Konstanz und Wandel.

59 In den USA wird Teleshopping auch als *„Video Wallpaper"* bezeichnet – *„something that viewers can tune in and leave on all day"* [zit. nach AUTER/MOORE 1993, S.426].

impulse ausgelöst: Der Zuschauer wird kurzentschlossen und ohne klare vorherige Intention zum Besteller.[60]

Diese Art des Kaufverhaltens wird nach GRUNINGER-HERMANN (1999) durch verschiedene Aspekte noch verstärkt:

1. Es existieren zumeist keine Prädispositionen zu den vorgestellten Produkten, da hinsichtlich deren Auswahl und Reihenfolge beim Zuschauer vor dem Konsum des Teleshopping-Programms kaum Klarheit besteht. Zwar schaltet ein durchaus hoher Anteil an Zuschauern Teleshopping-Sendungen gezielt ein – laut Nutzerbefragung mehr als ein Drittel (vgl. Abschnitt 5.4.1) – allerdings kann sich diese Vorselektion in der Regel nur auf ein bestimmtes Themengebiet, d. h. auf eine Warengruppe beziehen. Die Variation in der Zusammenstellung der einzelnen Produkte zielt auf die Neugierde der Zuschauer ab und ist ein wichtiges Momentum des Verkaufsprinzips.[61] [Vgl. ebd., S. 131]
2. Aufgrund der mangelnden Steuerbarkeit des Programmkonsums zeigen Rezipienten von Teleshopping-Sendungen eine geringe kognitive Aktivierung, die im Falle der Nebenbei-Nutzung noch zusätzlich herabgesetzt ist. Eine umso stärkere Wirkung entfalten deshalb emotionale Reize innerhalb der Verkaufsshows: Situationsbezogen entwickeln die Zuschauer eine hohe Aufmerksamkeit gegenüber der Produktpräsentation, bei der jedoch nicht die Abwägung von rationalen Informationen, sondern das „Haben-Wollen" im Vordergrund steht. Das Zusammenspiel von glaubwürdiger Warenpräsentation und emotionalen Argumenten vermittelt auf diese Weise häufig Kaufimpulse. [Vgl. ebd., S. 145]
3. Durch eine zeitliche und/oder mengenmäßige Begrenzung der Angebote besteht auf Seiten der Kunden eine erhöhte Motivation zur schnellen Kaufentscheidung (siehe dazu auch Abschnitt 4.4.2). Der Schritt der Informationssuche und des

---

60 Aus diesem Grunde wird Teleshopping auch oftmals charakterisiert als eine Vertriebsform, bei der die Verbraucher nicht nach Produkten *suchen*, sondern Produkte *finden*. Hieraus resultiert die besondere Eignung des Teleshopping für den Vertrieb von „unsought products", d. h. von Produkten, die dem Konsumenten unbekannt sind, bzw. über die er nicht nachdenkt, bis er – in diesem Falle durch das Fernsehen – auf sie aufmerksam wird [vgl. GRUNINGER-HERMANN 1999, S. 85].

61 Mitunter gehen die Sender so weit, dass das tatsächlich gesendete Programm klar von den veröffentlichten Programmschemata abweicht. Ein Grund hierfür liegt allerdings auch im Zwang der Teleshopping-Anbieter zur Flexibilität, der sehr kurze Vorlaufzeiten in der Produktauswahl bedingt (vgl. hierzu auch Abschnitte 7.3 f.).

Vergleichens von Alternativen wird im Entscheidungsprozess deshalb oftmals verkürzt – auch vor dem Hintergrund der Exklusivstellung der meisten Teleshopping-Produkte. [Vgl. ebd., S. 132]

„Impulsive Entscheidungen zeichnen sich durch eine sehr geringe kognitive Kontrolle, hohe emotionale Aufladung bzw. starke Aktivierung und eine ausgeprägte Reizsituation aus. Dies sind meistens rasche, spontane und unüberlegte Käufe." [Zit. nach GRUNINGER-HERMANN 1999, S. 157] Es ist unstrittig, dass ein großer Anteil des Bestellaufkommens beim Teleshopping auf solche Impulskäufe zurückgeht, und dass diese damit eine bedeutende Triebfeder für den Umsatz darstellen. Ziel und Aufgabe der Anbieter ist es aber, die „Unüberlegtheit" der Bestellungen soweit zu reduzieren, dass möglichst wenige Kunden später von dem für sie kostenfreien Rückgaberecht Gebrauch machen.

4.1.2 „Kaufdruck" im Teleshopping

Die Tatsache, dass Teleshopping ein Impulskauf-Medium darstellt, mündet bisweilen in der Schlussfolgerung, hier werde der Verbraucher gewissermaßen „überrumpelt" und zu Bestellungen genötigt, die er im Nachhinein bereut. Dem ist entgegenzuhalten, dass natürlich auch im Fernsehen, wie für andere Vertriebsformen, die prinzipiellen Mechanismen des Kaufentscheidungsprozesses gelten, d. h. wesentliche Voraussetzung für den Kauf ist ein entsprechendes Bedürfnis auf Seiten des Kunden. Im Falle des Teleshopping ist dieses oftmals nicht bewusst, sondern eher latent vorhanden und kommt erst im Zuge einer Produktpräsentation zum Tragen.

Darüber hinaus existieren weitreichende gesetzliche Regelungen, die den Verbraucher wirksam vor überstürzten Entscheidungen und u. a. auch vor dem damit verbundenen finanziellen Risiko schützen. Den Kern dieser Verbraucherschutz-Regelungen bildet das Widerrufs- bzw. Rückgaberecht (siehe im Detail Abschnitt 6.1). Es kann also nicht die Rede davon sein, dass etwa das Gesamtkonzept der Verkaufspräsentationen darauf ausgerichtet sei, die Zuschauer unter Ausnutzung der medialen Wirkung des Fernsehens systematisch zu ungewollten Spontankäufen zu verleiten: Der Kunde hat auch nach einer impulsiven Bestellung die Möglichkeit, die Ware zuhause in aller Ruhe und unverbindlich zu begutachten bzw. auszuprobieren und seine Kaufentscheidung ausgiebig zu überdenken. Letztlich ist es mit Blick auf die Retouren als Kostenfaktor, auf die Kundenbindung etc. ein primäres Interesse der Teleshopping-Anbieter, eben *nicht* einen unkontrollierten Kaufdruck aufzubauen (siehe hierzu auch Abschnitte 7.7.3 und 7.8).

Abgesehen davon liegt es in der Natur jeglicher Werbemaßnahmen, Konsumentenentscheidungen durch den Einsatz geeigneter Mittel zu beeinflussen. Das Recht eines Anbieters, für seine Produkte zu werben, ist einer der tragenden Pfeiler unseres Wirtschaftssystems, so dass keine Veranlassung besteht, die Vertriebsform Teleshopping an sich bzw. die Methoden der jeweiligen Anbieter als nachteilig für die Verbraucher, mithin als unlauter im Vergleich zu anderen Vertriebskanälen auszulegen. RUPPERT (1999) formuliert dazu mit Blick auf die Teleshopping-Sender: „*... der werbliche Charakter der Sendung (ist) sofort erkennbar. Während der gesamten Produktpräsentation ist das Senderlogo (...), ein Hinweis auf die Produktgruppe sowie eine Bestell-Telefon-Nummer eingeblendet, wodurch die Zuschauer sofort erkennen können, dass es sich um eine Verkaufssendung handelt. Die Zuschauer sind auch nicht gezwungen, die Werbung zur Kenntnis zu nehmen. Sie können sofort problemlos aus- oder umschalten (...), ohne dass ihnen Nachteile dadurch entstehen ...*" [Zit. nach ebd., S. 115]

4.1.3 Komplementarität von Fernsehen und Internet

Im Gegensatz zum TV-Vertrieb „*erschließt die Online-Kommunikation einen Zugriff, der sich nach dem aktuellen subjektiven Bedarf richtet und nicht, wie beim Fernsehen ..., nach dem Erscheinungsrhythmus des Angebots*" [zit. nach HASEBRINK 2001, S. 71]. Das Internet löst also beim Nutzer – ob seiner Eigenschaft als Pull-Medium mit weitgehend individuell gesteuerter Kommunikation – im Regelfall keine spontanen Kaufimpulse aus, sondern stellt ein ideales Medium für intendierte Bestellungen dar: Zeitunabhängig kann über einen Online-Shop auf die gesamte Bandbreite des Sortiments gezielt zugegriffen werden; die Möglichkeiten gehen jedoch weit darüber hinaus.

Aus Sicht der Kundschaft liegt eine der größten Schwächen des Teleshopping in der Flüchtigkeit der dargebrachten, oftmals kaufentscheidenden Informationen. Im Zuge der Verquickung des TV-Verkaufs mit einem Internet-Angebot lässt sich dieses Manko zu einem gewissen Teil kompensieren, indem zu den vorgestellten Produkten ausführliche Zusatzinformationen online verfügbar gemacht werden.

Ein weiterer Ansatzpunkt für die Verzahnung beider Vertriebsmedien ergibt sich mit Blick auf umfangreichere Produktlinien sowie Exklusivprodukte. Hier kann das Internet eine Plattform für das *Continuity Business* bilden, d. h. zur Verlängerung der Bestellkette um Ergänzungsprodukte[62], verwandte Artikel[63] bzw. Nachkäufe[64]. Das entsprechende Potenzial – welches ohne nennenswerten Marketingaufwand besteht und die Effizienz eines Teleshopping-Kanals erheblich steigern kann – lässt sich ohne Online-Shop kaum abschöpfen, weil das Impuls-getriebene Fernsehen für gezielte Ergänzungs- bzw. Nachbestellungen denkbar ungeeignet ist.[65]

HSE 24, QVC und RTL Shop verfügen jeweils über eigene Online-Shops, mit denen sie einen Multi-Channel-Ansatz verfolgen: Über das Internet sollen neue Kunden an das TV-Geschäft herangeführt werden und umgekehrt. HSE 24 verzeichnet nach eigenen Angaben unter den Internet-Bestellern rund 60 Prozent Kunden, die vorher bereits mindestens einmal via TV eingekauft haben. Die Migration von TV-Kunden auf das Internet forciert der Sender vor allem, indem er im TV-Programm auf den Online-Shop verweist bzw. die Struktur des Internetangebotes aktiv demonstriert. Eine enge Verzahnung beider Medien findet ebenso in der umgekehrten Richtung statt: Über einen Button „Jetzt live im TV" lässt sich im Internet direkt auf das aktuell im Fernsehen gezeigte Produkt zugreifen. Zusätzlich findet sich dort eine Übersicht der zuletzt präsentierten Produkte der laufenden Sendung sowie ein 24-Stunden-Rückblick.

Neben der Kundengewinnung erweist sich die Multi-Channel-Strategie auch als äußerst erfolgreiches Instrument der Kundenbindung. Kunden von HSE 24, die über beide Vertriebskanäle kaufen, generierten in 2004 einen rund dreimal höheren Umsatz als reine TV-Kunden, bezogen auf reine Internet-Kunden lag der Faktor sogar bei rund 7,5. In ähnlichem Maße steigt die Wiederkaufrate, d. h. die Kaufhäufigkeit, sobald ein Kunde sowohl das TV-Programm als auch den Online-Shop nutzt.[66] Eine Kannibalisierung findet also offenbar nicht statt, vielmehr wird die Kundenbeziehung über die verschiedenen Wege optimal ausgeschöpft. Insgesamt erwirtschaften die bestehenden Sender bereits mehr als zehn Prozent ihres Umsatzes, d. h. jährlich insgesamt einen dreistelligen Millionenbetrag, im Internet.

Auch der Blick auf die Kundenstrukturen zeigt, dass der Vertriebskanal Internet für die Teleshopping-Anbieter eine ideale Ergänzung zum TV-Geschäft und zugleich ein

---

62 z. B. Zubehör zu einem Haushaltsgerät
63 z. B. „der Ring zum Collier"
64 z. B. bei Verbrauchsgütern wie Kosmetika
65 Bisherige Erfahrungen aus den USA zeigen, dass das Continuity Business rund acht Prozent zum Umsatz eines Teleshopping-Senders beitragen kann.
66 HSE 24 Senderangaben, Mai 2005

unabdingbares Asset für die weitere strategische Entwicklung darstellt: Gerade die *Best* und *Silver Ager* als typische Teleshopping-Zielgruppen nehmen die Online-Angebote der Sender mit Begeisterung auf. Während sich klassische Medienanbieter, aber auch Handelsunternehmen und Markenartikler, im Internet inhaltlich und gestalterisch (noch) überwiegend auf die „werberelevante Zielgruppe" der 14–49jährigen konzentrieren, stoßen die Teleshopping-Sender mit der gezielten Ansprache der Generation 50+ in eine klare Lücke. Diese frühzeitig zu besetzen bedeutet, eine stark wachsende Web-Zielgruppe zu bedienen, welche kaufkräftig und vergleichsweise treu ist – und diesbezüglich einen Wettbewerbsvorsprung gegenüber anderen Shop-Anbietern aufzubauen.

Nicht zuletzt zielen die Online-Strategien der Sender darauf ab, langfristig das Internet als alternatives Responsemedium neben dem Telefon zu etablieren, indem TV-Kunden zur Bestellung auf die Websites geleitet werden. Damit würden die Call Center entlastet, was wiederum zu Einspareffekten beim Personal und bei den Telefonkosten führen würde. (Vgl. Abschnitt 7.7.1.3)

Die Ausführungen machen deutlich, dass Internet und Fernsehen – anders als Internet und Katalog – als Kanäle für den Direktabsatz von Produkten in vielerlei Hinsicht eine Symbiose begründen können. Im Folgenden soll die Konzentration wieder auf das Fernsehen als Vertriebskanal gelenkt werden.

4.2 Anbietersicht: Spezifische Vor- und Nachteile von Teleshopping

Tabelle 9: Die wichtigsten Vor- und Nachteile des Teleshopping aus Anbietersicht

Vorteile	Nachteile
+ Hohe Reichweite + Hohes Vertrauen der Nutzer in das Verkaufsmedium + Möglichkeit der umfangreichen Produktpräsentation + Impulskauf/Bedürfnisse wecken + Unmittelbares Nutzerfeedback/Nachfrageoptimierung + Schneller Warenumschlag/Flexible Disposition + Schnelle Adaption von Trends und veränderten Marktbedingungen	– Hohe Investitionskosten/aufwändige Infrastruktur – Linearität des Verkaufsmediums/Hohe Streuverluste – Spezifische Anforderungen an Produkte (Impulskauf, Präsentierbarkeit usw.) – Hohe Retourenquote – Eingeschränkte Planbarkeit/Starke Schwankungen beim Abverkauf

Quelle: Goldmedia

[4 TELESHOPPING ALS VERTRIEBSKANAL]

Es scheint nahe liegend, dass das Massenmedium Fernsehen für ein Unternehmen, welches Produkte im Direktvertrieb absetzen möchte, als Vertriebskanal zuallererst deshalb interessant ist, weil sich damit praktisch alle bundesdeutschen Haushalte erreichen lassen: 97,9 Prozent von ihnen besitzen mindestens ein TV-Gerät, 84 Prozent nutzen es täglich[67] – nur das Radio verfügt über eine vergleichbar hohe Verbreitung und Tagesreichweite. Dagegen sind „nur" 49,4 Prozent der Haushalte mit einem Internetzugang ausgestattet, wobei die tägliche Nutzung bei insgesamt 42 Prozent liegt.[68] Hinsichtlich der Verfügbarkeit in den Haushalten ist das Fernsehen somit nach wie vor klar im Vorteil gegenüber Katalogen und Online-Angeboten.[69] [Vgl. ARD WERBUNG 2004, S. 63; SEVENONE MEDIA 2004, S. 6]

Hinzu kommt, dass das Fernsehen gegenüber dem Internet ein höheres Vertrauen bei seinen Nutzern genießt.[70] Eine wichtige Rolle spielen hierbei die engen Bindungen an das Programm, die in sog. *parasozialen Interaktionen*[71] münden und beim Teleshopping in besonderer Weise zum Tragen kommen: Durch ihren Live-Charakter vermitteln die Verkaufssendungen dem Zuschauer das Gefühl, dabei zu sein, zum Team zu gehören [vgl. GRANT et al. 1991, S. 781; AUTER/MOORE 1993, S. 425 f.]. Die Moderatoren erscheinen als Gesprächspartner, mit denen man direkt und individuell in Kontakt treten kann, so dass die Grenze zwischen Zuschauer und Sendung scheinbar aufgehoben wird. Dies führt dazu, *„dass der Zuschauer auf Äußerungen und Urteile der Moderatoren besonderen Wert legt (...). Das Werturteil des Moderators über das Produkt und seine Aufforderung, ein bestimmtes Produkt zu kaufen, haben damit besonderes Gewicht für die Zuschauer."* Die bislang im Internet eingesetzten Angebotsformen bieten

---

67 Der Prozentsatz der täglichen Nutzer bezieht sich auf die Gruppe der 14–49jährigen.
68 Dito, außerdem ist zu berücksichtigen, dass ein erheblicher Teil der Internet-Nutzung beruflich motiviert ist.
69 Dies ist zunächst eine theoretische Feststellung. Letztlich kommt es dabei entscheidend auf die technische Reichweite der einzelnen TV-Anbieter an (vgl. Abschnitt 7.6).
70 Das Fernsehen wird von wesentlich mehr Menschen als „glaubwürdig", „kompetent" und „sympathisch" eingestuft als das Internet [vgl. ARD WERBUNG 2004, S.66].
71 GRANT et al. (1991) definieren nach HORTON/WOHL (1956) *parasoziale Interaktion* folgendermaßen: *„... parasocial interaction (is) the sense of intimacy or friendship with a media personality, a person whom people ‚meet' only via a mass communication medium. The term was coined to articulate the illusion of face-to-face interaction with the performer created by television, radio, movies and other mass media."* [Zit. nach GRANT et al. 1991, S.781]

derartige Möglichkeiten nicht. [Zit. nach BIERNOTH 1999, S. 57; vgl. ferner GRUNINGER-HERMANN 1999, S. 139 f.]

Eng mit dem Live-Charakter und der Moderation der Sendungen in Zusammenhang stehen die weitreichenden Möglichkeiten, ein Produkt umfassend und überzeugend darzustellen. Die Art und Weise des TV-Konsums bringt es mit sich, dass ausführliche, unterhaltsame Warenpräsentationen auf eine hohe Akzeptanz beim Publikum stoßen, und dass so auch innovative, erklärungsbedürftige bzw. noch nicht eingeführte Produkte – für die eine Nachfrage erst geschaffen werden muss – im Impuls-getriebenen Teleshopping eine geeignete Plattform finden [vgl. RIDDER 1995, S. 415]. Während der Demonstration können verschiedenste Anwendungsfälle simuliert werden. Die Kamera als „Auge des Zuschauers" kann den Artikel dabei aus einer Vielzahl von Perspektiven betrachten, auf mögliche Fragen kann beispielsweise mittels Call-In eines Kunden eingegangen werden. Zwischen Sender und Zuschauer entsteht ein unmittelbarer Responsekreislauf, indem die Wirkung einzelner Produktaussagen anhand der Anrufzahlen sofort überprüfbar und der Verlauf einer Produktpräsentation senderseitig entsprechend optimierbar ist. (Vgl. auch Abschnitte 7.4 f.)

Auf diese Weise wird eine Verkaufssendung möglich, die sehr stark auf die Bedürfnisse des Zuschauers ausgerichtet ist, und die ihn daher sehr stark emotional anspricht. Dies ist ein Grund für die in Abschnitt 4.1.1 dargelegte Eigenschaft des Fernsehens als Impulskauf-Medium, aus der weitere wesentliche Vorteile des Vertriebsweges Teleshopping erwachsen. So geht ein Großteil des Geschäfts auf Spontanbestellungen ohne ursprüngliche Kaufintention zurück, während bei Katalog- bzw. Online-Versendern in der Regel ein aktives Kaufinteresse die Grundvoraussetzung dafür ist, dass sich potenzielle Kunden überhaupt mit dem Angebot auseinandersetzen. Beide Medien beherbergen zudem eine Vielzahl an Wettbewerbern und sind so strukturiert, dass der Nutzer gezielt Vergleiche anstellen und das günstigste Angebot auswählen kann. Beim Teleshopping dagegen ist weder die direkte Vergleichbarkeit gegeben noch besteht auf Nutzerseite aufgrund der spezifischen Rezeptionssituation ein entsprechender Bedarf zur Informationssuche und zur Bewertung verschiedener Alternativen. Dies bedingt eine vergleichsweise geringe Preiskonkurrenz und folglich höhere Gewinnmargen als im klassischen Einzel- und Versandhandel (vgl. auch Abschnitt 7.2).

Nicht zuletzt erlaubt die begrenzte Informiertheit der Zuschauer über das Programm – Neugierde und Überraschung spielen eine große Rolle – auf Senderseite eine äußerst flexible Disposition der Produkte, welche sich eng an den Abverkaufskurven und dem Warenbestand orientiert [vgl. GRUNINGER-HERMANN 1999, S. 131]. Der Umschlag der

Waren, auch großer Stückzahlen, lässt sich damit sehr effizient gestalten, da eine längere Lagerhaltung einzelner Produkte nicht notwendig wird.[72] Gleichzeitig kann aufgrund der insgesamt sehr hohen Flexibilität hinsichtlich Wareneinkauf und Programmproduktion sehr schnell auf Trends und Marktveränderungen reagiert werden, während bspw. der Katalogversandhandel Trends nur mit großer Verzögerung adaptieren kann und relativ lange an einmal kommunizierte Konditionen gebunden ist.

Neben den hier aufgeführten Vorteilen sind dem Teleshopping im Vergleich zu anderen Vertriebskanälen aber auch einige klare Nachteile beschieden, wozu sicherlich vor allem die Linearität des Angebotes zählt. Es ist davon auszugehen, dass immer nur ein Teil der Zuschauer für das gerade präsentierte Produkt als Besteller infrage kommt. Die übrigen Zuschauer müssen warten, bis eine für sie interessante Produktkategorie präsentiert wird, weil keine Auswahlmöglichkeiten bestehen. Dies ist einerseits eine der Grundbedingungen für den Impulskauf, führt aber andererseits auch zu hohen Streuverlusten – im Gegensatz zum Warenumschlag ist die Zuschaueransprache unter diesem Aspekt eher ineffizient (siehe zu möglichen Lösungsansätzen Abschnitt 8.2.2).

Aufgrund der Impulskauf-Prämisse sind nur bestimmte Produktkategorien für den Vertrieb via Teleshopping geeignet. Dazu gehören insbesondere *nicht* solche Produkte, die wohlüberlegt – z. B. im Rahmen einer größeren Investition – angeschafft werden, oder die lediglich einen Grundbedarf decken. Zudem sind der Preisgestaltung gewisse Grenzen gesetzt. (Siehe weiterführend zu den Produktanforderungen Abschnitt 4.4.1)

Teleshopping stellt hohe Anforderungen an die Infrastruktur, die sich als Kostenfaktor vor allem in der Startphase eines Anbieters, bei noch nicht ausgereifter Sortiments- und Programmplanung, nachteilig auswirken. Dies betrifft besonders die Call Center und die logistische Infrastruktur, denn im Vergleich zu anderen Vertriebskanälen ist der Nachfrageverlauf beim Teleshopping weniger planbar; er ist gekennzeichnet durch stark ausgeprägte Spitzen, die sich mit Phasen relativ schwacher Nachfrage abwechseln [siehe auch GRUNINGER-HERMANN 1999, S. 58]. Hinzu kommt die hohe Erwartungshaltung der Kunden, welche durch die Art der TV-Präsentation aufgebaut wird: Schnelle und akkurate Lieferung, möglichst innerhalb von 48 Stunden nach der Bestellung. Eine hohe Flexibilität im gesamten Fulfillment-Prozess ist daher ein un-

---

72 So betreiben auch die bestehenden Sender keine langfristige Lagerhaltung, sondern die Zeiträume zwischen Einkauf und Präsentation der Produkte sind möglichst kurz gehalten. Der effiziente, d. h. u. a. restlose Abverkauf der Produkte ist ein Hauptziel der Programmplanung (siehe dazu auch Abschnitte 7.3 f.).

bedingtes Muss. In diesem Zusammenhang ist das technisch aufwändige Instrument der direkten Rückkopplung zwischen Waren-Absatz und Live-Programm unverzichtbar. (Siehe dazu insgesamt auch Abschnitte 7.4 und 7.7).

Schließlich erwächst aus der hohen Zahl an Impulsbestellungen im Teleshopping eine recht hohe Retourenquote von rund 20 Prozent, d. h. jede fünfte Bestellung wird von den Kunden zurückgeschickt. Für die Sender bringt dies hohe Kosten für Rücksendeporto und Retourenbearbeitung mit sich – je höher die Retourenquote, desto geringer die Effizienz des Teleshopping-Angebotes. Der Verkauf von Produkten über das Fernsehen ist daher immer eine Gratwanderung zwischen dem Ziel, einen möglichst hohen Abverkauf in kurzer Zeit zu realisieren, und der Aufgabe, die Besteller möglichst nachhaltig von einem Produkt zu überzeugen, so dass sie auch Stunden und Tage nach der Produktpräsentation ihre Entscheidung für einen Artikel beibehalten.

4.3 Verbrauchersicht: Ablehnungsgründe und Kaufkriterien im Teleshopping

Tabelle 10: Die wichtigsten Vor- und Nachteile des Teleshopping aus Verbrauchersicht

Vorteile	Nachteile
+ Bequemlichkeit	– Linearität des Verkaufsmediums
+ Umfangreiche Service-Leistungen	– Flüchtigkeit der Produktinformationen
+ Hohe Informationstiefe	– Eingeschränktes Produktsortiment
+ Unterhaltsamkeit	– Relativ hoher Zeitbedarf für den Einkauf
+ Emotionale Nähe zum Programm/ Moderatoren und Experten	– Mangelndes Einkaufserlebnis
+ Unmittelbare Feedback-Möglichkeit mittels Call In	

Quelle: Goldmedia

Viele der Vor- und Nachteile, welche die Vertriebsform Teleshopping für den Verbraucher mit sich bringt, liegen auf der Hand bzw. sind auch bereits aus der Anbieterperspektive angesprochen worden. Darüber hinaus scheint es jedoch sinnvoll, sich der Thematik über die von den Mediennutzern selbst geäußerten Ablehnungs- und Kaufgründe bezüglich des Teleshopping zu nähern. Die im Folgenden dargestellten Aussagen entstammen im Wesentlichen einer bevölkerungsrepräsentativen Telefonbefragung zur Bekanntheit und Nutzung von Teleshopping, die im Rahmen des vorliegenden

Buches durchgeführt wurde. Das Kapitel 5 widmet sich dieser Befragung ausführlicher, wobei u. a. auch auf die zugrunde liegende Methodik eingegangen wird.

4.3.1 Ablehnungsgründe

Von den Personen, die Teleshopping nicht nutzen – die also aktuell nicht bestellen bzw. auch die Programme nicht schauen – wird als häufigster Ablehnungsgrund das fehlende Interesse an den angebotenen Produkten ins Feld geführt. Dabei handelt es sich um einen „weichen" Kritikpunkt, der im Wesentlichen auf die spezifische Sortimentsausrichtung der Sender zurückgeht. Umgekehrt ist dies ein Hinweis darauf, dass der ablehnenden Haltung bestimmter Zielgruppen gegenüber dem Teleshopping langfristig durch eine Verbreiterung des Produktangebotes entgegen gewirkt werden kann. Ähnliches gilt für die an zweiter und dritter Stelle genannten Ablehnungsgründe, die sich auf das individuelle Zeitbudget beziehen oder darauf, wie sinnvoll die Vertriebsform Teleshopping für den Einzelnen erscheint. Hier muss aber letztlich auch eingestanden werden, dass es – unabhängig von der Ausgestaltung der Verkaufsprogramme – immer einen gewissen Prozentsatz an (indifferenten) Teleshopping-Ablehnern geben wird.

Schwerer wiegen andere Punkte, die zwar deutlich seltener, aber immer noch von jeweils rund 30 bis 40 Prozent der Nicht-Nutzer genannt werden: Wenn Personen bspw. die Art der Produktpräsentation für *„unseriös oder aufdringlich"* oder aber die Produkte für *„überteuert"* halten, dann kommen hierin zum Teil sicherlich alte Vorurteile zum Tragen, die mit wenig durchdachten DRTV-Sendungen in den 90er Jahren entstanden sind, und die nun nur sehr mühsam abgebaut werden können. Ähnliches gilt für Bedenken hinsichtlich der Produktqualität, des Datenschutzes und einer eventuellen Reklamation oder Rückgabe – wobei insbesondere die letztgenannten Punkte vor dem Hintergrund der gesetzlichen Bestimmungen objektiv nicht begründbar sind.

Bemerkenswert ist allerdings, dass gerade Zweifel an der Produktqualität als Ablehnungsgrund nur eine relativ nachgeordnete Rolle spielen. Offenbar hat sich die Erkenntnis durchgesetzt, dass die Sender – bspw. HSE 24 im Rahmen einer Kooperation mit dem TÜV Product Service – weitreichende Anstrengungen zur Qualitätssicherung unternehmen. (Vgl. Anhang A.3)

Einige der aufgeführten Kritikpunkte beziehen sich nicht allein auf das Teleshopping, sondern sind stattdessen eher Ausdruck eines allgemeinen Misstrauens gegenüber Distanzhandelsangeboten, mit denen der Einzelne selbst noch keine Erfahrungen ge-

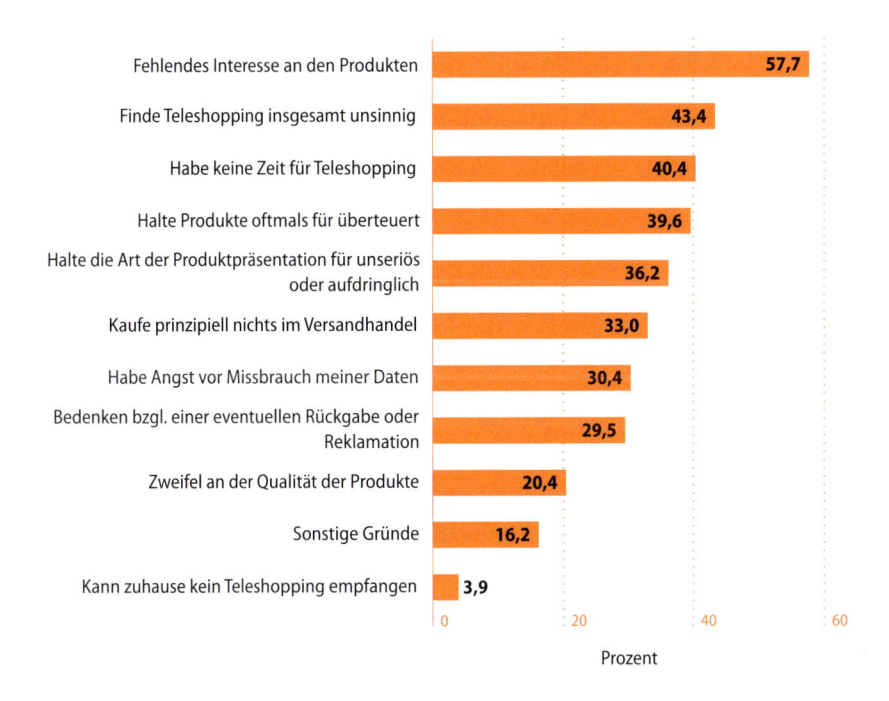

**Abbildung 12: Gründe für Nicht-Nutzung von Teleshopping
(Top-2-Nennungen in Prozent)**

Grund	Prozent
Fehlendes Interesse an den Produkten	57,7
Finde Teleshopping insgesamt unsinnig	43,4
Habe keine Zeit für Teleshopping	40,4
Halte Produkte oftmals für überteuert	39,6
Halte die Art der Produktpräsentation für unseriös oder aufdringlich	36,2
Kaufe prinzipiell nichts im Versandhandel	33,0
Habe Angst vor Missbrauch meiner Daten	30,4
Bedenken bzgl. einer eventuellen Rückgabe oder Reklamation	29,5
Zweifel an der Qualität der Produkte	20,4
Sonstige Gründe	16,2
Kann zuhause kein Teleshopping empfangen	3,9

Basis: Nicht-Nutzer, d.h. Personen, die derzeit weder Teleshopping sehen noch dort bestellen (n = 675)
Quelle: Goldmedia Omnibus-Befragung, Mai 2005

macht hat.[73] Hierfür spricht auch, dass bei Personen, die zwar aktuell zu den Nicht-Nutzern zählen, aber bereits Erfahrungen mit Teleshopping-Bestellungen gemacht haben, die Ablehnungsgründe insgesamt deutlich niedriger ausgeprägt sind.

Die von einem Drittel der Nicht-Nutzer vertretene Haltung, prinzipiell nichts im Versandhandel einzukaufen, beruht auf verschiedenen Gründen. Dabei kann vor allem die fehlende Möglichkeit, das Produkt vor einer Bestellung selbst sehen und anfassen

---

73 So äußern 29,5 Prozent der Nicht-Nutzer Bedenken bzgl. Rückgabe oder Reklamation. Tatsächlich haben lt. DVHI (2005) nur 3,1 Prozent der Versandhandelskäufer in den letzten sechs Monaten Probleme mit dem Umtausch von bestellten Waren gehabt. Bei Personen, die im Teleshopping bestellt haben, liegt dieser Wert sogar bei nur 2,6 Prozent. [Vgl. ebd., S. 29]

zu können, als eines der gewichtigsten Argumente gegen den Versandhandel insgesamt gelten. In der „Versandhandelsstudie 2005" wird diese kaum auszumerzende Schwäche von rund einem Drittel aller Befragten als möglicher Grund für einen Nicht-Einkauf genannt. Innerhalb derer, die keine Versandhandelskunden sind, begründen sogar 76 Prozent ihre Verweigerungshaltung mit der fehlenden Anfassmöglichkeit [vgl. DVHI 2005]. Im Teleshopping verschärft sich dieses Problem noch zusätzlich wegen der bereits angesprochenen Flüchtigkeit des Mediums Fernsehen. Auch die rein visuelle Begutachtung eines Produktes sowie die Aufnahme und Bewertung produktbezogener Informationen ist dadurch beschränkt auf die vom Sender bestimmte Zeitdauer der Präsentation.[74]

Im Rahmen verschiedener Studien wurde ferner auf das fehlende Einkaufserlebnis im Teleshopping im Vergleich insbesondere zum stationären Handel verwiesen.[75] Möglicherweise ist darin eine weitere Akzeptanzhürde auf Seiten der Verbraucher zu sehen. Mittels einer unterhaltsam-informativen Programmgestaltung schaffen die Sender allerdings durchaus ein auf das jeweilige Produkt bezogenes Erlebnis, auch wenn sich dieses grundsätzlich vom „klassischen" Einkaufserlebnis im Warenhaus unterscheidet. Dass ein Einkaufserlebnis im Teleshopping nicht existiere, ist damit in gewisser Weise eine subjektive Fehleinschätzung. Hier gilt es für die Anbieter, die programmlichen Aspekte – etwa nach dem Motto *„Unterhaltsam einkaufen ohne Stress"* – stärker herauszustellen, wozu beispielsweise Programm-Events bzw. themenbezogene Specials ein geeignetes Instrument sein können (siehe hierzu Abschnitt 7.3.4).

Es ist unbestritten ein Kernziel der Teleshopping-Anbieter, die genannten Kritikpunkte im Wege einer klaren Kundenorientierung zu widerlegen und damit eine noch breitere Akzeptanz in der deutschen Bevölkerung aufzubauen. Das wichtigste Instrument zur Vertrauensbildung auf Anbieterseite ist hierbei ein weitreichender Kundenservice, der sich in verschiedenen Aspekten wie kompetenter Beratung im Call Center

---

74 Inwieweit das Internet hier Abhilfe schaffen kann, wurde in Abschnitt 4.1.3 bereits besprochen. Analog dazu können zukünftige Technologien im TV-Bereich dazu beitragen, dieser Schwäche zu begegnen (vgl. Abschnitt 8.2.2).

75 In der Bewertung verschiedener Aspekte des Teleshopping stimmte nur etwa die Hälfte der Nutzer der Aussage zu, dass Teleshopping ein ähnlich großes Einkaufserlebnis wie der stationäre Handel biete (vgl. Abschnitt 5.4.4). Bei einer Umfrage von CIA Mediahaus/TNS Emnid in 2001 gaben mehr als vier von zehn Befragten an, nicht auf das Einkaufserlebnis verzichten zu wollen und daher Ladengeschäfte dem Teleshopping vorzuziehen. Vgl. CIA Mediahaus „Sensor: Verkaufssender und -sendungen", durchgeführt von TNS Emnid, Düsseldorf 2001.

und schneller Lieferung äußert (siehe auch Abschnitte 7.7 f.). Essentieller Bestandteil der Service-Orientierung ist zudem das lange Umtausch- und Rückgaberecht, welches zwar ohnehin gesetzlich gefordert ist, von den Teleshopping-Sendern aber zum Teil sogar übererfüllt wird (vgl. Abschnitt 6.1.3).[76]

4.3.2 Kaufkriterien

Im Hinblick auf die Kriterien für eine Kaufentscheidung im Teleshopping zählen erwartungsgemäß allgemeine Merkmale wie Qualität und Preis der Ware zu den meistgenannten Punkten. Das Preis/Leistungs-Verhältnis, welches sich über diese beiden Kriterien definiert, spielt bei Kaufentscheidungen stets eine dominierende Rolle. Erstaunlich ist aber die Klarheit, mit der dieser Fakt auch auf das Teleshopping zutrifft: Rund 90 Prozent der tatsächlichen und potenziellen Besteller messen dem Preis eine kaufentscheidende Bedeutung bei. Obwohl im Teleshopping eher selten Schnäppchen zu finden sind[77], bescheinigt das breite Publikum den Anbietern also offenbar für die Mehrzahl der Produkte ein günstiges Preis/Leistungs-Verhältnis. Dieses subjektive Empfinden wird durch die Angebotsgestaltung, z. B. durch exklusive Eigenmarken und Paketpreise, gefördert (vgl. Abschnitt 4.4.1.3).[78]

Die größte Stärke des Teleshopping jedoch liegt in der Möglichkeit der ausführlichen Produktdemonstration, die von den Befragten nach der Qualität auf Rang zwei der Kaufkriterien genannt wird. Was von Teleshopping-Ablehnern bisweilen als „aufdringliche Art" der Präsentation empfunden werden mag, stellt somit aus Sicht der Kunden einen der bedeutendsten Erfolgsfaktoren von Verkaufssendungen dar – ein Paradoxon, welches für die Sender schließlich nicht vollständig auflösbar sein wird. Als zentrales inhaltliches Element des Teleshopping unterstreicht die Warenpräsentation

---

[76] Hierdurch wird zumindest teilweise auch der bereits angesprochene Nachteil der fehlenden Anfassmöglichkeit kompensiert. Im stationären Einzelhandel werden entsprechende Rückgaberegelungen je nach Anbieter in unterschiedlichem Maße vertraglich eingeräumt.

[77] Die absatzpolitischen Konzepte der klassischen Teleshopping-Anbieter zielen nicht auf eine Preisführerschaft ab [vgl. GRUNINGER-HERMANN 1999, S. 38 f.].

[78] HSE 24 bspw. gewährt für Produkte, die als „Angebot des Tages (AdT)" gekennzeichnet sind, eine Tiefpreisgarantie. Findet ein Kunde den gekauften Artikel innerhalb einer Woche anderswo günstiger, dann erstattet HSE 24 die Preisdifferenz zurück. Es ist anzunehmen, dass sich ein solches Garantieversprechen positiv auf das Preisempfinden insgesamt auswirkt – ähnlich wie gezielt platzierte Schnäppchen-Angebote im stationären Handel.

auch andere positive Aspekte dieser Vertriebsform, allen voran die Bequemlichkeit des Einkaufs. Für rund 71 Prozent der Besteller ist diese (neben weiteren Kriterien) kaufentscheidend.

Im Teleshopping wird jedes Produkt auf einfache und nachvollziehbare Weise erläutert, zusätzliche Fragen werden ggf. im Call Center beantwortet, Bestellung und Bezahlung werden nach einmaliger Anmeldung problemlos abgewickelt, die Lieferung erfolgt direkt nach Hause. Eine bedeutende Rolle spielen dabei all jene Leistungen, die sich unter dem Stichwort Kundenservice zusammenfassen lassen: Rückgaberecht, kostenlose Bestellhotline und Fachberatung erfahren eine hohe Zustimmung auf Seiten der Verbraucher. Neben der ausführlichen Produktdemonstration stellt damit der Kundenservice als Summe von Einzelkriterien einen weiteren entscheidenden Vorteil des Teleshopping dar, denn kaum eine andere Betriebsform des Handels ist heute noch in der Lage, in vergleichbarem Umfang auf ihre Kunden einzugehen. Umso mehr kommt es für die Sender darauf an, ihre umfassenden Service-Leistungen gegenüber den potenziellen Kunden klar zu kommunizieren, um Kaufentscheidungen zu begünstigen.

**Abbildung 13: Kaufentscheidende Kriterien im Teleshopping
(Top-2-Nennungen in Prozent)**

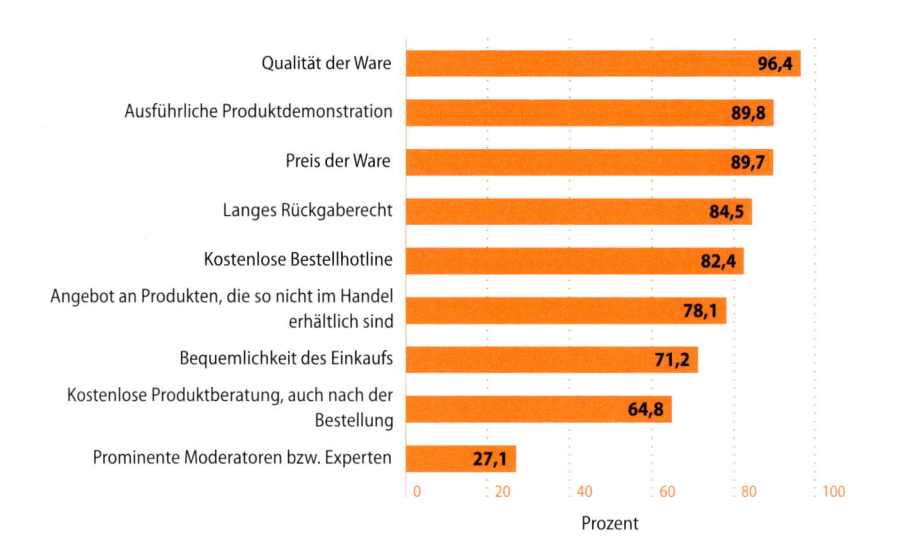

Kriterium	Prozent
Qualität der Ware	96,4
Ausführliche Produktdemonstration	89,8
Preis der Ware	89,7
Langes Rückgaberecht	84,5
Kostenlose Bestellhotline	82,4
Angebot an Produkten, die so nicht im Handel erhältlich sind	78,1
Bequemlichkeit des Einkaufs	71,2
Kostenlose Produktberatung, auch nach der Bestellung	64,8
Prominente Moderatoren bzw. Experten	27,1

*Basis: Bisherige Besteller und Personen, die sich eine Bestellung künftig vorstellen können (n = 266)
Quelle: Goldmedia Omnibus-Befragung (inkl. Boost), Mai 2005*

Trifft man bei der Untersuchung der kaufentscheidenden Kriterien eine Unterscheidung zwischen bisherigen und potenziellen Teleshopping-Bestellern, so zeigt sich, dass die zweite Gruppe vor allem dem Rückgaberecht (93 %), der kostenlosen Produktberatung vor und nach der Bestellung (83 %) sowie der Prominenz der Präsentatoren (42 %) eine signifikant höhere Bedeutung beimisst.[79] Dies deutet darauf hin, dass das derzeit brachliegende Käuferpotenzial möglicherweise insbesondere durch die Fokussierung der Marketingkommunikation auf diese Bereiche aktiviert werden kann.

4.4 Produktangebot im Teleshopping

4.4.1 Anforderungen an das „typische" Teleshopping-Produkt

Eine wesentliche Anforderung an Produkte, die über das Fernsehen vertrieben werden sollen, ergibt sich zuallererst aus der Art der Präsentation: Die Flüchtigkeit des Mediums macht es unumgänglich, dass die Entscheidungsphase bis zum Kauf möglichst kurz ist, denn naturgemäß setzt das Vergessen von Produkt- und Bestellinformationen beim Zuschauer bereits kurz nach dem Ende einer Produktpräsentation ein. Eine Bestellung sollte daher sehr zeitnah erfolgen – oder sie wird zunehmend unwahrscheinlicher.[80]

Dementsprechend ungeeignet für das Teleshopping erscheinen Investitionsgüter[81], deren Anschaffung in der Regel ein längerer Prozess der Entscheidungsfindung, des Abwägens und des Vergleichens vorangeht. Ebenso laufen „Basisprodukte"[82], d. h. solche, die zur Haushalts-Grundausstattung gehören, und die vielmehr nach einem rationalen Bedarf als aufgrund eines spontan geweckten Bedürfnisses gekauft werden, der Eigenschaft des Fernsehens als Impulskauf-Medium zuwider.

Während der stationäre Einzelhandel, aber auch das klassische Kataloggeschäft, auf einem breit gefächerten und auf Ebene der einzelnen Produkte möglichst variantenreichen Sortiment basieren, müssen sich die Teleshopping-Anbieter in jeder Warenkategorie auf das „Besondere" konzentrieren, indem sie beispielsweise exklusive und

---

[79] Hinweis: Niedrige Fallzahl (n = 49) des Segments *Potenzielle Besteller* in der Befragung.

[80] Im Schnitt werden 80 Prozent der Anrufe für ein Produkt innerhalb der ersten zwanzig bis dreißig Minuten nach dessen Ausstrahlung gezählt [vgl. KRUSE 1993, S. 314 f.; vgl. ferner RIDDER 1995, S. 415].

[81] Zur Kategorie der Investitionsgüter sind z. B. Haushalts-Großgeräte wie Waschmaschinen, Kühlschränke u. dgl. zu zählen. Dies schließt nicht aus, dass entsprechende Produkte von den Teleshopping-Sendern trotzdem, beispielsweise im Rahmen von Sonderaktionen oder testweise, angeboten werden.

[82] Als Basisprodukte sind z. B. Kaffeemaschinen, Toaster u. dgl. zu bezeichnen, sofern sie nicht über eine durchschnittliche Funktionalität hinausgehen.

innovative Produktlösungen vermarkten oder aus Kundensicht attraktive Kombi-Angebote schnüren. Sie müssen insofern eine Vorauswahl für die Kunden treffen und dabei diejenigen Produkte herausgreifen, die den höchsten Gesamtnutzen bieten.

Weil das Fernsehen seine Stärke als Vertriebskanal vor allem aus der Visualisierung schöpft, ist der Anspruch des „Besonderen" am ehesten durch ein ansprechendes Design der Produkte zu unterstreichen. Bei Schmuck und Kosmetika spielt dieses eine wichtige Rolle für die Emotionalisierung der Zuschauer, bei technischen Geräten unterstreicht es den innovativen Charakter des Produkts.

Darüber hinaus ist eine effektvolle, aber glaubwürdige Demonstration der Produktvorteile gefragt, mit der sich in kurzer Zeit möglichst viele Zuschauer nachhaltig überzeugen lassen. Die Produktvorteile sollten klar kommunizierbar und schnell erfassbar sein und ggf. eine Abgrenzung zu bekannten Alternativprodukten leisten. Letztlich werden sich diejenigen Produkte am erfolgreichsten im Teleshopping verkaufen, die sich entweder charakterisieren lassen als „Lösung für ein Problem, das jeder hat", oder die dem Verbraucher das Gefühl geben, sich „etwas Gutes zu tun".

4.4.1.1 Qualität der Produkte

Die Sicherstellung einer hohen Produktqualität ist im Teleshopping noch mehr als in anderen Handelsbereichen ein unbedingtes Muss. Es ist davon auszugehen, dass die Kundschaft hier überaus sensibel reagiert – der Vertrauensrückstand gegenüber dem klassischen Einzel- und Versandhandel ist bereits mehrfach thematisiert worden. Enttäuschungen hinsichtlich der Produktqualität würden sich mit hoher Wahrscheinlichkeit unmittelbar auf den Anbieter übertragen, was die unter großen Anstrengungen aufgebaute Kundenbasis gefährden könnte (vgl. u. a. Abschnitt 5.4.2.3 zum Aufwand der Neukundengewinnung). Aus diesem Grund ist der Qualitätsanspruch ein fester Bestandteil der Strategie der Teleshopping-Sender. HSE 24 beispielsweise kooperiert mit dem TÜV Product Service und versieht erfolgreich getestete Produkte mit einem eigenen Qualitätssiegel. Alle Sender verfügen außerdem über eine eigene Qualitätssicherung, die jedes Produkt vor der Freigabe zum Verkauf nach strengen Kriterien überprüft (vgl. exemplarisch Anhang A.3).

4.4.1.2 Preisspanne

Als eines der kaufentscheidenden Kriterien wurde in Abschnitt 4.3.2 der Preis bzw. das Preis/Leistungs-Verhältnis identifiziert. Mit Blick auf die Impulskauf-Prämisse ist die auf breiter Basis akzeptierte Preisspanne begrenzt – als optimal hat sich ein Artikelwert zwischen 20 und 100 Euro erwiesen. Diese Preisspanne korrespondiert mit dem durchschnittlichen Volumen je Bestellung, das je nach Sender bei etwa 60 bis 80 Euro liegt, sowie mit dem jährlichen Bestellvolumen je Kunde von im Schnitt 214,40 Euro (vgl. Abschnitt 5.4.3). Steigt der Preis über 100 Euro, so geht die Bereitschaft zum spontanen Kauf spürbar zurück. Die Preisdimension stellt damit einen wichtigen Aspekt für die Teleshopping-Eignung eines Produktes dar: Zwar existieren keine prinzipiellen Preislimits, jedoch können höherwertige Produkte nur als („exklusive") Ergänzungen zum Kernsortiment angeboten werden und nicht die Umsatzbasis bilden. Gleichzeitig ist darauf zu achten, dass eine bestimmte Preisschwelle nicht unterschritten wird, weil sich dies auf den Umsatz je Sendeminute und damit auf die Effizienz des Verkaufsprogramms negativ auswirken könnte. Zudem kämen dann für den Besteller die berechneten Versandkosten unverhältnismäßig stark zum Tragen.[83]

Mit der optimalen Preisspanne ist allerdings keine Aussage zur Preiswürdigkeit der Produkte verbunden. Nicht selten sind die via TV vertriebenen Waren teurer als ähnliche Angebote im klassischen Handel und vor allem im Internet. Generell streben die Teleshopping-Sender aufgrund ihrer spezifischen Kostenstrukturen und der Service-Orientierung keine Preisführerschaft gegenüber anderen Betriebsformen des Handels an. Es kommt daher weniger auf ein tatsächliches, sondern vielmehr auf ein subjektiv als günstig empfundenes Preis/Leistungs-Verhältnis an. Letztlich sollen – zumindest im klassischen Teleshopping – auch nicht die Schnäppchenjäger, sondern eher die (potenziellen) loyalen Stammkunden adressiert werden.

4.4.1.3 Exklusiv-Produkte, Produktlinien, Bundle-Angebote

Im Zusammenhang mit der Preisgestaltung stellt die angestrebte Nicht-Vergleichbarkeit der Produkte einen wichtigen strategischen Aspekt und einen kritischen Erfolgsfaktor des Teleshopping dar: Um eine direkte Preiskonkurrenz zu anderen Vertriebsformen zu vermeiden, muss ein Großteil der präsentierten Angebote für die Kunden auf irgendeine Art einzigartig sein bzw. muss sichergestellt sein, dass die jeweils spezifischen Angebote nicht in gleicher Form von anderen Anbietern bezogen werden können. Im Wesentlichen verfolgen die Teleshopping-Sender drei Wege, um dies zu erreichen:

---

83   Niedrige Preispunkte haben ferner den Nachteil, dass sie beim Zuschauer oft eine verminderte Produktqualität implizieren. Dadurch sinken die Erwartungen, wie auch der persönliche Bezug zum Produkt, so dass letztlich die Qualität der auf diese Weise gewonnenen Kunden relativ gering ist.

1. **Entwicklung von Eigenmarken**
   In Produktbereichen wie Schmuck und Kosmetik, in denen sich eine Unterscheidbarkeit kaum über die eigentlichen Produktmerkmale definieren lässt, bietet sich für die Sender die Schaffung exklusiver Eigenmarken an.[84] Diese werden oftmals mit prominenten Namen verknüpft, um den hochwertigen Charakter der Waren zu unterstreichen und ihnen gleichzeitig ein „Gesicht" zu geben – beispielhaft genannt seien die Kosmetikprodukte von Christine Kaufmann bei HSE 24 (vgl. zum Einsatz prominenter Testimonials auch Abschnitt 7.5.2).
   Die Eigenmarken der Teleshopping-Sender ermöglichen somit besonders hohe Gewinnspannen, sichern auf lange Sicht Umsätze (*Continuity Business* in Form regelmäßiger Nachbestellungen), verstärken Bindungstendenzen der Zuschauer an das Programm (vgl. Stichwort *parasoziale Interaktion* in Abschnitt 4.2) und prägen das Senderimage maßgeblich mit.
   Aus diesem Grunde kreieren die Teleshopping-Sender umfangreiche Produktlinien, welche bis zu fünfzig oder mehr verschiedene Artikel beinhalten und damit den Bedarf der Kunden in der entsprechenden Warengruppe möglichst umfassend abdecken sollen. Nicht zuletzt sinkt die Kaufbarriere für neu einzuführende Produkte, wenn diese einer bestehenden und bekannten Produktlinie angegliedert werden.
2. **Exklusive Vertriebslizenzen für Fremdprodukte**
   Bei technischen Geräten, deren Produktnutzen sich im Vergleich zu Kosmetika und Schmuck eher über die Funktionalität definiert, wären Eigenentwicklungen für die Teleshopping-Anbieter meist zu aufwändig und auch zu riskant. Eine Exklusivstellung kann hier deshalb am ehesten im Wege von Vertriebsvereinbarungen mit dem jeweiligen Hersteller erreicht werden. Dafür kommen hauptsächlich kleinere und mittlere Unternehmen in Frage, die nicht über eigene Vertriebsstrukturen verfügen und die nicht genügend Marktmacht haben, um im Handel Fuß zu fassen. Die Produkte selbst grenzen sich in diesem Bereich oft durch einen besonderen Innovationsgehalt von den im Einzelhandel erhältlichen Äquivalenten ab.

---

84 Eigenmarken im Teleshopping sind nicht zu vergleichen mit den im klassischen Einzel- und Versandhandel weit verbreiteten Handelsmarken (z. B. *Universum* und *hanseatic*), die dort in vielen Fällen der Abdeckung des Grundsortiments dienen und daher in der Regel die jeweils günstigsten Produktvarianten repräsentieren. Handelsmarken sind unterhalb der Markenartikel positioniert – Eigenmarken im Teleshopping sind den Markenartikeln dagegen gleichgestellt.

3. Bundle-Angebote / Special Editions
Die Kombination verschiedener Produkte zu einem Paketpreis bzw. die Herausgabe von Sondereditionen bietet sich vor allem für solche Produkte an, die keine Anknüpfungspunkte für eine Exklusivstellung im Sinne der vorgenannten Punkte bieten, bzw. die in gleicher oder ähnlicher Form auch außerhalb des Teleshopping erhältlich sind. Beispiele hierfür sind Zeitschriften-Abonnements zu Sonderkonditionen oder auch Versicherungsprodukte, die mit speziellen Zusatzprämien gebündelt werden.

4.4.2 Zeitlich begrenzte Sonderangebote

HSE 24, QVC und RTL Shop arbeiten als klassische Teleshopping-Anbieter intensiv mit Produktangeboten zu besonderen Konditionen. Deren Kern bildet ein für jeden Tag neu ausgewählter Artikel, der jeweils 24 Stunden lang umfangreich auf dem Sender und im Online-Shop beworben wird. Dieses *AdT – Angebot des Tages* (HSE 24), *Tagesangebot* (QVC) bzw. dieser *Hit des Tages* (RTL Shop) stellt für den Anbieter den jeweils wichtigsten Artikel an einem Tag dar, wobei ein Anteil am Tagesumsatz von etwa 15 bis 20 Prozent angestrebt wird. Zu diesem Zweck wird das AdT innerhalb des Tagesprogramms besonders oft (8–10mal) und besonders lange (jeweils 10–15 Minuten) präsentiert. Darüber hinaus wird dem AdT mittels kurzen Produkthinweisen, bspw. zu Beginn und Ende anderer Verkaufsshows, zusätzliche Werbefläche eingeräumt, so dass das Produkt für den Zuschauer praktisch omnipräsent ist.

Für das AdT kommen nur Top-Artikel infrage, die in großen Mengen eingekauft und zu einem Sonderpreis angeboten werden. In aller Regel handelt es sich dabei um Produkte, mit denen der jeweilige Sender bereits Erfahrung gesammelt hat, deren Zugkraft im Hinblick auf den Abverkauf also bereits erwiesen ist. Um die Exklusivität des Angebotes zu unterstreichen, kann das AdT-Produkt gegenüber einem früheren Angebot modifiziert oder mit zusätzlichen Artikeln gebündelt sein.

Der Sender verfolgt mit derartigen Sonderaktionen verschiedene Ziele. Im Vordergrund steht die Überlegung, mit einem täglich wechselnden Highlight Zuschauer zum regelmäßigen Einschalten zu motivieren. Die Einführung des AdT findet jeden Tag zur gleichen Uhrzeit statt und ist in gewisser Weise ritualisiert.[85] Dieses Vorgehen unter-

---

[85] Das aktuelle tagesspezifische Angebot wird bei HSE 24 immer um 23:00 Uhr, bei QVC immer um 0:00 Uhr und bei RTL Shop immer um 12:00 Uhr vorgestellt.

streicht zugleich den Neuigkeitscharakter des Programms. Nicht zuletzt wirkt sich die besondere Preisgestaltung des AdT positiv auf die vom Zuschauer wahrgenommene Preiswürdigkeit des Gesamtsortiments aus. HSE 24 unterstützt diesen Effekt noch, indem der Sender für das AdT eine Tiefpreisgarantie gewährt.[86]

Neben den Tages-Aktionen gibt es je nach Sender weitere zeitlich begrenzte Sonderangebote, die in eine ähnliche Richtung zielen, dabei aber weniger prominent platziert werden. Dies betrifft u. a. die Vorstellung von Produktneuheiten zum Einführungspreis oder Jubiläumsangebote einer Produktlinie zum Treuepreis. HSE 24 überträgt zudem das Konzept des AdT mit dem *Joker der Woche* auf die gesamte Programmwoche.

4.4.3 Produktgruppen

Nachdem in den zurückliegenden Abschnitten bereits in verschiedenen Zusammenhängen Hinweise darauf gegeben wurden, welche Arten von Produkten für Teleshopping als besonders geeignet erscheinen, soll dies nun auch anhand empirischer Daten nachvollzogen werden.

Die mit Abstand meistgekaufte Warenkategorie im Versandhandel allgemein ist erwartungsgemäß Bekleidung. Hier schlägt sich die nach wie vor überragende Stellung der klassischen Universalversender wie Otto und Quelle nieder, deren Sortimente zu einem Großteil Bekleidung beinhalten. Eine Zuordnung der bestellten Waren auf die einzelnen Bestellkanäle wurde in der hier zitierten „Versandhandelsstudie 2005" nicht vorgenommen, jedoch ist ablesbar, zu welchen Produktgruppen die Nutzer von Teleshopping und DRTV in besonderem Maße tendieren.

Menschen, die u. a. Bestellungen über das Fernsehen getätigt haben, zeigen demnach gegenüber der Gesamtheit der aktiven Versandhandelskunden ein signifikant höheres Interesse insbesondere an Kosmetik, Uhren & Schmuck, Heimtextilien sowie Unterhaltungselektronik. Dagegen sind sie seltener Käufer von Bekleidung, (Unterhaltungs-)Medien und Computerbedarf, worin wiederum das sehr stark auf Schmuck und Kosmetika ausgerichtete Sortiment der drei klassischen Teleshopping-Anbieter zum Ausdruck kommt (vgl. dazu nachfolgenden Abschnitt).

---

86 HSE 24 erstattet seinen Kunden den Differenzbetrag, sofern diese ein als AdT erworbenes Produkt binnen sieben Tagen bei einem anderen Anbieter zu einem günstigeren Preis finden (Geld-zurück-Garantie).

[4 TELESHOPPING ALS VERTRIEBSKANAL]

Während die Kategorie Bekleidung augenscheinlich nur begrenzt von den verbesserten Präsentationsmöglichkeiten im Fernsehen profitiert, weil sich bei ihr der Erklärungsbedarf naturgemäß in erster Linie auf Maße und Größen beschränkt und sich ebenso (zumindest bei Bekleidung für das alltägliche Leben) nur wenige Ansatzpunkte für die effektvolle Demonstration eines klaren Produktvorteils bieten, finden emotionale und Convenience/Wellness-Produkte im Teleshopping das optimale Vertriebsmedium. Gleiches gilt für Produkte mit Innovations- bzw. Problemlösungs-Charakter, die man vor allem hinter den Kategorien Unterhaltungselektronik und Heimwerkerbedarf vermuten kann.

Abbildung 14: Am häufigsten im Distanzhandel gekaufte Artikel (Auswahl, in Prozent)

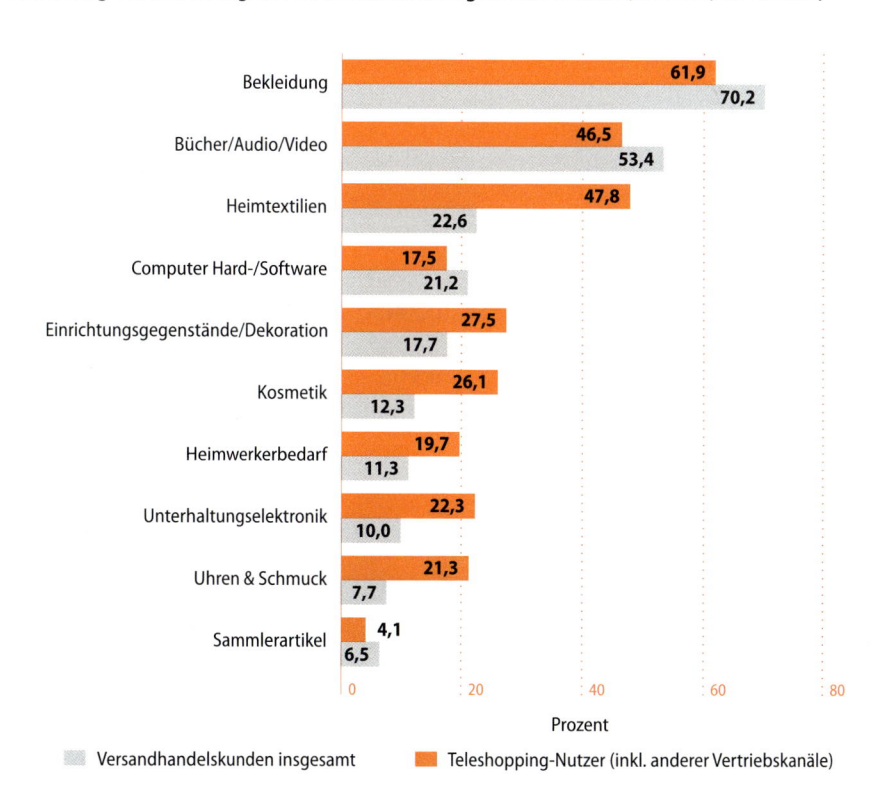

Kategorie	Teleshopping-Nutzer (inkl. anderer Vertriebskanäle)	Versandhandelskunden insgesamt
Bekleidung	61,9	70,2
Bücher/Audio/Video	46,5	53,4
Heimtextilien	47,8	22,6
Computer Hard-/Software	17,5	21,2
Einrichtungsgegenstände/Dekoration	27,5	17,7
Kosmetik	26,1	12,3
Heimwerkerbedarf	19,7	11,3
Unterhaltungselektronik	22,3	10,0
Uhren & Schmuck	21,3	7,7
Sammlerartikel	4,1	6,5

Anteil der Befragten, die in letzter Zeit entsprechende Produkte im Versandhandel bestellt haben
Basis: Aktive Versandhandelskunden gesamt (n = 578)/Teleshopping-Kunden der letzten 6 Monate (n = 58)
Quelle: DVHI 2005, S. 5

[4 TELESHOPPING ALS VERTRIEBSKANAL]

Die niedrigere Bestellhäufigkeit von Medienprodukten bei den Teleshopping-Nutzern lässt sich damit erklären, dass Bücher, CDs und Videos/DVDs im Sortiment von HSE 24, QVC und RTL Shop derzeit eine untergeordnete Rolle spielen. Demgegenüber besteht offenbar gerade für diese Warengruppen das größte Interesse bei (potenziellen) Kunden, wie CIA Mediahaus/TNS Emnid 2001 ermittelte.

Hierin wird einmal mehr deutlich, dass die bisher zu beobachtenden Nutzungsmuster des Teleshopping sich zwangsläufig stark an den vorhandenen Angeboten orientieren, und dass zumindest bei den Zuschauern Offenheit für eine Vielzahl verschiedener Produktkategorien besteht.[87]

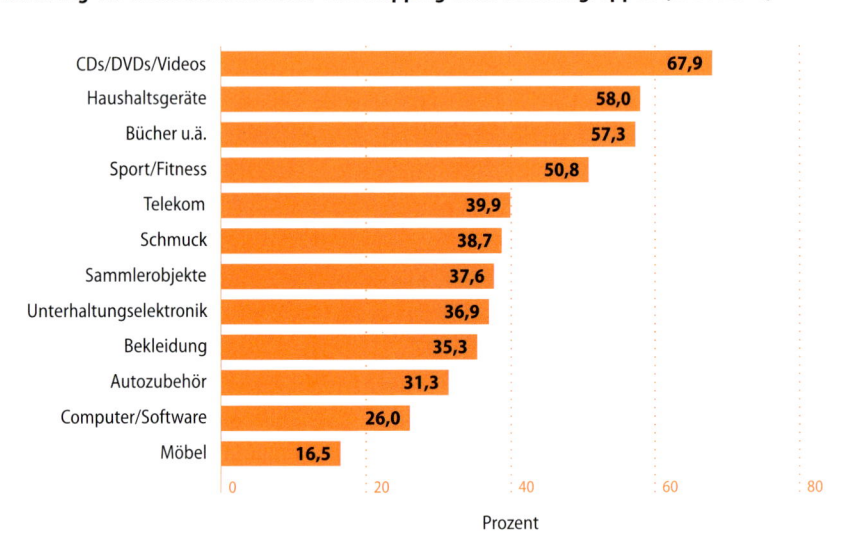

Abbildung 15: Kaufbereitschaft im Teleshopping nach Produktgruppen (in Prozent)

Produktgruppe	Prozent
CDs/DVDs/Videos	67,9
Haushaltsgeräte	58,0
Bücher u.ä.	57,3
Sport/Fitness	50,8
Telekom	39,9
Schmuck	38,7
Sammlerobjekte	37,6
Unterhaltungselektronik	36,9
Bekleidung	35,3
Autozubehör	31,3
Computer/Software	26,0
Möbel	16,5

Anteil der Befragten, die sich vorstellen können, entsprechende Produkte im Teleshopping zu kaufen
Basis: Befragte, die mindestens einmal bestellt haben oder sich dies vorstellen können (n = 389)
Quelle: CIA Mediahaus „Sensor: Verkaufssender und -sendungen", durchgeführt von TNS Emnid, Düsseldorf, 2001

---

[87] Zu beachten ist, dass die Ergebnisse auch durch allgemein differierende Produktinteressen geprägt sind, die sich nicht speziell auf das Teleshopping beziehen. So dürfte z.B. der Anteil derer, die Interesse an Sammlerobjekten haben, von vornherein kleiner sein als der der potenziellen CD-Besteller. Wie sich die hier genannten Produktinteressen im Teleshopping zum Durchschnitt verhalten, kann anhand der vorliegenden Daten nicht beurteilt werden.

Die Auswahl geeigneter Produktgruppen richtet sich auf Seiten der (potenziellen) Kunden in erster Linie nach der Art der Kaufentscheidung. Mit Computer und Möbel stehen daher zwei Kategorien an letzter Stelle, die eher wohlüberlegt als in einem spontanen Impuls gekauft werden. Zu berücksichtigen ist ferner auf Anbieterseite – wie schon angesprochen – die Eignung der Produkte zur TV-Präsentation. Diese kann von den Befragten vermutlich nur schwer abstrahiert werden, so dass sich das reale Kaufverhalten letztlich immer mehr oder weniger stark von der geäußerten theoretischen Kaufbereitschaft unterscheiden wird.

4.4.4 Produktstruktur der bestehenden Sender

4.4.4.1 HSE 24

HSE 24 bietet insgesamt etwa 17.000 verschiedene Artikel in über 20 Produktbereichen an, der Anteil von Neueinführungen liegt bei etwa 70 Prozent. Die Flexibilität des Sortiments kommt darin zum Ausdruck, dass monatlich bis zu 1.400 Artikel ausgetauscht werden. Die Produktgruppen von HSE 24 umfassen u. a. folgende Themen:

- Auto & Motorrad
- Bauen & Renovieren
- Computer & Zubehör
- Foto & Kamera
- Gesunde Ernährung
- Handys & Telefone
- Haus & Garten
- Heimtextilien
- Hifi & TV
- Hobby & Basteln
- Kosmetik
- Küche & Kochen
- Mode/Accessoires
- Putzen & Reinigen
- Sammelobjekte
- Schmuck & Uhren
- Sport & Freizeit
- Tisch & Tafel
- Weine
- Wellness/Pflege
- Werkzeuge

Mehr als die Hälfte des Umsatzes entfällt auf Produkte aus dem Bereich Beauty/Wellness/Sport sowie auf Schmuck – und damit auf Produktgruppen, die vornehmlich an Frauen adressiert sind. Allerdings erreicht auch das Segment Haushalt/Do-it-yourself/Home Electronics/Multimedia, in dem sich eine Vielzahl von „Männerprodukten" finden, einen Umsatzanteil von 22 Prozent. Hier ist in Teilbereichen das Bestellaufkommen der männlichen Kunden größer als das der weiblichen.

In den letzten Jahren hat es bei HSE 24 keine wesentlichen Veränderungen hinsichtlich der Sortimentsstruktur gegeben, jedoch haben sich die Nachfrageanteile in den einzelnen Produktgruppen teilweise verschoben. So ist vor allem der Bereich Beauty/

[4 TELESHOPPING ALS VERTRIEBSKANAL]

Wellness/Sport seit 2002 deutlich von 27 auf 34 Prozent gewachsen, während der Gesamtanteil von Haushaltswaren und Elektronik geschrumpft ist.[88]

Abbildung 16: Umsatzanteile der Produktgruppen bei HSE 24 (2004)

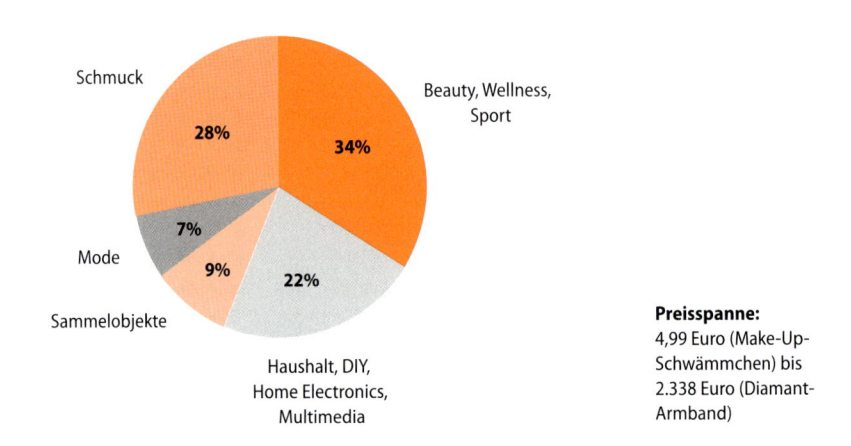

- Schmuck: 28%
- Beauty, Wellness, Sport: 34%
- Mode: 7%
- Sammelobjekte: 9%
- Haushalt, DIY, Home Electronics, Multimedia: 22%

Preisspanne:
4,99 Euro (Make-Up-Schwämmchen) bis 2.338 Euro (Diamant-Armband)

Quelle: HSE 24 Key Facts, Februar 2005

Stark aufgestellt ist HSE 24 insbesondere im Segment Kosmetik, Pflege & Wellness. Das breite Spektrum an Eigen- bzw. Exklusivmarken, die jeweils bis zu mehr als 100 verschiedene Artikel umfassen, zeigt, dass in diesem Bereich ein strategischer Fokus gesetzt wird. Viele der Produktlinien mit prominenten Testimonials wie Christine Kaufmann, Gitta Saxx und Udo Walz wurden seit dem Start kontinuierlich ausgebaut und reichen inzwischen über ihre ursprünglichen Kernbereiche deutlich hinaus, so dass ganze „Produktwelten" entstanden sind. Auch in anderen Bereichen verfügt HSE 24 über starke, exklusiv vermarktete Brands, so z. B. die Modelabels *Pompöös Design by Harald Glööckler* und *Sarah Kern,* bzw. über Eigenmarken wie *Cucino* und *Limpio* (Haushalt) oder *Private Diamonds* und *La Luna* (Schmuck).

Daneben spielen Produkte von Markenherstellern zunehmend eine Rolle. In erster Linie betrifft dies solche Produktkategorien, in denen die Entwicklung von Eigenmarken

---

88 Haushaltswaren und Elektronik wurden in 2002 noch getrennt mit 17 bzw. 13 Prozent Umsatzanteil ausgewiesen. Beide Produktgruppen finden sich heute in der Gesamtkategorie Haushalt/DIY/Home Electronics/Multimedia wieder, die einen Anteil von 22 Prozent erreicht.

zu aufwändig und/oder zu riskant wäre, allen voran die Kategorie Technik und Werkzeuge. Zu den bekannten Marken, die mit Angeboten im Programm von HSE 24 vertreten sind, gehören u. a. Bosch, Kärcher, Medion, Silit, Dugena und M. J. Hummel.

Die Bestseller-Produkte von HSE 24 finden sich in verschiedenen Bereichen von Kosmetik über Wellness bis Elektronik. Hier wird deutlich, dass der ideale Preispunkt für ein Teleshopping-Produkt zwischen etwa 20 und 100 Euro liegt. Nur einer der meistverkauften Artikel überschreitet diese Preisspanne.

Tabelle 11: Bestseller von HSE 24 (2004)

Artikel	Preis
Reinigungsmittel „Das blaue Wunder"	17,99 Euro
Bärbel Drexel Spirulina, 2 × 650 Stk.	99,99 Euro
Ricarda M. Magic Skin Care 24 h Creme	31,00 Euro
Blitzschärfer	22,99 Euro
Medion Navigationsgerät	389,99 Euro

Quelle: HSE 24 Key Facts, Februar 2005

Als einziger Teleshopping-Sender lässt HSE 24 seine Produkte – neben der internen Qualitätssicherung – durch den unabhängigen TÜV Product Service überprüfen, um konstante Qualitätsstandards sicherzustellen. Dieser Qualitätsfokus findet Ausdruck in einem gemeinsamen Qualitätssiegel.

4.4.4.2 QVC

Das Sortiment von QVC umfasst rund 18.000 verschiedene Artikel, pro Woche kommen ca. 250 neue dazu bzw. werden ausgetauscht. In ihrer Vielfalt und Flexibilität ist die Produktpalette damit der von HSE 24 sehr ähnlich. Die wesentlichen Produktbereiche sind:

- Schmuck
- Mode
- Küche & Kochen
- Gesund & Schön
- Haushalt & Heimwerken
- Elektronik & Computer
- Freizeit & Hobby
- Wohnen & Dekorieren

[4 TELESHOPPING ALS VERTRIEBSKANAL]

Im Gegensatz zu HSE 24 ist der Schwerpunkt bei QVC sehr deutlich im Segment *Home* gesetzt, welches alle oben genannten Produktkategorien außer Schmuck, Mode sowie Gesund & Schön in sich vereint. Als Einzelsegmente erbringen jedoch Schmuck und Mode die höchsten Umsatzbeiträge und prägen sehr stark das Image des Senders. Insbesondere der Verkauf von Bekleidung und Accessoires ist in den letzten Jahren stark forciert worden, so dass Mode heute rund 22 Prozent Anteil am Gesamtumsatz von QVC hat, während es noch 2002 lediglich 9 Prozent waren. Dagegen ist der Umsatzanteil des Bereichs Schmuck, der noch vor kurzem die unbestrittene Kernkompetenz des Senders gebildet hatte, von 31 auf 23 Prozent zurückgegangen. Kosmetika sind bei QVC oft mit Gesundheitsthemen gekoppelt und nehmen sich seit jeher eher als Randbereich aus. Entsprechend hat sich auch die prozentuale Bedeutung dieses Segments für die Erlöse binnen zwei Jahren halbiert.

Abbildung 17: Umsatzanteile der Produktgruppen bei QVC (2004)

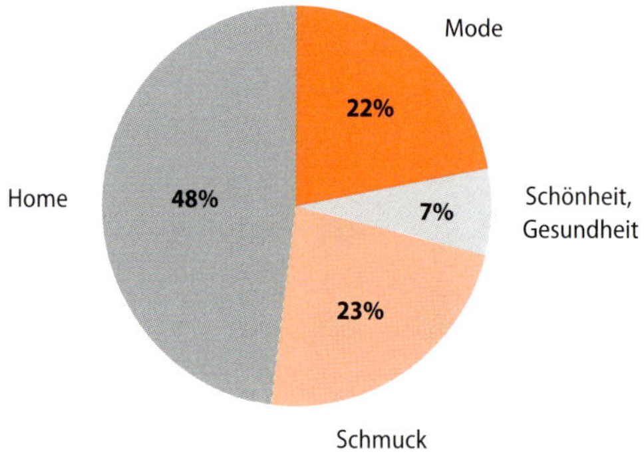

- Mode 22%
- Home 48%
- Schönheit, Gesundheit 7%
- Schmuck 23%

Preisspanne:
10 Euro (Weihnachts-CD) bis
2.354 Euro (Perlfekt Gold-Collier)

Quelle: QVC Deutschland, März 2005

In allen wichtigen Produktsegmenten verfügt QVC über Eigenmarken, stellvertretend zu erwähnen sind *Diamonique* (Schmuck), *Practus* (Heimwerken), *cook's essentials* (Küche & Kochen) sowie *in-Print* und *Donna Modar* (Mode). Hinzu kommen – ebenso wie bei HSE 24 – eine Vielzahl von exklusiv vermarkteten Produktlinien. Zu den prominenten Testimonials auf QVC gehörten und gehören u. a. Joy Fleming, Ireen Sheer, Verona Feldbusch und Anouschka Renzi. Über Bestseller-Produkte macht das Unternehmen keine konkreten Angaben, jedoch haben sich in jüngster Zeit offenbar vor allem Heimtextilien (Bettwäsche und Handtücher) aus Mikrofaser zu einem Verkaufsschlager entwickelt.

Bezogen auf das Sortiment als auch auf die Präsentationsweise war bisher die Orientierung auf weibliche Kunden bei QVC am stärksten von allen Teleshopping-Sendern ausgeprägt. Lag die Frauenquote anfangs bei rund 80 Prozent, waren aber in 2004 bereits 33 Prozent der Besteller männlich. Mit der Ausweitung der Produktpalette in Bereichen wie Heimwerken und Garten wird nun verstärkt auch eine männliche Klientel adressiert.

4.4.4.3 RTL Shop

Das Portfolio von RTL Shop unterscheidet sich in vielen Punkten relativ klar von dem der Wettbewerber. Wichtigstes allgemeines Differenzierungsmerkmal ist, dass RTL Shop in wesentlich geringerem Maße auf typische Frauen-Produkte wie Schmuck und Kosmetik setzt. Prinzipiell werden in weiten Teilen des RTL Shop-Programms durch die Art der Präsentation, unabhängig von den gezeigten Artikeln, auch Männer adressiert. Der höchste Umsatzanteil – beinahe die Hälfte – wird im Segment Küche & Haushalt erzielt. Die relativ starke Orientierung auf Männer kommt im zweitgrößten Produktbereich Elektronik & Heimwerken zum Ausdruck. Schmuck sowie Beauty & Fitness generieren einen Umsatzbeitrag von zusammen nur rund einem Viertel, wobei sich auch hier

Abbildung 18: Umsatzanteile der Produktgruppen bei RTL Shop (2001)

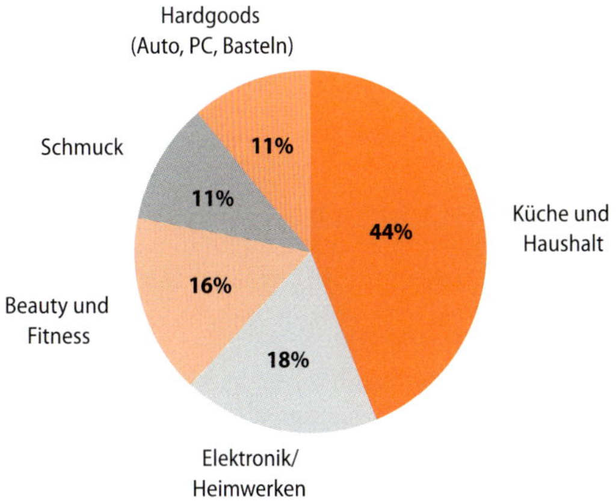

Hardgoods (Auto, PC, Basteln): 11%
Schmuck: 11%
Beauty und Fitness: 16%
Elektronik/Heimwerken: 18%
Küche und Haushalt: 44%

Preisspanne:
4,50 Euro (Briefmarkenset) bis
799 Euro (DVD-TFT-Kombi)

Quelle: RTL Shop, 2001

speziell auf männliche Kunden ausgerichtete Produkte wie bspw. Herrenschmuck finden.[89]

Insgesamt ist das Produktangebot von RTL Shop weniger durch Kontinuität und Stringenz geprägt, als dies bei HSE 24 und QVC der Fall ist. So ist kaum ein Kernsortiment mit konsequent entwickelten Eigenmarken oder Exklusiv-Produktlinien auszumachen. Während HSE 24 und QVC umfangreiche Produktwelten mit prominenten Testimonials geschaffen haben, mutet RTL Shop stärker wie ein Kaufhaus an, in dem sich viele verschiedene Einzelprodukte finden – überwiegend von Fremdmarken oder als No-Name-Produkte.[90] Dies ist u. a. auf die Techniklastigkeit des Sortiments zurückzuführen, steht aber auch in Zusammenhang mit einer großen Experimentierfreude des Senders, die sich sowohl in einer breiten Variation der Produkte als auch in neuartigen Programmformaten niederschlägt.

Neben klassischen Produktkategorien, die so oder ähnlich auch bei den anderen Sendern angeboten werden, konzentriert sich RTL Shop zunehmend auf Dienstleistungen verschiedenster Art, z. B. im Finanz- und Versicherungssektor. Nach Aussage des Geschäftsführers Heinz Scheve soll hier auch in Zukunft eine Schwerpunktsetzung erfolgen. Der Sender könnte sich damit als modernes Dienstleistungsunternehmen positionieren; die Bekanntheit und Stärke der Marke RTL könnte helfen, massenattraktive Serviceleistungen an eine breite Zielgruppe zu vermarkten. Vorstellbar bzw. teilweise auch bereits umgesetzt sind entsprechende Angebote u. a. in folgenden Bereichen:

- Versicherungen, Kredite
- Abo-Services (z. B. Zeitschriften, Lebensmittel, Wäsche, Medikamente)
- Mobilität (z. B. Mietwagen, Bahn-/Fluggutscheine)
- Sicherheits-, Reinigungs- und Heimwerkerdienste
- Vermittlungen (z. B. Arbeit, Wohnungen, Partner)

---

89   Die Angaben zur Produktstruktur von RTL Shop beziehen sich auf die Situation im Jahr 2001, da vollständige aktuellere Zahlen von dem Sender nicht kommuniziert werden. Allerdings nannte das Unternehmen im Februar 2004 für Hartwaren (Küche und Haushalt, Elektronik/Heimwerken, Auto etc.) sowie für den Bereich Dienstleistungen einen Nachfrage-Anteil von zusammen 81 Prozent. Die Segmente Beauty und Fitness sowie Schmuck verlieren bei RTL Shop also offenbar weiter tendenziell an Bedeutung.

90   Nichtsdestotrotz sind bereits eine Reihe von Prominenten mit eigenen Produkten bei RTL Shop aufgetreten, darunter Maren Gilzer und Jenny Elvers-Elbertzhagen (Schmuck) sowie Susan Stahnke (Fitness).

Als einziger Teleshopping-Sender bietet RTL Shop die Möglichkeit von Programmkooperationen, bei denen der Sender nicht selbst als Produktanbieter auftritt, sondern als Verkaufsplattform für Dritte. Gerade diese Form der Vermarktung dient häufig als Experimentierfeld für neue, innovative Produkte und vor allem Dienstleistungen. So vermittelte der Sender Riester-Policen in Zusammenarbeit mit dem Versicherungsunternehmen HDI, Mitgliedschaften im Bertelsmann Buch-Club, Stromlieferverträge von Yello sowie Finanzprodukte der Citibank. Auch Handelsunternehmen wie Otto, Tchibo und andere haben auf RTL Shop bereits wöchentlich wechselnde Angebote aus ihrem Sortiment präsentiert. (Siehe weiterführend Abschnitt 8.2.5.2)

Schließlich gehörten und gehören zum eher unkonventionellen Produktangebot von RTL Shop Merchandising- und Fan-Artikel zu RTL-Sendungen (z. B. Formel 1, „Wer wird Millionär?") – darunter exklusive Sammlerautos zum Stückpreis von bis zu 18.000 Euro –, Reisen im Umfeld des VOX-Magazins *Wolkenlos* und Zeitschriften-Abos. Zum Tragen kommt dabei die Einbindung von RTL Shop in den Medienkonzern Bertelsmann, bspw. in Form des Vertriebs von Probe-Abos der Gruner+Jahr Publikumszeitschriften *Stern, Gala, Brigitte* über den Teleshopping-Sender. Im September 2003 verkaufte RTL Shop sogar einen Mittelklasse-PKW über das Fernsehen, diese Aktion ist jedoch bislang einmalig geblieben.

4.4.4.4 1-2-3.TV

Aufgrund der besonderen Positionierung von 1-2-3.TV ist das Produktsortiment des Senders kaum einzugrenzen. Angeboten werden praktisch alle Arten von Produkten, die eine prinzipielle Teleshopping-Eignung aufweisen. Dabei handelt es sich überwiegend um Waren, die aus Lagerüberhängen in Produktion und Handel stammen, oder die im internationalen Markt eingekauft werden. Über Eigen- oder Exklusivmarken verfügt 1-2-3.TV nicht – welche Artikel angeboten werden, entscheidet sich jeweils nach der Situation im Wareneinkauf.

Entsprechend umfassen die verkauften Waren die verschiedensten Bereiche, von Schmuck & Uhren über Haushaltswaren, Werkzeuge und Technik bis hin zu Sammlerartikeln und Kosmetika. Dabei stellt Schmuck – als typische Teleshopping-Kategorie, die allerdings bei 1-2-3.TV weitaus mehr (Herren-)Uhren als bspw. Ringe und Ketten beinhaltet – mit rund einem Drittel den größten Umsatzanteil. Andere Produktgruppen wie Beauty/Wellness, Mode und Sammelobjekte, die vor allem für HSE 24 und QVC von hoher Bedeutung sind, spielen dagegen für den Auktionssender nur eine untergeordnete Rolle. Hinsichtlich der Adressierung von Männern und Frauen ist

[4 TELESHOPPING ALS VERTRIEBSKANAL]

das Produktangebot relativ ausgewogen bzw. tendiert sogar leicht zu „Männerprodukten".

Abbildung 19: Umsatzanteile der Produktgruppen bei 1-2-3.TV (2005)

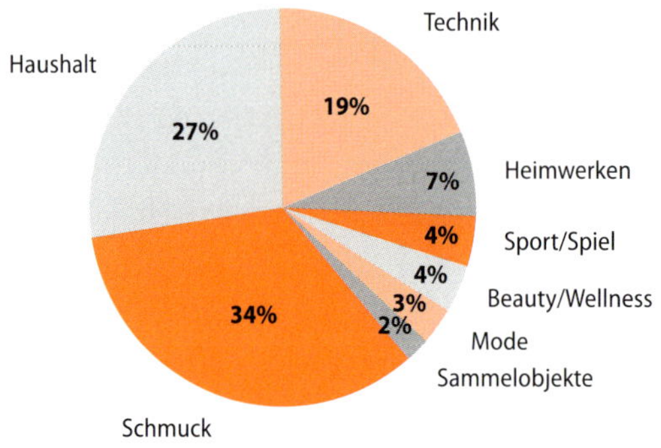

- Technik 19%
- Haushalt 27%
- Heimwerken 7%
- Sport/Spiel 4%
- Beauty/Wellness 4%
- Mode 3%
- Sammelobjekte 2%
- Schmuck 34%

Quelle: 1-2-3.TV, Juli 2005

Die Spannbreite der Artikelpreise – gemessen an den jeweils eingeblendeten UVP[91] bzw. Marktpreisen – ist sehr groß und reicht von etwa 40 bis weit über 1.000 Euro. Insgesamt ist eine Tendenz zu höherpreisigen Produkten auszumachen. Das Gebotsverfahren[92] führt aber letztlich dazu, dass die Waren in der Regel deutlich unter dem kommunizierten Vergleichspreis abgegeben werden, so dass die Zuschauer die Angebote als Schnäppchen wahrnehmen. Auch 1-2-3.TV selbst sieht sich als preisaggressiv positioniert.

Neben dem bunt gemischten Gesamtprogramm produziert 1-2-3.TV für die klassischen Teleshopping-Produktkategorien Schmuck, Puppen und Münzen regelmäßige Specials mit festen Sendezeiten. Damit wird in Teilbereichen eine Kontinuität geschaffen, um die speziellen Interessen von Stammzuschauern gezielt bedienen zu können. Der wöchentliche Sendezeit-Anteil dieser Specials liegt jedoch bislang bei deutlich unter 10 Prozent.

---

91 Unverbindliche Preisempfehlung des Herstellers
92 Bei steigenden Auktionen beträgt der Startpreis unabhängig vom Produkt jeweils 1 Euro, bei fallenden Auktionen sinkt der Preis ausgehend vom Marktpreis/UVP so lange, bis genügend Bieter ihren Zuschlag gegeben haben.

5 SEHER UND BESTELLER

Bislang existiert eine Reihe von Befragungen zum Konsum- und zum Mediennutzungsverhalten der deutschen Bevölkerung, in denen (u. a.) Daten zum Bereich Teleshopping erhoben worden sind.[93] Die gewonnenen Erkenntnisse beschränken sich aber zumeist auf allgemeine Informationen zum Zuschauer- und Bestelleranteil sowie zu den verbraucherseitig präferierten Produktkategorien bei Verkaufssendungen im Fernsehen. Leider wird außerdem oftmals keine klare Unterscheidung zwischen DRTV-Angeboten und reinen Teleshopping-Kanälen vorgenommen. Detaillierte, wissenschaftlich fundierte Aussagen über Nutzungsmotivationen, Einstellungen und Erfahrungen bezüglich Teleshopping lassen sich auf Basis dieser frei zugänglichen Studien nur begrenzt treffen.

Im Rahmen der vorliegenden Untersuchung wurde deshalb im Mai 2005 eine speziell auf die bestehenden Teleshopping-Sender zugeschnittene, bevölkerungsrepräsentative Nutzerbefragung mit insgesamt 1.107 Personen ab 14 Jahre durchgeführt. Diese soll die vorhandenen Erkenntnislücken schließen und darüber hinaus Hinweise auf das künftige Nutzungspotenzial von Teleshopping liefern. DRTV-Angebote wurden bei der Untersuchung bewusst ausgeklammert. Damit liegt zehn Jahre nach dem Start von H. O. T. erstmals eine umfassende Datenbasis zum Thema Teleshopping aus Verbrauchersicht vor. Die wesentlichen Ergebnisse der Studie sollen im Folgenden vorgestellt und bewertet werden. Hierzu wird, wo es sinnvoll erscheint, auch der Bogen zu Ergebnissen aus anderen Untersuchungen geschlagen.

5.1 Methodik der Nutzerbefragung

Die Nutzerbefragung bestand aus zwei wesentlichen Teilen: einer bevölkerungsrepräsentativen Kernbefragung mit 1.001 Befragten und einer zusätzlichen Aufstockung (Boost) mit 106 Befragten, die anhand einer Screening-Frage ausgewählt wurden. Während die Ergebnisse der Kernbefragung statistisch gewichtet sind und sich deshalb auf die Gesamtbevölkerung übertragen lassen, sind im Zuge der Aufstockung lediglich solche Personen befragt worden, die bereits mindestens einmal im Teleshopping bestellt haben. Die Boost-Ergebnisse repräsentieren insofern nicht den Bevölkerungs-

---

93 Hierzu zählen u. a. die Typologie der Wünsche (TDW) und die VerbraucherAnalyse sowie spezifischere Einzeluntersuchungen wie „CIA Mediahaus Sensor: Verkaufssender und -sendungen" (TNS Emnid, 2001) und eine Befragung der Branchenzeitschrift TextilWirtschaft (GfK, 2004).

durchschnitt, sondern lassen sich nur auf Teleshopping-Besteller beziehen. Notwendig und sinnvoll erschien diese Vorgehensweise, um eine hinreichende Anzahl von Fällen für Detailfragen zur Bestellerstruktur und zum Bestellverhalten sicherzustellen, ohne hierfür die repräsentative Gesamtstichprobe erhöhen zu müssen. Sofern der Boost in die Auswertung einzelner Fragen einbezogen wurde, wird darauf in der nachfolgenden Darstellung der Ergebnisse gesondert hingewiesen. Findet der Boost in der Basis/Quelle zu einer Abbildung *keine* explizite Erwähnung, handelt es sich jeweils um eine repräsentative Auswertung auf Basis der Kernbefragung.

Die wesentlichen weiteren Eckpunkte zur Methodik der Teleshopping Nutzerstudie:

- **Durchführung:** g/d/p Markt- und Meinungsumfragen GmbH, Hamburg
  Fragebogenentwicklung und Auswertung durch Goldmedia
- **Zeitraum:** 25. April bis 11. Mai 2005
- **Methode:** Repräsentative Telefon-Befragung (CATI Omnibus)
  + Aufstockung/Boost anhand einer Screening-Frage
- **Grundgesamtheit:** Deutschsprachige Bevölkerung ab 14 Jahre in Privathaushalten
- **Stichprobe:** 1.001 Fälle (Kernbefragung),
  Ziehung der Testhaushalte nach RLD-Verfahren,
  Ziehung der Testpersonen nach Last Birthday-Verfahren;
  + 106 Fälle (Aufstockung/Boost),
  Screening-Frage als zusätzliches Auswahlkriterium
  (nur Teleshopping-Besteller)
- **Gewichtung:** Auf Basis der Daten des Statistischen Bundesamtes
  nach Alter × Geschlecht und Bundesland × Regionsgröße
- **Fragebogen:** 15 (12) geschlossene + 4 (3) offene Fragen (Kernbefragung bzw. Boost)
  Erhebung von 8 soziodemographischen Merkmalen,
  Durchschnittliche Interviewdauer: 12 Minuten

In der Befragung wurde durchgehend auf die reinen Teleshopping-Sender abgestellt, DRTV-Angebote wurden von Beginn an explizit ausgeklammert (vgl. Definitionen in Abschnitt 2.3). Auf diese Weise sollte sichergestellt werden, dass Bewertungen und Einschätzungen der Testpersonen sich tatsächlich auf die Programme von HSE 24, QVC, RTL Shop und 1-2-3.TV beziehen, nicht jedoch auf DRTV-Spots oder -Infomercials.

Für Bewertungs- und Zustimmungsfragen kam, sofern nicht anders ausgewiesen, eine vierstufige Skala zum Einsatz. In der Darstellung der Ergebnisse werden hier jeweils die Nennungen der beiden oberen Skalenpunkte zusammengefasst (Top-2-Nennungen).[94]

5.2   Allgemeine Bekanntheit und Nutzung von Teleshopping

Der Vertriebsweg Teleshopping hat sich im Bewusstsein der Menschen weitestgehend etabliert. Lediglich 15 Prozent der Bevölkerung geben an, Fernsehsender, bei denen *„rund um die Uhr Produkte präsentiert werden"*, nicht zu kennen. Damit liegt die allgemeine Bekanntheit der Teleshopping-Sender bei fast 85 Prozent. Etwa jeder Dritte schaut *„zumindest selten"* Teleshopping; weitere 16 Prozent haben bereits geschaut, ohne dies jedoch derzeit zu tun. In der Summe erklärt also beinahe die Hälfte der Bevölkerung, bereits als Zuschauer Kontakt zu entsprechenden Sendern gehabt zu

Abbildung 20: Allgemeine Bekanntheit und Nutzung von Teleshopping (in Prozent)

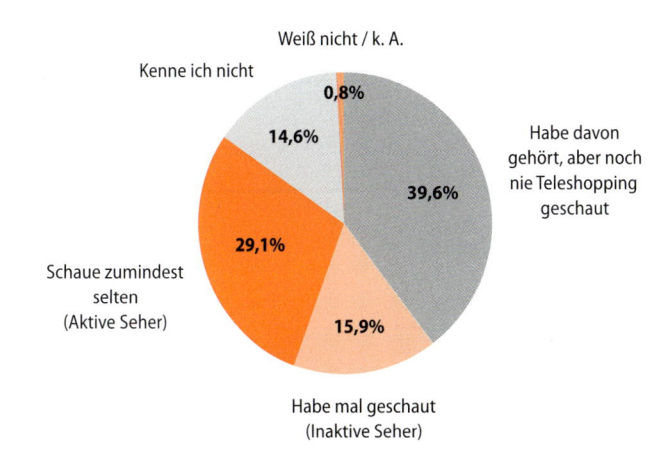

- Weiß nicht / k. A.: 0,8%
- Kenne ich nicht: 14,6%
- Habe davon gehört, aber noch nie Teleshopping geschaut: 39,6%
- Habe mal geschaut (Inaktive Seher): 15,9%
- Schaue zumindest selten (Aktive Seher): 29,1%

Basis: Alle TV-Nutzer (n = 960)
Quelle: Goldmedia Omnibus-Befragung, Mai 2005

---

94 Beispiel-Skala: *„stimme voll zu"* – *„stimme teilweise zu"* – *„stimme eher nicht zu"* – *„stimme überhaupt nicht zu"*. Die Top-2-Nennungen umfassen in diesem Falle die Kategorien *„stimme voll zu"* und *„stimme teilweise zu"*.

haben. Aber auch der Anteil derer, die angeben, Teleshopping zu kennen aber noch nie geschaut zu haben, ist mit 40 Prozent bemerkenswert hoch. Möglicherweise lässt sich dies zurückführen auf noch immer vorhandene Vorurteile gegen das Teleshopping, welche die soziale Erwünschtheit einer solchen Antwort bedingen. Vor diesem Hintergrund erscheint es als zumindest recht wahrscheinlich, dass die Zahl derer, die selbst schon Teleshopping geschaut haben, tatsächlich deutlich über 45 Prozent liegt.[95]

Hochgerechnet auf die gesamte kauffähige Bevölkerung – nach Angaben des Statistischen Bundesamtes für 2003 ca. 70,5 Mio. Personen – umfasst der weiteste Zuschauerkreis damit rund 31,7 Mio., die Zahl der aktiven Zuschauer 20,4 Mio. Menschen in Deutschland.[96] Dabei hat die Befragung relativ große Überschneidungen der Seherschaften zwischen den einzelnen Sendern offen gelegt. Die meisten aktiven Teleshopping-Seher nutzen demnach nicht nur einen, sondern auch einen zweiten oder dritten Teleshopping-Sender. Je nach Sender betragen die Überschneidungen bis zu 85 Prozent. Diese Tatsache ist durchaus positiv zu bewerten, zeugt sie doch von einer ausgeprägten Teleshopping-Affinität vieler Zuschauer.

Rund 32 Prozent aller Zuschauer haben bereits mindestens einmal bei einem der Teleshopping-Sender eingekauft. Dies entspricht analog zur Seherschaft einem weitesten Bestellerkreis von 14,3 Prozent, d.h. etwa 10 Mio. Menschen in Deutschland. Der überwiegende Teil dieser Gruppe sind laut Befragung auch weiterhin Teleshopping-Kunden und geben an, *„zumindest selten"* dort zu bestellen. Diese aktive Teleshopping-Kundschaft lässt sich somit auf insgesamt 7,6 Prozent der Bevölkerung bzw. etwa 5,4 Mio. Personen beziffern.[97]

---

95 Die dargestellten Ergebnisse korrespondieren sehr gut mit einer im Juni 2004 von der Gesellschaft für Konsumforschung (GfK) im Auftrag der Branchenzeitschrift TextilWirtschaft durchgeführten Befragung. Die Bekanntheit von Teleshopping war dort, bei gleicher Grundgesamtheit, ebenfalls mit 85 Prozent ausgewiesen worden. 74 Prozent der Befragten hatten angegeben, bereits mindestens einmal eine TV-Verkaufsshow gesehen zu haben, wobei eine Antwortkategorie wie „kenne Teleshopping, habe aber noch nie geschaut" nicht vorgegeben war. (Vgl. Pressemitteilung des Deutschen Fachverlags vom 24. Juni 2004: „Jeder Sechste Deutsche kauft via TV")

96 Vgl. Typologisierung in Tabelle 12.

97 Diese Zahl ist nicht zu verwechseln mit der Zahl der aktiven Kunden, die z.T. von den Sendern selbst ausgewiesen wird, und die sich i.d.R. auf die Besteller der letzten zwölf Monate bezieht. Die Studie „Versandhandel 2005" des Deutschen Versandhandels-Instituts weist für das zweite Halbjahr 2004, d.h. für einen Zeitraum von sechs Monaten, 5,8 Prozent der Gesamtbevölkerung als Teleshopping-Besteller aus [vgl. DVHI 2005, S.1].

Abbildung 21: Anteil der Besteller an der Teleshopping-Seherschaft (in Prozent)

- 17,0% Bestelle zumindest selten (Aktive Besteller)
- 14,8% Habe mal bestellt (Inaktive Besteller)
- 68,2% Habe noch nie im Teleshopping bestellt

Basis: Seher gesamt (n = 432)
Quelle: Goldmedia Omnibus-Befragung, Mai 2005

Im Vergleich zu einer von TNS Emnid im Jahre 2001 durchgeführten Studie konnte die Vertriebsform Teleshopping sowohl bei der Bekanntheit als auch bei der Nutzung erkennbar zulegen: In unserer aktuellen Befragung stieg die Bekanntheit auf 85 Prozent (2001: 72 Prozent). Die Anteile der aktiven Teleshopping-Seher bzw. der aktiven Besteller an der Bevölkerung liegen inzwischen mit rund 29 (25) bzw. 8 (4) Prozent deutlich höher als noch vor vier Jahren.[98]

Abbildung 22: Teleshopping-Nutzung in Deutschland (2005)

- 70,5 Mio. Kauffähige Bevölkerung (100 %)
- 60,0 Mio. Teleshopping-Kenner (85 %)
- 31,7 Mio. Seher gesamt (45 %)
- 20,4 Mio. Aktive Seher (29,1 %)
- 10,1 Mio. Besteller gesamt (14,3 %)
- 5,4 Mio. Aktive Besteller (7,6 %)

Quelle: Goldmedia Omnibus-Befragung, Mai 2005

---

98 Ergebnisse auf Basis vergleichbarer Grundgesamtheit lt. „CIA Mediahaus Sensor: Verkaufssender und -sendungen", durchgeführt von TNS Emnid, Düsseldorf 2001.

Tabelle 12: Typologisierung der Teleshopping-Kenner und -Nutzer

Kategorie	Erläuterung
Kauffähige Bevölkerung	Bevölkerung ab 14 Jahre in Deutschland
Teleshopping-Kenner	Personen, die angeben, Teleshopping zu kennen (*„davon gehört"* bzw. selbst *„schon mal geschaut"*)
Seher gesamt	Personen, die bereits mindestens einmal Teleshopping geschaut haben
Aktive Seher	Personen, die *„zumindest selten"* Teleshopping schauen
Inaktive Seher	Personen, die bereits Teleshopping geschaut haben, dies aber derzeit nicht mehr tun
Besteller gesamt	Personen, die bereits mindestens einmal im Teleshopping bestellt haben
Aktive Besteller	Personen, die *„zumindest selten"* im Teleshopping bestellen
Inaktive Besteller	Personen, die bereits im Teleshopping bestellt haben, dies aber derzeit nicht mehr tun

Quelle: Goldmedia Omnibus-Befragung, Mai 2005

Nach wie vor scheint jedoch – mit Blick auf die hohe Bekanntheit des Teleshopping – das Potenzial an Bestellern nicht ausgeschöpft: Etwa ein Viertel der derzeitigen Nicht-Nutzer geben an, dass sie sich aus heutiger Sicht vorstellen könnten, künftig Teleshopping zu schauen bzw. dort auch zu bestellen (vgl. Abschnitt 5.5). Bis heute ist also nur ein Teil der potenziellen Kunden in tatsächliche Besteller umgewandelt worden. Sicherlich ist dies (auch) den typischen Vorbehalten gegenüber dem Teleshopping geschuldet, die u.a. in Abschnitt 4.3.1 angesprochen wurden. In der Praxis sind diese zwar selten begründbar, sie wirken aber dennoch als Akzeptanzhürden. Dies bremst die Entwicklung des Marktes, oder anders ausgedrückt: Es führt dazu, dass weiterhin große Spielräume für die Neukundengewinnung und für Umsatzsteigerungen bestehen.

5.3 Demografische Strukturen

Einem gängigen Klischee zufolge werden Teleshopping-Sendungen in erster Linie von Hausfrauen mittleren Alters konsumiert – einer Zielgruppe, der die Werberelevanz oftmals abgesprochen wird, und die mithin nach klassischen Maßstäben eher wenig Begeisterung auf Seiten der Medienanbieter und Werbetreibenden auslöst. Im Folgenden ist zu untersuchen, inwieweit diese Einschätzung der Realität entspricht. Dabei muss berücksichtigt werden, dass insbesondere die Kundenstruktur in engem Zusammenhang mit den angebotenen Produkten steht. Insofern kann die voreilige Festlegung auf Klischees natürlich auch die Wirkung einer sich selbst erfüllenden Prophezeiung entfalten, d. h. wenn das Sortiment von vornherein auf eine bestimmte Zielgruppe ausgerichtet wird, ist naturgemäß mit einer niedrigeren Akzeptanz bei anderen Zielgruppen zu rechnen.

5.3.1 Kenner und Zuschauer von Teleshopping

Bereits hinsichtlich der Bekanntheit und des Konsums von Teleshopping-Programmen (i. S. d. Zuschauens) versagt das angesprochene Klischee: Zwischen Männern und Frauen lassen sich hier nur noch marginale Unterschiede feststellen. Sowohl die Anteile der Teleshopping-Kenner als auch der Zuschauer bewegen sich bei beiden Geschlechtern in einer Größenordnung von 45 bzw. 85 Prozent. Unstrittig ist zwar, dass Frauen die Kernzielgruppe der Teleshopping-Sender bilden, allerdings hat die Branche die Nische des „Hausfrauenfernsehens" längst verlassen und bemüht sich, bspw. mit veränderten Sortimentsstrukturen (siehe hierzu Abschnitt 4.4.4) oder mit neuen Präsentationsformen

Abbildung 23: Bekanntheit und Nutzung von Teleshopping nach Geschlecht (in Prozent)

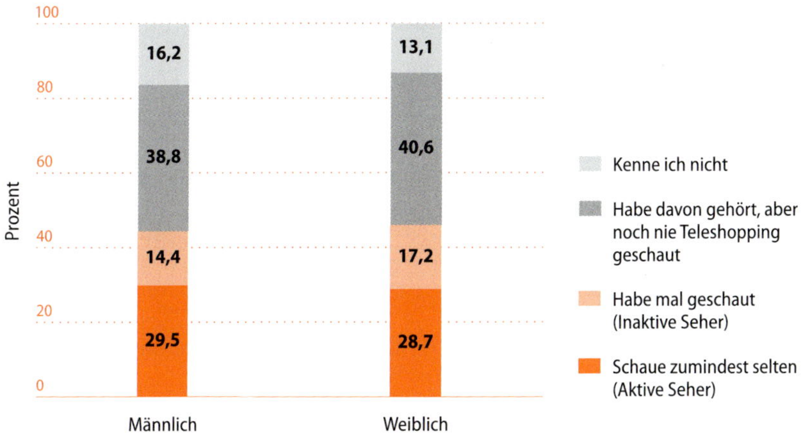

	Männlich	Weiblich
Kenne ich nicht	16,2	13,1
Habe davon gehört, aber noch nie Teleshopping geschaut	38,8	40,6
Habe mal geschaut (Inaktive Seher)	14,4	17,2
Schaue zumindest selten (Aktive Seher)	29,5	28,7

Basis: Alle TV-Nutzer: Männlich (n = 465); Weiblich (n = 495); Differenz zu 100 % = „weiß nicht/k. A."
Quelle: Goldmedia Omnibus-Befragung, Mai 2005

auch neue Nutzergruppen zu adressieren.[99] Umgekehrt zeigen die Ergebnisse, dass nicht nur Frauen, sondern prinzipiell ebenso Männer eine relativ hohe Teleshopping-Affinität aufweisen.

Auch mit Blick auf die Altersgruppen bis einschließlich 55 Jahre zeigt sich ein hoher Bekanntheitsgrad des Teleshopping, der im jüngeren wie auch im mittleren Segment rund 90 Prozent beträgt. In der Gruppe der über 55jährigen ist die Bekanntheit mit 75 Prozent dagegen vergleichsweise niedrig, so dass hier allein über eine effizientere Kommunikation der Vertriebsform Teleshopping noch Zielgruppenpotenziale bestehen dürften. Der Zuschauerschwerpunkt liegt eindeutig im mittleren Alterssegment: 37 Prozent der 36–55jährigen schauen *„zumindest selten"* Teleshopping, mehr als die Hälfte geben sogar an, überhaupt schon einmal geschaut zu haben. Diese Gruppe birgt gleichzeitig das größte Bestellpotenzial, da sie eine große Bevölkerungszahl umfasst und über eine hohe Kaufkraft verfügt. Zudem lässt sich hier aufgrund der Lebenssituation der höchste Bedarf für die typischen Teleshopping-Produkte vermuten.

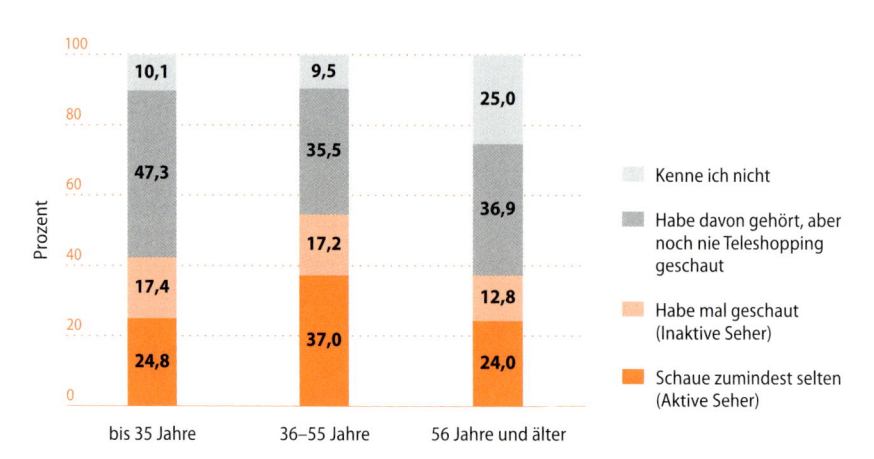

Abbildung 24: Bekanntheit und Nutzung von Teleshopping nach Alter (in Prozent)

Alter	Schaue zumindest selten (Aktive Seher)	Habe mal geschaut (Inaktive Seher)	Habe davon gehört, aber noch nie Teleshopping geschaut	Kenne ich nicht
bis 35 Jahre	24,8	17,4	47,3	10,1
36–55 Jahre	37,0	17,2	35,5	9,5
56 Jahre und älter	24,0	12,8	36,9	25,0

Basis: Alle TV-Nutzer: bis 35 Jahre (n = 298); 36–55 Jahre (n = 349); 56 Jahre und älter (n = 312); Differenz zu 100 % = „weiß nicht/k. A."
Quelle: Goldmedia Omnibus-Befragung, Mai 2005

---

99 Ein Beispiel hierfür liefern die Präsentationen auf 1-2-3.TV nach dem Prinzip von steigenden oder fallenden Auktionen.

Ein interessantes Bild, das – wie bereits bei der Struktur innerhalb der Geschlechter – die allgemeinen Vorurteile widerlegt, ergibt sich bei Untersuchung der Teleshopping-Bekanntheit und -Nutzung nach Haushaltsgröße: Je mehr Personen in einem Haushalt leben, desto größer ist offenbar die Affinität zu Verkaufssendungen im Fernsehen. Teleshopping ist also keineswegs ein Fluchtmedium für Alleinstehende. In Haushalten mit vier und mehr Personen ist der Anteil aktiver Zuschauer gut acht Prozentpunkte höher als in Single-Haushalten. Analog hierzu steigt auch die Bekanntheit entsprechender Sender mit der Haushaltsgröße von rund 80 auf über 90 Prozent an. Dies lässt sich u. a. damit erklären, dass in Mehrpersonenhaushalten die Wahrscheinlichkeit höher ist, durch andere Haushaltsmitglieder mit diesen Programmen konfrontiert zu werden.

Abbildung 25: Bekanntheit und Nutzung von Teleshopping nach HH-Größe (in Prozent)

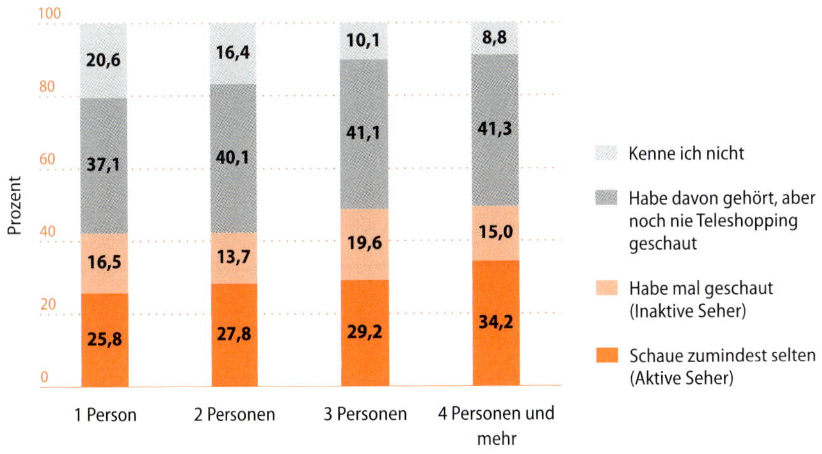

	1 Person	2 Personen	3 Personen	4 Personen und mehr
Kenne ich nicht	20,6	16,4	10,1	8,8
Habe davon gehört, aber noch nie Teleshopping geschaut	37,1	40,1	41,1	41,3
Habe mal geschaut (Inaktive Seher)	16,5	13,7	19,6	15,0
Schaue zumindest selten (Aktive Seher)	25,8	27,8	29,2	34,2

Basis: Alle TV-Nutzer: 1 Person (n = 248); 2 Personen (n = 299); 3 Personen (n = 168); 4 Personen und mehr (n = 240); Differenz zu 100 % = „weiß nicht/k. A."
Quelle: Goldmedia Omnibus-Befragung, Mai 2005

Teleshopping erreicht die Mitte der Bevölkerung – diese Aussage lässt sich auf Basis der nach Schulbildung aufgeschlüsselten Befragungsergebnisse treffen. Kenner- und Nutzerschaft konzentrieren sich keineswegs allein auf das untere Ende des Bildungsniveaus, sondern auch Akademiker nutzen durchaus Teleshopping. Zwar findet sich in den Bildungssegmenten Mittel- bzw. Hauptschulabschluss ein überdurchschnittlich hoher Anteil aktiver Teleshopping-Zuschauer. Dabei ist jedoch in den Bildungssegmenten Gymnasium und Hochschule gerade der Anteil derer vergleichsweise hoch, die angeben, Teleshopping zu kennen, aber noch nie geschaut zu haben. Soziale Erwünschtheitseffekte kommen hier mit hoher Wahrscheinlichkeit stärker zum Tragen, so dass das Gefälle zwischen den Bildungsniveaus insgesamt zu relativieren ist.

Abbildung 26: Bekanntheit und Nutzung von Teleshopping nach Bildungsniveau (in Prozent)

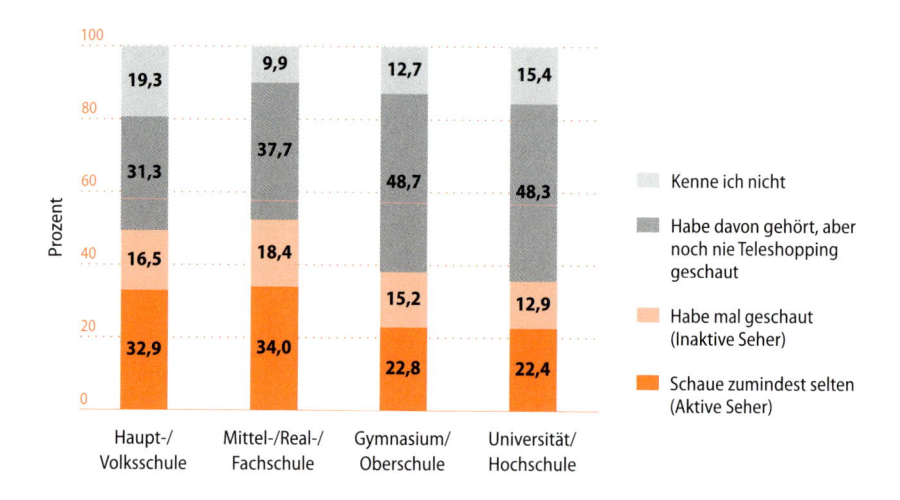

Bildungsniveau	Kenne ich nicht	Habe davon gehört, aber noch nie Teleshopping geschaut	Habe mal geschaut (Inaktive Seher)	Schaue zumindest selten (Aktive Seher)
Haupt-/Volksschule	19,3	31,3	16,5	32,9
Mittel-/Real-/Fachschule	9,9	37,7	18,4	34,0
Gymnasium/Oberschule	12,7	48,7	15,2	22,8
Universität/Hochschule	15,4	48,3	12,9	22,4

Basis: Alle TV-Nutzer: Haupt-/Volksschule (n = 254); Mittel-/Real-/Fachschule (n = 332); Gymnasium/Oberschule (n = 158); Universität/Hochschule (n = 201); Differenz zu 100 % = „weiß nicht/k. A."
Quelle: Goldmedia Omnibus-Befragung, Mai 2005

Dass Teleshopping kein „Unterschichtenfernsehen" ist, bestätigt sich auch mit Blick auf die Einkommensgruppen: Ein eindeutiger Zusammenhang zwischen HH-Netto-Einkommen und Teleshopping-Nutzung besteht nicht. Stattdessen ist ein Schwerpunkt vor allem bei den mittleren Einkommen auszumachen, während die benachbarten Einkommensgruppen jeweils einen niedrigeren Anteil an Kennern und Zuschauern aufweisen.

[5 SEHER UND BESTELLER]

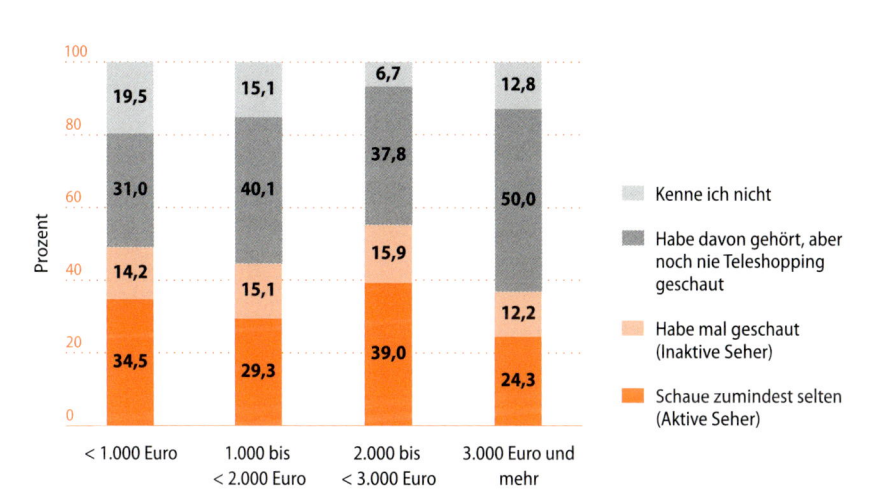

Abbildung 27: Bekanntheit und Nutzung von Teleshopping nach monatlichem HH-Netto-Einkommen (in Prozent)

Einkommen	Kenne ich nicht	Habe davon gehört, aber noch nie Teleshopping geschaut	Habe mal geschaut (Inaktive Seher)	Schaue zumindest selten (Aktive Seher)
< 1.000 Euro	19,5	31,0	14,2	34,5
1.000 bis < 2.000 Euro	15,1	40,1	15,1	29,3
2.000 bis < 3.000 Euro	6,7	37,8	15,9	39,0
3.000 Euro und mehr	12,8	50,0	12,2	24,3

Basis: Alle TV-Nutzer: < 1.000 Euro (n = 113); 1.000 bis < 2.000 Euro (n = 232); 2.000 bis < 3.000 Euro (n = 164); 3.000 Euro und mehr (n = 148); Differenz zu 100 % = „weiß nicht/k. A."
Quelle: Goldmedia Omnibus-Befragung, Mai 2005

Innerhalb der verschiedenen Regionsgrößenklassen[100] zeigt sich eine relative Gleichverteilung der Teleshopping-Kenner und -Zuschauer. Significant stärker ausgeprägt ist die Nutzung von Sendern wie HSE 24 und QVC lediglich in den ländlichen Gebieten mit unter 20.000 Einwohnern. Die Bekanntheit von Teleshopping nimmt mit steigender Regionsgrößenklasse tendenziell leicht ab.

---

[100] Die für die Segmentierung verwendeten Regionsgrößenklassen orientieren sich am anerkannten Konzept der BIK-Regionen der BIK Aschpurwis + Behrens GmbH, Hamburg. Die BIK-Regionen und Verflechtungsgebiete sind eine bundesweite räumliche Gliederungssystematik, welche die Stadt-Umland-Beziehungen auf Gemeindeebene für Ballungsräume, Stadtregionen, Mittel- und Unterzentren darstellt. Dabei werden Verflechtungsräume unabhängig von Gemeinde-, Kreis- oder Landesgrenzen auf Grundlage von Berufspendlerströmen gebildet und bestimmten Größenklassen zugeordnet.

[5 SEHER UND BESTELLER]

Abbildung 28: Bekanntheit und Nutzung von Teleshopping nach Regionsgröße (in Prozent)

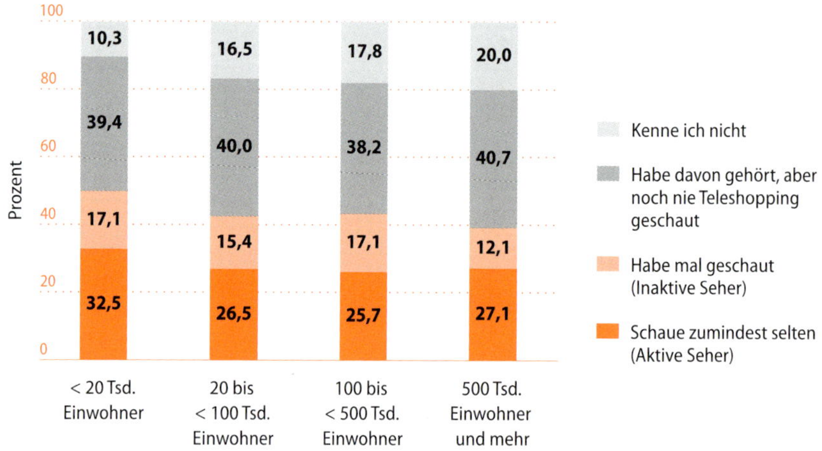

Region	Kenne ich nicht	Habe davon gehört, aber noch nie Teleshopping geschaut	Habe mal geschaut (Inaktive Seher)	Schaue zumindest selten (Aktive Seher)
< 20 Tsd. Einwohner	10,3	39,4	17,1	32,5
20 bis < 100 Tsd. Einwohner	16,5	40,0	15,4	26,5
100 bis < 500 Tsd. Einwohner	17,8	38,2	17,1	25,7
500 Tsd. Einwohner und mehr	20,0	40,7	12,1	27,1

Basis: Alle TV-Nutzer: < 20 Tsd. (n = 409); 20 bis < 100 Tsd. (n = 260); 100 bis < 500 Tsd. (n = 152); 500 Tsd. und mehr (n = 140); Differenz zu 100 % = „weiß nicht/k. A."
Quelle: Goldmedia Omnibus-Befragung, Mai 2005

5.3.2 Teleshopping-Besteller

Nachdem die Anteile der Teleshopping-Kenner und -Zuschauer in den einzelnen demografischen Segmenten dargestellt worden sind, soll im Folgenden die Struktur derjenigen näher beleuchtet werden, die angeben, bereits mindestens einmal bei einem der Sender bestellt zu haben. Weil hierfür in der Befragung nicht wie oben die Gesamtbevölkerung, sondern die Gruppe der Besteller als Grundgesamtheit gewählt worden ist, erfolgt eine andere Darstellung der Ergebnisse als im vorangegangenen Abschnitt. Die Daten beschreiben dabei jeweils die Verteilung der demografischen Merkmale innerhalb der Teleshopping-Besteller, sofern nicht anders angemerkt.

Zwei Drittel der Besteller sind Frauen, die damit – anders als in der Zuschauerschaft – die deutliche Mehrheit der Teleshopping-Kunden stellen. Hier zeigt sich die noch überwiegend weibliche Ausrichtung des Produktsortiments mit Schwerpunkten vor allem in den Bereichen Schmuck und Kosmetik. Die Gründe hierfür wiederum sind zum einen darin zu vermuten, dass Frauen sich im Allgemeinen stärker für Shopping-

Themen interessieren. Zum anderen können sie eher emotional angesprochen und somit für Impulskäufe gewonnen werden (siehe dazu Abschnitt 4.1.1). Zudem sind insbesondere Kosmetik- und Schmuck-Artikel produktionstechnisch wie logistisch leichter handhabbar als beispielsweise Computer oder Elektrowerkzeuge, so dass sie für den Markteinstieg geradezu prädestiniert waren.

Abbildung 29: Besteller-Profil nach Geschlecht (in Prozent)

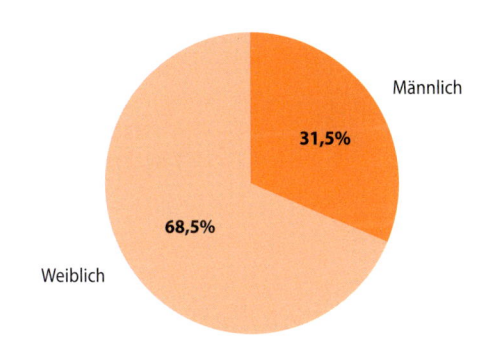

Männlich: 31,5%
Weiblich: 68,5%

Basis: Besteller gesamt (n = 243)
Quelle: Goldmedia Omnibus-Befragung (inkl. Boost), Mai 2005

Nichtsdestotrotz sind bereits rund ein Drittel aller Besteller männlich. Mit der zunehmenden Ausdehnung des Produktangebotes in Kategorien wie Heimwerken und Männer-Elektronik steht zu erwarten, dass der Anteil in den nächsten Jahren wächst – die notwendige Basis in der Zuschauerschaft ist dafür vorhanden, wie in Abschnitt 5.3.1 bereits dargestellt wurde.

Aus einer von RTL Shop durchgeführten Befragung geht zudem hervor, dass männliche Kunden in der Relation größere Umsatzbeiträge erbringen als weibliche. Bei dem Sender waren demnach in 2002 fast die Hälfte der Erlöse auf Männer zurückzuführen, obwohl diese „nur" 38 Prozent der Kundschaft stellten.

Ein ähnliches Bild liefert die Analyse der Besteller-Anteile bei männlichen und weiblichen Zuschauern von Teleshopping-Programmen: Zwar haben rund 40 Prozent der zuschauenden Frauen und nur 22 Prozent der Männer schon einmal bei einem der Sender eingekauft. Der Anteil der aktiven Besteller ist jedoch bei den Männern in der Relation deutlich höher.

[5 SEHER UND BESTELLER]

Abbildung 30: Geschlechterverteilung bei RTL Shop nach Zuschauern, Kundenaccounts und Umsatz (2002, in Prozent)

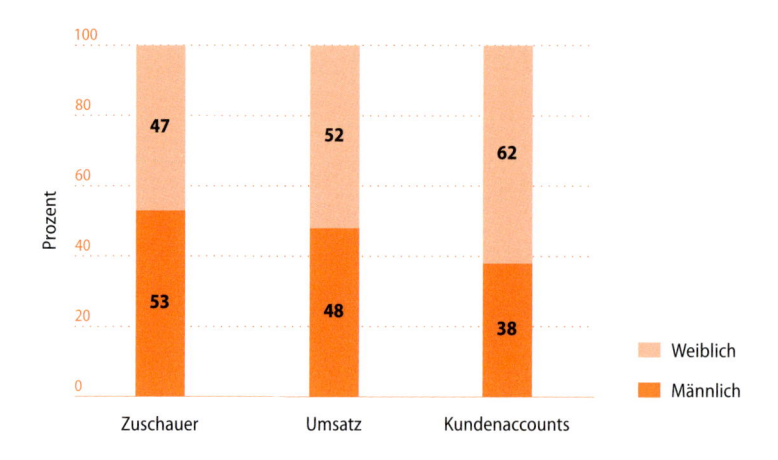

	Zuschauer	Umsatz	Kundenaccounts
Weiblich	47	52	62
Männlich	53	48	38

Quelle: RTL Shop Marktforschung, IP Deutschland/TNS Emnid 2002

Abbildung 31: Aktive/inaktive Besteller in den Geschlechtergruppen (in Prozent)

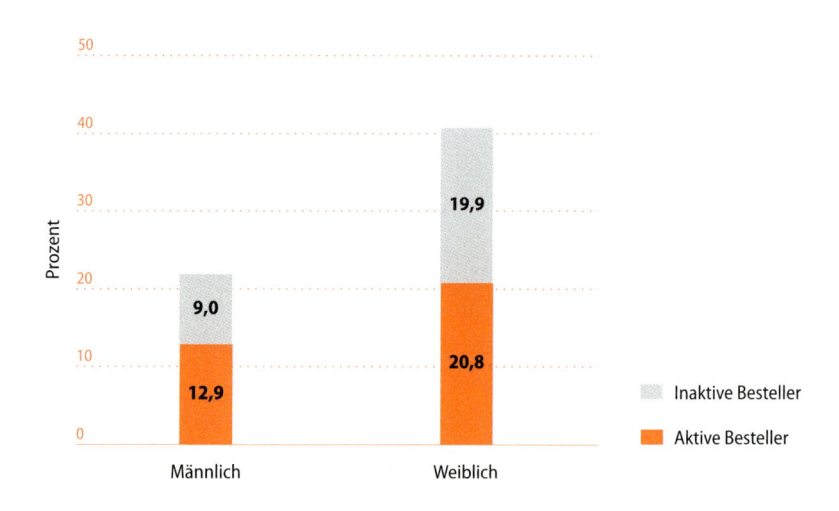

	Männlich	Weiblich
Inaktive Besteller	9,0	19,9
Aktive Besteller	12,9	20,8

Basis: Seher gesamt: Männlich (n = 204); Weiblich (n = 228)
Quelle: Goldmedia Omnibus-Befragung (ohne Boost), Mai 2005

Es kann also davon ausgegangen werden, dass Männer und Frauen als Zielgruppen für den Produktvertrieb über das Fernsehen prinzipiell dieselbe Wertigkeit haben. Die bislang beobachtete höhere Bestell-Affinität weiblicher Zielpublika lässt sich damit erklären, dass bei allen Sendern „Frauen-Produkte" deutlich stärker im Programm vertreten sind als „Männer-Produkte".

Die Altersverteilung der Besteller verhält sich weitgehend analog zu den Zuschaueranteilen in den einzelnen Alterssegmenten: Mehr als die Hälfte der bisherigen Besteller entfällt auf die Gruppe der 36–55jährigen.[101] In diesem Bereich liegt auch das Durchschnittsalter, das sich auf Basis der Kundendaten der bestehenden Sender errechnet – HSE 24 gibt dieses mit 53 Jahren an.

Abbildung 32: Besteller-Profil nach Alter (in Prozent)

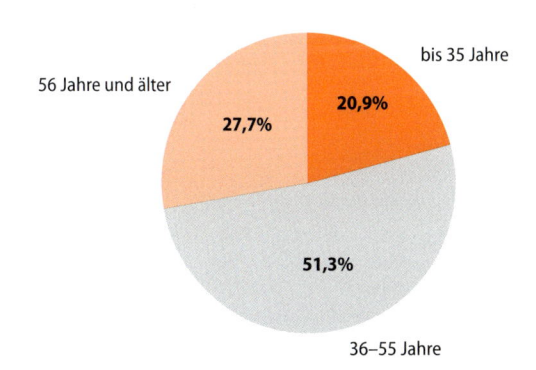

56 Jahre und älter: 27,7%
bis 35 Jahre: 20,9%
36–55 Jahre: 51,3%

Basis: Besteller gesamt (n = 243)
Quelle: Goldmedia Omnibus-Befragung (inkl. Boost), Mai 2005

Beim Blick auf die Anteile von aktiven und inaktiven Bestellern innerhalb der Alterssegmente (Basis: Teleshopping-Zuschauer) erweisen sich die 36–55jährigen derzeit auch als die aktivsten Teleshopping-Kunden: Rund zwei Drittel der Besteller in dieser Alters-

---

101 Der Schwerpunkt des Teleshopping-Geschäfts bei Menschen mittleren und höheren Alters ist abermals nicht zuletzt den derzeitigen Produktsortimenten geschuldet. Insofern ist eine Verschiebung hin zu jüngeren Zielgruppen durchaus denkbar, soweit diese von den Anbietern forciert wird. Vor dem Hintergrund bspw., dass die unter 35jährigen in der Bevölkerung zahlenmäßig die kleinste der drei Gruppen darstellen, ist deren Anteil von rund 21 Prozent an den Bestellern durchaus bemerkenswert.

gruppe geben an, zumindest selten über das Fernsehen Produkte zu ordern. Ein überdurchschnittlich hoher Anteil aktiver Besteller lässt sich ebenso in der Altersgruppe ab 56 Jahre ausweisen.

Abbildung 33: Aktive/inaktive Besteller in den Altersgruppen (in Prozent)

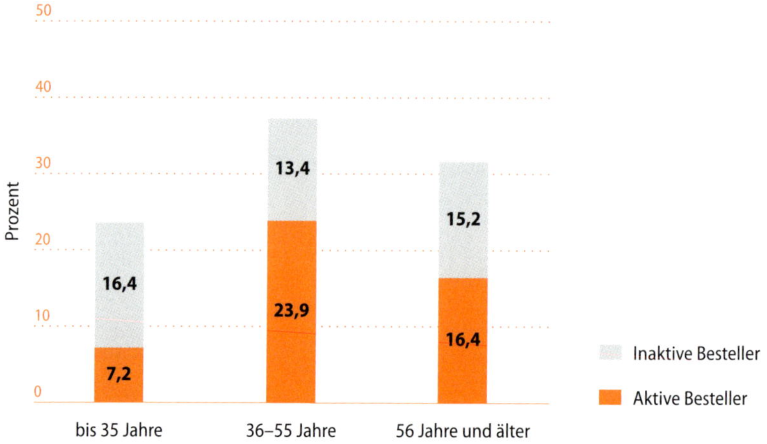

Altersgruppe	Aktive Besteller	Inaktive Besteller
bis 35 Jahre	7,2	16,4
36–55 Jahre	23,9	13,4
56 Jahre und älter	16,4	15,2

Basis: Seher gesamt: bis 35 Jahre (n = 127); 36–55 Jahre (n = 190); 56 Jahre und älter (n = 115)
Quelle: Goldmedia Omnibus-Befragung (ohne Boost), Mai 2005

Die Sender erreichen damit die Zielgruppen der so genannten *Best* und *Silver Ager,* welche bisher vor allem von den privaten TV-Veranstaltern aufgrund deren starker Fokussierung auf die „werberelevante Zielgruppe" der 14–49jährigen oftmals vernachlässigt worden sind. Dabei können gerade Personen in diesem Alter als besonders vertrauenswürdig und zahlungskräftig gelten und bilden einen wachsenden Teil der Gesamtbevölkerung. Bereits heute liegt lt. VA 2004/3 der Anteil der 40–69jährigen an der kauffähigen deutschsprachigen Bevölkerung bei rund 48 Prozent.

Hinsichtlich der Haushaltsgröße zeigt sich eine relativ ausgewogene Verteilung innerhalb der Teleshopping-Kunden. Einen Schwerpunkt gibt es bei den Zweipersonen-Haushalten, die auch die größte Zahl an Haushalten insgesamt stellen. Hier bestätigt sich, wie bereits bezüglich der Zuschauerschaft, dass die Teleshopping-Affinität kaum eine Frage der Haushaltsgröße ist, sondern dass Familien als potenzielle Kunden ebenso infrage kommen wie Alleinstehende oder Paare.

Abbildung 34: Besteller-Profil nach HH-Größe (in Prozent)

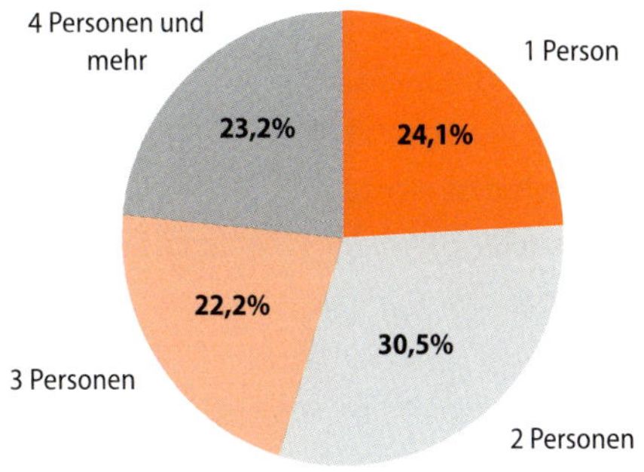

- 1 Person: 24,1%
- 2 Personen: 30,5%
- 3 Personen: 22,2%
- 4 Personen und mehr: 23,2%

Basis: Besteller gesamt (n = 243)
Quelle: Goldmedia Omnibus-Befragung (inkl. Boost), Mai 2005

Die Kunden der Teleshopping-Sender verfügen im Durchschnitt über eine mittlere Bildung – Personen mit Mittel-, Real- bzw. Fachschulabschluss bilden die mit Abstand größte Gruppe. Dies korrespondiert mit den schon beschriebenen Zuschaueranteilen in den einzelnen Segmenten und belegt, dass Teleshopping nicht nur mit Blick auf die Zuschauer, sondern auch auf die Besteller die Mitte der Bevölkerung erreicht. Insgesamt

Abbildung 35: Besteller-Profil nach Bildungsniveau (in Prozent)

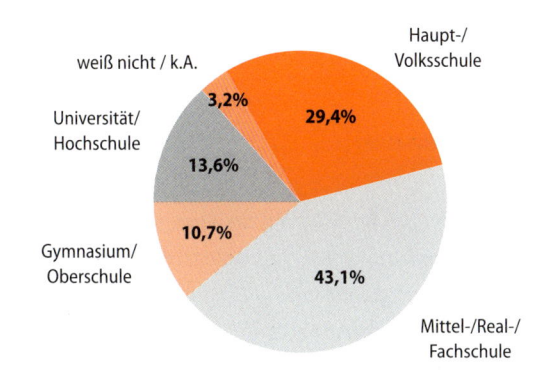

- Haupt-/Volksschule: 29,4%
- Mittel-/Real-/Fachschule: 43,1%
- Gymnasium/Oberschule: 10,7%
- Universität/Hochschule: 13,6%
- weiß nicht / k.A.: 3,2%

Basis: Besteller gesamt (n = 243)
Quelle: Goldmedia Omnibus-Befragung (inkl. Boost), Mai 2005

liegt das Bildungsniveau der Teleshopping-Kunden sogar leicht über dem Bevölkerungsdurchschnitt: In der Gesamtbevölkerung haben lt. VA 2004/3 die Personen mit Haupt-/Volksschulabschluss den größten Anteil, die Personengruppe mit einem Abschluss mittlerer Reife rangiert dem Umfang nach an zweiter Stelle.

Rund 60 Prozent der Besteller-Haushalte verfügen über ein Netto-Einkommen zwischen 1.000 und 3.000 Euro pro Monat. Auch dies repräsentiert in etwa den deutschen Bevölkerungsdurchschnitt und ist eine logische Folge der Preis- und Sortimentspolitik der Sender: Angeboten werden Produkte für den Normalverbraucher in überwiegend mittleren Preislagen. Entsprechend niedriger ist die Affinität zum Einkauf im Teleshopping sowohl bei Gering- als auch bei Großverdienern, da zumeist weder Schnäppchen noch Luxusartikel ausgemachte Schwerpunkte bilden.

Abbildung 36: Besteller-Profil nach monatlichem HH-Netto-Einkommen (in Prozent)

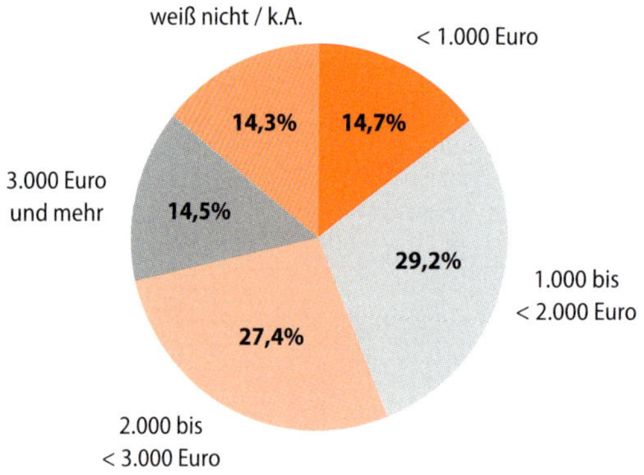

Basis: Besteller gesamt (n = 243)
Quelle: Goldmedia Omnibus-Befragung (inkl. Boost), Mai 2005

Schließlich entspricht auch die Verteilung der Besteller auf die Regionsgrößenklassen weitgehend dem Abbild in der Gesamtbevölkerung, wie dies bereits die relativ ausgewogenen Zuschaueranteile in den einzelnen Segmenten vermuten ließen. Zwar stellen die Bewohner ländlicher Gebiete (unter 20.000 Einwohner) beinahe die Hälfte der Teleshopping-Kundschaft. Berücksichtigt man jedoch ihren insgesamt hohen Bevölkerungsanteil, so verbleibt lediglich ein leichtes Übergewicht dieser Gruppe hinsichtlich der Teleshopping-Affinität. Stadtbewohner können demnach dem Teleshopping als ähnlich zugeneigt gelten wie Landbewohner – trotz einer regelmäßig etwas größeren Auswahl an stationären Einkaufsmöglichkeiten.

Abbildung 37: Besteller-Profil nach Regionsgrößenklasse (in Prozent)

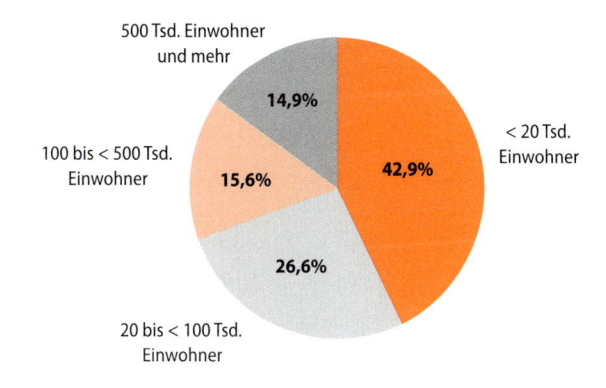

- 500 Tsd. Einwohner und mehr: 14,9%
- 100 bis < 500 Tsd. Einwohner: 15,6%
- 20 bis < 100 Tsd. Einwohner: 26,6%
- < 20 Tsd. Einwohner: 42,9%

Basis: Besteller gesamt (n = 137)
Quelle: Goldmedia Omnibus-Befragung (ohne Boost), Mai 2005

5.4 Vom Zuschauer zum Kunden

5.4.1 Sehverhalten

Teleshopping-Programme sind inzwischen so weit in der alltäglichen Mediennutzung verankert, dass sie von einem nicht unerheblichen Teil der Zuschauer ganz gezielt eingeschaltet werden: 35 Prozent derjenigen, die zumindest selten Teleshopping schauen, stellen ein solches Nutzungsverhalten bei sich fest. Innerhalb der Gruppe der aktiven Besteller schalten sogar rund 52 Prozent die entsprechenden Sender meist intendiert ein.

Dennoch spielt auch die Zufallskomponente eine entscheidende Rolle. Die überwiegende Mehrzahl der aktiven Teleshopping-Seher stimmt ganz oder teilweise der Aussage zu, oftmals *„durch Zufall, z. B. beim Zappen"* bei Teleshopping-Sendern hängen zu bleiben.[102] Dies korrespondiert mit der ebenfalls häufigen Nutzung von Teleshopping-

---

[102] Gezieltes Einschalten und zufällige Nutzung sind dabei kein Widerspruch – viele Zuschauer praktizieren beide Formen der Teleshopping-Nutzung.

Programmen als Werbepausen-Überbrücker. Für den ähnlichen Verlauf der Zuschauerkurve im Teleshopping wie im klassischen Fernsehen – mit der Prime-Time-Spitze zwischen 20 und 22 Uhr – liefert diese Art der Programmnutzung eine schlüssige Erklärung (siehe Abschnitt 7.3.1).

Abbildung 38: Sehverhalten der aktiven Seher und Besteller beim Teleshopping (Top-2-Nennungen in Prozent)

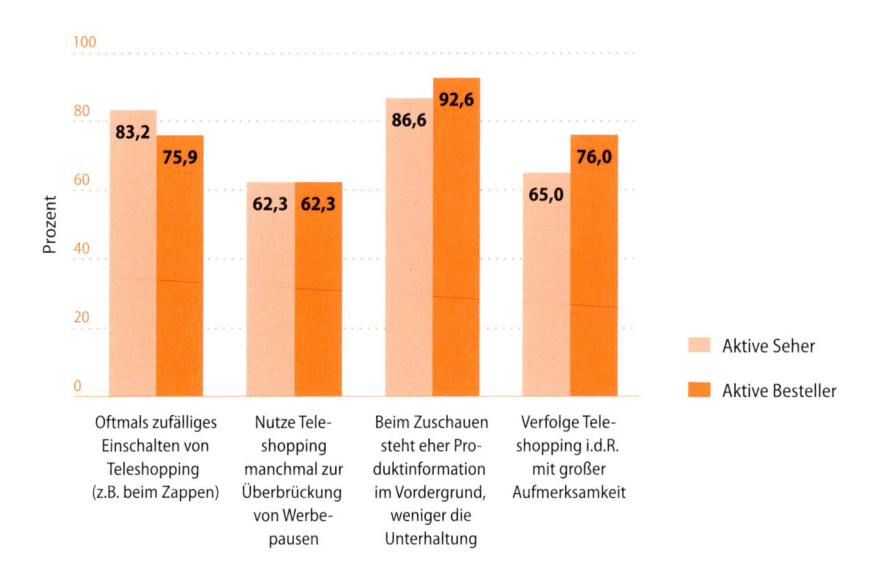

	Aktive Seher	Aktive Besteller
Oftmals zufälliges Einschalten von Teleshopping (z.B. beim Zappen)	83,2	75,9
Nutze Teleshopping manchmal zur Überbrückung von Werbepausen	62,3	62,3
Beim Zuschauen steht eher Produktinformation im Vordergrund, weniger die Unterhaltung	86,6	92,6
Verfolge Teleshopping i.d.R. mit großer Aufmerksamkeit	65,0	76,0

Basis: Aktive Seher (ohne Boost, n = 171); Aktive Besteller (inkl. Boost, n = 134)
Quelle: Goldmedia Omnibus-Befragung, Mai 2005

Nichtsdestotrotz zeigt sich ein hohes Involvement beim Konsum von Teleshopping-Sendungen, welches in der Gruppe der aktiven Besteller besonders stark ausgeprägt ist. Offenbar spielt hier die Nebenbei-Nutzung des Mediums Fernsehen eine wesentlich geringere Rolle als dies gerade für Teleshopping oftmals postuliert wird. Gleichzeitig unterstreichen die aktiven Zuschauer und Besteller mit jeweils fast 90 Prozent Zustimmung sehr deutlich ihr primäres Interesse an der Produktinformation beim Schauen von Verkaufssendungen. Demgegenüber tritt die Motivation sich unterhalten zu lassen klar in den Hintergrund.

Die Sehdauer von Teleshopping-Sendern ist bei den einzelnen Nutzern individuell sehr verschieden. Die Spanne reicht von wenigen Minuten bis zu mehr als zwanzig Stunden pro Woche. Gut die Hälfte der aktiven Zuschauer konsumieren wöchentlich im Schnitt bis zu 30 Minuten Verkaufsfernsehen, insgesamt etwa drei Viertel befinden sich in der Kategorie bis zu einer Stunde Teleshopping pro Woche. Die Gruppe der Intensivnutzer, die wöchentlich mehr als zwei Stunden zuschauen, liegt bei rund 14 Prozent der aktiven Seherschaft.

Abbildung 39: Wöchentliche Teleshopping-Sehdauer von aktiven Sehern (in Prozent)

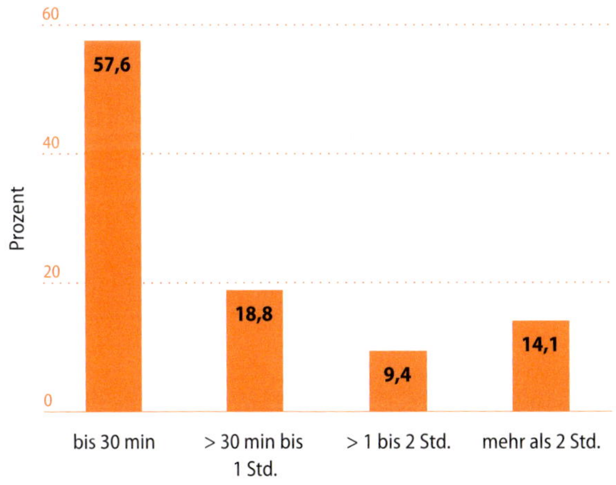

Kategorie	Prozent
bis 30 min	57,6
> 30 min bis 1 Std.	18,8
> 1 bis 2 Std.	9,4
mehr als 2 Std.	14,1

Basis: Aktive Seher (n = 171)
Quelle: Goldmedia Omnibus-Befragung, Mai 2005

Unterschiede bezüglich der durchschnittlichen Sehdauer treten beim differenzierten Blick auf einzelne Zuschauergruppen zutage: Erwartungsgemäß erreichen die aktiven Besteller mit zwei Stunden pro Woche die höchste Sehdauer – rund 40 Minuten mehr als die aktiven Zuschauer im repräsentativen Mittel. Im Vergleich zwischen den Geschlechtern (auf Basis der aktiven Zuschauer insgesamt) liegen außerdem die Frauen relativ deutlich vor den Männern, was sicherlich einmal mehr (auch) der stärkeren Bedienung von „Frauenthemen" durch die Sender zuzuschreiben ist.

[5 SEHER UND BESTELLER]

Abbildung 40: Wöchentliche Teleshopping-Sehdauer nach Nutzersegmenten
(Mittelwerte in Minuten, offene Antwort)

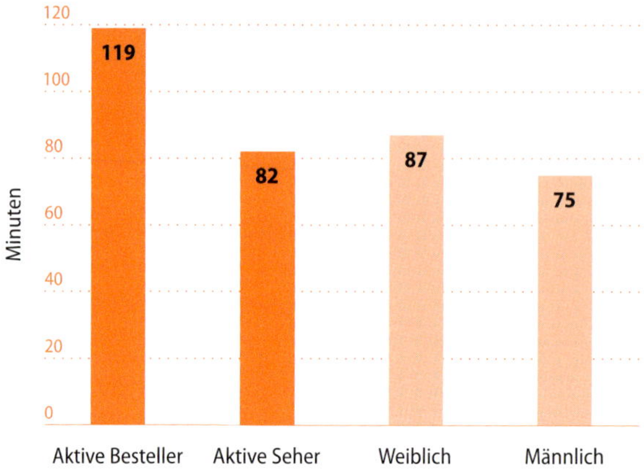

Aktive Besteller	Aktive Seher	Weiblich	Männlich
119	82	87	75

Basis: Aktive Besteller (inkl. Boost, n = 134); Aktive Seher (ohne Boost, n = 171) – hiervon: Weiblich (n = 90)/ Männlich (n = 81)
Quelle: Goldmedia Omnibus-Befragung, Mai 2005

5.4.2 Einschaltquoten vs. Umwandlungsquoten

Die *Einschaltquote* oder auch *Sehbeteiligung*, d.h. die durchschnittliche Anzahl der Zuschauer in einem Zeitintervall unter Einbeziehung der konkreten Sehdauer, gilt in der klassischen Fernsehwirtschaft als maßgebliches Kriterium für den Erfolg eines Senders bzw. einer Sendung. Auf Basis dieser Kennzahl wird beispielsweise das Pricing für Werbeblöcke vorgenommen, so dass sich daraus direkte wirtschaftliche Konsequenzen für den Sender ergeben.

Das auf dem Produktverkauf basierende Geschäftsmodell des Teleshopping bedingt dagegen eine geringere Rolle der Einschaltquote: Entscheidend ist nicht vordergründig die Zahl der Seher, sondern vielmehr die Zahl der Besteller. Die Zuschauerzahlen von Verkaufssendungen repräsentieren insofern lediglich die Größe der erreichten Zielgruppe, aus der sich letztlich die Käufer rekrutieren. In diesem Zusammenhang kommt der technischen Reichweite der Teleshopping-Sender eine besondere Bedeutung zu (siehe hierzu Abschnitt 7.6.1).

5.4.2.1 Zuschauerzahlen beim Teleshopping

Da die AGF/GfK-Fernsehforschung offiziell die Zuschauerreichweiten der Teleshopping-Sender nicht erhebt und auch die Anbieter selbst kaum Angaben hierzu machen, kann zur Ermittlung von Einschaltquoten im Teleshopping nur auf Schätzungen zurückgegriffen werden. Unabhängige Zahlen existieren lediglich für die Fensterprogramme auf großen Privatsendern.

Das Hauptprogramm von HSE 24 verfolgen nach Senderangaben im Tagesdurchschnitt rund 20.000–30.000 Zuschauer.[103] Eine deutlich höhere Sehbeteiligung verzeichnen die Teleshopping-Fenster auf Sat.1 sowie teilweise auch auf Kabel 1. Ähnlich stellt sich die Situation bei RTL Shop dar.[104] Hier erreichen die Fensterprogramme auf RTL sogar regelmäßig um 130.000–150.000 Zuschauer.

Tabelle 13: Durchschnittliche Zuschauerzahlen der HSE 24-Fenster

Fenster Sat.1 (ca. 02.00–03.00 Uhr)	72.000
Fenster Sat.1 (ca. 09.00–10.00 Uhr)	94.000
Fenster Kabel 1 (ca. 03.00–04.00 Uhr)	46.700
Fenster Kabel 1 (ca. 07.30–08.30 Uhr)	30.000

Basis: Zuschauer ab 3 Jahre
Quelle: Senderangaben aus Zahlen der AGF/GfK, Juli 2005; gemittelte Minutenwerte mehrerer Programmtage

Tabelle 14: Durchschnittliche Zuschauerzahlen der RTL Shop-Fenster

Fenster RTL nachts (ca. 03.00–04.00 Uhr)	154.000
Fenster RTL morgens (ca. 08.00–09.00 Uhr)	127.000

Basis: Zuschauer ab 3 Jahre
Quelle: Senderangaben aus Zahlen der AGF/GfK, Juli 2005; gemittelte Minutenwerte mehrerer Programmtage

---

103 Diese Angabe basiert auf einer Untersuchung von KarstadtQuelle New Media, 2002.

104 Das Hauptprogramm von RTL Shop erreicht nach Senderangaben auf Basis von GfK-Zahlen täglich netto 210.000 Zuschauer ab 14 Jahre (Personen, die mindestens 3 Minuten konstant RTL Shop schauen; Stand: April 2004). Zu den Einschaltquoten von QVC liegen keine Zahlen vor.

Diese Zahlen machen deutlich, dass im Teleshopping mit völlig anderen Dimensionen gerechnet wird als im klassischen Fernsehen. Für den wirtschaftlichen Erfolg sind bei weitem keine Einschaltquoten im Millionenbereich erforderlich. Dazu formulieren GRANT et al. (1991) treffend: „*The most fundamental change is that the profits from television shopping programs are based on sales made to viewers rather than on the number of viewers tuned into the program. The increased economic efficiency of this ‚direct-pricing' mechanism means that television shopping networks can succeed with a fraction of the audience needed for advertiser-supported television.*" [Zit. nach ebd., S. 776 f.]

5.4.2.2 Vom Zuschauer zum Besteller

Anhand der durchschnittlichen Zuschauerzahl, der Zahl eingehender Anrufe und der Anzahl an Bestellungen lässt sich mit der *Umwandlungsquote* eine neue Kennzahl ermitteln, die Aufschluss über die Effizienz des Verkaufsprogramms gibt. Dabei sind – entsprechend dem zweistufigen Prozess vom Zuschauer zum Besteller – zwei Ausprägungen der Umwandlungsquote zu unterscheiden. Sie sind in der nachfolgenden Tabelle mit ihren im Teleshopping typischerweise erreichbaren Beträgen dargestellt.

Tabelle 15: Response- und Bestellquote im Teleshopping

Responsequote: Vom Zuschauer zum Anrufer	1 bis 3 Prozent
Bestellquote: Vom Anrufer zum Besteller	50 bis 80 Prozent
→ **Vom Zuschauer zum Besteller**	0,5 bis 2,4 Prozent

Quelle: Goldmedia

Die Responsequote basiert auf Erfahrungswerten und lässt sich anhand des folgenden Beispiels im Groben nachvollziehen: Ausgangspunkt sind etwa 25.000 Zuschauer in der durchschnittlichen Sendestunde auf HSE 24, hinzu kommen die oben genannten Einschaltquoten der Fensterprogramme. Daraus ergeben sich ca. 850.000 Zuschauerkontakte pro Tag. Die Zahl täglicher Anrufe liegt im Schnitt bei 22.000 (vgl. Abschnitt 3.3.1). Dies führt zu einer (unbereinigten) Responsequote von rund 2,6 Prozent. Zu berücksichtigen ist hierbei, dass ein Teil der Anrufe nicht unmittelbar mit dem TV-

Programm in Verbindung steht (z. B. Service-Anfragen). Die tatsächliche Responsequote von HSE 24 dürfte sich daher zwischen 1,5 und 2 Prozent bewegen.[105]

Die Bestellquote wird von HSE 24 mit über 70 Prozent angegeben. Bei QVC dürfte sie sich zwischen 60 und 70 Prozent bewegen: Im Geschäftsjahr 2004 standen hier 20 Mio. Anrufen 11 Mio. Bestellungen gegenüber. Nicht jeder Anruf mündet in einer Bestellung, weil z. B. manche Anrufer zunächst nur Informationen zu einem Produkt einholen möchten, andere in der Warteschleife auflegen, oder weil das gewünschte Produkt auch vergriffen sein kann.

5.4.2.3 Vorlaufzeit für Erstbestellungen

Es liegt nahe, dass dem Schritt vom potenziellen zum tatsächlichen Kunden im Normalfall ein längerer Prozess vorangeht, in dem der Zuschauer sich zunächst an die Art der Warenpräsentation gewöhnen und eine gewisse Bindung zum Anbieter entwickeln muss. Dazu, wie viel Zeit diese Phase des Vertrauensaufbaus in Anspruch nimmt, existieren widersprüchliche Angaben: Eine amerikanische Studie geht davon aus, dass im Schnitt etwa 50 Stunden vergehen, bis ein Teleshopping-Seher seine erste Bestellung tätigt, QVC Deutschland spricht gar von 60 Stunden.[106] Erfahrungswerte des amerikanischen Teleshopping-Anbieters HSN deuten dagegen, zumindest für die dortige Zuschauerschaft, auf eine wesentlich kürzere Vorlaufzeit von etwa neun Stunden hin [vgl. GRUNINGER-HERMANN 1999, S. 151].

Ungeachtet des letztlichen Zeitvolumens sind in der Regel eine Reihe von Kontakten zwischen Teleshopping-Anbieter und Zuschauer notwendig, um einen neuen Kunden zu gewinnen. Geht man von der wöchentlichen Sehdauer aus, die im Mittel der Aktiven Seher bei 82 Minuten liegt (vgl. Abschnitt 5.4.1), so muss der durchschnittliche Neukunde den Sender also mindestens sechseinhalb Wochen lang einschalten, bevor er einen ersten Umsatzbeitrag erbringt.

Vor diesem Hintergrund kommt der Kundenbindung, d. h. insbesondere der Generierung von Mehrfachbestellungen, wachsende Bedeutung zu. Ziel ist es, den Umsatz pro (Stamm-)Kunde stetig zu steigern. Maßnahmen hierzu stellen die bereits angesprochene

---

105 Die Responsequote bei DRTV-Sendungen liegt im Vergleich hierzu meist deutlich niedriger, im Normalfall zwischen 0,1 und 1 Prozent.

106 Vgl. W&V Nr. 33/2001, S. 138–142: Pasten und Puder bzw. Die Welt vom 08.03.03: Das Tele-Shopping kennt keine Konsumflaute.

Service-Orientierung der Anbieter und künftig auch Kundenbindungsprogramme dar. (Siehe hierzu ausführlich Abschnitt 7.8)

Abschließend ist anzumerken, dass die Dauer, die Quantität und die Qualität der Neukundengewinnung von sehr vielen Faktoren abhängen. Dies betrifft die bereits besprochenen Kaufkriterien sowie programmliche Aspekte (siehe dazu Abschnitt 7.5). Grundvoraussetzung für die Generierung einer wirtschaftlich tragfähigen Zahl an Bestellungen bleibt jedoch immer die technische Reichweite des jeweiligen Senders (vgl. Abschnitt 7.6.1).

5.4.3 Bestellverhalten

Mit Blick auf die bisherigen Teleshopping-Besteller zeigt sich bereits heute ein recht hoher Anteil an aktiven Mehrfachkunden. Ein Viertel derjenigen, die überhaupt schon einmal per Teleshopping gekauft haben, tut dies weiterhin gelegentlich oder sogar regelmäßig. Ein weiteres Drittel bestellt immerhin selten Waren über das Fernsehen. Der Anteil der Mehrfachbesteller, die auch aktuell Teleshopping-Kunden sind, beläuft sich somit auf insgesamt rund 60 Prozent. Es ist zudem davon auszugehen, dass sich auch in der Gruppe der derzeit inaktiven Besteller (frühere) Mehrfachkunden finden.

Abbildung 41: Besteller-Profil nach Bestellhäufigkeit im Teleshopping (in Prozent)

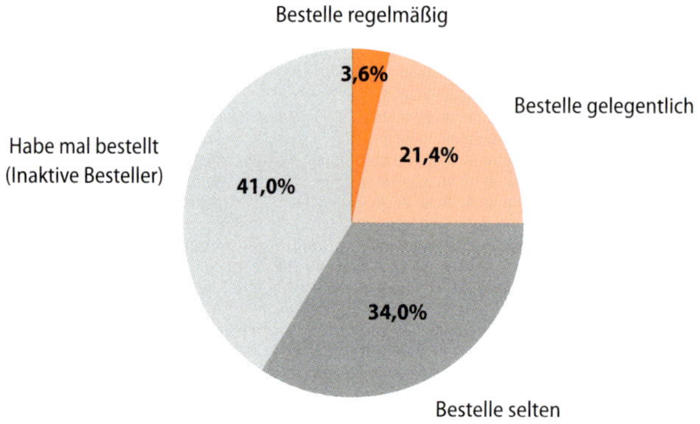

Basis: Besteller gesamt (n = 243)
Quelle: Goldmedia Omnibus-Befragung (inkl. Boost), Mai 2005

Das jährliche Budget für Bestellungen im Teleshopping beträgt im Mittel über alle Besteller der letzten zwölf Monate 214,40 Euro.[107] Mehr als zwei Drittel der Befragten geben dabei an, bis zu 200 Euro ausgegeben zu haben. Rund 30 Prozent haben Waren für mehr als 200 Euro eingekauft. Für den Bezugszeitraum Mai 2004 – Mai 2005 ergibt sich auf Basis dieses mittleren Bestellwertes und ausgehend von rund 5,4 Mio. aktiven Kunden in Deutschland (vgl. Abschnitt 5.2) ein Netto-Bestellvolumen von rund 1 Mrd. Euro. Unter Berücksichtigung von Umsatzbeiträgen aus Österreich und der Schweiz sowie von Retouren ist damit der auf diesem Wege ermittelte Gesamtumsatz praktisch deckungsgleich mit den Umsatzzahlen, die von den Sendern selbst kommuniziert werden.

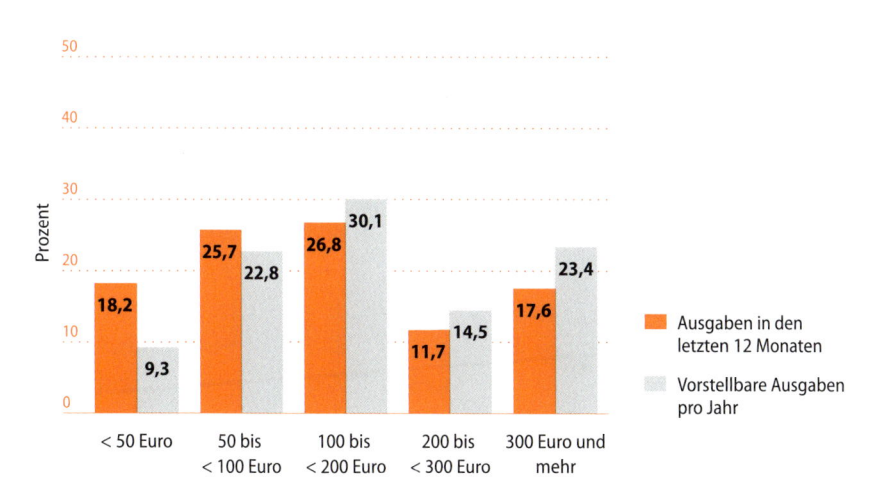

Abbildung 42: Jährliche Ausgaben für Teleshopping (in Prozent)

Ausgabenklasse	Ausgaben in den letzten 12 Monaten	Vorstellbare Ausgaben pro Jahr
< 50 Euro	18,2	9,3
50 bis < 100 Euro	25,7	22,8
100 bis < 200 Euro	26,8	30,1
200 bis < 300 Euro	11,7	14,5
300 Euro und mehr	17,6	23,4

Basis: Besteller gesamt (ohne „weiß nicht/k. A."): Besteller der letzten 12 Monate (n = 149) / Bisherige Besteller, die konkrete Zahlungsbereitschaft für die Zukunft angeben (n = 111)
Quelle: Goldmedia Omnibus-Befragung (inkl. Boost), Mai 2005

Aus Sicht der bisherigen Besteller bestehen hinsichtlich der jährlichen Ausgaben für Teleshopping noch deutliche Spielräume nach oben. In der Zukunftsprojektion auf Basis derjenigen Besteller, die konkrete Angaben über ihre künftige Zahlungsbereitschaft

---

107 Offene Antwortmöglichkeit.

gemacht haben, zeigt sich eine tendenzielle Verschiebung des Budgets hin zu den höheren Antwortkategorien. Gleichzeitig wird ein Bestellvolumen von im Schnitt 269,30 Euro im Teleshopping als *realistisch vorstellbar* erachtet. Dies entspräche gegenüber dem heutigen Wert einer Steigerung um rund 55 Euro oder mehr als 25 Prozent. Hier muss sicherlich eine mögliche Diskrepanz zwischen Kaufwünschen und letztlich tatsächlich verfügbarem Budget eingeräumt werden. Dennoch ist bei den Bestellern die steigende Bereitschaft unverkennbar, künftig häufiger im Teleshopping einzukaufen bzw. dort mehr Geld auszugeben – was einmal mehr auf positive Erfahrungen mit dieser Vertriebsform schließen lässt.

5.4.4 Bewertung des Teleshopping

Detaillierteren Aufschluss über die Erfahrungen der Verbraucher mit den Teleshopping-Sendern liefern die Bewertungen der bisherigen Nutzer. In der Gesamtbetrachtung werden HSE 24, QVC, RTL Shop und 1-2-3.TV von den Bestellern der letzten zwölf Monate auf einer Schulnoten-Skala mit der Durchschnittsnote 1,8 bewertet, wobei zwischen den einzelnen Sendern praktisch keine Unterschiede bestehen.

Fast alle Positiv-Aspekte des Teleshopping stoßen bei den Befragten auf hohe bis sehr hohe Zustimmung. Besonders hervorzuheben sind dabei die Transparenz und die umfassende Produktinformation, die den Sendern bescheinigt werden, ebenso wie Glaubwürdigkeit und Produktqualität. Einzelne Punkte werden jedoch von den Nutzern insgesamt (Seher/Besteller) und der Gruppe der tatsächlichen Besteller deutlich unterschiedlich beurteilt: Insbesondere die Aspekte Service, Preisgestaltung und Einkaufserlebnis erfahren auf Seiten der Besteller eine bessere Bewertung.

Während der Servicegedanke bei den bestehenden Anbietern bereits heute sehr stark ausgeprägt ist, ggf. aber im Rahmen des Marketings und der Kommunikation noch stärker in den Vordergrund gerückt werden kann, sind die Aspekte Preisgestaltung und Einkaufserlebnis im Teleshopping naturgemäß mit anderen Vertriebsformen schwer zu vergleichen: Die Preisfindung verläuft hier anders als bspw. im Online-Handel, weil u. a. die Kostenstrukturen völlig andere sind. Das Einkaufserlebnis ist wie im Distanzhandel insgesamt, der durch die individuelle Nutzung von zuhause aus gekennzeichnet ist, eingeschränkt. Diesen Kritikpunkten stehen jedoch viele klare Argumente *für* das Teleshopping gegenüber, die zu einer insgesamt sehr positiven Einschätzung seitens der Verbraucher führen. (Zu den spezifischen Vor- und Nachteilen des Teleshopping siehe weiterführend Abschnitt 4.3)

[5 SEHER UND BESTELLER]

Abbildung 43: Bewertung verschiedener Aspekte des Teleshopping (Top-2-Nennungen in Prozent)

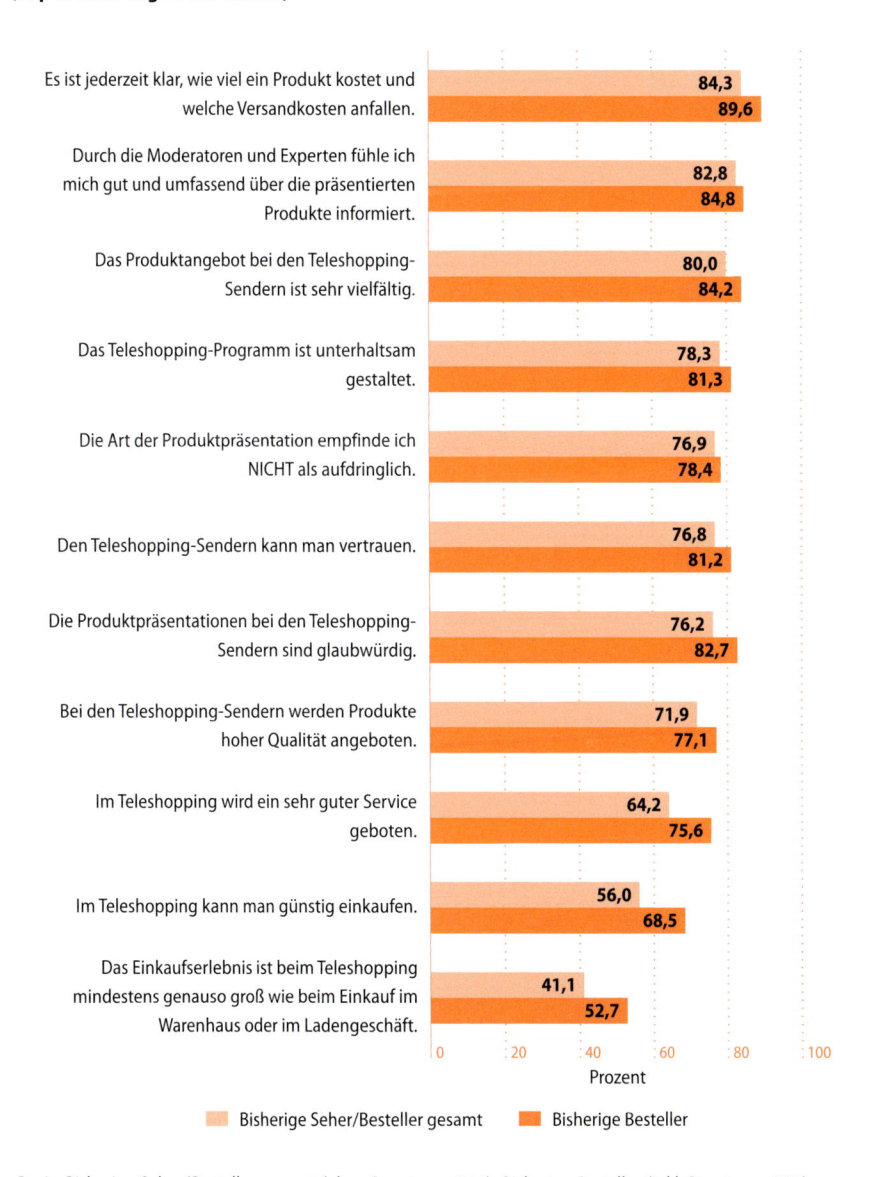

Aspekt	Bisherige Seher/Besteller gesamt	Bisherige Besteller
Es ist jederzeit klar, wie viel ein Produkt kostet und welche Versandkosten anfallen.	84,3	89,6
Durch die Moderatoren und Experten fühle ich mich gut und umfassend über die präsentierten Produkte informiert.	82,8	84,8
Das Produktangebot bei den Teleshopping-Sendern ist sehr vielfältig.	80,0	84,2
Das Teleshopping-Programm ist unterhaltsam gestaltet.	78,3	81,3
Die Art der Produktpräsentation empfinde ich NICHT als aufdringlich.	76,9	78,4
Den Teleshopping-Sendern kann man vertrauen.	76,8	81,2
Die Produktpräsentationen bei den Teleshopping-Sendern sind glaubwürdig.	76,2	82,7
Bei den Teleshopping-Sendern werden Produkte hoher Qualität angeboten.	71,9	77,1
Im Teleshopping wird ein sehr guter Service geboten.	64,2	75,6
Im Teleshopping kann man günstig einkaufen.	56,0	68,5
Das Einkaufserlebnis ist beim Teleshopping mindestens genauso groß wie beim Einkauf im Warenhaus oder im Ladengeschäft.	41,1	52,7

Prozent

Basis: Bisherige Seher/Besteller gesamt (ohne Boost, n = 214); Bisherige Besteller (inkl. Boost, n = 218)
Quelle: Goldmedia Omnibus-Befragung, Mai 2005

5.5 Fazit, Potenziale und Veränderungen

Die Befragungsergebnisse zeigen, dass zehn Jahre nach dem Start von H.O.T. das Teleshopping in Deutschland längst erwachsen geworden ist. Angesichts einer Größenordnung der aktiven Zuschauerschaft von rund 30 Prozent der Gesamtbevölkerung und über 5 Mio. aktiven Kunden bedient die Branche inzwischen mehr als eine Marktnische. Insgesamt haben bis heute rund 10 Mio. Menschen mindestens einmal etwas bei HSE24, QVC, RTL Shop oder 1-2-3.TV bestellt.

Konzentrierten sich die Sender anfangs fast ausschließlich auf Frauen und deren Produktinteressen, so ist derzeit eine spürbare Ausdifferenzierung im Gange, die sich in den Nutzerstrukturen bereits niederschlägt. Zwar bleiben Frauen weiterhin die Kernzielgruppe der klassischen Teleshopping-Anbieter, jedoch sind die Männer als potenzielle Käufer im Kommen – als Kenner und Zuschauer von Teleshopping-Programmen stehen sie den Frauen kaum mehr nach. Noch sind allerdings rund zwei Drittel der Kundschaft weiblich.

Im Hinblick auf andere soziodemografische Merkmale wie Alter, Bildung und Haushalts-Nettoeinkommen lässt sich zusammenfassend konstatieren, dass Teleshopping-Programme die Mitte der Bevölkerung erreichen. Prinzipiell rekrutieren sich die Zuschauer aus allen Schichten und Segmenten der Bevölkerung, von jung bis alt, vom Arbeiter bis zum Akademiker. Schwerpunkte liegen auf der Altersgruppe zwischen 36 und 55 Jahre sowie auf Menschen mit mittlerem Bildungsabschluss bzw. mittlerem Einkommen.

In den nächsten Jahren ist zu erwarten dass sich die Zuschauer- und Kundenprofile der Teleshopping-Sender tendenziell verjüngen werden. Zwischen derzeitigen und potenziellen Nutzern zeigen sich vor allem im Hinblick auf die Altersstruktur deutliche Unterschiede: Während lediglich rund 27 Prozent der aktuellen Seher bzw. Besteller der Altersgruppe bis 35 Jahre angehören, stellt dieses Segment beinahe die Hälfte der potenziellen Nutzer.

Auch insgesamt wird die Teleshopping-Nutzung künftig zunehmen; die Zuschauer- und Besteller-Basis der Sender in der Bevölkerung wird sich noch weiter verbreitern. So äußern in der Repräsentativbefragung rund ein Viertel der derzeitigen Nicht-Nutzer, dass Sie sich vorstellen können, in Zukunft entsprechende Sendungen zu konsumieren und/oder Bestellungen über das Fernsehen zu tätigen. Die Mehrzahl gibt indes an, Teleshopping auch künftig nicht nutzen zu wollen.

[5 SEHER UND BESTELLER]

Abbildung 44: Veränderung der Altersstruktur, jeweils Seher/Besteller (in Prozent)

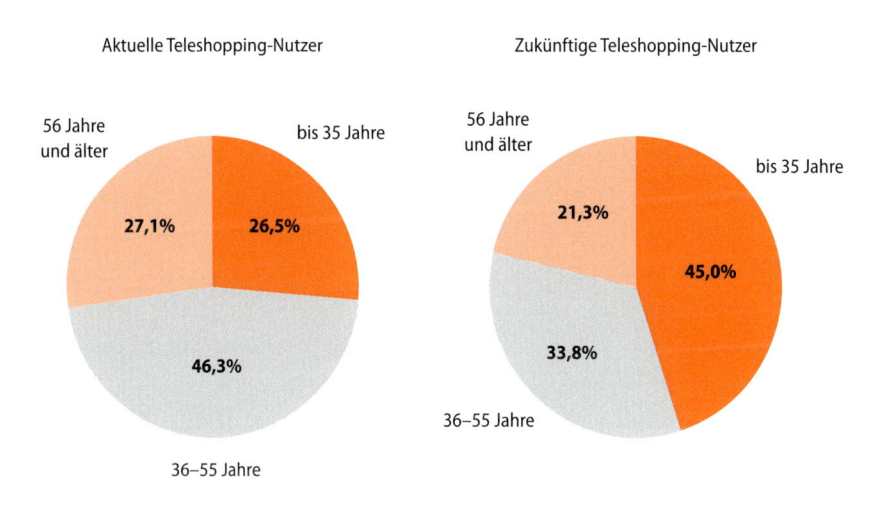

Aktuelle Teleshopping-Nutzer

- 56 Jahre und älter: 27,1%
- bis 35 Jahre: 26,5%
- 36–55 Jahre: 46,3%

Zukünftige Teleshopping-Nutzer

- 56 Jahre und älter: 21,3%
- bis 35 Jahre: 45,0%
- 36–55 Jahre: 33,8%

Basis: Aktive Seher/Besteller (n = 279); Zukünftige Seher/Besteller (n = 174)
Quelle: Goldmedia Omnibus-Befragung, Mai 2005

Abbildung 45: Neue Nutzerpotenziale (in Prozent)

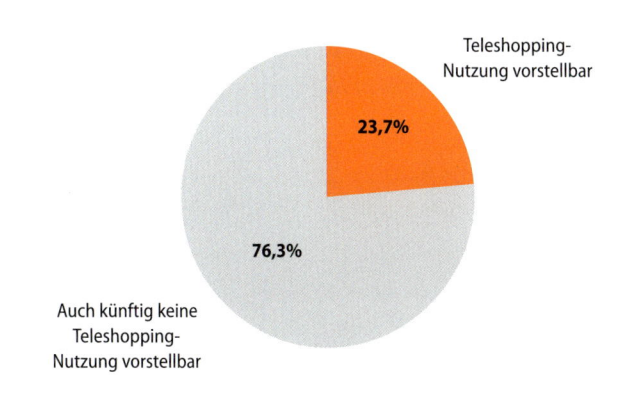

- Teleshopping-Nutzung vorstellbar: 23,7%
- Auch künftig keine Teleshopping-Nutzung vorstellbar: 76,3%

Basis: Derzeitige Nicht-Seher/Nicht-Besteller (ohne „weiß nicht/k. A.", n = 735)
Quelle: Goldmedia Omnibus-Befragung, Mai 2005

Als Ablehnungsgrund wird am häufigsten fehlendes Interesse an den im Teleshopping präsentierten Produkten genannt. Dies wird sich zunehmend ändern, je stärker die Produktsortimente ausdifferenziert werden und bspw. auch jüngere Zielgruppen ansprechen. Andere Ablehnungsgründe basieren häufig auf objektiv nicht begründbaren Vorbehalten, die das Teleshopping seit Beginn an begleiten. Das Umdenken auf Seiten vor allem derer, die selbst noch gar keine Erfahrungen mit dem Teleshopping gesammelt haben, vollzieht sich hier nur langsam. Dem stehen jedoch überwiegend positive Einschätzungen derjenigen gegenüber, die Teleshopping zumindest schon geschaut oder auch dort bestellt haben.

Es ist davon auszugehen, dass insbesondere durch die Kommunikation der umfangreichen Serviceleistungen der etablierten Anbieter die Vorbehalte gegenüber dem Teleshopping zusehends abgebaut werden, so dass mehr Menschen sich dieser Vertriebsform öffnen und letztlich auch mehr Seher zu Bestellern werden. Ebenso ist anzunehmen, dass sich mit neuen Verkaufsformen wie Auktionen, mit erweiterten Sortimenten und einer weiter optimierten inhaltlichen Gestaltung der Programme durchaus ein noch größeres Nutzerpotenzial entwickeln lässt. Nicht zuletzt wird die Zahl derer, die zumindest ab und zu mit Teleshopping-Sendungen in Berührung kommen, im Zuge des Reichweitenausbaus der bestehenden Sender, der Belegung von Programmfenstern auf größeren Privatsendern und des Hinzutretens neuer Anbieter weiter steigen.

Der Teleshopping-Markt wird vor diesem Hintergrund auch weiterhin in Bewegung bleiben, wobei neben der quantitativen auch eine qualitative Dynamik zu erwarten steht: Gleichlaufend zum wachsenden Umsatzpotenzial finden Veränderungen in der Struktur und den Erwartungen der Nutzer statt. Dies birgt enorme Chancen, aber auch neue Herausforderungen für den Anbietermarkt. (Vgl. zu den Zukunftsperspektiven Kapitel 8 und insbesondere Abschnitt 8.1)

6 RECHTLICHE RAHMENBEDINGUNGEN

6.1 Anbieterpflichten und Verbraucherschutz im Versandhandel

Der Versandhandel in Deutschland unterliegt hinsichtlich des Kundenschutzes deutlich umfangreicheren gesetzlichen Bestimmungen als der stationäre Handel. Notwendig ist dies aus Verbrauchersicht deshalb, weil der Distanzkauf auch bei ausführlicher Vorabinformation über Produkte und Anbieter mit Unwägbarkeiten behaftet bleibt. Insbesondere ist die direkte, persönliche Begutachtung eines Produktes durch den Kunden vor dem Kauf – anders als z. B. im Kaufhaus – nicht möglich. Zur Kompensation dieses und anderer Nachteile wird Versandhandelskäufern u. a. ein gesetzliches Widerrufsrecht von mindestens zwei Wochen eingeräumt. Für die Anbieter gilt darüber hinaus, dass in allen Phasen des Kundenkontakts strenge Sorgfalt notwendig ist – dies gilt umso mehr für das Fernsehen als flüchtiges Verkaufsmedium.

6.1.1 Produkteigenschaften und Gewährleistung

Beim Verkauf von Produkten via Teleshopping besteht für den Sender, wie für jeden klassischen Händler auch, die Pflicht, Beschaffenheit und Wirkung eines Produkts den Tatsachen entsprechend darzustellen. Die Beschreibung eines Produktes im Fernsehen gilt in diesem Zusammenhang juristisch als „vereinbarte Beschaffenheit" desselben. Der Kunde hat das Recht auf Widerruf des Kaufvertrages gegen Rückerstattung des Kaufpreises, wenn eine solche Eigenschaft nicht tatsächlich vorhanden ist. (§ 434 i. V. m. § 437 BGB)

Unabhängig von den zugesicherten Eigenschaften haftet der Teleshopping-Anbieter – genauso wie beim Kauf in einem Geschäft – für Mängel an der Ware und ist gesetzlich zwei Jahre lang zur Gewährleistung verpflichtet. Während dieser Frist kann der Kunde Nacherfüllung verlangen und hat dabei die freie Wahl zwischen Nachbesserung (also Reparatur) und Ersatzlieferung. (§§ 438 und 439 BGB)

Wird die Ware aufgrund eines Mangels zurückgesendet, so sind die Kosten dafür vom Teleshopping-Anbieter zu tragen. Die Beweislast liegt im Streitfall nicht allein beim Käufer. Tritt in den ersten sechs Monaten ein Mangel auf, dann muss der Verkäufer beweisen, dass die Sache beim Kauf einwandfrei gewesen ist. (§ 476 BGB)

6.1.2 Wettbewerbsrechtliche Vorschriften

Spezifische Herausforderungen ergeben sich für das Teleshopping mit Blick auf den Problembereich der irreführenden Werbung. Prinzipiell hat der Anbieter, der ein bestimmtes Produkt bewirbt, sicherzustellen, dass hierbei keine unzutreffenden oder irreführenden Aussagen gemacht werden bezüglich der Merkmale und der Zusammensetzung sowie der bei der Verwendung des Produktes zu erwartenden Ergebnisse (§ 5 UWG 2004). Jede Zuwiderhandlung begründet nicht nur wie beschrieben einen Widerrufsanspruch des Kunden, sondern birgt gleichzeitig die Gefahr einer Abmahnung wegen unlauteren Wettbewerbs.

Problematisch hierbei ist, dass die Unlauterkeitskriterien nicht durchgehend scharf definiert sind und sich die entsprechenden wettbewerbsrechtlichen Vorschriften wenig am Kommunikationsmittel des gesprochenen Wortes orientieren. Der Produktverkauf über das Fernsehen wird nicht abgebildet. Im Gegensatz zum Katalog- oder Online-Versandhandel, bei dem werbliche Auslobungen bis ins Detail planbar und vor Veröffentlichung juristisch prüfbar sind, ist Teleshopping jedoch dem Prinzip nach als „live produzierte Werbung" zu begreifen: Die Produkte werden von den Moderatoren und ihren Gästen – also von juristischen Laien – live on air präsentiert. Die wettbewerbsrechtliche Zulässigkeit jeder einzelnen Produktaussage kann vor diesem Hintergrund nicht immer 100 %ig sichergestellt werden.

Zusätzlich verschärft sich die Situation, wenn der Risikobereich des Teleshopping-Anbieters nicht mehr klar abgegrenzt werden kann, wie dies bspw. bei Call-Ins der Fall ist. Die Durchstellung von Kundenanrufen ins Studio während einer laufenden Sendung ist im Teleshopping ein wichtiges Mittel, um Verbraucherfragen direkt zu beantworten, oder auch um die Produktpräsentation um persönliche Erfahrungen von Kunden zu bereichern. Dabei sind die Produktaussagen der Anrufer vom Sender nur in geringem Maße plan- und steuerbar. Unlautere Formulierungen im Sinne des UWG unterliegen also nicht dem Einfluss des jeweiligen Senders, werden aber nach geltendem Recht dennoch dessen Risikosphäre zugerechnet.

Hier begeben sich die Teleshopping-Sender gewissermaßen in eine „Haftungsfalle", zumal der Grat zwischen Zulässigkeit und Unlauterkeit einer Formulierung im Regelfall sehr schmal ist. In Verbindung mit der zumeist hohen Erklärungsbedürftigkeit der im Teleshopping angebotenen Produkte sind entsprechende wettbewerbsrechtliche Grenzüberschreitungen in der Praxis vorprogrammiert. Dennoch werden an die Live-Bewerbungen im Teleshopping, insbesondere auch von Wettbewerbsverbänden, die selben

Maßstäbe angelegt wie an Print- und Onlinemedien. Dies führt faktisch in bestimmten Produktbereichen, bspw. bei Kosmetik- und Wellnessprodukten, zu einer klaren Benachteiligung des Teleshopping gegenüber anderen Vertriebsformen. Aber auch insgesamt bestehen für die Anbieter erhebliche rechtliche Unsicherheiten, solange im UWG keine der spezifischen Präsentationsweise im Teleshopping angemessenen Regelungen zugrunde gelegt werden.

6.1.3 Widerruf und Rückgabe bei Fernabsatzverträgen

Für Waren oder Dienstleistungen, die ohne persönliche Anwesenheit des Kunden verkauft werden – also auch über das Medium Fernsehen – finden die Sonderregelungen des BGB für Fernabsatzverträge Anwendung (§§ 312b ff. BGB). Diese beinhalten ein grundsätzliches Widerrufsrecht für den Kunden nach § 355 BGB.

Binnen zwei Wochen kann der Kaufvertrag ohne Angabe von Gründen widerrufen werden. Die Frist beginnt mit dem Zeitpunkt, zu dem der Verbraucher deutlich in Textform über sein Widerrufsrecht belehrt worden ist, frühestens aber mit dem Erhalt der bestellten Waren. Erfolgt die Belehrung erst nach Vertragsschluss, dann hat der Kunde sogar einen ganzen Monat lang Zeit, den Kauf rückgängig zu machen. Für Teleshopping-Anbieter ist es wichtig, nicht erst nach der Bestellung (z. B. in Form eines Beilagezettels) über das Widerrufsrecht zu informieren, sondern bereits bei der Vertragsanbahnung – in den Verkaufssendungen und/oder im Call Center.

Die gesetzliche Widerrufsregelung wird von den Teleshopping-Anbietern zum Teil übererfüllt, indem sie ihren Kunden mit einem auf 1 Monat erweiterten Rückgaberecht entgegenkommen. Das freiwillige Rückgaberecht ist in § 356 BGB geregelt und ersetzt ggf. das Widerrufsrecht. Der wesentliche Unterschied liegt darin, dass das Rückgaberecht des Verbrauchers nur durch Rücksendung der Sache ausgeübt werden kann, wohingegen ein Widerruf auch durch schriftliche Erklärung innerhalb der Widerrufsfrist wirksam wird. Zwar ist der Verbraucher auch dann zur Rückgabe verpflichtet, allerdings liegt das Klagerisiko beim Anbieter, wenn keine Rücksendung erfolgt. [Vgl. THIEME 2003, S. 261 f.]

Räumt der Anbieter ein Rückgaberecht ein, so hat er in jedem Falle die Kosten der Rücksendung zu tragen. Bei Anwendung des Widerrufsrechts gilt dies mit der Einschränkung, dass gemäß § 357 BGB die Anbieter berechtigt wären, den Verbrauchern die Rücksendekosten aufzuerlegen, wenn der Warenwert unter 40 Euro liegt, oder wenn bei höherem Warenwert noch keine Bezahlung erfolgt ist. Dennoch ist es aber auch hier üblich, die Verbraucher von den Rücksendekosten freizustellen – eine Ausnahme macht lediglich 1-2-3.TV.

Vom gesetzlichen Widerrufsrecht ausgenommen sind bestimmte Warengruppen, bei denen eine Rücknahme für den Anbieter unzumutbar wäre. Dies betrifft insbesondere verderbliche Ware, individuell angefertigte Artikel und Datenträger, sofern die Versiegelung entfernt wurde.

Davon abgesehen ergibt sich in der Praxis eine objektive Unzumutbarkeit der Rücknahme aber häufig auch bei anderen Artikeln, gleich welcher Warengruppe: Retournierte Artikel, die vom Kunden bereits geöffnet bzw. benutzt worden sind, kann der Teleshopping-Anbieter in der Regel nur noch mit hohen Preisabschlägen oder gar nicht mehr weiter verkaufen. Zwar kann vom Kunden unter Umständen eine Entschädigung verlangt werden, wenn die Sache durch Benutzung an Wert verloren hat. Allerdings gilt dies nicht bereits dann, wenn ein Artikel lediglich ausgepackt oder anprobiert wurde (§ 357 Abs. 3 S. 3 BGB). Zudem ist die Durchsetzung entsprechender Ansprüche, sofern es sich bei dem Kunden nicht um einen ausgewiesenen Retourensünder handelt, kaum praktikabel.

6.1.4 Informationspflichten des Anbieters

Anbieter von Waren oder Dienstleistungen über Fernabsatz unterliegen umfangreichen Informationspflichten, die im Sinne des Verbraucherschutzes zu erfüllen sind (§ 312c BGB i. V. m. § 1 BGB-InfoV). Bereits vor Vertragsabschluss muss der Anbieter den Kunden mindestens informieren über:

- seine Identität
- seine ladungsfähige Anschrift
- wesentliche Merkmale der Ware bzw. Dienstleistung, sowie darüber, wie der Vertrag zustande kommt
- ggf. die Mindestlaufzeit des Vertrags
- den Preis der Ware bzw. Dienstleistung inkl. aller Steuern und sonstiger Preisbestandteile
- ggf. zusätzlich anfallende Liefer- und Versandkosten
- Einzelheiten hinsichtlich Zahlung und der Lieferung oder Erfüllung
- das Bestehen eines Widerrufs- oder Rückgaberechts

- die Kommunikationskosten für den Verbraucher (z. B. bei telefonischer Bestellung), sofern sie über die üblichen Grundtarife hinausgehen
- die Gültigkeitsdauer befristeter Angebote, insbesondere hinsichtlich des Preises

Diese Informationen sind dem Verbraucher spätestens bei Lieferung der Waren in Textform auszuhändigen. Bereits beim Aufnehmen der Bestellung im Call Center muss die Identität des Unternehmers und der geschäftliche Zweck des Vertrages ausdrücklich offen gelegt werden. Andere Informationen, wie Preis, Versand- und Kommunikationskosten, sind beim Teleshopping bereits innerhalb der Produktpräsentation on air zu kommunizieren und beeinflussen insofern auch das Erscheinungsbild des Programms.

Ferner muss der Verbraucher bei der Lieferung zu folgenden Punkten in hervorgehobener und deutlich gestalteter Textform belehrt werden:

- Informationen über Bedingungen, Einzelheiten und Rechtsfolgen des Widerrufs- oder Rückgaberechts sowie über dessen Ausschluss
- die Anschrift des Anbieters, bei welcher der Verbraucher Beanstandungen vorbringen kann und den Namen eines Vertretungsberechtigten
- Informationen über Kundendienst und geltende Gewährleistungs- und Garantiebedingungen.

6.1.5 Umgang mit Kundendaten

Da Teleshopping-Anbieter direkte Kundenbeziehungen pflegen, spielt für sie die Erhebung und Verwendung von personenbezogenen Informationen und Nutzungsdaten eine wichtige Rolle. Es gelten hierbei die allgemeinen Vorschriften des Bundesdatenschutzgesetzes (BDSG) sowie speziell die Datenschutzbestimmungen für Mediendienste (§§ 16 ff. MDStV). Im Vordergrund steht stets die Information der Nutzer darüber, zu welchen Zwecken und in welchem Umfang die jeweiligen Daten vom Anbieter verarbeitet werden. Jeder Nutzer hat ferner ein Auskunftsrecht bezüglich der beim Anbieter zu seiner Person gespeicherten Daten.

Personenbezogene Daten dürfen im Rahmen der Auftragserfüllung von den Anbietern erhoben und an Dienstleister wie Speditionen und Call Center weitergegeben werden. Dies schließt die Nutzung von Auskunfteien zum Zwecke der Bonitätsprüfung ein. Ebenso dürfen Informationen über die Zahlungsunfähigkeit oder -unwilligkeit einzelner Kunden, die sich aus der jeweiligen Geschäftsbeziehung ergeben, den Auskunfteien zur Verfügung gestellt werden.

Bestandsdaten, bspw. also Informationen zur Bestellhistorie eines Kunden, können zu Werbezwecken, zur bedarfsgerechten Ausgestaltung des Angebotes sowie zur Marktforschung herangezogen werden, sofern der Kunde einer solchen Nutzung nicht widerspricht. Die Freiheiten der Anbieter sind dabei aber insoweit eingeschränkt, als Nutzungsprofile auf Grundlage von getätigten Transaktionen nur anonymisiert erstellt werden dürfen. Unzulässig ist eine Zusammenführung solcher Profile mit Personendaten.

Zu konstatieren ist, dass inzwischen die Spielräume der Anbieter beim Umgang mit Kundendaten etwas größer sind als noch in den Anfangszeiten des Teleshopping. Insbesondere ist nun keine explizite Einwilligung der Nutzer mehr erforderlich, um Bestandsdaten bspw. für die Angebotsoptimierung weiter zu verwenden. Diese Spielräume werden von den Teleshopping-Sendern verantwortungsvoll und zum Nutzen beider Seiten ausgeschöpft (siehe hierzu Abschnitt 7.8).

6.2 Teleshopping als Mediendienst

Prof. Dr. Wolf-Dieter Ring Präsident der Bayerischen Landeszentrale für neue Medien (BLM)

Während der Begriff des Teleshoppings, insbesondere des Teleshopping-Kanals, heute etabliert und gang und gäbe ist – man vgl. § 2 Abs. 2 Nr. 8 Rundfunkstaatsvertrag (RStV) sowie § 2 Abs. 2 Nr. 1 Mediendienstestaatsvertrag (MDStV) – wurde mit diesem Begriff im Jahre 1995 durch das Angebot von H. O. T. Home Order Television medienrechtliches Neuland betreten. Zwar existierten Teleshopping-Angebote, ein reiner Teleshopping-Kanal war allerdings in Deutschland ein Novum. Die wissenschaftliche Bearbeitung des Begriffs steckte damals noch in den „Kinderschuhen".

Lediglich in Großbritannien existierten zwei lizenzierte Kanäle: The Quantum Channel und NBC Super Channel. Die Briten betrachteten diese nicht als Fernsehsender, die ihre Programme mit Werbung finanzierten. Denn der Veranstalter war hier selbst in Besitz der angebotenen Ware, für deren Werbung er also selbstverständlich auch kein Geld bekam.

Diese Sicht der Dinge war in Deutschland zu diesem Zeitpunkt sehr diskussionsträchtig. Klippen, die es in Deutschland zu überwinden galt, waren der RStV zum einen und die EG-Fernsehrichtlinie (FSRiL) in der Fassung von 1991 zum anderen. Die 1995 geltende Fassung des § 27 Abs. 3 RStV regelte Teleshopping nur als Unterform der Werbung zur Finanzierung von sonstigen Rundfunkprogrammen; Art. 18 Abs. 3 FSRiL beschränkte die Sendezeit für derartige Werbeformen auf eine Stunde pro Tag. Beide Regelungen passten nicht für Teleshopping-Kanäle, schlossen sie aber auch nicht aus. Innovation von Politik, Gesetzgebung und den Landesmedienanstalten war gefragt, wollte man mit der durch die technische Revolution der Digitalisierung einhergehenden Veränderung der Finanzierungsformen im privaten Rundfunk Schritt halten.

Zwar war bereits 1994 von den Ländern die Diskussion vertieft worden, ob es Erscheinungsformen des „Rundfunks" im verfassungsrechtlichen Sinn gibt, die sich vom „klassischen" Rundfunk so unterscheiden, dass ein anderer rechtlicher Ordnungsrahmen angemessen ist, als das herkömmliche Rundfunkrecht. Jedoch konnte zu diesem Zeitpunkt der Meinungsprozess noch nicht dahingehend abgeschlossen werden, dass man Teleshopping eindeutig aus dem Regime des RStV herausdefinierte. Vielmehr wollte man in diesem Bereich zunächst Erfahrungen aus Pilotprojekten abwarten. Erst in der Ministerpräsidentenkonferenz vom 25.–27. Oktober 1995 wurde ein Vorschlag, der Teleshopping als reine Verkaufsveranstaltung als nicht in vollem Umfang den engeren rundfunkrechtlichen Regelungen unterworfen ansah, zustimmend zur Kenntnis genommen und bereitete damit den Weg zum Mediendienstestaatsvertrag.

In der Zwischenzeit startete am 16.10.1995 Deutschlands erster Teleshopping-Kanal. Im Rahmen eines Pilotprojekts, dessen Laufzeit auf 2 Jahre beschränkt war, wurde die Verbreitung in bayerischen Kabelnetzen genehmigt. Die Bedingungen hierfür waren strenger als es der heutige MDStV vorschreibt. Beispielsweise war keine Werbung Dritter zulässig.

Schwierigkeiten gab es kurz nach dem Start zum einen durch die entgegen den Erwartungen nicht von der DLM ausgesprochene Zustimmung zur Satelliten-Verbreitung einerseits und eine von RTL erhobene Konkurrentenklage andererseits. Letztere wurde vom VG München begrüßenswerter Weise abgelehnt; dennoch wurden die Kompetenzen der Landesezentrale in Zweifel gezogen, so dass sich ein dringender Handlungsbedarf des Gesetzgebers ergab, den dieser auch als solchen erkannte. Auch der Medienrat der Landeszentrale trug seinen Teil dazu bei, dem neuen Projekt zu seiner erfolgreichen Realisierung zu verhelfen: er genehmigte im Dezember 1995, in Übereinstimmung mit dem Gesetz, aber ohne Zustimmung der DLM, die Satellitenverbreitung von H.O.T. Damit wurde auch einem deutschen Unternehmen eine vergleichbare Wettbewerbschance in dem damals wichtigen Zukunftsmarkt eröffnet. Letztendlich wurde das Vorgehen der Landesezentrale durch den Bayerischen Verfassungsgerichtshof im Dezember 1995 gestützt.

Mit dem bereits angesprochenen MDStV gelangte die Entwicklung schließlich in rechtlich klare Bahnen. Solange sich Angebote auf die Präsentation von Erzeugnissen und/oder Diensten beschränken, sind sie wegen ihrer geringen Relevanz für die öffentliche Meinungsbildung als Mediendienst einzustufen. Durch das Zusammenwachsen von Informations-, Kommunikations- und Rundfunktechniken und damit durch die Konvergenz der Verbreitungswege wurde ein neues technisches Feld eröffnet, das verschiedenen Diensten Raum bietet. Die Abgrenzung Rundfunk/Mediendienst ist damit quasi wieder neu entbrannt – wenn sie überhaupt jemals zum Stillstand gekommen ist. Zum einen sind im Bereich des Teleshopping neue (vor allem inhaltliche) Formen entstanden, zum anderen wird der Begriff des Mediendienstes an sich durch die unterschiedlichsten, auch technischen Varianten ausgefüllt.

Ein Merkmal der Konvergenz dabei ist, dass der technische Verbreitungsweg keine Rückschlüsse mehr auf die verbreiteten Inhalte und damit auf die Abgrenzung Rundfunk/Mediendienst zulässt. Die Inhalte sind aber entscheidend für die Intensität und Ausprägung der Regulierung. Ausschlaggebend dafür, ob ein Angebot Rundfunk oder Mediendienst ist, ist die Meinungsrelevanz des verbreiteten Inhalts und ihre mögliche Wirkung auf den Empfänger. Die Landesmedienanstalten haben im sog. Dritten Strukturpapier vom November 2003 Rundfunk als Typus verstanden und festgelegt, dass ein Dienst umso rundfunktypischer ist,

- je höher die Wirkungsintensität der verbreiteten Inhalte als solche ist,
- je stärker die redaktionelle Gestaltung der Inhalte ist,
- je realitätsnäher die Inhalte präsentiert werden,
- je größer seine Reichweite und seine gleichzeitige Rezeptionsmöglichkeit ist und
- je weniger Interaktivität des Nutzers den Rezeptionsvorgang bestimmt.

Aus heutiger Sicht ist zu sagen, dass die Entwicklung im Teleshopping-Bereich keineswegs beendet, die Möglichkeiten keineswegs ausgeschöpft sind. Neue auf den Markt kommende Varianten, die sowohl inhaltliche Ausgestaltungen betreffen als auch auf den technischen Neuentwicklungen basieren, werden in den nächsten Jahren die Teleshopping-Landschaft weiterhin bereichern.

6.2.1 Abgrenzung zum Rundfunk

Das deutsche Medienrecht unterscheidet bei den Angeboten, die über elektronische Medien – insbesondere Radio und Fernsehen – an eine Vielzahl von Nutzern verbreitet werden, zwischen zwei Kategorien: Rundfunkangebote, die den Bestimmungen des Rundfunkstaatsvertrags (RStV) unterliegen, und Mediendienste, für die der Mediendienstestaatsvertrag (MDStV) gilt. Eine dritte Kategorie bilden die so genannten Teledienste nach Teledienstegesetz (TDG), die allerdings im Bereich der individuellen Nutzung angesiedelt sind und deshalb im Folgenden nur am Rande berücksichtigt werden sollen.

Teleshopping als sehr spezielle Form des Fernsehens ist – je nach dem Rahmen, in dem es veranstaltet wird – unterschiedlich einzuordnen:

- Erfolgt die Ausstrahlung von Verkaufssendungen als Bestandteil eines Voll- oder Spartenprogramms, d.h. innerhalb von Rundfunkangeboten, dann ist generell der RStV maßgeblich. Dies betrifft beispielsweise Teleshopping-Fenster und DRTV-Formate (vgl. Abschnitt 6.3).
- Teleshopping im Rahmen eines eigenständigen Senders wird dagegen in der Regel als Mediendienst aufgefasst und unterliegt deshalb allein dem MDStV.

Die Einordnung eines Angebotes hat weitreichende Konsequenzen für dessen Veranstaltung: Während Mediendienste zulassungs- und anmeldefrei sind (§ 4 MDStV), erfordert Rundfunk eine Zulassung nach Landesrecht, welche von der jeweils zuständigen

Landesmedienanstalt (LMA) auf Antrag erteilt wird (§ 20 Abs. 1 RStV). Dazu muss der Antragssteller u. a. in Form eines Programmschemas verbindliche Festlegungen zur inhaltlichen Ausrichtung des Programms treffen, einen Finanzplan aufstellen sowie seine gesellschaftsrechtlichen Verhältnisse offen legen (§ 21 RStV).

Im laufenden Betrieb unterliegen Rundfunkveranstalter zudem der strengen Beaufsichtigung durch die LMA, womit wiederum zahlreiche rechtliche Verpflichtungen einhergehen. So ist jährlich über die Programmbezugsquellen Bericht zu erstatten und ein Jahresabschluss wie für große Kapitalgesellschaften bekannt zu machen (§ 23 Abs. 1 RStV). Daraus ergibt sich bei Veranstaltung eines Rundfunkprogramms ein erheblicher Verwaltungs-Mehraufwand gegenüber der Ausstrahlung eines Mediendienstes. Nicht zuletzt verursacht die Zulassung eines bundesweiten Fernsehprogramms auch beträchtliche (wenn auch einmalige) Gebühren von bis zu 100.000 Euro, die an die zuständige LMA zu zahlen sind [vgl. LfK 2005, S. 9].

Abgesehen davon bestehen mit den Regelungen des RStV für Rundfunkveranstalter erhebliche Einschränkungen hinsichtlich der Programmfinanzierung. Herauszustellen sind in diesem Zusammenhang die Beschränkung des Werbezeitanteils sowie die prinzipiell geforderte Trennung von Werbung und Programm (siehe dazu ausführlich Abschnitt 6.3.1). Beides widerspricht der Natur des Teleshopping.

Es gilt demzufolge, eine Abgrenzung zwischen Rundfunk und Mediendiensten vorzunehmen, was sich jedoch auf Grund der sehr nah beieinander liegenden gesetzlichen Definitionen als schwierig darstellt: Sowohl Rundfunk als auch Mediendienste sind dadurch gekennzeichnet, dass sie sich an *„die Allgemeinheit"* richten und *„in Text, Ton oder Bild (…) unter Benutzung elektromagnetischer Schwingungen"* verbreitet werden (§ 2 Abs. 1 RStV bzw. MDStV). Da sich Adressatenkreis und Übertragungstechnik also bei beiden Medien decken, kann eine Unterscheidung nur im Hinblick auf die Inhalte getroffen werden.

Rundfunkprogramme bestehen laut Definition in § 2 Abs. 1 RStV aus *„Darbietungen aller Art"*, Mediendienste i. S. d. § 2 Abs. 1 MDStV dagegen aus *„Informations- und Kommunikationsdiensten"*. Laut § 2 Abs. 2 Nr. 1 MDStV sind insbesondere *„Verteildienste in Form von direkten Angeboten an die Öffentlichkeit für den Absatz von Waren oder Erbringung von Dienstleistungen (…) gegen Entgelt"* den Mediendiensten zuzuordnen[108], wobei der Begriff des Teleshopping explizit im Gesetzestext aufgeführt ist.

---

108 Als Verteildienste sind juristisch alle Mediendienste zu verstehen, die *„ohne individuelle Anforderung gleichzeitig für eine unbegrenzte Zahl von Nutzern"* erbracht werden (§ 3 Nr. 3 MDStV).

Damit ist jedoch noch keineswegs eine eindeutige Abgrenzung vorgenommen: Unter bestimmten Umständen bedürfen auch Anbieter von Mediendiensten einer rundfunkrechtlichen Zulassung, und zwar dann, *„wenn und soweit Mediendienste dem Rundfunk zuzuordnen sind"* (§ 20 Abs. 2 RStV).[109] Als entscheidendes Charakteristikum des Rundfunks wird dabei – nach bisheriger Rechtssprechung des Bundesverfassungsgerichts – seine Meinungsbildungsrelevanz angesehen, diese wiederum wird begründet durch die Kriterien *Breitenwirkung, Aktualität* und *Suggestivkraft* [vgl. BVerfG 1994, Abs. 144].

Die Charakterisierung eines Medienangebotes anhand dieser Schlagworte lässt zunächst einigen Raum für Interpretationen. Im Falle der Fernseh-Einkaufsdienste ist aber regelmäßig davon auszugehen, dass sie wegen ihrer engen inhaltlichen Begrenzung nicht durch eine derartige Meinungsbildungsrelevanz gekennzeichnet sind, wenngleich sie sich dabei auf einem schmalen Grat zwischen „Nicht-mehr-Rundfunk" und „Schon-wieder-Rundfunk" bewegen. Bereits kleinere filmische bzw. unterhaltende Elemente könnten eine Einordnung in die Kategorie der Mediendienste zweifelhaft machen, so dass Teleshopping-Programme denkbar sind, die juristisch als Rundfunk behandelt werden. [Vgl. LfR 1999, S. 2/8]

Tabelle 16: Kennzeichnende Unterschiede zwischen Rundfunk und Mediendiensten

Rundfunkprogramme …	Mediendienste …
… erfordern eine Zulassung nach Landesrecht (§ 20 Abs. 1 RStV).	… sind zulassungs- und anmeldefrei (§ 4 MDStV).
… besitzen Meinungsbildungsrelevanz durch Breitenwirkung, Aktualität und Suggestivkraft.	… besitzen keine Meinungsbildungsrelevanz, wenn z. B. – wie beim Teleshopping – der Produktverkauf klar im Vordergrund steht.
… erlauben den Produktverkauf im zeitlich begrenzten Rahmen von Teleshopping-Spots oder -Fenstern.	… erlauben den zeitlich unbegrenzten Produktverkauf.
… unterliegen der programmlichen und wirtschaftlichen Aufsicht durch die LMA.	… unterliegen allgemeinen gesetzlichen Bestimmungen (z. B. Verbraucherschutz).

Zur Klärung der Sachlage hat die DLM (2003) Richtlinien für die Unterscheidung von Rundfunk und Mediendiensten formuliert, die allerdings keine Rechtsverbindlichkeit

---

[109] Sofern diese Feststellung zutrifft, handelt es sich bei dem entsprechenden Angebot de jure nicht mehr um einen Mediendienst, d. h. der RStV gilt dann mit allen Privilegien und Restriktionen.

besitzen, sondern lediglich eine Empfehlung darstellen. Demnach darf Teleshopping als Mediendienst folgende Elemente enthalten:

- Umfeldbeschreibungen, die sich auf das Produkt, seine Herstellung oder seinen Gebrauch beziehen;
- Darstellung und Beschreibung von Waren oder Dienstleistungen im Rahmen einer Livepräsentation, auch mit direkter Call-In-Möglichkeit der Zuschauer.

In jedem Falle muss dabei der Leistungsaustausch, d. h. der Verkaufscharakter, eindeutig erkennbar im Vordergrund stehen. Dies kann durch die dauerhafte Einblendung von Kaufpreis, Bestellhinweisen usw. gewährleistet werden, so dass sich die Inhalte klar dem gewerblichen Zweck unterordnen.

Dagegen ist lt. DLM Teleshopping als Rundfunk zu behandeln, wenn:

- das Gezeigte Informationsteile enthält, die keinen Produktbezug mehr aufweisen (z. B. Themen, die den Menschen als Teil der Gesellschaft betreffen);
- die Produktpräsentation in Unterhaltungsshows integriert ist o. ä.;
- der Verkaufscharakter nicht durchgehend eindeutig im Vordergrund steht.

Im Zweifel entscheiden auf Ebene der ALM alle Landesmedienanstalten im Einvernehmen darüber, ob ein nicht angemeldeter Mediendienst dem Rundfunk zuzuordnen ist. Im Falle einer Qualifizierung wird dem Anbieter eine Frist von sechs Monaten gewährt, um einen Antrag auf rundfunkrechtliche Zulassung zu stellen oder den angebotenen Mediendienst entsprechend umzugestalten (§ 20 Abs. 2 RStV).

6.2.2 Telemediengesetz

Die Konvergenzbewegungen im Bereich von Medien und Telekommunikation haben dazu geführt, dass die bisherige Dreiteilung zwischen Rundfunk, Medien- und Telediensten den realen Einsatz von IuK-Anwendungen immer weniger gerecht werden. Die Grenzen zwischen den einzelnen Kategorien verschwimmen zusehends, was die klare Einordnung neuartiger Angebote erschwert. Aus diesem Grund ist von Bund und Ländern eine Reform der nationalen Medienordnung in Angriff genommen worden mit dem Ziel, insbesondere die Regelungen des MDStV und des TDG in einem neuen Telemediengesetz (TMG) zusammenzuführen. Zum Zeitpunkt der Drucklegung dieses Buches befand sich das TMG im Entwurfs- und Anhörungsstadium. Alle weiteren Ausführungen hierzu beziehen sich deshalb auf den entsprechenden Gesetzentwurf vom April 2005 [BMWA 2005].

Mit dem TMG verfolgen Bund und Länder in erster Linie die Intention, die bisherige Regulierung zu vereinfachen. Dabei sind jedoch keine grundlegenden materiell-rechtlichen Änderungen für bestehende Dienste beabsichtigt, d. h. die vorhandenen Beschränkungen und Freiheiten für Teleshopping und andere Dienste sollen erhalten bleiben.

Eine regulatorische Vereinfachung wird dadurch erreicht, dass Medien- und Teledienste künftig nur unter dem Begriff der Telemedien zusammengefasst werden. Gleichzeitig werden die Länder den MDStV aufheben, so dass die Zuständigkeiten für Telemedien dann beim Bund liegen.[110] Für Teleshopping-Angebote hat dies zur Folge, dass sie künftig nicht mehr auf Länderebene, sondern durch Bundesgesetz geregelt sind. Dies wirft u. a. die Frage auf, welche mögliche Konsequenzen sich hieraus auf die Zuweisung von Frequenzen ergeben. Im frequenzrechtlichen Sinne sind Teleshopping-Programme aufgrund der genutzten Übertragungsart nach wie vor als Rundfunkdienste zu begreifen, was hinsichtlich der Frequenzzuweisung einen Gleichbehandlungsanspruch gegenüber anderen Fernsehprogrammen begründet. Dem ist zukünftig mehr noch als bisher auf Landesebene Rechnung zu tragen (siehe weiterführend Abschnitt 6.2.5).[111]

6.2.3 Einordnung der bestehenden Anbieter und medienrechtliche Evolution

Den in Abschnitt 6.2.1 dargestellten Abgrenzungskriterien folgend, sind die derzeit in Deutschland operierenden Teleshopping-Sender HSE 24, QVC, RTL Shop und 1-2-3.TV von den LMA eindeutig als Mediendienste eingestuft worden. Alle vier Programme entsprechen der Teleshopping-Definition in § 2 Abs. 2 Nr. 1 MDStV und erfüllen darüber hinaus die wesentliche Forderung der DLM nach eindeutiger Erkennbarkeit des Verkaufszwecks, indem sie das Fernsehbild stets um eine Textebene mit Bestellinformationen ergänzen.

---

110 Zusätzlich wird für die journalistisch-redaktionell gestalteten Mediendienste im RStV ein gesonderter Abschnitt „Telemedien" eingefügt.

111 In den folgenden Ausführungen zur medienrechtlichen Behandlung von Teleshopping-Angeboten wird weiterhin auf den noch geltenden Mediendienste-Begriff abgestellt, da die endgültigen Formulierungen des TMG sowie der Zeitpunkt seines Inkrafttretens bei Drucklegung dieses Buches noch nicht absehbar waren. Es wird zudem davon ausgegangen, dass für die bestehenden Sender wesentliche Verschiebungen in der beschriebenen Regelungspraxis durch das TMG nicht zu erwarten sind.

Diese klare Einordnung, welche zugleich die heute gesicherte Rechtsgrundlage für das Betreiben von Teleshopping-Kanälen schafft, ist indes erst durch wesentliche Änderungen und Ergänzungen des Medienrechts im Laufe der 90er Jahre möglich geworden. Noch beim Start von HSE 24 unter dem Namen H.O.T. Ende 1995 und selbst beim Start von QVC ein Jahr später waren die juristischen Verhältnisse hinsichtlich von Verkaufssendungen im Fernsehen weit weniger unstrittig. Seit jeher hatte das Fernsehen in Deutschland als ein kulturelles Gut gegolten; das Medium selbst war mit dem Rundfunkbegriff lange Zeit untrennbar verbunden gewesen. In Folge der Etablierung des dualen Rundfunksystems mit einer privatwirtschaftlichen Säule traten aber schnell auch branchenfremde Unternehmen auf den Plan, die das Fernsehen als einen potenziellen Marketing- und Vertriebskanal für Verbraucherprodukte erkannten. Auf diese Weise begann die Herausbildung von Fernsehangeboten, deren Inhalte nicht die gesellschaftliche Meinungsbildung zum Ziel hatten, sondern den direkten Absatz von Waren und Dienstleistungen an die Mediennutzer.

Der Begriff *Teleshopping* als solcher existierte in der Terminologie des deutschen Medienrechts zunächst nicht.[112] In der Diskussion über die Zulässigkeit von Verkaufssendungen im Fernsehen wurden diese anfangs als eine Sonderform der Werbung aufgefasst, die nur innerhalb von Rundfunkprogrammen stattfinden konnte. Eigenständige Angebote in Form von reinen Teleshopping-Kanälen waren nicht vorgesehen und auf Basis des RStV auch schlichtweg nicht vorstellbar, da solche Kanäle nicht als Programm mit Werbung, sondern als Werbung ohne Programm zu charakterisieren gewesen wären. Mit dem klassischen Rundfunkbegriff waren derartige Angebote also nicht greifbar, ebenso wenig waren sie aber der Individualkommunikation und damit den Telediensten zuzurechnen. Insofern wurde hierfür die Schaffung einer neuen Kategorie notwendig, die sich weder dem Rundfunk noch den Telediensten unterordnete, sondern gewissermaßen zwischen beiden Sphären angesiedelt war. Der im Februar 1997 mit dem Mediendienstestaatsvertrag (MDStV) ins Leben gerufene Mediendienste-

---

112 In der medienrechtlichen Diskussion in Deutschland wurde der Begriff *Teleshopping* erstmals im Juni 1994 in einem Zwischenbericht der „Arbeitsgruppe Rundfunkbegriff" erwähnt, die sich im Auftrag der Rundfunkkommission der Länder mit neuen Angeboten jenseits des Rundfunks beschäftigte. Rund ein Jahr später fand das Teleshopping als Angebotsform Eingang in die sog. *Negativliste* – eine Liste von Diensten, die nicht dem Rundfunk zuzuordnen waren. Die Ministerpräsidentenkonferenz stimmte der Negativliste im Oktober 1995 zu und schaffte damit die Ausgangsbasis für den späteren Mediendienstestaatsvertrag. [Vgl. GRUNINGER-HERMANN 1999, S. 69 ff.]

Begriff, der neben Teleshopping auch andere Verteil- und Abrufdienste umfasst, ist mit all seinen Eigenheiten stets vor diesem Hintergrund zu sehen.

Gleichwohl startete H.O.T. als erster deutscher Teleshopping-Sender bereits gut ein Jahr vor dem Inkrafttreten des MDStV, just während der politischen Diskussion über diese neue Art fernsehnaher Dienste, und kam damit der Entscheidung des Gesetzgebers zuvor. Möglich war dies nur deshalb, weil sich die Bayerische Landeszentrale für neue Medien (BLM) von Anfang an aus standortpolitischen Erwägungen heraus für das Joint Venture der beiden bayerischen Unternehmen ProSieben und Quelle stark gemacht hatte. Insbesondere mit Blick auf die Europäische Richtlinie „Fernsehen ohne Grenzen"[113], welche seit 1989 die freie Weiterverbreitung von Fernsehprogrammen innerhalb der EG-Mitgliedsstaaten vorschrieb, sowie eine Ankündigung des amerikanischen Marktführers QVC, ein Teleshopping-Angebot für den deutschen Markt starten zu wollen, galt es schnell zu handeln: Das Potenzial für Teleshopping in Deutschland sollte nicht allein ausländischen Unternehmen überlassen werden. Die BLM schloss deshalb mit H.O.T. im August 1995 einen öffentlich-rechtlichen Vertrag und ermöglichte die Ausstrahlung des Programms als interaktives Pilotprojekt zunächst in Bayern, kurze Zeit später via Satellit auch bundesweit. Um die Verbreitung von H.O.T. gesetzlich zu legitimieren, wurde außerdem in das Bayerische Landesmediengesetz eine entsprechende Versuchsklausel für neuartige Programme, Dienste und Techniken aufgenommen. Die nordrhein-westfälische Landesmedienanstalt folgte diesem Beispiel beim Start von QVC im Dezember 1996, das ebenfalls als Betriebsversuch deklariert wurde. Zwischenzeitlich war im Oktober 1995 auch auf Ebene der Länder Einigung darüber erzielt worden, dass Teleshopping als neuer Multimediadienst neben dem Rundfunk zulässig, aber nicht in gleicher Weise reguliert sein sollte. Die Verabschiedung des MDStV brachte schließlich endgültige Rechtssicherheit für H.O.T. und QVC sowie für das Geschäftsmodell Teleshopping insgesamt. [Vgl. RIDDER 1995; GRUNINGER-HERMANN 1999, S. 69 ff.]

6.2.4 Rundfunkrechtliche Unbedenklichkeit von Mediendiensten

Zur rechtlichen Absicherung des Programms besteht für Mediendienste-Anbieter die Möglichkeit, bei der zuständigen LMA eine *Rundfunkrechtliche Unbedenklichkeitsbescheinigung* nach § 20 RStV zu beantragen. Diese wird bundesweit von allen anderen LMA

---

113 EG-Richtlinie zur Koordinierung bestimmter Rechts- und Verwaltungsvorschriften der Mitgliedsstaaten über die Ausübung der Fernsehtätigkeit, „Fernsehen ohne Grenzen" 89/552/EWG

anerkannt und schließt aus, dass z. B. ein Teleshopping-Angebot nachträglich als Rundfunk eingestuft wird. Die Bescheinigung gilt unbefristet, solange der Charakter des Angebotes wie bei der Antragsstellung erhalten bleibt. Sie ist also keine Garantie für die Unbedenklichkeit möglicher Programmänderungen, beispielsweise in Form neuartiger Verkaufsformate. [Vgl. LfK 2003b]

Die Erteilung der Bescheinigung erfolgt bei allen LMA auf formlosen Antrag. Je nach wirtschaftlichem Interesse des Antragstellers und Prüfungsaufwand entstehen dabei auf Seiten der LMA Bearbeitungskosten in Höhe von 50 bis 2.500 Euro – im Falle eines Teleshopping-Angebotes ist mit Kosten von ca. 1.500 Euro zu rechnen. Voraussetzung ist ein exemplarisches Programmschema, aus dem auch die Gestaltung der Sendeformate hervorgeht. Die Beschreibung des Angebotscharakters muss erkennen lassen, dass es sich um einen Mediendienst handelt, d. h. die Abgrenzungskriterien zum Rundfunk sind besonders herauszustellen. Sinnvoll, aber nicht zwingend notwendig, ist die Einreichung einer vorproduzierten Sendung zur Beurteilung durch die LMA. [Vgl. ebd.]

6.2.5 Erlangung von Übertragungskapazitäten

Prinzipiell existieren drei verschiedene Wege, auf denen ein Fernsehprogramm zum Empfänger gelangen kann: die Verbreitung über BK-Netze, die Übertragung via Satellitenfunk und die terrestrische Übertragung. Im Folgenden soll jeweils kurz auf die medienrechtlichen Voraussetzungen für die Verbreitungswege Kabel und Terrestrik sowie auf die Bedingungen für Mediendienste hinsichtlich der Erlangung entsprechender Übertragungskapazitäten eingegangen werden.[114] Dabei erhebt das vorliegende Buch nicht den Anspruch, die landesspezifischen Details erschöpfend zu untersuchen. Die Ausführungen sollen vielmehr eine Gesamtsicht vermitteln und eine Beurteilung der Problematik der Programmdistribution aus medienrechtlicher Sicht erlauben.

6.2.5.1 Zuweisungskompetenzen der Landesmedienanstalten

Die Gesamt-Übertragungskapazitäten im TV-Kabel ebenso wie im Bereich der Terrestrik sind naturgemäß begrenzt, da nur ein relativ enges Frequenzband für Fernsehprogramme zur Verfügung steht. Dies gilt umso mehr, als in Deutschland vor allem im

---

[114] Der Übertragungsweg Satellit wird in den nächsten Abschnitten nicht im Detail berücksichtigt, da hier die Landesmedienanstalten keinen besonderen Einfluss hinsichtlich der Frequenzzuweisung ausüben.

Kabel noch überwiegend die Bandbreiten-intensive analoge Übertragungstechnik zum Einsatz kommt (vgl. Abschnitt 7.6.1).

Gleichzeitig haben eine große Anzahl von Medienanbietern Interesse an einer Verbreitung ihres Programms, was ein steuerndes Eingreifen der LMA notwendig macht. Die Regelungen zur Frequenzvergabe unterscheiden sich in den einzelnen Bundesländern z. T. sehr stark, im Mittelpunkt stehen dabei aber stets folgende Aspekte [vgl. beispielhaft Art. 36 Abs. 1 ff. BayMG; § 14 Abs. 2 ff. LMG NRW]:

- Sicherung der Grundversorgung mit öffentlich-rechtlichem Rundfunk;
- Vielfalt des Programmangebots und der Anbieter;
- Berücksichtigung der Belange der Zuschauer;
- Berücksichtigung landesweiter, regionaler und lokaler Veranstalter;
- Berücksichtigung von Mediendiensten.

Nach Maßgabe der genannten Kriterien weisen die Landesmedienanstalten den antragstellenden Medienanbietern Übertragungskapazitäten zu, wobei ihre Kompetenzen insbesondere die Terrestrik und einen Pflichtbereich im TV-Kabel umfassen (vgl. nachfolgenden Abschnitt). Die Erteilung einer Rundfunklizenz ist in den meisten Bundesländern untrennbar mit einer solchen Zuweisung gekoppelt, d. h. rundfunkrechtliche Zulassungsanträge werden nur dann bearbeitet, wenn überhaupt Kapazitäten zur Verbreitung des geplanten Programms bestehen und diese entsprechend ausgeschrieben sind.[115] Sofern ein Veranstalter sein Programm im frei belegbaren Bereich des Kabels bzw. über Satellit verbreiten möchte, kann er die Überlassung eines Kanals direkt mit dem Netz- bzw. Satellitenbetreiber verhandeln und die Zulassung in Verbindung mit dem Nachweis der vorhandenen Übertragungskapazität beantragen.[116]

---

115 In Baden-Württemberg, NRW und Hamburg ist seit der Novellierung der dortigen Landesmediengesetze die Zulassung von Rundfunkprogrammen auch ohne freien Übertragungskanal möglich. Erteilt wird auf Antrag ein sog. *Medienführerschein*, welcher zunächst keine Festlegungen zur Verbreitung trifft. Damit kann ein Veranstalter „prophylaktisch" zugelassen werden und muss nicht unmittelbar einen Sendekanal vorweisen.

116 Hinsichtlich der Belegung von Satellitenkapazitäten besitzen die LMA praktisch keine Mitspracherechte, sondern beschränken sich ggf. auf die formale Zuweisung eines Satellitenkanals bei Zulassung eines Rundfunkprogramms. Dies ist für Mediendienste ohne Bedeutung – sofern sie eine Verbreitung über Satellit anstreben, ist diese allein im Rahmen einer direkten vertraglichen Regelung mit dem Satellitenbetreiber zu realisieren.

Die skizzierte Verfahrensweise betrifft ursprünglich nur Rundfunkprogramme. Obgleich für Teleshopping-Angebote wie HSE 24 oder QVC mit dem MDStV ein eigenständiges Regelungswerk geschaffen wurde, genießen aber auch derartige Mediendienste den Grundrechtschutz der Rundfunkfreiheit nach Art. 5 GG.[117] Hieraus ergibt sich für diese ebenso ein unmittelbarer Anspruch auf Einspeisung in Kabelnetze. In wie weit Mediendiensten Übertragungskapazitäten zuzuweisen sind, entscheiden dennoch je nach Bundesland die LMA nach eigenem Ermessen [vgl. beispielhaft § 12 Abs. 2 LMG NRW]. Diesbezüglich enthalten die einzelnen Landesmediengesetze unterschiedliche Regelungen: In den meisten Fällen sind die Netzbetreiber gesetzlich verpflichtet, mindestens einen Mediendienst zu verbreiten [vgl. z. B. Art. 36 Abs. 2 BayMG] bzw. Mediendienste *„angemessenen zu berücksichtigen"* [vgl. beispielhaft § 14 Abs. 4 LMG NRW].[118] Trotzdem existieren nach wie vor auch Landesmediengesetze, die eine Berücksichtigung von Mediendiensten im Rahmen der (analogen) Verbreitung de jure nicht vorsehen, so dass bspw. Teleshopping-Anbieter – ungeachtet des oben beschriebenen Einspeisungsanspruchs – aus den jeweiligen Landesmediengesetzen unmittelbar keinen Anspruch auf Zuweisung ableiten können.[119]

6.2.5.2 Belegung von Kabelanlagen

Analoge Kabelanlagen bieten im Normalfall Platz für rund 33 TV-Programme. Weil die Nachfrage der Veranstalter nach Einspeisung dieses Angebot in aller Regel übersteigt, treffen die LMA verschiedene Festlegungen zu den vorrangig zu verbreitenden Programmen anhand der bereits genannten Kriterien, insbesondere der Anbieter- und Programmvielfalt. Außerdem erhalten regelmäßig alle in einem Gebiet terrestrisch empfangbaren Rundfunkprogramme den so genannten Must-Carry-Status und damit Vorrang bei der Kabelbelegung – terrestrisch verbreitete Mediendienste sind hiervon allerdings ausgeschlossen [vgl. beispielhaft § 18 Abs. 2 LMG NRW]. Zusammen mit den öffentlich-rechtlichen Programmangeboten, deren Kabeleinspeisung grundsätzlich gesetzlich vorgeschrieben ist, erwächst daraus faktisch eine Auswahl von bis zu 30 Pflicht-

---

117 So auch die EG-Fernsehrichtlinie, die Rundfunk und Mediendienste einheitlich regelt. Im Übrigen leitet sich der Anspruch auf Berücksichtigung bei Frequenzzuweisung unmittelbar aus Art. 12 GG ab.

118 Als angemessen ist nach Ansicht der meisten LMA die Verbreitung von zwei bis drei Mediendiensten bei insgesamt 33 zu vergebenden Kabelplätzen im analogen Bereich zu betrachten.

119 Dies betrifft bspw. die Landesmediengesetze von Rheinland-Pfalz und Mecklenburg-Vorpommern.

programmen. Für einen entsprechend großen Bereich im Kabel ist damit die Belegung durch die LMA zwingend vorgegeben.[120]

Soweit nach Berücksichtigung der Must-Carry-Programme in einer Kabelanlage noch freie Kabelplätze verfügbar sind, kann der jeweilige Netzbetreiber nach Maßgabe der allgemeinen Gesetze sowie des Vielfaltsgebotes frei über deren Belegung entscheiden [vgl. beispielhaft Art. 36 Abs. 1 BayMG]. In den meisten Fällen, betrifft dies also im analogen Bereich nur fünf bis acht Kanäle, wenngleich die Spielräume für die Netzbetreiber in den letzten Jahren z.T. etwas gewachsen sind. Gleichzeitig geht jedoch oftmals die Digitalisierung von Teilbereichen des Kabels zu Lasten des analogen Spektrums, weil digitale Kanäle nicht nur durch Netzausbau, sondern auch durch Umwidmung analoger Kanäle geschaffen werden.

Um Mediendiensten, speziell Teleshopping-Angeboten, eine Chance auf analoge Kabelverbreitung zu eröffnen, existieren die angesprochenen Bestimmungen in den meisten Landesmediengesetzen, durch die in der Regel mindestens ein Mediendienst in das Kabel-Pflichtkontingent aufgenommen wird. Dabei erfolgt in einigen Bundesländern, darunter Bayern (HSE 24) und Nordrhein-Westfalen (QVC), eine namentliche Festlegung des zu berücksichtigenden Anbieters, in anderen Ländern liegt die Auswahl bei den Netzbetreibern.

Weitere Möglichkeiten des Kabelzugangs sind für Mediendienste über zeitlich befristete Pilotprojekte oder über die Sondernutzung anderweitig reservierter Kanäle gegeben [vgl. beispielhaft Art. 30 BayMG; § 30 Abs. 1 LMG NRW]. In Baden-Württemberg ist bspw. ein so genannter *Marktzugangskanal* für neuartige Angebote im Gesetz verankert, der verpflichtend in die Kabelnetze einzuspeisen ist (§ 20 Abs. 1 LMedienG).[121]

Insgesamt ist jedoch festzustellen, dass der Rahmen für die Frequenzzuweisung an Mediendienste durch die LMA sehr eng gesteckt ist. Im wichtigen analogen Bereich – der die deutschen TV-Kabelnetze noch weit über das Jahr 2005 hinaus dominieren

---

120 Unter die Must-Carry-Bestimmungen fallen grundsätzlich die öffentlich-rechtlichen Programme ARD, ZDF und das landesspezifische Dritte sowie ggf. lokale Veranstalter und Offene Kanäle. Darüber hinaus werden meist weitere Pflichtprogramme, zu denen bspw. die etablierten Privatsender gehören, in den Kabelbelegungsplänen oder Kanalbelegungssatzungen explizit aufgeführt. [Vgl. z.B. LfM 2004; BLM 2005]

121 Dieser Passus stellt die Grundlage dar für die Verbreitung des Reiseshopping-Mediendienstes sonnenklar tv als Pflichtprogramm in den baden-württembergischen Kabelnetzen.

wird (siehe hierzu Abschnitt 7.6.1) – bestehen für neue Mediendienste, ebenso wie für Rundfunkprogramme, kaum mehr Chancen auf eine nennenswerte Kabelverbreitung. Nochmals verschärft hat sich die Situation durch die Etablierung des Übertragungsweges DVB-T[122]: Da terrestrisch ausgestrahlte Rundfunkprogramme im Kabel einen Must-Carry-Status genießen, werden hier mit einer steigenden Zahl terrestrisch verfügbarer Kanäle die Einspeise-Spielräume der Kabelnetzbetreiber je nach Region fast völlig aufgehoben. Gleichzeitig sind Mediendienste-Anbieter, die über DVB-T senden, von dieser Privilegierung völlig ausgenommen.[123] (Siehe hierzu auch Abschnitt 6.4.3.1)

Die für Mediendienste vorgesehenen Kapazitäten auf dem wichtigsten Übertragungsweg sind also heute und auf absehbare Zeit ausgeschöpft, so dass neue Teleshopping-Angebote höchstens im Wege einer Umbelegung bzw. der Verdrängung anderer Programme in die analogen Kabelnetze gelangen können. Die auch vier Jahre nach Sendestart lückenhafte Kabeleinspeisung von RTL Shop illustriert dies eindrucksvoll. Der Rückgriff auf Experimentierklauseln und Sonderregelungen in den Landesmediengesetzen bleibt überdies für die bestehenden Teleshopping-Anbieter mit Unsicherheiten über ihren Fortbestand im analogen Kabel verbunden.

Dagegen ist in digitalen BK-Netzen eine deutlich höhere Zahl an Kanälen nutzbar. Auch nach Einspeisung aller Must-Carry-Programme stehen so noch genügend Kapazitäten für die digitale Übertragung von Mediendiensten und anderen Programmen zur Verfügung. Die Entscheidung darüber, wie diese Kapazitäten belegt werden, trifft der Netzbetreiber jeweils weitgehend in Eigenverantwortung. Mit fortschreitender Digitalisierung wird deshalb das Gewicht von Vorrangentscheidungen der LMA tendenziell abnehmen, allerdings ist es bis dahin noch ein weiter Weg.

6.2.5.3 Terrestrik

Die Verbreitung eines Fernsehprogramms über Antenne ist für den Veranstalter mit vergleichbarem, wenn nicht höherem technischen und organisatorischen Aufwand verbunden wie die Kabelverbreitung. Terrestrische Frequenzen für private Veranstalter

---

122 Siehe Begriffserläuterung im Anhang.
123 In den Landesmediengesetzen ist hinsichtlich der Belegung von Kabelanlagen die vorrangige Einspeisung von „ortsüblich empfangbaren" Programmen geregelt. Dabei wird jedoch zumeist explizit auf Rundfunk abgestellt, während Mediendienste keine Erwähnung finden. Beispielhaft zu verweisen ist diesbezüglich auf § 41 Abs. 1 des Staatsvertrages über die Zusammenarbeit zwischen Berlin und Brandenburg im Bereich des Rundfunks (MSTV).

werden ausschließlich durch die LMA im Wege von Ausschreibungen vergeben. Reichen die freien Übertragungskapazitäten nicht aus, um den Bedarf aller Antragsteller zu befriedigen, trifft die jeweilige LMA eine Vorrangentscheidung nach Vielfalts-Gesichtspunkten, wie im vorangegangenen Abschnitt für BK-Netze skizziert.

Während terrestrische Übertragungskapazitäten im analogen Bereich auf Rundfunkprogramme beschränkt waren, können über das digitale Antennenfernsehen DVB-T nunmehr auch Mediendienste verbreitet werden. Im Falle einer Kanalknappheit werden sie jedoch zunächst nachrangig berücksichtigt.

Davon abgesehen war die terrestrische Verbreitung für alle privaten Programmanbieter zunächst aus rein ökonomischen Aspekten aufgrund der überproportional hohen Verbreitungskosten uninteressant. Dementsprechend wurden Fernsehveranstaltern vielerorts verschiedene Anreize geboten, sich bei DVB-T zu beteiligen.[124] Mediendienste waren hiervon jedoch ausnahmslos ausgeschlossen. So findet sich mit HSE 24 lediglich im Verbreitungsgebiet München ein Teleshopping-Sender, der über DVB-T empfangen werden kann.

Sollte sich DVB-T tatsächlich nachhaltig zu einem Erfolg beim Zuschauer entwickeln, besteht die Gefahr, dass hier ein tertiärer digitaler Verbreitungsmarkt entsteht, der aufgrund seiner begrenzten Bandbreitenkapazität im Wesentlichen exklusiv von den öffentlich-rechtlichen Sendern sowie von den großen privaten Senderfamilien genutzt werden kann. Gerade unabhängige Spartenprogramme bzw. Transaktionssender, die besonders auf jeden erreichbaren Haushalt angewiesen sind, und die aufgrund rechtlicher und/oder ökonomischer Gegebenheiten im ersten Zuweisungsverfahren keine Berücksichtigung finden konnten, wären dann von diesem TV-Markt ausgeschlossen.

Gleichwohl spielt die Terrestrik auch nach dem teilweisen Umstieg auf DVB-T derzeit keine wesentliche Rolle für den TV-Empfang. Auf die Zuweisung terrestrischer Frequenzen durch die LMA soll deshalb an dieser Stelle nicht näher eingegangen werden, zumal die Vergabepraxis viele Parallelen zum Kabel aufweist. Genauere Ausführungen zur Bedeutung der Terrestrik im Vergleich zu den anderen Übertragungswegen enthält Abschnitt 7.6.1 des vorliegenden Buches.

---

124 Die Anreize bestanden zum einen in unmittelbaren finanziellen Zuwendungen, zum anderen in der Anerkennung des juristischen Status als im Kabel gesetzlich zu verbreitendes Programm.

6.2.6 Zuweisungsentscheidungen der LMA in der Praxis

Bereits mehrfach angesprochen wurde in der Betrachtung der Übertragungswege das Vielfaltsgebot, welches als das Leitkriterium bei der Frequenzvergabe – sowohl seitens der LMA als auch seitens der Netzbetreiber – zu gelten hat. Zur Beurteilung eines Anbieters im Hinblick auf die Vielfalt werden verschiedene Aspekte herangezogen. Dazu zählen [vgl. beispielhaft § 14 Abs. 2 f. LMG NRW]:

- die Programminhalte,
- der Beitrag zur Vielfalt im Kontext des Gesamtangebotes,
- die publizistische Vielfalt im inhaltlichen/gesellschaftlichen Sinne sowie
- der Anteil erstmalig ausgestrahlter Programmbeiträge von unabhängigen Produzenten.

Da Mediendienste wie Teleshopping naturgemäß keinen Beitrag zur Vielfalt i. S. d. Schaffung einer breiten Basis für die öffentliche Meinungsbildung leisten können, müssen sie an ihrem jeweiligen Beitrag zur Angebots- und Anbietervielfalt gemessen und entsprechend berücksichtigt werden [vgl. beispielhaft § 14 Abs. 4 LMG NRW].

Kritisch ist die Vergabepraxis allerdings unter dem Aspekt zu beurteilen, dass zwar klar zwischen Rundfunk und Mediendiensten differenziert wird, die Differenzierung innerhalb der Rundfunkdienste aber weniger deutlich ist: Hier finden sich eine Reihe von Programmen, die als Rundfunk deklariert sind, die aber objektiv mitnichten einen höheren Beitrag zur Meinungsbildung und/oder zur publizistischen Vielfalt leisten. Häufig werden solche Programme trotz teils umstrittener Inhalte privilegiert, weil sie über eine Rundfunklizenz verfügen. Bei genauer Betrachtung stellt dies eine Diskriminierung der Mediendienste-Anbieter dar.

Vor dem Hintergrund der gesamtwirtschaftlichen Bedeutung, die inzwischen vor allem von den Teleshopping-Anbietern ausgeht, erscheint deshalb eine klarere Berücksichtigung – und damit eine Gleichbehandlung – von Mediendiensten gegenüber derartigen Rundfunkangeboten diskussionswürdig (siehe hierzu auch Abschnitt 6.4.3). Letztlich gilt es hier auch die Verhältnismäßigkeit von Vorrangentscheidungen mit Blick auf die von einzelnen Anbietern getätigten Investitionen und die geschaffenen Arbeitsplätze zu wahren.

6.3 Teleshopping innerhalb von Rundfunkprogrammen

6.3.1 Teleshopping-Fenster und Werbung

Die Geschäftsmodelle privater Voll- und Spartenprogramme im deutschen Fernsehen basieren zum überwiegenden Teil auf *„Einnahmen aus Werbung und Teleshopping"*, wie der Rundfunkstaatsvertrag sie ausdrücklich vorsieht. Dabei hat das Teleshopping in den letzten Jahren an Bedeutung gewonnen: Inzwischen finden sich entsprechende Fensterprogramme auf zahlreichen Privatsendern wie RTL, Sat.1 und Kabel 1 (vgl. Abschnitt 7.6.2).

Den Entwicklungen in der Medienpraxis folgend hat der Begriff des Teleshopping im April 2000 Eingang in den RStV gefunden (§ 2 Abs. 2 Nr. 8 RStV).[125] Zugleich wurde dabei eine Unterscheidung zwischen *Teleshopping-Spots* und *Teleshopping-Fenstern* eingeführt, die weitreichende praktische Relevanz hat. Unter Teleshopping-Spots versteht man DRTV-Commercials bzw. Infomercials mit einer Länge von einigen Sekunden bis mehreren Minuten, die insgesamt dem allgemeinen Werbebegriff bzw. den Dauerwerbesendungen zugeordnet werden. Teleshopping-Fenster nach § 45a RStV sind dagegen durch eine Länge von jeweils mindestens 15 Minuten ohne Unterbrechung gekennzeichnet.

6.3.1.1 Grundsätze und Beschränkungen

Grundsätzlich unterliegen Teleshopping-Angebote, die Bestandteil eines Rundfunkprogramms sind – ungeachtet ihrer äußeren Form – den gleichen Vorschriften wie klassische Fernsehwerbung. Diese beziehen sich vor allem auf das Verbot der Irreführung, auf die Pflicht zur klaren Trennung von anderen Programmteilen sowie auf die Praxis der Einfügung entsprechender Inhalte in das laufende Programm (§§ 7 und 44 RStV). Die wichtigsten Beschränkungen betreffen das zeitliche Volumen von Werbung und Teleshopping, wobei parallel nebeneinander zwei verschiedene Festlegungen für Werbung und Teleshopping-Fenster existieren, die sich gegenseitig nicht berühren.

Der Gesamtanteil von Werbung i. S. d. § 45 RStV an der täglichen Sendezeit und der Sendezeit innerhalb einer Stunde darf 20 Prozent nicht übersteigen. Betroffen sind davon *„Teleshopping-Spots, Werbespots und andere Formen der Werbung"*, also auch nicht

---

[125] Zu beachten ist, dass der im RStV gebrauchte Teleshopping-Begriff sich auch auf DRTV-Angebote erstreckt und sich insofern von der in diesem Buch verwendeten Definition unterscheidet.

als Fenster qualifizierte Infomercials.[126] Für ein 24-Stunden-Programm (1.440 Minuten) ergibt sich somit ein maximales Werbevolumen von 288 Minuten (ca. fünf Stunden) pro Tag. (§ 45 Abs. 1 f. RStV)

Nicht angerechnet werden auf dieses Zeitvolumen die Teleshopping-Fenster, welche somit zusätzlich zur Spot-Werbung ausgestrahlt werden können.[127] Hierfür gelten gesonderte Regelungen nach § 45a RStV: Teleshopping-Fenster müssen eine Dauer von jeweils mindestens 15 Minuten ohne Unterbrechung aufweisen und klar als solche erkennbar sein, was u. a. durch die deutliche Herausstellung des Verkaufszwecks gewährleistet werden kann (vgl. Abschnitt 6.2.1). Pro Tag sind höchstens acht solcher Fenster mit einer Gesamtsendedauer von nicht mehr als drei Stunden zulässig. (§ 45a RStV)

Unter Berücksichtigung der jeweiligen zeitlichen Höchstgrenzen für Werbung und Teleshopping-Fenster darf ein privater Rundfunkveranstalter also täglich bis zu insgesamt 468 Minuten bzw. fast acht Stunden seiner Sendezeit für Inhalte aufwenden, die der Absatzförderung und/oder dem direkten Produktverkauf dienen.

6.3.1.2 Sonderregelungen für regionale/lokale Veranstalter

Ausnahmen bezüglich der Einfügung und der Dauer von Teleshopping und Werbung genießen regionale und lokale Fernsehprogramme, die wirtschaftlich gezwungen sind, einen deutlich höheren Anteil ihrer Sendezeit mit entsprechenden „finanzierenden" Inhalten zu belegen als nationale Sender. Hierzu enthält § 46a RStV eine Bestimmung, die es den LMA erlaubt, in diesem Zusammenhang *„nach Landesrecht abweichende Regelungen"* zu treffen, so dass die betroffenen Veranstalter größere Spielräume erhalten als im RStV ursprünglich vorgesehen.

Einmal mehr ist auch hier die Rechtslage in den einzelnen Bundesländern unterschiedlich. Viele Landesmediengesetze ermöglichen den regionalen und lokalen Fernsehsendern aber die zeitlich (theoretisch) unbegrenzte Ausstrahlung von Werbung sowie von Teleshopping-Spots und -Fenstern [vgl. beispielhaft Art. 8 BayMG]. Die Ausweitung des Werbevolumens – dies betrifft auch die umfangreiche Ausstrahlung von Teleshopping-Fenstern – wird jedoch regelmäßig als Programmänderung angesehen und muss daher von den LMA genehmigt werden. Dabei wird die Maßgabe verfolgt, die Zuschauerverträglichkeit und den lokalen Bezug des Programms zu erhalten.

---

126 Der Sendezeitanteil von Werbespots allein darf 15 Prozent pro Tag nicht überschreiten.

127 Im öffentlich-rechtlichen Rundfunk sind Teleshopping-Fenster – im Gegensatz zu Teleshopping-Spots – prinzipiell nicht erlaubt (§ 18 RStV).

6.3.2 Eigenwerbekanäle mit Rundfunk-Lizenz

Neben Werbung und Teleshopping findet im RStV mit den sog. *Eigenwerbekanälen* eine besondere Form des Rundfunks Erwähnung (§ 45b RStV). Der Gesetzestext bleibt jedoch eine genaue Definition des Begriffs *Eigenwerbekanal* schuldig. Nach Auffassung der DLM (2000) sind darunter solche Programme zu verstehen, die in sämtlichen Sendungen einen Bezug zum veranstaltenden Unternehmen aufweisen:

> „Dieser Bezug kann darin bestehen, dass über die Produkte oder Dienstleistungen des Unternehmens oder ganz allgemein über seine Existenz oder seine sonstigen ... Aktivitäten in Form klassischer Werbespots oder imagefördernder Programmbeiträge berichtet wird." [Zit. nach ebd., S. 5]

Das Privileg der Eigenwerbekanäle besteht folglich darin, dass rund um die Uhr Eigenwerbung für das veranstaltende Unternehmen gesendet werden kann.[128] Dabei sind nach Ansicht der DLM auch Programmteile erlaubt, welche auf die unmittelbare Förderung des Absatzes von Waren bzw. Dienstleistungen abzielen, solange sie nicht die ausschließlichen Programminhalte bilden. Damit stellt auch das Teleshopping als entsprechendes Instrument der Absatzförderung eine zulässige Sendung auf Eigenwerbekanälen dar. Klare Einschränkungen existieren lediglich hinsichtlich solcher Themen, welche von allgemeinem Interesse sind und nicht das jeweilige Unternehmen zum Gegenstand haben.[129] Zusätzlich müssen Eigenwerbekanäle die Auflage erfüllen, dass sie durch die Art der Präsentation und die Programmkennung als solche erkennbar sind, was z. B. durch dauerhafte Einblendung des Unternehmenslogos gewährleistet werden kann [vgl. Art. 17 Abs. 2 Fernseh-Werberichtlinie]. [Vgl. DLM 2000, S. 5]

Praktisch wäre somit im Rahmen von Eigenwerbekanälen eine Vermischung von Beiträgen zur Imagepflege mit klassischen (Eigen-)Werbespots und letztlich auch Teleshopping-Sendungen vorstellbar, oder – anders ausgedrückt – der Verkauf unternehmenseigener Produkte über den Fernseher könnte um redaktionell gestaltete Programmteile[130] erweitert und damit aufgewertet werden. Wie bereits beschrieben ist dies mit einem als Mediendienst eingestuften Teleshopping-Sender nicht zulässig.

---

128 Den zeitlichen Beschränkungen des § 45 RStV unterliegt lt. DLM lediglich der Fremdwerbeanteil, d. h. Werbespots von anderen als dem veranstaltenden Unternehmen [vgl. DLM 2000, S. 6].
129 So dürfen beispielsweise keine allgemeinen Nachrichten- oder Musiksendungen ausgestrahlt werden.
130 Die Maßgabe ist dabei immer, dass sie sich auf das programmveranstaltende Unternehmen beziehen.

Verschiedene Unternehmen haben bereits die rundfunkrechtliche Zulassung erhalten, um in Deutschland Eigenwerbekanäle zu betreiben – darunter die Deutsche Bahn AG, die ihr Programm *Bahn TV* u. a. über Satellit verbreitet. Mit dem *Deutschen Markenfernsehen* (DMF) war auch bereits ein markenübergreifender Eigenwerbekanal angekündigt: Verschiedene Markenartikler sollten stundenweise Sendezeiten auf diesem Kanal mieten können, um imagebildende Eigenwerbung in Form von Unterhaltungs-, Ratgeber- und Infoformaten zu senden. Die entsprechenden Pläne aus dem Jahre 2002 wurden jedoch bislang nicht verwirklicht, da jedes der werbenden Unternehmen dafür eine eigene Lizenz benötigen würde.[131]

Trotz erster Praxisbeispiele ist die Rechtslage für das Lizenzierungsmodell Eigenwerbekanal noch nicht hinreichend gesichert. Allein die Frage, ob und in welchem Umfang Teleshopping in derartigen Kanälen erlaubt sein soll, kann bisher nur vage beantwortet werden und bedarf in Zukunft einer Klärung.[132] Zudem leistet der VPRT als Vertreter der privaten Voll- und Spartenprogramme Widerstand gegen die Legitimierung der Eigenwerbekanäle, weil dadurch die etablierten Privatsender und auch Teleshopping-Programme benachteiligt würden [vgl. VPRT 1998]. Mittelfristig ist deshalb mit konkreteren gesetzlichen Regelungen, d. h. sehr wahrscheinlich auch mit Einschränkungen hinsichtlich der Vermischung von image- und absatzfördernder Werbung bei Eigenwerbekanälen zu rechnen.

6.4 Fazit: Rechtliche Problemlagen und Lösungsansätze

6.4.1 Wettbewerbsrecht

In Abschnitt 6.1.2 wurde auf die im Teleshopping besondere Problematik der Abmahnungen bereits eingegangen. Der Umstand, dass hier live getroffene Produktaussagen nach den gleichen Unlauterkeitsmaßstäben bewertet werden, wie schriftlich formulierte Aussagen in Katalogen oder auf Websites, kommt einer Wettbewerbsverzerrung gleich. Dies gilt ebenso mit Blick auf den Produktverkauf im stationären Handel, auf Märkten

---

131 Vgl. Pressemitteilung der DLM vom 19.11.02.
132 Entgegen der bereits skizzierten Interpretation der DLM (2000) legen beispielsweise ERLMEIER/ REINWALD (2002) den Begriff des Eigenwerbekanals im Sinne eines *„Eigendarstellungskanals"* aus, der Teleshopping-Elemente gerade nicht bzw. nur im Rahmen der Beschränkungen nach den §§ 45 f. RStV beinhalten darf [vgl. ebd., S. 441/443].

oder über Multi-Level-Marketing. Letztlich führt die scharfe wettbewerbsrechtliche Behandlung des Teleshopping zur Benachteiligung kleinerer Lieferanten – die in den Programmen von HSE 24, QVC usw. eine Plattform finden – gegenüber Herstellern mit großer Marktmacht, deren Produkte im Handel gelistet sind.

Unstrittig ist die Notwendigkeit von wettbewerbsrechtlichen Vorschriften. Bei der Beurteilung von Verstößen sollten jedoch auch der jeweilige Kontext sowie die Eigenarten und Unwägbarkeiten der verschiedenen Präsentationsarten Berücksichtigung finden. So sind Grenzüberschreitungen hinsichtlich der Produktaussagen gerade auch bei den Handelsformen, die durch einen direkten Kontakt zwischen Käufer und Verkäufer gekennzeichnet sind, nicht ausgeschlossen. Im Gegensatz zum öffentlich stattfindenden Teleshopping sind jedoch Falschinformationen (im wettbewerbsrechtlichen Sinne) z. B. der Verkäuferin im Drogeriefachmarkt kaum nachweisbar. Deshalb aber kann nicht beim einen Vorsatz unterstellt und abgemahnt werden, während beim anderen eine Sanktionierung unterbleibt.

Vor allem im Bereich der OTC-Produkte[133] (z. B. Medizinprodukte, Nahrungsergänzungsmittel) wirkt sich die beschriebene Situation für die Teleshopping-Sender klar nachteilig aus. Nachdem dieser Vertriebsweg jedoch genau wie andere gesetzlich legitimiert ist, gibt es hierfür keine objektive Rechtfertigung.

Besonders deutlich wird die Problematik im Falle der Aussagen, die von Call In-Gästen gemacht werden und die somit nicht dem Einfluss des Senders unterliegen. Die Anrufer sollten aus diesem Grunde einem eigenen Risikobereich zugeordnet werden; wettbewerbsrechtliche Sanktionen für den Teleshopping-Anbieter sind an dieser Stelle logisch nicht begründbar.

Prinzipiell erscheint künftig eine Regelung im Wettbewerbsrecht sinnvoll, welche Teleshopping – aber auch andere, in der Präsentationsweise vergleichbare Vertriebswege – von Produktaussagen juristischer Laien entlastet, sofern ein ordnungsgemäßer Geschäftsablauf durch Vorprüfung gewährleistet ist. Dies ist regelmäßig dann der Fall, wenn der jeweilige Anbieter alles Zumutbare getan hat, um eine Irreführung des Verbrauchers zu verhindern.

Damit einher geht das in der Europäischen Union geltende „Leitbild des aufgeklärten Verbrauchers". Dieses Leitbild soll sich am durchschnittlich informierten, aufmerksamen

---

[133] OTC steht für „over the counter" – der Begriff bezeichnet Produkte der Gesundheit und Gesundheitsvorsorge, die z. B. in Apotheken und Online-Apotheken ohne ärztliche Verschreibung vertrieben werden dürfen.

und verständigen Normalverbraucher orientieren. In der Praxis ist die Schwelle zum aufgeklärten Verbraucher jedoch stetig abgesenkt worden. Gerade im Bereich des Teleshopping gilt häufig die Rechtsauffassung, dass der Kunde wegen der Intensität des Mediums Fernsehen in besonderem Maße schutzbedürftig sei. Mit den strengen Anforderungen an das Teleshopping hinsichtlich der Einblendung von Preisen und Kosten sowie mit dem gesetzlichen Rückgaberecht existieren aber ohnehin klare Schutzmechanismen für diesen Vertriebsweg. Wichtig ist deshalb, dass jeder Zuschauer das persönliche Recht auf eine freie Kaufentscheidung behält. Dies darf ihm nicht von höheren Instanzen durch zusätzliche rechtliche Reglementierungen abgenommen werden.

6.4.2 Versandhandelsrecht

6.4.2.1 Schutzmaßnahmen gegen Retourensünder

Die Bestimmungen des Widerrufsrechts ermöglichen es den Teleshopping-Anbietern in den meisten Fällen, dem Kunden die Rücksendekosten aufzuerlegen, wenn er bestellte Ware retourniert. Wenngleich hiervon in aller Regel aus Kulanzgründen kein Gebrauch gemacht wird, stellt dies einen zumindest teilweisen Schutz dar gegen Retourensünder, also Kunden mit unverhältnismäßig hohem Retourenaufkommen.

Keinerlei Berücksichtigung in den gesetzlichen Regelungen finden jedoch bislang die Hinsendekosten. Ein Teleshopping-Sender hat also ebenso wenig wie ein anderer Versandhändler die Möglichkeit, die Kosten für die Lieferung der Ware gegenüber dem Verbraucher bei einer Retoure geltend zu machen. Bei Retourensündern bedeutet dies mitunter ein nicht unerhebliches wirtschaftliches Risiko für den Anbieter – insbesondere dann, wenn es sich bei der Ware um Sperrgut mit hohen Versandkosten handelt.

Insofern ist auf Seiten des Gesetzgebers zu prüfen, ob nicht unter bestimmten Bedingungen auch eine Weiterberechnung der Hinsendekosten an den Endkunden ermöglicht werden kann. Für die Teleshopping-Anbieter käme die Anwendung einer solchen Regelung schon aufgrund ihrer Service-Orientierung und im Interesse der Kundenbindung nur bei Kunden mit sehr problematischem Retourenverhalten in Betracht. Die Schutzwirkung gegen Retourensünder – und damit gegen den wirtschaftlich schädigenden Missbrauch des Widerrufsrechts – könnte auf diesem Wege jedoch deutlich erhöht werden.

6.4.2.2 Gleichstellung mit anderen Formen des Versandhandels

Der technischen Entwicklung folgend hat der Gesetzgeber dem Online-Versandhandel neue Absatzmöglichkeiten eröffnet. Die Legitimierung des Vertriebs von freiverkäuflichen Arzneimitteln über das Internet ist hierfür das jüngste Beispiel. Gleichzeitig bleibt jedoch anderen Vertriebswegen des Versandhandels, wie dem Teleshopping, der Verkauf derartiger Produkte gesetzlich verwehrt.

Unter der Prämisse, dass es sich sowohl im Online-Handel als auch bei Teleshopping um Fernabsatz im klassischen Sinne handelt, ist eine solche Unterscheidung nicht nachvollziehbar. Die Anforderungen für einen Handel mit freiverkäuflichen Arzneimitteln – vornehmlich die spezifische Produktberatung – können prinzipiell auch im Teleshopping erfüllt werden. Gerade hier findet in vielen verschiedenen Produktbereichen ohnehin bereits eine intensive telefonische Beratung statt. Anzustreben ist vor diesem Hintergrund die generelle Gleichstellung des Teleshopping mit anderen Formen des Versandhandels, speziell im Bereich der apothekenpflichtigen Arzneimittel.

6.4.3 Medienrecht

6.4.3.1 Zuweisung von Übertragungskapazitäten

Die Situation bei der Frequenzvergabe vor allem in analogen TV-Kabelnetzen wurde in den Abschnitten 6.2.5 f. dargestellt. Dabei ist deutlich geworden, dass Mediendienste bei Zuweisungsentscheidungen derzeit de facto nachrangig berücksichtigt werden. So erhalten bspw. terrestrisch verbreitete Rundfunkprogramme in den Kabelnetzen der jeweiligen Region einen Must-Carry-Status, Mediendienste dagegen nicht. Die hierdurch vorgenommene umfängliche Vorgabe der Kanalbelegung ist sowohl hinsichtlich der Vereinbarkeit mit dem auszuübenden Auswahlermessen der LMA als auch bezüglich der Vorgaben des Art. 31 Universaldiensterichtlinie[134] äußerst fragwürdig. Ziel muss aber langfristig eine Gleichberechtigung zwischen Rundfunk und Mediendiensten bzw. künftig Telemedien sein, zumal in den letzten Jahren in Deutschland eine Vielzahl von

---

134 Artikel 31 der *Richtlinie 2002/22/EG des Europäischen Parlamentes und Rates über den Universaldienst und Nutzerrechte bei elektronischen Kommunikationsnetzen und -diensten (Universaldienstrichtlinie)* schreibt Übertragungspflichten für Kommunikationsnetze hinsichtlich der Verbreitung von Hör- und Fernsehrundfunkkanälen und -diensten vor.

neuen Mediendiensten entstanden ist.[135] Die Angebotsvielfalt der Mediendienste nimmt also stetig zu, was bislang nur zum Teil einen Niederschlag bei der Vergabe von Kabelplätzen gefunden hat.

Problematisch ist darüber hinaus die Beobachtung, dass die Rundfunklizenz von einigen Anbietern gewissermaßen nur noch als Deckmantel genutzt wird. Die Kriterien, anhand derer eine Meinungsbildungsrelevanz festgestellt und damit die Einordnung als Rundfunk gerechtfertigt wird, sind insbesondere bei solchen Programmen zu hinterfragen, die sich überwiegend auf T-Commerce-Erlöse spezialisiert haben. Ein Beitrag zur Programm- und Angebotsvielfalt wird unterdessen bei Rundfunk in der Regel automatisch angenommen. Häufig führt dies zu einer Benachteiligung von Mediendiensten, selbst wenn diese inhaltlich nicht wesentlich anders gelagert sind, als manche „Rundfunkprogramme".

Im Sinne eines fairen Wettbewerbs zwischen den Angebotsformen sollten künftig zwei Fragen bei der Frequenzvergabe stärkere Beachtung finden:

1. Ist die generelle Bevorzugung von als Rundfunk lizenzierten Angeboten noch gerechtfertigt und zeitgemäß?
2. Inwieweit erfüllt ein Programm, ungeachtet der Lizenz, tatsächlich Rundfunkmerkmale, die eine vorrangige Behandlung begründen? (Siehe hierzu auch den nachfolgenden Abschnitt)

Hieraus ergibt sich für Zugangsentscheidungen eine Reihe neuer Kriterien, die unterschiedslos auf Rundfunkangebote und auf Mediendienste angewandt werden sollten, nämlich:

- Gesamtwirtschaftliche Bedeutung des Veranstalters (Arbeitsplätze, Wertschöpfung, Einkauf von Vorleistungen etc.) sowie geleistete Investitionen in den jeweiligen Markt
- Zuschauerverträglichkeit/Strittigkeit der Programminhalte, Verbraucherschutz
- (stärkeres) Mitspracherecht der Netzbetreiber

Weiterhin steht zu wünschen, dass wirtschaftliche Notwendigkeiten der einzelnen Anbieter verstärkt berücksichtigt werden. So sind insbesondere transaktionsbasierte Ge-

---

135 Neben den Teleshopping-Anbietern sind hier z. B. Gaming-Kanäle wie Spi.Ka TV, der Anbieter von Pferdewetten Raze.TV und Dating-Angebote wie Traumpartner.TV zu erwähnen.

schäftsmodelle wie Teleshopping auf eine hohe technische Reichweite angewiesen, um profitabel arbeiten zu können. Ein Wegfall von Kabelreichweite, bspw. durch Umwidmung von analogen Kanälen, kann für sie deshalb schnell zu einer ernsthaften Gefährdung des Gesamtgeschäfts erwachsen. Für andere Sender, speziell für öffentlich-rechtliche Spartenprogramme, gilt dies weniger. Im Zweifelsfalle sind daher Vorrangentscheidungen auch unter diesem Aspekt gründlich abzuwägen.

6.4.3.2 Kopplung von Programm und Produktverkauf

Mit dem Rückgang der klassischen Werbeeinahmen seit dem Jahr 2000 ist die Bedeutung des T-Commerce-Segmentes im deutschen TV-Markt stetig gewachsen. Dies drückt sich nicht nur in der Etablierung einer Reihe von auf T-Commerce fokussierten Nischensendern aus. Gerade die klassischen Rundfunkanbieter – sowohl Voll- als auch Spartenprogramme – nutzen inzwischen ein breites Spektrum an Umsätzen jenseits der Werbung, um Werbeausfälle zu kompensieren und ihre Geschäftsmodelle auf eine breitere Basis zu stellen: Diversifikation lautet das Stichwort.

Im Zuge dieser Entwicklung nähern sich die Rundfunkprogramme in einzelnen Bereichen den Geschäftsmodellen und Inhalten bspw. der Teleshopping-Anbieter immer mehr an. Hier besteht die Gefahr, dass das Rundfunkprivileg zunehmend dazu genutzt wird, unterhaltende und informierende, mithin meinungsbildende Programmteile mit dem direkten Absatz von Waren und Dienstleistungen zu koppeln. Genau diese Kopplung aber ist den Teleshopping-Sendern als Mediendiensten versagt. Sie sind insofern im Wettbewerb mit Verkaufselementen in Rundfunkprogrammen benachteiligt.

Diese Wettbewerbsverzerrung könnte sich künftig noch verschärfen, wenn verstärkt Merchandisingartikel zu bestimmten Sendungen mit direkter Bestellmöglichkeit – auch über Teletext oder Internet – beworben werden, wenn Rundfunkveranstalter Dienstleistungen (z. B. im Telekommunikationsbereich) anbieten, wenn sie auf europäischer Ebene die vollständige Freigabe der quantitativen Beschränkungen für Teleshopping anstreben.

Vor diesem Hintergrund müssen Regulierung und Medienpolitik klare Bestimmungen finden, die auch weiterhin das wirtschaftlich faire Nebeneinander von Rundfunkangeboten und Mediendiensten ermöglichen. Es darf nicht mit zweierlei Maß gemessen werden, wenn es um die Befugnisse bezüglich Diensten und Inhalten in jeder der beiden Programmkategorien geht. Ähnliche Herausforderungen ergeben sich mit Blick auf interaktive Elemente im Fernsehen: Zweifelsohne wird es zwischen dem Programm und weiterführenden Inhalten, wie z. B. passenden Produktangeboten, direkte Verknüpfungen geben, sobald hierfür eine breitere technische Basis existiert (siehe hierzu auch Abschnitte 8.2.2 und 8.2.5). Die Frage ist nicht ob, sondern in welchem Umfang bzw. mit welchen Grenzziehungen Rundfunkveranstaltern diese Möglichkeiten eingeräumt werden sollen.

Die grundlegende Problematik der Kopplung von Programminhalten und Transaktionsfinanzierung ist von den LMA erkannt worden. Bemängelt wird dabei insbesondere die ungenügende Transparenz von programmintegrierter Werbung für den Zuschauer in Sendungen, die nicht als Teleshopping auftreten. Auf einer Klausurtagung der Thüringer Landesmedienanstalt (TLM) zum Thema „Neue Programm- und Finanzierungsformen im Rundfunk" äußerte sich TLM-Direktor Dr. Victor Henle im Juli 2005 dahingehend, dass eine klarstellende gesetzliche Regelung notwendig sei, um derartige Erscheinungsformen des Rundfunks nicht für rechtswidrig erklären zu müssen. Nötig sei eine neue Kategorie neben den klassischen Rundfunkprogrammen und reinen Verkaufssendern.[136]

Denkbar scheint aber ebenso, sich der Problematik von beiden Seiten zu nähern: Nicht zwangsläufig sind nur Schranken für Rundfunkanbieter zu diskutieren. Eine Alternative liegt vielmehr auch in der Erweiterung der entsprechenden Spielräume für Anbieter von Mediendiensten – im Sinne sowohl des Verbrauchers als auch der Unternehmen.

6.4.3.3 Zugangsfreiheit im digitalen Fernsehen

Gemäß § 53 RStV ist von den Netzbetreibern für alle Anbieter von Rundfunk und Telemedien der gleichberechtigte Zugang zu gewährleisten. Sie dürfen bei der Verbreitung ihrer Angebote nicht *„unbillig behindert oder gegenüber gleichartigen Anbietern ohne sachlich gerechtfertigten Grund unterschiedlich behandelt werden"*.

Dieser Grundsatz der Gleichbehandlung betrifft u. a. die Listung von Kanälen in elektronischen Programmführern (EPGs). Mediendienste sind hier ebenso zu berücksichtigen wie Rundfunkprogramme. In der Praxis laufen jedoch gerade Mediendienste Gefahr, als „Cash Cows" verstanden zu werden und so beim Zugang zu digitalen Plattformen in eine unkontrollierte Preisspirale zu geraten. Zeichnet sich eine solche Entwicklung im deutschen Markt ab, so sollte ihr frühzeitig entgegen gewirkt werden. Die LMA, welche die EPG-Angebote auf ihre medienrechtliche Unbedenklichkeit hin überprüfen, sollten dabei ggf. ihre Sanktionsmöglichkeiten voll ausschöpfen.

---

136 Vgl. Pressemitteilung der TLM vom 11.07.05.

Dr. Tobias Schmid Der Autor ist seit Januar 2005 Leiter Medienpolitik bei RTL Television. Von 1999 bis 2004 war der promovierte Jurist für die Home Shopping Europe AG in den Bereichen Recht, Medienpolitik, Personal, interne Revision und Öffentlichkeitsarbeit tätig und dort seit 2003 als Mitglied der Geschäftsleitung auch Prokurist.

ZUKUNFTSPERSPEKTIVEN UND RECHTLICHE HERAUSFORDERUNGEN DES TELESHOPPING

Seit nunmehr zehn Jahren ist Teleshopping ein Bestandteil der deutschen Fernsehlandschaft. Nachdem es jahrelang belächelt worden war, hat es sich mittlerweile vor allem mit seinen Hauptvertretern RTL Shop, HSE 24 und QVC zur dritten Säule der Fernsehlandschaft entwickelt. Neben dem gebühren- und werbefinanzierten Fernsehen stellt es den Urtyp des transaktionsfinanzierten Fernsehens in Deutschland dar.

Bemerkenswert ist diese Erfolgsgeschichte auch und vor allem vor dem Hintergrund eines außerordentlich unglücklichen Regulierungsrahmens. Zwar gelang mit dem Mediendienstestaatsvertrag (1997) dankenswerter Weise die längst überfällige „Grundregulierung" des Phänomens Teleshopping als Mediendienst. Ansonsten bewegt sich die Branche jedoch mit ihren Tausenden von Arbeitsplätzen und annähernd einer Milliarde Euro Umsatz im toten Winkel aller für sie relevanten Regelungswerke.

So zielen im medienrechtlichen Bereich die Verweisungen auf die Werberegelungen des klassischen Rundfunks, z.B. für Sponsoring, ebenso an der Realität vorbei, wie die für den stationären Handel oder das Kataloggeschäft gedachten verbraucherschützenden Vorschriften. In all diesen Bereichen führt die fehlende spezielle Regulierung gerade nicht zu einem wünschenswerten Freiraum, sondern zu der analogen Anwendung häufig kaum passender Vorschriften, wobei oft genug der eigentliche Schutzzweck der Normen aus dem Fokus gerät.

Diese Situation wird einer inzwischen etablierten und erfolgreichen Branche nicht mehr gerecht. Im Interesse eines tragfähigen rechtlichen Rahmens, der weder zur Überregulierung noch zum Protektionismus der Branche führen darf, fordert die normative Kraft des Faktischen das sinnhafte Überdenken des regulativen Status Quo sowohl im Rahmen der Rechtssetzung als auch der Rechtsanwendung.

So wird von keinem der am Markt erfolgreichen Teleshopping-Sender die Notwendigkeit eines funktionierenden Verbraucherschutzes in Frage gestellt. In Frage gestellt werden muss aber, ob auch zukünftig die Spezifika eines Verkaufs via TV ignoriert werden können. Die sklavische Übertragung der Vorschriften des UWG und der PreisangabeVO aus der Welt der gedruckten und einmaligen Anpreisung im stationären Handel wird dem Charakter einer Teleshopping-Sendung als Verkaufsgespräch ebenso wenig gerecht, wie die in kaum einer Drogerie noch eingehaltenen Regelungen des HWG und der KosmetikVO.

Im Rahmen des Medienrechts erscheint jedenfalls für Teleshopping-Sender, denen sich zahlreiche Rundfunksender wie NeunLive oder die Musiksender mit ihren transaktionsfinanzierten Inhalten bis zur Unkenntlichkeit annähern, die dogmatische Einstufung in Mediendienste statt Rundfunkdienste kaum noch sinnhaft. So ist zwar die zunehmende Gestattung von transaktionsfinanzierten Inhalten für Rundfunkprogramme begrüßenswert und mittelfristig alternativlos. Allerdings darf es hier nicht zu einer einseitigen Durchbrechung der Abgrenzung zwischen Rundfunk- und Mediendiensten kommen. Ebenso wie bei der überkommenen unterschiedlichen Aufsicht für Rundfunkdienste und Teleshopping-Sender muss das Ziel zukünftiger Regelungen das Aufstellen allgemeingültiger Grundsätze wie z. B. des Trennungsgebotes sein, nicht aber das Beharren auf einer nicht mehr einzuhaltenden akademischen Trennung. Auf diesem Wege einer Gleichsetzung könnte auch das Problem der häufig unzureichenden Einbindung der Teleshopping-Angebote in die Landesmediengesetze und die dortigen Kabelbelegungskriterien gelöst werden.

Schließlich wird auch im Zusammenhang mit den Überlegungen der EU-Kommission deutlich, dass die Quantität der unterschiedlichen Einnahmearten des privaten Fernsehens kein dauerhaftes Kriterium sein kann. Vielmehr steht auch hier die Bewahrung wesentlicher Grundsätze zur Gewährleistung eines dauerhaft funktionierenden Systems im Vordergrund.

Auch die nächsten zehn Jahre versprechen spannend zu werden.

7 BETRIEB EINES TELESHOPPING-PROGRAMMS

7.1 Allgemeine Wertschöpfung und Erfolgsfaktoren

In den vorangegangenen Kapiteln ist die derzeitige Situation des deutschen Teleshopping-Marktes, ausgehend von den ökonomischen und rechtlichen Rahmenbedingungen, ausführlich beschrieben worden. Die Besonderheiten dieser Vertriebsform wurden eingehend diskutiert, ebenso sind die Mediennutzer mit ihren Einstellungen und Erfahrungen bezüglich der Verkaufssendungen im Fernsehen zu Wort gekommen. Im Folgenden soll nun ein genauerer Blick auf die konkreten betrieblichen Abläufe eines Teleshopping-Senders geworfen werden. Dies geschieht vor dem Hintergrund der prinzipiellen Wertschöpfungsstruktur in der Branche, welche sich entsprechend Abbildung 46 darstellt.

Abbildung 46: Wertschöpfungsstruktur der Teleshopping-Branche

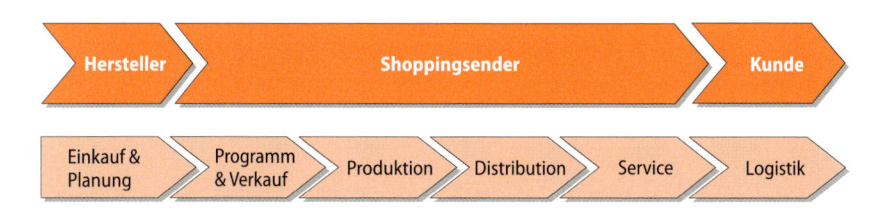

Hersteller → Shoppingsender → Kunde

Einkauf & Planung → Programm & Verkauf → Produktion → Distribution → Service → Logistik

Quelle: HSE24

Die Sender übernehmen in der Wertschöpfung eine ganze Reihe von Aufgaben von Einkauf & Planung bis hin zur Logistik. Aufgrund dieser Tatsache ist Teleshopping ein sehr direktes Geschäft, mit dem jeweiligen Anbieter als einzigem Bindeglied zwischen Hersteller und Kunde. Für die Produktlieferanten, aber auch für die Nutzer von Teleshopping, bringt dies vielfältige Vorteile mit sich, die in verschiedenster Weise bereits angesprochen wurden – genannt seien hier nur einmal mehr die Unmittelbarkeit des Produktvertriebs mit sofortiger Gewissheit über die Nachfragestrukturen sowie auf Seiten des Kunden die Bequemlichkeit des Einkaufs angesichts eines Rundum-Services. Für den Teleshopping-Sender wiederum bedeutet die gegenüber anderen Handelsformen verkürzte Wertschöpfungskette, dass viele verschiedene Aspekte über den Erfolg oder Misserfolg des Unternehmens entscheiden. Hierzu gehören neben der Sortiments-

und Preispolitik auch die Programmgestaltung im Sinne der inhaltlichen Konzeption und der audiovisuellen Umsetzung, die Programmplanung sowie die Programmdistribution. Nicht zuletzt bilden auch Service und Logistik ganz wesentliche Erfolgsfaktoren im Teleshopping.

> **Dr. Konrad Hilbers** Der Autor leitet seit März 2003 als Vorstandsvorsitzender den Shoppingsender HSE 24. Er war vorher in verschiedenen Managementpositionen für AOL und Bertelsmann tätig, u. a. bei AOL Europe, der Bertelsmann Music Group und als CEO der Musiktauschbörse Napster. Seit Anfang 2005 gehört Dr. Konrad Hilbers dem Fernsehvorstand des Verbandes Privater Rundfunk und Telekommunikation (VPRT e. V.) an.

ERFOLGSFAKTOREN DES TELESHOPPING HEUTE UND IN ZUKUNFT

Nach 10 Jahren Teleshopping in Deutschland sind in der Branche heute stabile Strukturen erkennbar. Erfolgsfaktoren können aus solider Erfahrung heraus definiert werden.

Das Tätigkeitsfeld eines Teleshopping-Senders umfasst den Betrieb eines Versandhandels für Endkonsumenten, der sich eines Fernsehkanals zur Kundenansprache bedient. Als Versandhändler trägt das Unternehmen das Warenrisiko und betreibt eine eigene Sortiments- und Preispolitik. Teleshopping etabliert eine exklusive Kundenbeziehung und entwickelt eine eigene Kundenliste. Das Kosten- und Erlösmodell gestaltet sich überschaubar: Erlöse werden durch den Verkauf der angebotenen Produkte erzielt. Kundzugang (vor allem durch Fernsehverbreitung), Kundengewinnung, Kundentreue, Preispunkte und Auftragswert sind die wesentlichen Erlöstreiber. Der Teleshoppingsender erzielt in erster Linie eine Handelsmarge, Kosten fallen hauptsächlich in folgenden Bereichen an:

- Artikelbeschaffung und Sortimentszusammenstellung
- Programmproduktion (Shows, Studios)

- Verbreitung des Programms (Kabel, Satellit, Terrestrik)
- Auftragserfassung/persönliche Beratung (Call-Center)
- Auslieferung (Logistik) und Retourenmanagement
- unterstützende Marketingaktivitäten

Aus dem Geschäftsmodell und den einzelnen Kosten- und Erlöstreibern ergeben sich die Erfolgsfaktoren.

Es haben schon einige versucht, Teleshopping-Angebote zu etablieren. Die Ausbildung des spezifisch notwendigen Know-hows rund um die Sortimentspolitik und vor allem rund um die Programmierung und Live-Steuerung hat sich jeweils als recht schwierig herausgestellt. Verglichen mit dem klassischen Versandhandel ist das Produktsortiment stark von den Besonderheiten des Teleshopping (Vorführung, Beratung) und von der sequentiellen Darbietungsform geprägt (impulsgetriebener Kauf). Darüber hinaus stellt das Fernsehkaufhaus in der Regel eine bestimmte Menge eines Artikels ins Angebot. Da diese Menge schnellstmöglich ausverkauft werden soll, hat das Teleshopping einen sehr schnelllebigen Charakter. Das Teleshopping-Geschäft ist damit vom traditionellen Versandhändler abzugrenzen. Dort ergibt sich durch die großen Halbjahreskataloge und die öfter erscheinenden Spezialkataloge ein relativ langfristig festgelegter Sortiments-Mix, eine stabilere Preisstruktur und weniger Flexibilität. Dagegen muss sich das Teleshopping von den heute auch sehr erfolgreichen Anbietern von schmalen Hartwaren oder Modesortimenten wie Tchibo und Aldi (non-food) abgrenzen.

Ausgangspunkt für die Sortimentsgestaltung sind zwei Voraussetzungen: die Zielkundenbedürfnisse und die Teleshopping-Eignung (Emotionalität, Erklärungsbedarf) des jeweiligen Produkts. Eng damit verbunden ist die Planungsherausforderung, die in einem Spannungsverhältnis mit der Schnelllebigkeit des Gesamtsortiments steht. Bei gegebenem Sortiment bleibt schließlich die Live-Produktpräsentation zu optimieren. Hinzu kommen die Ausgewogenheit der Preispolitik und die im Teleshopping grundsätzlich sinnvoll erscheinenden Preispunkte.

Auf Parameter wie Abverkauf, Call-Volumen oder Lagerbestand kann der erfahrene Producer einer Live-Show reagieren, indem er Produktreihenfolge oder Präsentationszeit der einzelnen Produkte modifiziert, das vorherig/nachfolgend präsentierte Produkt einblendet oder spezielle Preisauslobungen zeigt.

Zudem haben sich bestimmte Konzepte wie das *„Angebot des Tages"* (HSE 24) herausgebildet.

Ein weiterer Erfolgsfaktor liegt im Kundenzugang, in der Verbreitung. Die Auswahl der physischen und logischen Verbreitungskanäle ist letztlich immer eine Trade-Off-Entscheidung zwischen Reichweite und Kosten und ist vor dem Hintergrund beabsichtigter Wachstumsraten und der Tragfähigkeit von hohen Fixkosten und den damit verbundenen Risiken zu treffen.

Aus heutiger Sicht ist ein effizientes Customer Relationship Management (CRM) als ganzheitliches Konzept der Kundenansprache eine Voraussetzung für den effektiven Betrieb eines Teleshopping-Unternehmens. Im Bereich Service spielt für das Kundengruppenmanagement die gezielte Steuerung des Call Center eine Rolle. So können besondere Services für spezifische Kundengruppen eingeführt werden.

Für die Zukunft des Teleshopping lassen sich zwei Arten von Herausforderungen unterscheiden, die in den nächsten Jahren an Bedeutung gewinnen werden: Einerseits ist auf technologisch bedingte Änderungen zu reagieren, andererseits muss mit Verschiebungen hinsichtlich Marktstruktur und Kundenverhalten umgegangen werden.

Durch die Digitalisierung der Übertragungswege verringern sich die Markteintrittsbarrieren für mögliche Wettbewerber, da somit mehr Bandbreite zu geringeren Preisen zur Verfügung steht. Weiterhin eröffnen sich durch die Digitalisierung des Produktionsprozesses Optimierungspotenziale im Bereich Programmproduktion und Studiotechnik sowie der Mehrfachverwertung von Inhalten (Produktpräsentation und Programm in Internet und Printmedien).

Ein weiterer technologischer Effekt ist die vieldiskutierte Endgeräte-Konvergenz von TV, PC und Internet. Dieser Bereich ist zu beobachten, um Möglichkeiten für zusätzliche Services rechtzeitig zu erschließen, aber auch das bestehende Leistungsangebot neuen Standards anzupassen. Auch Interaktivität ist im Bezug auf Fernsehinhalte seit längerem im Gespräch, es hat sich allerdings bislang kein Implementierungsstandard für die Realisierung eines Rückkanals etabliert. Teleshopping ist über Telefon und Internet als Rückkanäle bereits heute interaktiv, jedoch würde ein einfacherer, technologisch integrierter Rückkanal ein erheblich höheres Dynamisierungspotenzial für das Programm bedeuten.

> Vor diesem Hintergrund ist der Bereich der markt- und kundenstrukturbedingten Herausforderungen zu betrachten. Die zu erwartende Intensivierung des Wettbewerbs hat noch einen weiteren Grund: Seit kurzem gibt es weitere transaktionsbasierte Fernseh-Geschäftsmodelle wie Auktions-, Reise- und Wett-TV, mit denen die klassischen Teleshopping-Sender um das Zeit- und Finanzbudget der Kunden konkurrieren müssen. Hier ist eine strategische Abgrenzung zum eigenen Leistungsprofil notwendig, bzw. sind Möglichkeiten der Integration zu prüfen. Generell verstärkt sich die Notwendigkeit, die Kundenbindung aufrechtzuerhalten und zu intensivieren sowie die Produktsortimente weiterhin auf einem attraktiven Level zu halten.

7.2 Wareneinkauf

Der Erfolg eines Teleshopping-Anbieters beginnt beim Einkauf der richtigen Produkte zu den richtigen Konditionen: Waren, die für den Impulskauf geeignet sind, die eine – wie auch immer geartete – Exklusivität bieten, die von den Zuschauern nicht als billig, aber als preiswert wahrgenommen werden. Die Auswahl von Produkten für den Teleshopping-Vertrieb stellt im Vergleich zu anderen Betriebsformen des Handels insofern einen besonders kritischen Erfolgsfaktor dar, weil damit dem potenziellen Kunden in der Regel bereits die Entscheidung innerhalb einer Produktkategorie zu einem erheblichen Teil abgenommen wird: Der Verbraucher steht nicht – wie im Warenhaus, im Katalog oder im Internet – verschiedenen konkurrierenden Produkten gegenüber. Der Anspruch der Sender muss es vielmehr sein, jeweils das Produkt mit dem höchsten Gesamtnutzen aus einer Warengruppe zu präsentieren. (Vgl. Abschnitt 4.4.1 zur Charakterisierung des „typischen" Teleshopping-Produkts)

Um diesem besonderen Anspruch Rechnung zu tragen, durchläuft jedes Produkt einen strengen Auswahlprozess, bevor es ins Sortiment eines der klassischen Teleshopping-Anbieter aufgenommen wird. Üblicherweise stellt sich die Schrittfolge dabei folgendermaßen dar:

1. Produktangebot
   Kurzbeschreibung des Produktes durch den Lieferanten inkl. Angaben zu bisher genutzten Vertriebswegen sowie zu (ungefähren) Einkaufs- und Endverbraucherpreisen

2. Muster/Produktvorstellung
   Zusendung eines funktionstüchtigen Produktmusters an den Sender und spätere Präsentation vor den Einkaufsverantwortlichen
3. Verhandlung der Lieferkonditionen
   Exklusiv-Belieferung, Retourenrecht des Senders, Lieferzeitpunkt, Abnahmemenge, Einkaufspreis etc.
4. Qualitätsprüfung
   Prüfung der Produktqualität durch den Sender selbst bzw. durch unabhängige Gutachter (z. B. TÜV Product Service)
5. Bestellung und Showplanung
   Bestellung des Produktes durch den Sender unter Angabe eines Liefertermins und Festlegung eines geeigneten Sendetermins

Teleshopping-Sortimente sind schnelldrehend, d. h. angestrebt wird zumeist ein vollständiger Abverkauf der bestellten Artikel innerhalb eines eng begrenzten Zeitraumes. Lagerkosten sollen auf diese Weise minimiert, Überhänge vermieden werden. Je weniger es gelingt, innerhalb der für ein Produkt geplanten Präsentationszeit die verfügbare Menge auch tatsächlich auszuverkaufen, desto ineffizienter agiert der Sender. Daraus resultiert auch ein wesentlicher Unterschied des Teleshopping im Vergleich bspw. zum Katalogversandhandel, nämlich die in aller Regel sehr kurze Verweildauer einzelner Artikel im Sortiment.[137]

Das Ausverkaufsziel erfordert eine möglichst präzise Vorhersage der auf einem bestimmten Sendeplatz mit einer bestimmten Präsentationsdauer absetzbaren Stückzahl eines Artikels. Hierzu findet eine intensive Planung statt, die entweder auf früheren Verkäufen desselben Produktes beruht, oder aber auf Erfahrungen mit ähnlichen Produkten bzw. der Warengruppe insgesamt. Oft hat die Premiere eines Produktes im Programm auch Testcharakter für die Entscheidung über eine längerfristige Aufnahme ins Sortiment. (Siehe weiterführend zur Programm- und Absatzplanung Abschnitt 7.3)

---

[137] Abgesehen von bestimmten Artikeln, die als Bestandteil des Kernsortiments regelmäßig in kurzen Abständen präsentiert werden, ist meist nur eine kurze Lieferfähigkeit der Produkte gegeben. Diese steht in engem Zusammenhang mit dem jeweiligen Präsentationszeitpunkt. Dennoch bedeutet dies nicht, dass entsprechende Artikel anschließend aus dem Sortiment fallen: Abhängig vom Verkaufserfolg werden viele Produkte zu einem späteren Zeitpunkt wieder im Programm berücksichtigt. [Vgl. hierzu auch GRUNINGER-HERMANN 1999, S. 51]

Auf Basis der Absatzplanung ordert der Einkauf die entsprechende Menge eines Artikels, wobei höchstmögliche Flexibilität in den Lieferkonditionen angestrebt wird. Idealerweise handelt der Teleshopping-Sender ein Retourenrecht aus, welches es ihm ggf. ermöglicht, nicht verkaufte Stückzahlen an den Lieferanten zurückzuführen. Dies kollidiert jedoch oftmals mit der ebenfalls angestrebten Exklusivität der Lieferbeziehungen. Die Lieferanten der Teleshopping-Sender finden sich vor allem direkt auf Ebene der Hersteller. HSE 24 pflegt aktive Beziehungen zu etwa 500 Lieferanten, überwiegend aus Deutschland – darunter viele kleinere, mittelständische Unternehmen, deren Marktstellung nicht stark genug ist, um bei den großen Einzelhandelsketten gelistet zu werden. Ein weiterer Teil der Produkte wird international über Direktimporte eingekauft.

Durch den Verzicht auf zwischengeschaltete Handelsebenen lassen sich im Teleshopping zum Teil erkennbar höhere Margen realisieren als im klassischen Versandhandel: Der Rohertrag als Prozentsatz des Verkaufspreises reicht dort von ca. 30 Prozent (Hartwaren) bis 60 Prozent (Bekleidung), im Teleshopping betragen die Margen dagegen im Durchschnitt etwa 50 bis 60 Prozent.[138] Bei Eigenmarken liegen sie nochmals deutlich darüber, allerdings hat der Sender dann auch das gesamte Risiko zu tragen.

7.3 Programmplanung

Die Programmplanung stellt eine der wesentlichsten und zugleich schwierigsten Aufgaben beim Betrieb eines TV-Senders dar. Sie umfasst auf Ebene des Gesamtprogramms die quantitative Aufteilung der zur Verfügung stehenden Sendezeit auf einzelne Formate/Sendungstypen sowie die qualitative Zuordnung von Sendeplätzen; der zeitliche Ablauf einzelner Sendungen ist jeweils auf Ebene der Sendungsplanung festzulegen. Alle Planungsanstrengungen verfolgen dabei das prinzipielle Ziel, die Sendezeit im Hinblick auf die zu erzielenden Erlöse und die Wirtschaftlichkeit des Gesamtprogramms optimal auszufüllen.

Übertragen auf einen Teleshopping-Sender bedeutet dies, einen gewinnmaximalen Mix aus den verschiedenen Produktkategorien zusammenzustellen und die sich daraus ergebenden Sendungsthemen im Tages-, Wochen- und Saisonverlauf so zu verteilen, dass der bestmögliche Absatz erzielt wird. Hinzu kommt die Zuweisung von Präsenta-

---

138 Der Rohertrag bezeichnet den Netto-Verkaufspreis abzüglich Einkaufspreis und Warenbezugskosten. Angaben für den klassischen Versandhandel vgl. THIEME 2003, S. 52.

tionszeiten für einzelne Artikel innerhalb der Verkaufsshows und die Ermittlung einer optimalen Präsentationsreihenfolge.

Als wichtigster Ausgangspunkt für die weiteren Betrachtungen ist zunächst festzuhalten, dass Teleshopping-Sender aufgrund ihrer notwendigen Flexibilität mit äußerst kurzen Planungszyklen von nur ca. einer Woche auf Programm- und einem Tag auf Sendungsebene arbeiten.[139] Im Vorfeld bzw. während einer Sendung kann sogar innerhalb weniger Stunden bis Minuten über die Heraus- oder Hereinnahme eines Produktes entschieden werden. Dies erlaubt eine überaus schnelle Reaktion auf Nachfrageschwankungen und Umfeldbedingungen, stellt aber zugleich eine Herausforderung für den Produktionsablauf dar. [Vgl. GRUNINGER-HERMANN 1999, S. 91 f.]

Im Folgenden sollen die wichtigsten Merkmale, Anforderungen und Determinanten der Planung von Verkaufsprogrammen angesprochen und ggf. Schlüsse daraus gezogen werden. Ausführlicher hat sich mit dem Problem der Programm- und Sendungsplanung im Teleshopping GRUNINGER-HERMANN (1999) auseinandergesetzt, der in diesem Zusammenhang u. a. den Einfluss von Tageszeit und Wochentag auf den Absatz empirisch untersucht und darüber hinaus mathematische Modelle für die Abhängigkeiten zwischen Ausstrahlungshäufigkeit eines Artikels und dessen Verkaufserfolg entwickelt hat [siehe ebd., insbesondere S. 234–267 sowie S. 273 ff.].

7.3.1 Teleshopping-Nutzung im Zeitverlauf

Konkrete Aussagen zu den Zuschauerreichweiten der deutschen Teleshopping-Sender, insbesondere gegliedert nach Zeitabschnitten, lassen sich nur bedingt treffen, da eine wesentliche Grundlage hierfür fehlt: Anders als für die Rundfunkprogramme erhebt die AGF/GfK-Fernsehforschung offiziell keine Reichweiten-Daten für die Teleshopping-Mediendienste. Es können daher nur anderweitige empirische Untersuchungen herangezogen werden, um die Zuschaueraktivitäten einschätzen zu können. Bis zu einem gewissen Grade lassen auch die Mediaplanungsdaten der Sender Rückschlüsse auf die Seherzahl im Wochen- und Tagesverlauf zu.

---

[139] Aufgrund der kurzen Vorlaufzeiten in der Programmplanung kann ein neues Produkt lt. Aussage von HSE 24 binnen 72 Stunden (gerechnet vom Wareneingang) in das Programm aufgenommen werden.

7.3.1.1 Einschaltverhalten und Zuschauerreichweite

Anhand der Werbe-Preisgruppenstruktur von HSE 24 ist – bezogen auf den (Wochen-) Tag – vor allem die klassische TV-Prime-Time als zuschauerstärkste Zeitschiene zu identifizieren, wie in der nachfolgenden Tabelle ersichtlich.[140] Bezogen auf die Woche als Ganzes liegt die Spitze der Teleshopping-Nutzung klar in den Nachmittagsstunden des Wochenendes, wobei Samstag und Sonntag insgesamt stark frequentiert sind.[141]

Tabelle 17: Preisgruppenstruktur für Werbespots bei HSE 24 (2005)

Uhrzeit	Mo	Di	Mi	Do	Fr	Sa	So
08:00	PG 2	PG 2	PG 2	PG 2	PG 2	PG 2	PG 3
09:00	PG 5	PG 5	PG 5	PG 5	PG 5	PG 3	PG 3
10:00	PG 2	PG 2	PG 2	PG 2	PG 2	PG 3	PG 3
11:00	PG 2	PG 2	PG 2	PG 2	PG 2	PG 4	PG 5
12:00	PG 2	PG 2	PG 2	PG 2	PG 2	PG 4	PG 5
13:00	PG 2	PG 2	PG 2	PG 2	PG 2	PG 4	PG 5
14:00	PG 2	PG 2	PG 2	PG 2	PG 2	PG 5	PG 5
15:00	PG 2	PG 2	PG 2	PG 2	PG 2	PG 5	PG 5
16:00	PG 2	PG 2	PG 2	PG 2	PG 2	PG 5	PG 5
17:00	PG 2	PG 2	PG 2	PG 2	PG 2	PG 5	PG 5
18:00	PG 2	PG 2	PG 2	PG 2	PG 2	PG 5	PG 5
19:00	PG 2	PG 2	PG 2	PG 2	PG 2	PG 5	PG 5
20:00	PG 3	PG 3	PG 3	PG 3	PG 3	PG 3	PG 3
21:00	PG 3	PG 3	PG 3	PG 3	PG 3	PG 3	PG 3
22:00	PG 3	PG 3	PG 3	PG 3	PG 3	PG 3	PG 3
23:00	PG 3	PG 3	PG 3	PG 3	PG 3	PG 3	PG 3
Preisgruppen: Spotpreise aufsteigend →	PG 1	PG 2	PG 3	PG 4	PG 5	PG 6	

Quelle: HSE 24 Mediadaten, Juli 2005

---

140 Die höchste Preisgruppe an den Wochentagen von 09.00 bis 10.00 Uhr rührt daher, dass HSE 24 um diese Zeit jeweils ein Programmfenster auf Sat.1 belegt.

141 Die Preisgruppenstruktur von RTL Shop ähnelt der von HSE 24 weitestgehend. Für QVC und 1-2-3.TV existieren entsprechende Daten nicht, da sie bislang keine Werbezeiten an Dritte verkaufen.

Die Ergebnisse einer Befragung von TNS Emnid im Auftrag von IP Deutschland aus dem Jahre 2002 zeichnen ein ähnliches Bild und bestätigen somit die auf Basis der Preisgruppenstruktur gezogenen Schlussfolgerungen. Demnach ist die Nutzungskurve von Teleshopping im Tagesverlauf der des Fernsehens insgesamt recht ähnlich. Am frühen Morgen und Vormittag verzeichnen die Verkaufssendungen jedoch, auch bedingt durch die Fensterprogramme auf reichweitenstarken Vollprogrammen, relativ deutliche Abweichungen nach oben.

Abbildung 47: Zuschauerreichweite von Teleshopping und TV allgemein im Tagesverlauf

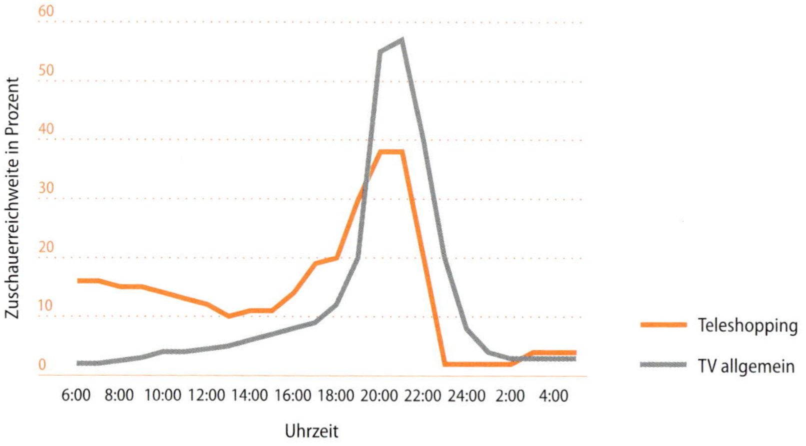

Reichweitenbasis: Teleshopping-Seher bzw. TV-Haushalte insgesamt
Quellen: IP Deutschland / TNS Emnid, 2002

Eine hohe Korrelation zwischen den Zuschauerreichweiten des Fernsehens allgemein und denen des Teleshopping liegt auf der Hand. Zurückzuführen ist dies u. a. auf Zapping-Effekte: Die Aussagen der Zuschauer zum Sehverhalten deuten darauf hin, dass die Teleshopping-Sender vor allem in der Prime Time sehr stark von Umschaltvorgängen, z. B. während der Werbepausen, profitieren. (Vgl. Abschnitt 5.4.1)

Zu beachten ist hierbei stets, dass sich die dargestellten Teleshopping-Nutzungsverläufe allein auf die Zahl der Zuschauer beziehen – nicht zwangsläufig auch auf die Bestellaktivität. So spricht GRUNINGER-HERMANN (1999) nach einer empirischen Untersuchung der Abhängigkeit des Waren-Absatzes von Wochentag und Tageszeit zwar die herausgehobene Stellung des Sonntags an, allerdings erscheint der Samstag wie auch die frühen Vormittagsstunden unter der Woche weniger umsatzträchtig als erwartet. Mit Blick auf den Absatz ergeben sich nur relativ wenige Programmplätze, welche von vornherein als überdurchschnittlich gut einzustufen wären.[142] Vielmehr ist auf die Bedeutung einer sinnvollen Programmstrukturierung zu verweisen. [Vgl. ebd., S. 273 f.]

Eine solche Strukturierung kann beispielsweise nach den anzusprechenden Zielgruppen erfolgen, denn nicht nur die Zuschauerreichweiten insgesamt sind zeitlichen Schwankungen unterworfen, sondern zu beobachten ist vor allem auch ein *„unterschiedliche(s) Fernsehnutzungsverhalten bestimmter Zielgruppen im Zeitablauf"*, so dass je nach Wochentag bzw. Tageszeit die Präsentation einer Produktkategorie auf ein mehr oder weniger interessiertes Publikum stoßen wird [vgl. GRUNINGER-HERMANN 1999, S. 224/93].

7.3.1.2 Programmplatz- und Affinitätsfaktoren

Alle Datenströme, die mit der Nutzung des Teleshopping-Programms sowie mit dem Absatz von Produkten in Zusammenhang stehen, werden vom jeweiligen Sender in einem sog. *Data Warehouse*[143] gebündelt. Es entsteht so eine umfassende Datenbasis mit Informationen über Produktkategorien, Sendeplätze, einzelne Artikel, Bestelleingänge, Kundenstruktur etc., zwischen denen sich beliebige Bezüge herstellen lassen. So kann beispielsweise ermittelt werden, zu welchen Wochen- und Tageszeiten für ein bestimmtes Produkt eine besonders hohe Nachfrage besteht.

Das Data Warehouse stellt damit ein unverzichtbares Tool zur mittel- bis langfristigen Planung und Optimierung des Programmablaufs auf Basis tagesaktueller statistischer Daten dar. Eine wesentliche Aufgabe besteht dabei in der Erstellung von Abverkaufskurven für die einzelnen Warengruppen, aus denen das für die jeweiligen Produkte typische Bestellverhalten ablesbar ist. Eine Reihe von Fragen können so (nachträglich)[144] beantwortet werden:

---

142 Dies kommt auch in der Betrachtung der Programmplatzfaktoren im nachfolgenden Abschnitt 7.3.1.2 zum Ausdruck.
143 Siehe Begriffserläuterung im Anhang.
144 Dabei handelt es sich natürlich um die Analyse von Vergangenheitswerten, d. h. für zukünftige Sendungen und/oder Produkte können lediglich (fundierte) Prognosen erstellt werden. Darüber hinaus erfüllt das Data Warehouse weitere Aufgaben, z. B. die Abrechnung von Provisionen mit den regionalen Kabelnetzbetreibern anhand der Bestelladressen, die Zielgruppenselektion für Direktmarketing-Aktionen (siehe Abschnitt 7.8) usw.

- Wie lange muss ein Produkt präsentiert werden, bevor die erste Bestellung eingeht?
- Gibt es Anrufspitzen oder einen kontinuierlichen Bestelleingang?
- Bei welcher Präsentationsdauer ergibt sich das günstigste Verhältnis zwischen Sendekosten und Anzahl der Bestellungen?
- Wie oft lässt sich ein Produkt in den Programmablauf integrieren, bevor sich ein Burn-Out-Effekt einstellt?

Anhand der gesammelten Erfahrungswerte können alle zur Verfügung stehenden Programmplätze hinsichtlich ihrer Absatzstärke bewertet werden. Hierzu berechnet man allgemeine Programmplatzfaktoren, die nach Möglichkeit um verzerrende Einflüsse wie Sendungsformat und Moderator bereinigt sind. Faktor 1,0 repräsentiert dabei den Durchschnitt aller Programmplätze. Liegt der Wert darüber, so ist die entsprechende Sendestunde durch eine überdurchschnittliche Absatzstärke gekennzeichnet. Umgekehrt handelt es sich um einen „schlechteren" Programmplatz, wenn der Wert unter 1,0 liegt. Die nachfolgende Tabelle soll einen Eindruck von diesem einfachen Prinzip vermitteln: Dargestellt sind Programmplatzfaktoren eines typischen Wochentages. Diese basieren auf einer Analyse von HSE 24 aus dem Jahre 2001 und sind insofern exemplarisch zu verstehen.[145]

Tabelle 18: Programmplatzfaktoren an einem typischen Wochentag (2001, exemplarisch)

Programmplatzfaktoren für die einzelnen Sendestunden eines Freitags							
00:00	0,4	06:00	0,2	12:00	0,9	18:00	**1,7**
01:00	0,3	07:00	0,6	13:00	0,9	19:00	**2,0**
02:00	0,5	08:00	0,5	14:00	0,9	20:00	**1,3**
03:00	0,3	09:00	**1,2**	15:00	1,0	21:00	**1,2**
04:00	0,2	10:00	1,0	16:00	**1,2**	22:00	**1,1**
05:00	0,2	11:00	0,9	17:00	1,0	23:00	0,8
Sat.1-Fenster				Kabel 1-Fenster			

Quelle: HSE24/Strategische Analyse Palladio, März–Juli 2001
Programmplatzfaktor 1,0 entspricht dem Wochendurchschnitt
Fett gedruckt: Programmplätze mit überdurchschnittlichem Faktor (> 1,0)

---

[145] Die Ergebnisse der Analyse können an dieser Stelle nur auszugsweise dargestellt werden.

Es zeigt sich dabei im Allgemeinen, dass die Programmplatzfaktoren mit den in Abschnitt 7.3.1 angesprochenen Reichweiten-Schwankungen zwar in Zusammenhang stehen, d. h. dass sich vor allem für Sendestunden am Sonntagnachmittag oder auch in den werktäglichen Abendstunden eine generell überdurchschnittliche Wertigkeit ergibt. Der Zusammenhang ist allerdings weniger klar als erwartet. Dies bestätigt das bereits angesprochene Phänomen, dass eine hohe Reichweite nicht immer einen hohen Warenabsatz nach sich zieht.

In einem nächsten Schritt lassen sich für jede Produktkategorie bezogen auf die einzelnen Programmplätze Affinitätsfaktoren ermitteln, mit deren Hilfe schließlich eine möglichst Erfolg versprechende Aufteilung der verschiedenen Sendungstypen innerhalb des Wochen- bzw. Tagesprogramms vorgenommen werden kann. Ausgangspunkt hierfür ist die Erfahrung, dass es jeweils Sendezeiten gibt, die sich für bestimmte Produktkategorien besonders gut bzw. überhaupt nicht eignen. So kann bspw. die Präsentation von Küchengeräten in den frühen Morgenstunden trotz eines niedrigen Programmplatzfaktors sehr erfolgreich sein, während sich mit Heimwerkerbedarf auf diesen Sendeplätzen nur unterdurchschnittliche Umsätze generieren lassen. Die Affinitätsfaktoren können also von der allgemeinen Bewertung der Programmplätze deutlich abweichen, weil sie sich letztlich immer auf einzelne Zielgruppen beziehen, deren Sehverhalten, wie bereits angedeutet, ebenfalls im Zeitverlauf schwankt. Insbesondere Nischenprodukte, z. B. Sammlerpuppen, sind mitunter auf einem Sendeplatz mit (auf den ersten Blick) ungünstigem Programmplatzfaktor besser aufgehoben als auf einem allgemeinen Top-Sendeplatz.

7.3.2 Strategien der Programmstrukturierung

Aus den bis hierhin gewonnenen Erkenntnissen zu den zeitlichen Reichweiten- und Zielgruppen-Schwankungen folgt zwangsläufig, dass die Entscheidung der Programmplaner für einen Sendeplatz zugleich eine Entscheidung über die Zahl der potenziellen Kunden sowie die Zielgruppe einer Warenpräsentation impliziert.

Da eine prinzipielle Zielgruppenkonkurrenz zwischen Verkaufssendungen und anderen Programmen angenommen werden muss, ist die erste strategische Festlegung dahingehend zu treffen, ob die zuschauerbezogene Programmstrukturierung im Teleshopping *„gleichgerichtet, also in zeitlicher Überschneidung mit den Zielgruppen konkurrierender Sendungen oder zeitlich abgesetzt von den zu einem Sendezeitpunkt anvisierten Zielgruppen übriger Sender"* erfolgen soll [zit. nach GRUNINGER-HERMANN 1999, S. 93].

Die Frage ist insofern relativ eindeutig zu beantworten, als die in Abschnitt 7.3.1 angesprochenen Zapping-Effekte sich nur dann in Absatzsteigerungen niederschlagen können, wenn die dadurch gewonnenen Zuschauer auf für sie interessante Produkte stoßen – was klar für die erstere Strukturierungsvariante spricht.[146]

Hiervon ausgehend müssten im Teleshopping am Vormittag vor allem Schmuck und Mode für die Frau, zur Mittagszeit Küchenprodukte, am Vorabend größere Anschaffungen für die ganze Familie und am späteren Abend Elektronikartikel für den Mann angeboten werden. Eine solche stark vereinfachte Unterteilung, die auf der Annahme basiert, dass Frauen überwiegend vormittags bis nachmittags Verkaufssendungen konsumieren, Familien dagegen in der Access Prime und Männer in der Prime Time, wird von verschiedenen Analysen gestützt [vgl. hierzu KRUSE 1993, S. 312; GRUNINGER-HERMANN 1999, S. 279; AUTER/MOORE 1993, S. 426].

Hinsichtlich der Strukturierung ihrer Programme stehen für die Teleshopping-Anbieter wiederum prinzipiell zwei strategische Alternativen zur Auswahl [in Anlehnung an GRUNINGER-HERMANN 1999, S. 94]:

1. Es werden feste Sendeschienen eingeplant, wobei sich die präsentierten Produktkategorien nach der jeweils antizipierten Seherschaft richten. Hierbei steht eine relativ konstante Strukturierung des Programmtages bzw. der Programmwoche im Mittelpunkt; ein möglicherweise vorhandenes gezieltes Programmwahlverhalten der Zuschauer wird somit unterstützt. Postuliert man einen „geregelten" Tagesablauf bei den meisten Sehern, so entsteht ein *Serien-Effekt,* welcher deren Bindung an einzelne Sendungen bzw. Moderatoren verstärkt [vgl. auch GRANT et al. 1991, S. 794 f.]. Diese Programmplanungsstrategie ist am ehesten mit dem beschriebenen Zielgruppenmodell vereinbar.
2. Die Sendungen werden nach einer weitgehend variablen Struktur aneinandergereiht, wodurch ein im Zeitablauf von Tag zu Tag sehr abwechslungsreiches Programm entsteht. Grundüberlegung ist, dass die Zuschauer im Teleshopping in der Regel nicht bewusst nach bestimmten Produkten suchen, sondern dass

---

146 Zur gleichen Einschätzung trägt ferner bei, dass Männer in stärkerem Maße zappen als Frauen (vgl. z. B. W&V Online vom 04.07.03: „Zappen wird Volkssport"). Betrachtet man das abendliche Fernsehprogramm als eher „Männer-orientiert", so wären demzufolge die Zapping-Effekte in der Prime Time besonders stark, was wiederum für Teleshopping-Sendungen mit „Männer-Produkten" um diese Zeit spräche.

sie stattdessen generell interessante Produktpräsentationen sehen und/oder sich unterhalten lassen möchten [vgl. ebenfalls GRANT et al. 1991, S. 795]. Der Überraschungseffekt kann dabei unter dem Blickwinkel des Impulskaufs sogar absatzfördernd wirken (vgl. auch Abschnitt 4.1.1). Diese Variante scheint auf den ersten Blick gegen eine zeitlich differenzierte Zielgruppenorientierung zu sprechen – wobei die Rotation aber durchaus eine gewisse Steuerung erfahren kann.

In der Praxis ist kaum ein festes Sendeschema oder auch nur eine signifikante Häufung einzelner Themenkomplexe auf bestimmten Programmplätzen im Sinne der Variante 1 erkennbar. Feste Programmpläne, wie von GRUNINGER-HERMANN (1999) beispielhaft vorgeschlagen [vgl. ebd., S. 280], finden sich bei den bestehenden Sender nur in sehr spezifischen Bereichen für angestammte (kleine) Zielgruppen – bspw. für Sammler von Künstlerpuppen oder Münzen. Stattdessen setzen alle Anbieter klar auf eine Rotation der verschiedenen Produktkategorien im Wochen- und Tagesverlauf nach den Überlegungen der Variante 2. Offenbar hat sich also im Mix aus Zuschaueransprache, Absatzorientierung und notwendiger Flexibilität die variable Programmstruktur, bei der sichergestellt ist, dass praktisch jede Warengruppe zu jeder Tageszeit einmal gezeigt wird, am besten bewährt.[147] Die im vorangegangenen Abschnitt angesprochenen Programmplatz- und Affinitätsfaktoren sind insofern zwar nützlich, um den Nachfrageverlauf zu prognostizieren, spielen aber keine allein entscheidende Rolle bei der Programmplanung.[148]

Dennoch wird die Rotation der Sendungen mit System geplant. Dies zeigt sich bei HSE 24 und QVC in der Verteilung derjenigen Verkaufsshows, die sich vorrangig an Männer richten. Hierzu sind Produktkategorien wie Elektronik/Technik, Haus & Garten und Heimwerken zu zählen. Auf beiden Sendern werden die entsprechenden Warengruppen überwiegend nachmittags und abends bzw. am Wochenende präsentiert, d.h. zu Zeiten, die vermutlich relativ stark von männlichen Zuschauern frequentiert sind.

---

147   Trotzdem gibt es einzelne Produktkategorien, die nur zu bestimmten Zeiten ausgestrahlt werden. Bei HSE 24 betrifft dies z. B. Verkaufssendungen zum Thema Auto & Motorrad, die sich stets in den späteren Abendstunden finden.

148   Anstatt die Planung nur an diesen Faktoren auszurichten, berücksichtigen die Sender auch Aspekte wie die interessante Programmgestaltung, die Liefersituation einzelner Produkte usw.

7.3.3 Audience Flow und Product Flow

Der Audience Flow dient in der klassischen TV-Wirtschaft als ein Maß für die „Kundenbindung" innerhalb des Programms. Dazu wird *„die identische Seherschaft aufeinander folgender Sendungen eines Programms berechnet, also welcher Anteil der Seherschaft einer untersuchten Sendung von der vorhergehenden übernommen oder an die anschließende Sendung weitergegeben werden konnte."*[149]

Auch im Teleshopping besteht eines der wichtigsten Ziele der Programmplanung darin, möglichst viele Zuschauer im Programmablauf von einer Verkaufsshow zur nachfolgenden „mitzunehmen", weil dadurch die Bindung an den Sender ebenso wächst wie die Chancen auf den erfolgreichen Abschluss einer Transaktion. Da der Übergang zwischen zwei Sendungen in der Regel einher geht mit einem Wechsel der Produktkategorie, steht der Audience Flow in einem Verkaufsprogramm in engem Zusammenhang mit dem „Product Flow".

Grundüberlegung ist, dass die Abfolge der Produktkategorien im Programm möglichst wenige Brüche aufweisen sollte, d.h. dass Produkte in aufeinander folgenden Sendungen thematisch zueinander passen oder sich ergänzen sollten. Die Verbundbeziehungen zwischen den Artikeln können dabei unterschiedlicher Natur sein.[150] Die innerhalb der Teleshopping-Sendungen nachgebildeten Lebensbereiche wie Küche, Bad, Garten etc. simulieren jeweils unterschiedliche Gebrauchs- und Verwendungssituationen, woraus sich ein hervorragendes Umfeld zur Schaffung von Produktwelten aus komplementären Artikeln bietet. Es erscheint naheliegend und sinnvoll, *„die Artikel, die simultan oder sukzessiv verwendet werden, im Verbund (zu) präsentieren, so dass sie auch im Verbund gekauft werden"*. [Vgl. GRUNINGER-HERMANN 1999, S.87; zit. nach ebd., S.89]

Diese Überlegungen werden vor allem von QVC konsequent umgesetzt, indem als komplementär bzw. verwandt einzustufende Produktkategorien häufig zusammen als ein Block im Programmablauf auftreten, z.B.:

- Schmuck/Mode/Kosmetik,
- Sport/Fitness/Wellness,

---

149 Zitiert nach *„Media ABC – Das kompakte Nachschlagewerk"*, Informationsmaterial der SevenOne Media.
150 GRUNINGER-HERMANN (1999) unterscheidet Bedarfsverbund, Sortiments-, Nachfrage- oder Kaufverbund sowie Verwendungsverbund [vgl. ebd., S.86].

- Haushaltshelfer/Do-It-Yourself,
- Kochen/Reinigungsmittel,
- Elektronik/Computer/Büroartikel.

Eine Berücksichtigung des Product Flow bringt zwar kleinere Einschränkungen hinsichtlich der flexiblen Programmzusammenstellung mit sich, dafür aber auch Vorteile im Live-Produktionsbetrieb. So lassen sich die verschiedenen Produktkategorien eines Themenblocks, z. B. Schmuck und Kosmetik, oftmals im gleichen Set des Studios präsentieren, wodurch ein Wechsel der Aufnahmeposition für Moderator und Technik nicht notwendig ist. Ebenso kann die Kleidung des Moderators beim Übergang zwischen ähnlichen Produktkategorien beibehalten werden.

7.3.4 Programm-Events

Wie bei den klassischen TV-Programmen ist auch bei den Teleshopping-Anbietern eine zunehmende Orientierung in Richtung von Programm-Events bzw. themenbezogenen Specials zu beobachten. Dabei werden im Tages- und Wochenablauf größere Themenblöcke platziert, die sich zumeist auf eine bestimmte Produktkategorie oder Marke beziehen. Denkbar sind aber auch Ereignisse, die dem Zuschauer das Programm bzw. Sortiment eines Senders insgesamt näher bringen sollen, wie bspw. Aktionen zum Sendegeburtstag. Ebenso sind Jahrestage von bestimmten Sendungen sowie Themenwochen mit Schwerpunkt auf jeweils einer Produktkategorie Ausdruck einer Event-Orientierung. Gelegentlich werden auch ganze Sendetage zum Event, so z. B. bei der Aktion *„Weihnachten im Juli"* auf QVC.

Die Aktionen werden in besonderer Weise beworben und strahlen hierbei auch auf andere Medien aus, speziell auf das Internet und ggf. die Kundenzeitschrift. Damit lässt sich beim Publikum Spannung aufbauen und eine erhöhte Aufmerksamkeit für die entsprechenden Sendungen erreichen. Sinnvoll ist der Einsatz von Programm-Events vor allem im Rahmen von Produkteinführungen, bei (Premieren-)Sendungen mit prominenten Testimonials sowie zur allgemeinen Imagebildung.

7.4 Live-Produktion: Erfolgsfaktor Flexibilität

7.4.1 Steuerung des laufenden Programms

Neben der Programmstrukturierung auf Basis von statistischen Werten aus der Vergangenheit, die eine der Live-Produktion vorgelagerte Planungskomponente darstellt, spielt für den effizienten Produktvertrieb via TV die Möglichkeit der unmittelbaren Erfolgskontrolle während des laufenden Programms eine wichtige Rolle: Über eine direkte Anbindung der Regie an das Warenwirtschaftssystem fließen die Daten über den tatsächlichen gegenwärtigen Absatzverlauf in Echtzeit in die Sendungsgestaltung ein. Die Anruf- und Abverkaufszahlen dienen dabei als wesentliche Steuergröße für die Regie und die Moderation, weil anhand der Zuschauerreaktion die absatzwirksamsten Bild-Einstellungen und/oder Verkaufsargumente identifiziert und ggf. wiederholt bzw. vertieft werden können. Zu diesem Zweck wird der Producer während einer Sendung ständig mittels Monitor über den Verlauf des Abverkaufs (Plan und Soll), die verfügbare Restmenge des jeweiligen Artikels und die aktuelle Anrufsituation im Call Center informiert. Er richtet hieran die Reihenfolge, die Zeitdauer und den Aufbau der einzelnen Produktpräsentationen aus. Bei unerwartet schlechtem Absatzverlauf kann so mit Vorlauf von wenigen Sekunden innerhalb einer Sendung über die Herausnahme eines Artikels und die alternative Präsentation eines anderen Artikels entschieden werden. Hierfür wird ggf. auf eine Artikelreserve zurückgegriffen, d. h. auf passende, lieferfähige Produkte, die für die jeweilige Verkaufsshow nicht fest eingeplant sind.[151]

Tabelle 19: Beispiel für Live-Informationen zum Produkt-Abverkauf (exemplarisch)

Produkt	On Air Minuten	VK-Preis (Euro)	Bestand	Verkauft	FS gesamt (Euro)	FS/Min. (Euro)	Plan FS gesamt (Euro)	Plan FS/Min. (Euro)	Plan Minuten
Jacke	3:16	49,98	188	112	5.597,76	1.711,85	4.309,00	1.436,33	3:00
Pullover	2:09	34,99	13	177	5.338,32	2.482,93	3.016,00	1.005,33	3:00
Hose	6:36	84,99	78	158	11.576,66	1.754,03	7.327,00	1.831,75	4:00

Quelle: HSE24/Goldmedia; Werte exemplarisch, FS = Floor Sales (Abverkauf)

---

[151] Der Producer hat außerdem jederzeit Zugriff auf globale Informationen, insbesondere auf den Gesamtumsatz (Plan und Soll) der laufenden Show bzw. des gesamten Sendetages sowie den jeweils zur Zielerreichung verbleibenden Restumsatz.

Die Daten aus dem Warenwirtschaftssystem finden aber nicht nur auf der Produktionsseite ihren Niederschlag, sondern werden nach dem Prinzip der *External Negative Messages* auch eingesetzt, um das Bestellverhalten der Zuschauer kurzfristig zu beeinflussen: Die häufig praktizierte Einblendung von Rest-Stückzahlen oder der Anzahl der für einen Artikel bereits eingegangenen Bestellungen während der Produktpräsentation wird vom Zuschauer als wichtiger Hinweis wahrgenommen: Je länger er mit seiner Kaufentscheidung wartet, umso geringer ist die Wahrscheinlichkeit, dass er bei einer Bestellung noch zum Zuge kommt.[152] Die Entscheidung für eine Transaktion im Sinne der Angebotsannahme soll damit begünstigt werden. Andererseits wirken Einblendungen, die darauf hinweisen, dass ein Artikel „ausverkauft" ist, als sog. *Aversion Stimulus*, d. h. gewissermaßen als „Belehrung" für diejenigen, die nicht rechtzeitig bestellt haben.[153] [Vgl. AUTER/MOORE 1993, S. 428]

Darüber hinaus stärken die Einblendungen auch das Gemeinschaftsgefühl der Zuschauer, indem trotz der individuellen Nutzungssituation für jedermann ersichtlich ist, dass zur gleichen Zeit auch andere Menschen sich mit der Produktpräsentation befassen – und wie viele dieser „Mitstreiter" das Produkt bereits gekauft haben.

Dynamisch in das Fernsehbild eingeblendete Informationen können also zusätzliche Kaufanreize schaffen; sie können ferner aber auch kritische Momente des Nachfrageverlaufs entschärfen, da sie – mit nur geringer Zeitverzögerung – direkt spürbare Auswirkungen auf das Anrufaufkommen haben. So werden beispielsweise bei Überlastung der Call Center in Form eines Laufbandes Wartehinweise oder Informationen zur Nutzung elektronischer Bestellsysteme ausgestrahlt, der Hinweis „*Ausverkauft!*" reduziert die Zahl unnötiger – weil nicht zu erfüllender – Bestelleingänge usw.

---

152 AUTER/MOORE (1993) unterscheiden drei Arten von Botschaften bei Verkaufssendungen. Neben den beschriebenen *External Negative Messages* gibt es demnach *External Positive Messages* (z. B. Belohnungen und Versprechen, die sich auf den Erwerb des Produktes beziehen) und *Internal Messages* (z. B. Expertise des Moderators, Informationen zum Produkt bzw. zu Bestellmöglichkeiten). Grundlage dieses Modells ist die Theorie des *Locus of Control*, wonach manche Menschen ihr Schicksal (also auch Kaufentscheidungen) als von äußeren Einflüssen gesteuert betrachten *(Externals)*, andere dagegen die Kontrolle über ihr Schicksal bei sich selbst sehen *(Internals)*. [Vgl. ebd., S. 426 ff.]

153 Entgegen der Einschätzung von Skeptikern, derartige Einblendungen seien frei erfunden, entsprechen die kommunizierten Zahlen tatsächlich der Wahrheit. Darauf deuten auch Testanrufe bei den Bestellhotlines hin: Die Aufgabe von Bestellungen für als „ausverkauft" markierte Artikel war in keinem Falle möglich. Hierzu ist anzumerken, dass die Einblendung unwahrer Informationen rechtlich als irreführende Werbung zu gelten hätte, weil dadurch beim Verbraucher falsche Vorstellungen über die Nachfrage geweckt würden [vgl. RUPPERT 1999, S. 180 f.].

7.4.2 Showablauf

Die flexible Steuerung der laufenden Verkaufssendungen stützt sich auf verschiedene Elemente, die im Verlauf einer solchen Show grundlegend zu finden sind. Im Folgenden soll die programmliche Struktur einer Teleshopping-Sendung exemplarisch anhand eines von HSE 24 entwickelten Schemas dargestellt werden.

Prinzipiell belegen die Teleshopping-Sender mit einem Themenbereich, also einer in sich geschlossenen Verkaufssendung, jeweils eine oder mehrere volle Sendestunden. Dieses ungeschriebene Gesetz ermöglicht auch dem sporadischen Zuschauer sofort eine einfache Orientierung, da mit jeder vollen Stunde ein neuer Programmabschnitt beginnt. Die Sendestunde ist unterteilt in drei jeweils ca. zwanzigminütige Segmente, die durch kurze Breaks voneinander getrennt sind, aber jeweils an bestimmten Punkten aufeinander Bezug nehmen.

Abbildung 48: Showablauf im Teleshopping (schematisch)

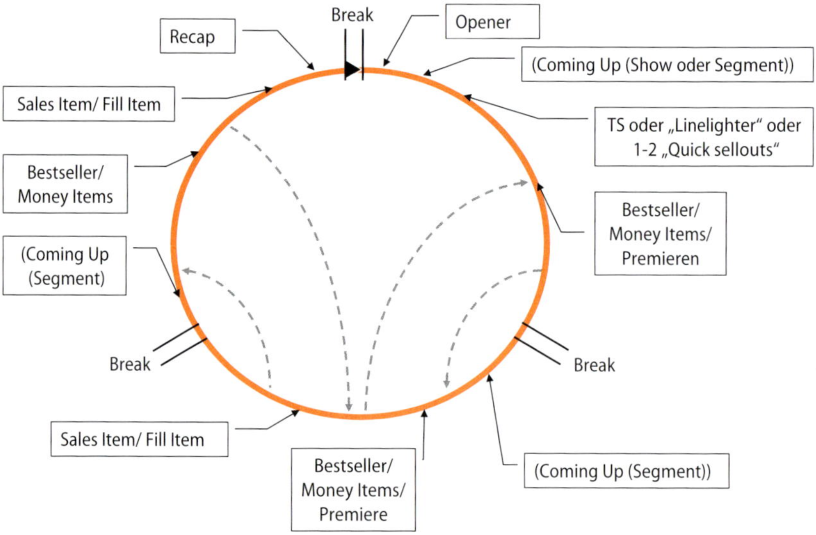

Quelle: HSE 24

Jede Programmstunde beginnt mit einem (vorproduzierten) Opener, in dem das Thema der jeweiligen Sendung vorgestellt wird. Unmittelbar nach dem Opener wird eine Vorschau der im folgenden Segment bzw. der gesamten Sendung zu präsentierenden Kernprodukte gezeigt, so dass der Zuschauer sich hierauf einstellen kann. Eine solche Vorschau für die jeweils folgenden zwanzig Minuten gibt es nach jedem Break.

Die Live-Präsentation startet in der Regel mit Top-Seller-Produkten oder so genannten *Linelightern,* die in besonderem Maße das Thema bzw. den „roten Faden" der gesamten Show verkörpern, und die deshalb für den Einstieg besonders geeignet sind, Alternativ können auch zunächst ein bis zwei so genannte *Quick Sellouts* präsentiert werden – Produkte, die leicht eingängig sind und schnell auf eine Nachfrage treffen –, um gleich zu Beginn einen ersten Umsatzschub zu generieren und eine Dynamik in der Verkaufssendung zu erreichen, die sich auch auf den Zuschauer überträgt.

Der größte Sendezeit-Anteil wird in den einzelnen Segmenten genutzt für die laut Absatzplanung fest vorgesehenen Artikel *(Money Items, Bestseller)* sowie – mit Ausnahme des letzten Segments – für Produktpremieren, die intensiv und wiederholt vorgestellt werden müssen. Daneben ist in Segment 2 und 3 Raum für *Sales Items* bzw. *Fill Items* vorgesehen. Erstere sind Artikel, die bereits vorgestellt wurden, bei denen das Abverkaufsziel aber noch nicht vollständig erreicht ist. Diese werden entsprechend mit zusätzlicher Präsentationszeit gepusht. *Fill Items* werden dagegen eingesetzt, wenn andere, eingeplante Produkte früher als erwartet ausverkauft sind, so dass eine zeitliche Lücke entsteht – oder aber als Reserve, wenn ein Artikel in der Sendung offenbar keine ausreichende Nachfrage findet und aus der Präsentation herausgenommen werden muss.

Die Verkaufssendung schließt mit einem sog. *Recap:* Hier werden die in der zurückliegenden Stunde präsentierten Produkte noch einmal im Schnelldurchlauf mit den entsprechenden Bestellinformationen gezeigt. Zuschauer, die später eingeschaltet haben oder sich im Laufe der Sendung noch nicht zu einer Bestellung entschließen konnten, erhalten so gewissermaßen eine „zweite Chance".

7.4.3 Vorteile des Live-Betriebs

Es liegt nahe, dass die bis hierhin beschriebenen Instrumente zur Steuerung und Optimierung des Nachfrageverlaufs während einer Sendung praktisch nur im Rahmen von Live-Produktionen eingesetzt werden können. Zwar wird bei der Vorproduktion nur das reine Studiobild aufgenommen und die (dynamischen) Einblendungen werden erst bei der Ausstrahlung hinzugefügt, allerdings kann dadurch die Moderation nicht auf diese zusätzlichen Informationen Bezug nehmen. Außerdem besteht keine Möglichkeit, auf Abweichungen des bei der Programmplanung prognostizierten Kundenverhaltens zu reagieren: Ist z. B. ein Produkt schneller als erwartet ausverkauft, kann bei einer vorproduzierten Sendung nicht direkt zum nächsten Produkt übergegangen werden.

Hier kommen die enormen Vorteile der Live-Produktion gegenüber der Aufzeichnung zum Tragen: Das Zusammenspiel aus hoher Angebotsflexibilität und authentischer und menschlicher Warenpräsentation nahe am Zuschauer schafft eine optimale Verkaufsatmosphäre und ermöglicht eine sehr effiziente Absatzsteuerung. Prinzipiell können daher die langfristigen Erfolgsaussichten eines Teleshopping-Senders als umso höher eingeschätzt werden, je größer der Anteil der Live-Sendezeit am Gesamtprogramm ist.

Wenngleich (bei alleiniger Absatz-Orientierung) ein 24stündiger Live-Betrieb im Teleshopping das Optimum darstellen würde, kann sich aus der Kosten-/Nutzen-Rechnung auch die Notwendigkeit ergeben, in den zuschauerschwachen Nachtzeiten auf vorproduzierte Programmteile zurückzugreifen.[154] Dabei ist der naheliegendste und pragmatischste Ansatz der, Sendungen aus dem Tagesprogramm (bzw. einen Zusammenschnitt derselben) zu wiederholen, wobei lediglich die Abverkaufsinformationen live eingefügt werden.[155] Der Live-Anteil liegt bei den deutschen Teleshopping-Sendern zwischen 8 und 24 Stunden, der Live-on-Tape-Betrieb umfasst damit bis zu 16 Stunden, wobei teilweise auch Infomercials anstelle von Eigenprogramm ausgestrahlt werden.

7.5 Programmgestaltung

7.5.1 Themenwelten

Die Universalität der klassischen Teleshopping-Sender bezüglich ihrer Produktsortimente macht im Studio den Einsatz von mehreren Produktions-Sets unumgänglich, um für die einzelnen Produktkategorien jeweils ein geeignetes Umfeld zu schaffen. So werden verschiedene Lebensbereiche von der Küche bis zur Hobbywerkstatt nachgebildet, die eine effektvolle und glaubwürdige Präsentation und Demonstration der jeweiligen

---

[154] Die Produktion einer Stunde Teleshopping kostet ca. 1.500 bis 2.500 Euro. Schwierigkeiten ergeben sich beim 24-Stunden-Betrieb auch aus den arbeitsrechtlichen Vorgaben zur Länge der einzelnen Schichten. Drei Schichten á acht Stunden reichen hier nicht aus, da jeweils eine Übergabe stattfinden muss.

[155] Diese Art der Wiederholung von Verkaufssendungen wird als *Rerun* bezeichnet.

Produkte ermöglichen. Damit einher geht die Notwendigkeit relativ großer Studios, in denen die Sets fertig aufgebaut und günstig angeordnet werden können.[156]

Am konsequentesten baut der Anbieter QVC sein Programm auf Themenwelten auf – das gestalterische Konzept wurde weitgehend von der amerikanischen Muttergesellschaft übernommen: Die Sets im Studio stellen die einzelnen Zimmer eines Einfamilienhauses dar und sind lebensnah und beständig eingerichtet. Der Zuschauer soll dadurch ein „Zuhause-Gefühl" und eine entsprechende Vertrautheit entwickeln, die gewissermaßen einem Besuch bei guten Freunden nahe kommt.

Abbildung 49: Thematische Sets (Schlafzimmer/Wohnbereich) in den Studios von QVC Dtl.

Quelle: QVC Deutschland

Innerhalb der einzelnen Produktions-Sets müssen Teleshopping-Sender eine hohe Flexibilität gewährleisten, um den Besonderheiten der jeweiligen Produkte Rechnung zu tragen.[157] Die Sets sind daher so variabel zu gestalten, dass sehr schnell und mit geringem Aufwand Anpassungen vorgenommen werden können. Maßgabe ist der reibungslose Wechsel zwischen verschiedenen Themenwelten auch im Live-Betrieb,

---

[156] HSE 24 und QVC arbeiten bei der Produktion mit acht bzw. zehn variablen Sets. Die Studio-Nutzflächen liegen bei 750, bei QVC sogar über 800 qm. Die Sets sind entweder in Linie angeordnet – was z. B. die Einbindung von Studiopublikum ermöglicht – oder im Kreis um die Kameras herum, so dass im laufenden Betrieb innerhalb kürzester Zeit die Position gewechselt werden kann.

[157] Die Anforderungen an den Präsentationsbereich können auch bei Artikeln ein und derselben Themenwelt sehr verschieden sein. So ist ein Bademantel grundlegend anders im „Badezimmer" zu präsentieren als ein Rohrreiniger – im ersten Falle kommt es auf die Eleganz an, im zweiten muss die Einrichtung beweglich und zerlegbar sein, um die Wirkungsweise des Produkts erklären und mit der Kamera nachvollziehen zu können.

d. h. die Einrichtung eines Sets unmittelbar vor der Sendung (z. B. Positionierung von Requisiten) muss ohne Beeinträchtigung angrenzender Sets möglich sein. Zwischen zwei Sendungen wird dann gewechselt, indem ein Trailer gefahren wird, währenddessen sich Kameras und Moderator am nächsten vorbereiteten Set positionieren.

Aus Kostengründen und eingedenk der Idee des „Zuhause-Einkaufs" werden von allen vier Teleshopping-Sendern in Deutschland Warenpräsentationen fast ausschließlich im Studio produziert.[158] Um einen besonders authentischen Themenbezug herzustellen, kann allerdings auch ein Dreh *on location* in Betracht kommen. Dazu schreibt GRUNINGER-HERMANN (1999): *„Bei Außenaufnahmen können (…) emotional besonders aufgeladene Bilder entstehen, wenn z. B. Freizeitartikel beim Spielen am Meer oder Schmuck in den belebten Straßen einer Metropole präsentiert werden."* [Zit. nach ebd., S. 45]

7.5.2 Dramaturgie, Bild und Moderation

Die Präsentationsdramaturgie im Teleshopping lässt sich sehr einfach beschreiben mit der 4-P-Regel, die angelehnt ist an das für jegliche Werbebotschaften grundlegende AIDA[159]-Prinzip:

1. Picture: Produkt und ggf. dessen Funktionen zeigen
2. Promise: Leistungsversprechen für das Produkt abgeben
3. Proof: Gegebenes Versprechen durch geeignete Mittel (z. B. Vorher-Nachher-Bilder) belegen
4. Push: Zuschauer zum Kauf motivieren

Grundsätzlich spielen hierbei natürlich Bild und Ton als elementare Gestaltungsmerkmale eine wesentliche Rolle: Sie sind für den Verkaufserfolg im Teleshopping ähnlich wichtig, wie die Ladengestaltung und Warenpräsentation im stationären Einzelhandel. Auf der nächsthöheren Ebene kommt der Moderation bzw. dem glaubwürdigen und kompetenten Zusammenspiel der Präsentatoren außerordentliche Bedeutung zu.

---

158 Dies schließt aber durchaus die Möglichkeit von Außenproduktionen (auf dem Studiogelände) ein. So nutzt bspw. HSE 24 ein Außenset, um Gartengeräte und andere Saisonartikel umfeldgerecht zu präsentieren.

159 Attention: Aufmerksamkeit erregen / Interest: Interesse wecken und aufrecht erhalten / Desire: Kaufwunsch erzeugen und verstärken / Action: Kauf des Produktes ermöglichen

Ausgangspunkt für die gelungene Bildgestaltung eines Teleshopping-Programms ist – wie bei allen Studioproduktionen – die Ausstattung der Sets und Kulissen, d. h. z. B. deren Farbgebung, Möblierung und lebensnahe Dekoration. In diesem Zusammenhang ist auch die räumliche Tiefe der Sets hervorzuheben, die grundlegend ist für einen interessanten Bildaufbau mit mehreren Ebenen. Durch Kamerafahrten, Handkamera, variable Lichtstimmungen u. dgl. wirkt das aufgenommene Bild facettenreich und bekommt eine hochwertige Anmutung.[160]

Hinsichtlich der Bildzusammenstellung nehmen bei Verkaufssendungen die Präsentationstätigkeit des Moderators und/oder Testimonials sowie die sog. *Pack-Shots*, d. h. besonders ausgeleuchtete Großaufnahmen des gerade präsentierten Produktes, den größten Anteil an der Sendezeit ein. Hinzu kommen die ständig in Form einer Maske eingeblendeten Produkt- und Bestellinformationen, welche um dynamische Elemente wie Laufbänder (Crawls) und Pop-Ups, z. B. mit Hinweisen zur Artikel-Verfügbarkeit, erweitert sein können. Die Gestaltung und Funktionalität des On-Air-Designs entscheidet mit über die Anmutung des Gesamtangebotes: Wichtige Informationen wie Artikelnummer, Preis und Bestell-Hotline sollen auf einen Blick erfassbar sein, dabei darf das Kamerabild aber nicht in den Hintergrund gedrängt werden (siehe auch Screenshots der Sender in Abschnitt 3.3).[161]

Schließlich sollte „der Gestaltung der musikalischen Elemente auch beim TV-Shopping besondere Beachtung geschenkt werden" [zit. nach GRUNINGER-HERMANN 1999, S. 48]. Im stationären Handel wird Musik ganz gezielt eingesetzt, um Besucher psychisch zu aktivieren und zu stimulieren. Sie kann darüber hinaus auch imagebildend wirken und – z. B. in Form einer Kennmelodie – die Wiedererkennung stärken.

In der durch Bild und Ton determinierten Teleshopping-Umgebung ist es nun Aufgabe der Moderation, die 4-P-Regel erfolgreich umzusetzen. Dafür essentiell ist der

---

160 Um dies zu ermöglichen, ist im Teleshopping eine Setgröße von etwa 50 bis 75 m² sinnvoll. Zu kleine Sets geben dem Bild einen flachen, unrealistischen Charakter, erschweren die stimmungsvolle Lichtsetzung und erlauben den Protagonisten nur sehr eingeschränkt die Interaktion mit der Umgebung. Die Besonderheiten der einzelnen Produktgruppen sind natürlich zu berücksichtigen – Schmuck bspw. erfordert weniger Handlung und Aktion in der Präsentation als Fitnessgeräte.

161 Zur Unterstützung der Warenpräsentation und zur Auflockerung des Programms können ggf. Zuspieler zum Einsatz kommen. Vorproduzierte Clips, die zum Teil von den Produktherstellern geliefert werden, sind insbesondere dann sinnvoll, wenn eine (effektvolle) Präsentation im Studio bzw. im Live-Betrieb nicht möglich ist oder zu aufwändig wäre. Ähnlich programmbereichernde Wirkung kann der bereits angesprochene Dreh *on location* – live oder aufgezeichnet – haben.

Aufbau einer engen Beziehung zum Zuschauer, der sich jeweils individuell angesprochen fühlen soll.[162] Die besondere Nähe zwischen (potenziellem) Kunden und Verkaufsperson, die ihren Ausdruck in parasozialen Interaktionen findet, wurde bereits in Abschnitt 4.2 als eines der Erfolgsgeheimnisse des Teleshopping identifiziert: Der Moderator agiert als ein Freund, der zum Small Talk aufgelegt ist[163] und praktisch „nebenbei" viele gute Produkte empfiehlt[164] [vgl. AUTER/MOORE 1993, S. 425]. In Zusammenhang hiermit steht das Wohlfühlen und „Mitgenommen-Werden", das auf Seiten des Zuschauers als ein bedeutender Nutzen des Teleshopping, z. B. gegenüber dem eher von Rationalität geprägten Online-Shopping, wahrgenommen wird.

Um diesen Effekt noch zu verstärken, wird in aller Regel mit zwei Präsentatoren vor der Kamera gearbeitet, so dass der Zuschauer in ein für Teleshopping typisches Beziehungsdreieck eingebunden wird. Von diesen Personen schlüpft eine in die Rolle des Experten, der das Produkt offensiv anpreist – oftmals ein Vertreter der Herstellerfirma, der gewissermaßen als „lebendige Gebrauchsanweisung" das Produkt in- und auswendig kennt. Der Moderator als zweiter Beteiligter stellt als Vertrauensperson die Verbindung zum Fernsehpublikum her, indem er an dessen Stelle eine prüfende Haltung einnimmt, Fragen stellt und z. B. haptische oder olfaktorische Eigenschaften des Artikels beschreibt.[165] Er soll also einen vollständigen Eindruck des Produktes wirkungsvoll zum Zuschauer transportieren; dieser soll sich durch die Anwesenheit eines „Vermittlers" repräsentiert und seriös informiert fühlen. Auf diese Weise kann ein Stück weit dem

---

162 Entsprechend äußert sich auch GRUNINGER-HERMANN (1999), der darauf hinweist, dass die Kontaktaufnahme des Moderators beim Teleshopping in der Regel nicht an das Publikum als neutrale Masse gerichtet ist, sondern an den Zuschauer als Einzelperson [vgl. ebd., S. 59 ff.].

163 GRANT et al. (1991) umschreiben dies wie folgt: *„Hosts generally use a chatty style and directly address the audience. (…) In contrast to newscasters or serial characters … television shopping hosts continually urge their viewers to interact with them via telephone."* [Zit. nach GRANT et al. 1991, S. 781 f.]

164 Dieser Ansatz ist vergleichbar mit dem der „Verkaufs-Parties" auf die der Direktvertrieb von Unternehmen wie Tupperware und Partylight gründet.

165 Tatsächlich typisch ist dieses Beziehungsdreieck für klassische Teleshopping-Anbieter, allerdings gilt dies nicht zwangsläufig auch für Sender mit einem anders ausgerichteten Verkaufskonzept, wie bspw. 1-2-3.TV: Bedingt durch das relativ hohe Tempo und die geringe Stringenz in der Abfolge der Produktpräsentationen – meist existieren keine Sendungsschwerpunkte, sondern es werden nacheinander völlig unterschiedliche Produkte angeboten – findet hier in der Regel keine ausführliche Demonstration von Produkten wie im klassischen Teleshopping statt. Während bei HSE 24 und anderen z. B. Haushaltsgeräte live im Studio vorgeführt werden, beschränkt sich die Präsentation bei 1-2-3.TV oftmals auf die Nennung der Produktfeatures und die Motivierung der einzelnen Bieter. Entsprechend ist hier auch ein Dialog Moderator-Experte kaum zu finden.

Nachteil begegnet werden, dass der Zuschauer die Ware vor dem Kauf nicht selbst anfassen oder anderweitig begutachten kann.

Besonders wichtig ist dieses Wechselspiel bei erklärungsbedürftigen Produkten: Diese werden zuerst vom Experten vorgestellt. Anschließend bekommt der dem Zuschauer vertraute Moderator Gelegenheit, selbst zu demonstrieren, wie einfach die Handhabung des Produktes ist – und löst damit beim Zuschauer den ggf. kaufentscheidenden „Wow-Effekt" aus. Dabei ist lt. AUTER/MOORE die Ausgewogenheit von Interaktion der beiden Presenter *(Medium Interaction)* und Interaktion zwischen Moderator und Fernsehpublikum *(High Interaction)* ausschlaggebend für den Verkaufserfolg – die Rollenteilung im Studio darf bspw. nicht dazu führen, dass der Augenkontakt zum Zuschauer verloren geht [vgl. ebd., S. 433].

Häufig kommen im Teleshopping prominente Testimonials zum Einsatz, mit denen nicht selten besonders hohe Abverkaufszahlen erzielt werden können.[166] Die absatzfördernde Wirkung von Prominenten ist u. a. zu erklären mit dem Imagetransfer von der jeweiligen Person auf das Produkt bzw. die Marke. Diese(s) kann dadurch meist deutlich klarer charakterisiert werden, als es allein mit Worten oder Bildern möglich wäre. Zudem kann mit bekannten Persönlichkeiten Aufmerksamkeit in der Öffentlichkeit erzeugt werden, wovon im Idealfall Bekanntheit und Image des gesamten Programms profitieren.[167] Dies kann sich niederschlagen in einer verkürzten Vorlaufzeit für Erstbestellungen (siehe dazu Abschnitt 5.4.2.3), wenn bei Empfehlung durch einen Prominenten spontan Marken- bzw. Produktvertrauen aufgebaut wird. Nicht zuletzt sorgt ein hoher „VIP-Faktor" meist für eine Steigerung des Unterhaltungswertes (siehe dazu Abschnitt 7.5.4).

7.5.3 Call-Ins/Studiopublikum

Alle bestehenden Sender verfügen über die Möglichkeit, Anrufer direkt aus dem Call Center ins Studio durchzuschalten, und nutzen diese mehr oder weniger intensiv. Der anrufende Kunde fungiert dabei als zusätzliches, aus Sicht der übrigen Zuschauer unab-

---

[166] Genannt seien stellvertretend Christine Kaufmann und Udo Walz, die Produkte auf HSE 24 präsentieren. Die Pflegeserie *„Special Care"* von Christine Kaufmann generierte in der Premierensendung auf HSE 24 nach Senderangaben Stundenumsätze von über 100.000 Euro.

[167] So haben nicht zuletzt die Aktivitäten von (u. a.) Rudolph Moshammer auf HSE 24, Verona Feldbusch auf QVC und Susan Stahnke auf RTL Shop dem Teleshopping immer wieder bei einem breiten Publikum Aufmerksamkeit verschafft.

hängiges Testimonial, indem er in aller Regel über eigene positive Erfahrungen mit dem gerade präsentierten Produkt berichtet sowie die Ausführungen des Moderators bzw. des Experten bestätigt.

Auch hierin ist ein Instrument zu sehen, mit dem Nähe zum Zuschauer geschaffen werden kann: Ihm wird das Gefühl vermittelt, jederzeit mit den Verkaufspersonen in persönlichen Kontakt treten und/oder unmittelbar die eigene Meinung einbringen zu können – seine Erfahrungen oder auch seine Fragen werden berücksichtigt und er fühlt sich ernstgenommen. Dadurch entsteht eine *„freundliche, club-ähnliche Atmosphäre"*, ein Community-Gefühl [vgl. AUTER/MOORE 1993, S. 426].

Die Entscheidung darüber, wann und welche Anrufe in die Live-Sendung durchgeschaltet werden, fällt der Producer, eine Vorauswahl wird von den erfahrenen Mitarbeitern im Call Center getroffen. Aus den ständig am Produktionsort anliegenden Verbindungen kann je nach Bedarf ein geeigneter Anrufer herausgepickt werden – oftmals handelt es sich dabei um Stammkunden. Hat ein Anrufer Interesse, live ins Studio durchgestellt zu werden, wird zunächst seine Kauf- und Retourenhistorie überprüft. Zusätzlich führt der Producer meist ein kurzes „Sprecher-Casting" durch, um die Ernsthaftigkeit und Loyalität des jeweiligen Kandidaten sicherzustellen. Hierdurch soll auch die Gefahr minimiert werden, dass der Anrufer unerlaubte werbliche Aussagen zum Produkt trifft.[168]

Ähnlich wie Call-Ins ließe sich in Teleshopping-Sendungen prinzipiell auch Studiopublikum einbinden, welches den Gebrauchswert bzw. die einfache Bedienbarkeit der präsentierten Produkte direkt vor Ort unabhängig bestätigen könnte. Während dies in den USA häufig praktiziert wird[169], existieren in Deutschland bisher keine vergleichbaren Formate, obwohl die Sender z.T. durchaus über die technischen Möglichkeiten hierfür verfügen.[170] Einer der Gründe dafür ist in der Sicherstellung der rechtlichen

---

168 Die entsprechende Problematik wurde in Abschnitt 6.1.2 angesprochen, letztlich ist ihr aber auch über eine Vorab-Prüfung kaum zu begegnen.
169 QVC USA fährt regelmäßig ausgewählte Sendungen mit Auditorium.
170 RTL Shop sendete im August 2003 mehrere Male das Format *„Sommershop"* vom Freigelände des Studiokomplexes Coloneum in Köln, wobei jeweils ein sehr kleines Live-Publikum vor Ort war. Die jeweils zehn bis zwanzig Gäste, die abseits vom Produktionsgeschehen auf Gartenmöbeln platziert waren, wurden allerdings kaum in die Sendung einbezogen, sondern nur gelegentlich am Bildrand gezeigt.

Integrität des Programms als Mediendienst zu sehen: Entsprechende Programmteile könnten schnell als Unterhaltungsshows aufgefasst werden und würden sich insofern hart an der Grenze zum Rundfunk bewegen (siehe dazu auch Abschnitt 6.2.1).

Hinzu kommt, dass Sendungen mit nennenswertem Studiopublikum einen erheblich höheren Organisations- und Produktionsaufwand als herkömmliche Teleshopping-Sendungen erfordern. Benötigt wird ein spezielles, mit Zuschauerrängen ausgestattetes Studio, in welchem die einzelnen Sets dann nicht mehr allein nach Effizienz-Aspekten angeordnet werden können. Die Gäste müssen zudem akquiriert, transportiert und bewirtet werden; strenge Sicherheitsvorschriften (z. B. Gewährleistung medizinischer Notfallversorgung, Feuerbereitschaft) verursachen zusätzlich hohe Kosten.

Letztlich ist die erzielbare inhaltliche Wirkung fragwürdig und steht kaum in einer angemessenen Relation zum Aufwand: Negative Kommentare sollen nach Möglichkeit ebenso vermieden werden wie unzulässige Aussagen zu den Produkten, andererseits könnte das geballte Auftreten zwangsläufig „gesteuerter" Gäste die Glaubwürdigkeit und Seriosität des Programms ernsthaft beeinträchtigen. Die Einbindung von Studiopublikum erscheint vor diesem Hintergrund als wenig sinnvoll, zumal mit den beschriebenen Instrumenten – Rollenteilung der Presenter und Call In – seit langem erfolgreich gearbeitet wird.

7.5.4 Unterhaltungswert als Erfolgsfaktor

Die ansprechende und interessante, mithin abwechslungsreiche Darstellung der Waren schließt neben den beschriebenen Elementen der Moderation und Zuschauerbeteiligung eine gewisse Vielseitigkeit an Shopping-Formaten abseits der bloßen Produkterläuterung ein. Zwar findet die Formatentwicklung ihre Grenzen in den rechtlichen Bestimmungen von RStV und MDStV (siehe dazu ausführlich Abschnitte 6.2.1 ff.), dennoch sind Verkaufsshows mit hohem Unterhaltungswert und durchaus auch solche mit „Kultfaktor" denkbar, wobei wiederum ausgefallene Präsentationskonzepte und prominente Presenter eine große Rolle spielen.

Die Unterhaltsamkeit eines Teleshopping-Programms kann durchaus als ein kritischer Erfolgsfaktor für selbiges betrachtet werden: Die Seher entsprechender Sendungen verfolgen nicht lediglich das Ziel, einen Kauf zu tätigen, sondern sie werden angetrieben von verschiedenen Motiven wie dem Zeitvertreib oder der Suche nach Geschenkideen [vgl. GRANT et al. 1991, S. 795]. Es ist davon auszugehen, dass die Verweildauer der Zuschauer umso länger ist, je unterhaltsamer die einzelnen Sendungen gestaltet sind.[171] Daraus ergibt sich zugleich die Chance, den Audience Flow auch dann aufrecht zu erhalten, wenn beim jeweiligen Publikum kein direktes Produktinteresse für die gerade präsentierten Waren besteht [vgl. RIDDER 1995, S. 415]. Neben einer höheren bzw. intensiveren Sehbeteiligung, mit der auch die Wahrscheinlichkeit erfolgreicher Kontakte steigt, kann zudem mit (mittelbar) positiven Auswirkungen auf die Kaufbereitschaft und auf die Akzeptanz von Teleshopping insgesamt gerechnet werden.

7.6 Programmdistribution

Gerade wegen der niedrigen Einschaltquoten im Teleshopping, die nur einem winzigen Bruchteil der Sehbeteiligung klassischer Rundfunkprogramme entsprechen (siehe dazu Abschnitt 5.4.2), ist die technische Reichweite eines Verkaufsprogramms dessen grundlegender Erfolgsfaktor. Ohne ein ausreichend großes Potenzial an Empfangshaushalten ist eine kritische Masse an Zuschauern nicht zu generieren, zumal im deutschen TV-Markt wegen der hohen Zahl an Free-TV-Programmen eine sehr starke Programmkonkurrenz herrscht.[172] Zwar haben Transaktionsprogramme wie Teleshopping den Vorteil, dass sie sich linear aufbauen lassen, d.h. dass eine Vollverbreitung nicht vom Start weg zwingend erforderlich ist. Der nachhaltig wirtschaftliche Betrieb eines Teleshopping-Senders dürfte aber – bei spezialisierten Anbietern – erst ab einer technischen Reichweite von etwa einem Drittel der deutschen TV-Haushalte möglich sein, wie sie bspw. durch Belegung eines analogen Satelliten-Transponders erschlossen werden kann (siehe dazu Abschnitt 7.6.1.2).[173] Klassische Teleshopping-Anbieter, die sich an weiter gefasste, heterogene Zielgruppen richten, benötigen eine nochmals deutlich größere Zuschauerbasis, um langfristig profitabel arbeiten zu können.

---

171 GRUNINGER-HERMANN (1999) formuliert mit Blick auf die Zielgruppenkonkurrenz durch die privaten Vollprogramme sehr treffend: *„Auch wenn sich die Erlösquellen unterscheiden, so bleibt doch die Anziehung von Fernsehzuschauern mit einem inhaltlich und zeitlich attraktiv gestalteten Programmangebot sowohl für TV-Shoppingsender als auch für die übrigen Programmanbieter der Weg und die notwendige Bedingung zur Erschließung von Erlösen."* [Zit. nach ebd., S. 104] Und: *„Insgesamt wird ein Informations- und Unterhaltungswert geschaffen, der die Einkaufssendung im Wettbewerb mit anderen Fernsehinhalten bestehen lässt."* [Zit. nach ebd., S. 88]

172 Im Kabel existieren bis zu 34 analoge, deutschsprachige Free-TV-Kanäle, über Satellit ASTRA sogar 44. Hinzu kommt eine Vielzahl zusätzlicher Kanäle im Digitalbereich auf beiden Empfangswegen.

173 Eine solche kritische Masse von etwa 10 bis 15 Mio. Haushalten in Deutschland kann für den Erfolg eines spezialisierten TV-Kanals ausreichend sein, wenn dieser dediziert eine klar abgegrenzte Zielgruppe adressiert und dabei nur sehr geringe Streuverluste verzeichnet.

7.6.1 Wege der Direktverbreitung

Fernsehen kann in Deutschland prinzipiell über die drei Wege Kabel, Satellit und Terrestrik empfangen werden. Dabei ist bei allen drei Verbreitungswegen der analoge und der digitale Empfang zu unterscheiden, wobei jeweils die Zahl der analog empfangenden TV-Haushalte noch deutlich überwiegt: Der Digitalisierungsgrad lag im Juli 2005 bei insgesamt 25,7 Prozent bzw. 8,7 Mio. HH [vgl. GSDZ 2005].[174] Die Gesamtzahl der TV-Haushalte in Deutschland liegt derzeit bei etwa 34 Mio., wobei je nach Erhebung und Datenbasis leichte Abweichungen nach oben und unten möglich sind.

Den folgenden Ausführungen zum Stand der Empfangsebenen und der Analog-/Digitalverbreitung liegen die Daten einer umfangreichen Repräsentativstudie zugrunde, die im August 2005 von der Gemeinsamen Stelle Digitaler Zugang (GSDZ) der Arbeitsgemeinschaft der Landesmedienanstalten (ALM) erstmals veröffentlicht wurde. Dabei wird in der Zählung der Empfangshaushalte jeweils auf den Aspekt des *Zugangs* abgestellt, d.h. es werden die gesamten Möglichkeiten des TV-Empfangs im Haushalt, einschließlich Zweit- und Drittgeräten, berücksichtigt. Ein Haushalt kann Zugang zu verschiedenen Empfangswegen haben, so dass sich die einzelnen Werte auf mehr als 100 Prozent aufsummieren.[175]

Demgegenüber sind andere Erhebungen zum TV-Empfang, von SES ASTRA[176] und der Arbeitsgemeinschaft Fernsehforschung (AGF), priorisiert, d.h. jeder TV-Haushalt wird nach einem bestimmten System eindeutig einem Empfangsweg zugeordnet, wobei das primär genutzte Fernsehgerät maßgeblich ist. Der Zugang eines Haushaltes zu anderen Empfangsmöglichkeiten wird nicht erfasst. Im Folgenden werden die Daten der AGF herangezogen, um jeweils eine Aussage zur bisherigen Entwicklung der einzelnen Empfangswege treffen zu können.[177]

---

[174] Der Digitalisierungsgrad drückt aus, wie viele Haushalte auf mindestens einem TV-Gerät digitale Empfangsmöglichkeiten nutzen. Dabei empfangen 19,1 Prozent ihr Programm ausschließlich digital (voll digitalisierte TV-HH), 6,6 Prozent nutzen digitalen und analogen Empfang auf verschiedenen Geräten parallel.

[175] Beispiel: Ein Haushalt empfängt analoges Kabelfernsehen auf dem primär genutzten TV-Gerät im Wohnzimmer und DVB-T auf dem Zweitgerät im Schlafzimmer. Er wird dann beiden Empfangswegen gleichermaßen zugeordnet und somit unter dem Aspekt des Zugangs auch zweimal gezählt.

[176] SES ASTRA Satelliten Monitore, durchgeführt von Fessel & GfK, IHA-GfK sowie TNS Infratest

[177] Die Entwicklungstendenzen bilden entsprechend nur die sog. Primärnutzung ab.

7.6.1.1 Kabel

Nach wie vor ist das TV-Kabel die mit Abstand bedeutendste Empfangsebene für Fernsehprogramme: 51,7 Prozent oder 17,53 Mio. der deutschsprachigen TV-Haushalte nutzen einen Kabelanschluss [vgl. GSDZ 2005].[178] Gleichzeitig ist das Kabel aber der strukturell komplizierteste Übertragungsweg, weil in Deutschland vor allem auf der Ebene der Wohneinheiten (NE4) eine Vielzahl mittlerer, kleiner und kleinster Anbieter existieren, die neben den Betreibern der größeren Verteilnetze auf der Flächenebene (NE3) darauf Einfluss nehmen können, welche Programme in den angeschlossenen HH letztlich zur Verfügung stehen.[179] Hinzu kommt als Einstiegshürde der schwierige Verfahrensweg, der für eine (analoge) Kabelverbreitung in der Regel zu durchlaufen ist (vgl. Abschnitt 6.2.5.2).

Bisher nutzt der weitaus größte Teil der Kabel-HH den Anschluss noch analog – laut GSDZ (2005) besitzen erst 1,69 Mio. Haushalte eine Set-Top-Box, welche den digitalen Empfang per Kabel ermöglicht. Die Digitalpenetration liegt damit im Kabel bei nur 9,7 Prozent.

Tabelle 20: Empfangssituation im TV-Kabel (Zugang, Juli 2005)

	in Mio.	in Prozent
Fernsehhaushalte mit Kabelanschluss	17,53	51,7
… davon (ausschließlich) analoges Kabel	15,84	46,7
… davon (auch) digitales Kabel	1,69	5,0

Basis: 33,899 Mio. deutschsprachige TV-Haushalte
Quelle: GSDZ 2005

---

[178] Auf Basis der Reichweitenerhebungen der AGF (2005) zeigt sich eine relative Stagnation dieses Anteils seit Anfang 1998. Bis zur Mitte der 90er Jahre hatte der Kabelempfang sehr dynamische Zuwächse verzeichnet, der lange Prozess des Verkaufs der Kabelnetze durch die Deutsche Telekom und der damit verbundene Investitionsstau führte allerdings zu Verunsicherungen bei den Konsumenten, so dass die absolute Zahl angeschlossener Haushalte in 2002 erstmals leicht zurückging. Der Kabelempfang scheint damit seinen Zenit erreicht zu haben – mittelfristig ist mit einem moderaten Rückgang des Versorgungsanteils der Empfangsebene Kabel zu rechnen [vgl. GOLDMEDIA 2004].

[179] Die Deutschen Kabelnetze werden in vier Netzebenen (NE) unterteilt. Relevant für die technische Reichweite sind die NE3 (Kabelabschnitte von den Kopfstationen bis in die Wohngebiete/Straßenzüge) und die NE4 (Kabelabschnitte von der Straße bis in die einzelnen Haushalte).

Zwar arbeiten die Kabelnetze heute im Simulcast-Betrieb, d. h. TV-Programme werden parallel in analoger und digitaler Technik übertragen. Allerdings sperren sich die großen Privatsender derzeit noch gegen die digitale Einspeisung ihrer Programme, weil aus ihrer Sicht allein die Kabelnetzbetreiber hiervon wirtschaftlich profitieren würden. Im Digitalbereich findet sich deshalb neben den Pay-TV-Kanälen nur ein begrenztes Free-TV-Angebot – Nutzer von digitalem Kabelempfang müssen bspw. auf den (immer noch parallel verfügbaren) analogen Empfang umschalten, um RTL oder Sat.1 zu sehen.

Das digitale Kabel bietet damit kaum einen klaren Mehrwert gegenüber dem Analog-Empfang, sondern macht im Gegenteil die Nutzung verschiedener TV-Kanäle oftmals umständlicher. Außerdem ist hier zusätzliche Hardware erforderlich. Die Bereitschaft zur Anschaffung einer digitalen Set-Top-Box ist aber bei den Haushalten sehr gering, auch weil sie – im Gegensatz zu den Nutzern von Satellitenfernsehen – die TV-Nutzung ohne zwischengeschaltetes Gerät gewohnt sind. Digitale Reichweite im Kabel lässt sich deshalb nur aufbauen, indem die Set-Top-Boxen von den Netzbetreibern gestellt und über erhöhte Nutzungsentgelte, bspw. für spezielle Pay-TV-Angebote, refinanziert werden.[180]

Ein schnelle und weitreichende Migration von der analogen zur digitalen Rundfunkübertragung ist vor diesem Hintergrund in den Kabelnetzen in absehbarer Zeit nicht zu erwarten, zumal auch die Aufrüstung der Infrastruktur sehr aufwändig und teuer ist und daher nur langsam voranschreitet [vgl. dazu ausführlich GOLDMEDIA 2004]. Maßstab bleibt die analoge Kabelverbreitung, die jedoch für neue Programmanbieter und insbesondere für Teleshopping-Sender aufgrund der Frequenzknappheit kaum noch zu realisieren ist (vgl. Abschnitt 6.2.5.2 und zu den Zukunftsperspektiven Abschnitt 8.2.1).[181]

7.6.1.2 Satellit

Die Bedeutung des Satelliten als technischem Verbreitungsweg für Fernsehen ist in den letzten Jahren sehr stark gestiegen. Empfingen in den Geburtsjahren des Teleshopping (1995/96) erst rund ein Fünftel der deutschen TV-Haushalte ihr Programm aus dem All, so waren es Anfang 2005 schon 38,9 Prozent [vgl. AGF 2005]. Dabei ist praktisch nur

---

180 Digitaler Kabelempfang ist deshalb fast zwangsläufig an die Nutzung von Pay-TV gekoppelt, wodurch das Reichweitenpotenzial von vornherein begrenzt ist. Der überwiegende Teil der digitalen Kabel-HH wird von den Premiere-Abonnennten gestellt. Die übrigen Haushalte entfallen auf die Nutzer der entsprechenden Angebote der Netzbetreiber, wie z. B. *Kabel Digital Home* (KDG) oder *primatv* (Primacom).

181 So geht z. B. das Wachstum der analogen Kabelreichweite von RTL Shop überwiegend auf den Wegfall anderer Progamme (speziell tv.nrw im ish-Kabelnetz) bzw. auf Umbelegungsentscheidungen (wie in Niedersachsen) zurück.

[7 BETRIEB EINES TELESHOPPING-PROGRAMMS]

die Satelliten-Plattform des luxemburgischen Unternehmens SES ASTRA relevant, die im deutschsprachigen Markt 98 Prozent der direkt empfangenden Satelliten-TV-HH versorgt [vgl. SES ASTRA 2005]. Die zunehmende Haushaltsreichweite und die im Vergleich zur Kabelverbreitung deutlich einfachere Realisierbarkeit der Satelliten-Ausstrahlung machen diesen Distributionsweg für Teleshopping-Sender besonders interessant.[182]

Hinsichtlich der Digitalverbreitung hat der Satellit bereits im Jahr 2002 das TV-Kabel hinter sich gelassen. Die Zahl der digitalen Empfangshaushalte lag hier im Juli 2005 bei 5,67 Millionen, was einem Digitalisierungsgrad von 38,8 Prozent innerhalb dieser Empfangsebene entspricht [vgl. GSDZ 2005].[183]

Tabelle 21: Empfangssituation über Satellit (Zugang, Juli 2005)

	in Mio.	in Prozent
Fernsehhaushalte mit Satellitenempfangsanlage	14,62	43,1
… davon (ausschließlich) analoger Satellit	8,95	26,4
… davon (auch) digitaler Satellit	5,67	16,7

Basis: 33,899 Mio. deutschsprachige TV-Haushalte
Quelle: GSDZ 2005

Weil das digitale TV-Angebot über Satellit wesentlich größer ist als in den Kabelnetzen, und weil vor allem eine Vielzahl von Free-TV-Programmen zur Verfügung steht, bietet sich den Zuschauern hier ein klarer Mehrwert, der als wesentliche Triebfeder für die Reichweitenentwicklung wirkt. Die Senderliste von SES ASTRA enthält inzwischen

---

182 Kapazitätsengpässe bestehen auf ASTRA nicht, so dass die Verbreitung neuer Programme sowohl in analoger als auch in digitaler Form ohne weiteres möglich ist. Auf langwierige Vergabeverfahren seitens der LMA, wie diese im Kabel notwendig sind, kann deshalb hier verzichtet werden. Dem stehen allerdings im analogen Bereich sehr hohe Kosten für den Sender gegenüber: Ein analoger Transponder kostet nach Auskunft von SES ASTRA bei einer Laufzeit von fünf Jahren etwa 5,5 Mio. Euro jährlich. Zwar ist die Kabelverbreitung insgesamt noch teurer, allerdings wäre diese (theoretisch) stufenweise je nach Finanzlage realisierbar, wozu beim Satelliten naturgemäß keine Möglichkeit besteht. (Siehe zu den künftigen Entwicklungen auch Abschnitt 8.2.1)

183 Seit etwa Anfang 2000 werden in Deutschland als Empfangseinheiten für Satellitenfernsehen nur noch sog. Universal-LNBs vertrieben. Diese können zwischen dem analogen und dem digitalen Frequenzband umschalten. Entscheidend für die Empfangsart (analog/digital) ist dann der für das jeweilige TV-Gerät genutzte Receiver.

rund 90 frei empfangbare deutschsprachige Programme über ASTRA digital (ohne Regionalfenster).

Diese Tatsache trifft zusammen mit einer ohnehin vorhandenen Bereitschaft der Satelliten-HH zur Geräteanschaffung: Für den Satelliten-Empfang wird in jedem Falle ein Receiver benötigt – die einmalige Investition rentiert sich, weil im Gegenzug keine monatlichen Gebühren anfallen.[184] Da die Preisdifferenz zwischen analogen und digitalen Boxen zusehends schwindet, überwiegen bei Neuanschaffungen wie auch beim turnusmäßigen Austausch von Altgeräten inzwischen die Digitalreceiver deutlich.[185]

Dennoch ist über den digitalen Satellitenempfang – ebenso wie im digitalen Kabel – derzeit noch keine genügende Zuschauerbasis erreichbar, um Teleshopping-Programme allein auf diesem Verbreitungsweg wirtschaftlich betreiben zu können. Die Digitalreichweite muss sich hier noch etwa verdoppeln, bevor vom Vorhandensein einer kritischen Masse gesprochen werden kann. Für Veranstalter von Transaktionsfernsehen – deren Programme über stark spezialisierte Nischenangebote hinausgehen – besteht daher unter jetzigen Bedingungen noch die unbedingte Notwendigkeit der Analog-Verbreitung. Der Satellit wird jedoch auch künftig das größere Potenzial hinsichtlich Digitalisierung bieten – sie ist bereits heute auf eigenes Betreiben der Haushalte im Gange [vgl. GOLDMEDIA 2004]. Nicht zuletzt profitiert dieser Übertragungsweg auch von den auf Verbraucherseite empfundenen Unsicherheiten bezüglich des Kabel-, aber auch des Antennenempfangs.[186]

7.6.1.3 Terrestrik

Die rasant zunehmende Verbreitung von Satellitenempfangsanlagen ging überwiegend zu Lasten des terrestrischen TV-Empfangs über Hausantenne. Der Anteil dieses Übertragungsweges auf den primär genutzten TV-Geräten ist in den deutschen Fernseh-

---

184 Einfache digitale Sat-Empfangsanlagen kosten inkl. Receiver ab etwa 80 Euro. Bei einer durchschnittlichen monatlichen Kabelgebühr in Deutschland im Bereich von acht bis neun Euro rentiert sich diese Ausgabe bereits nach weniger als einem Jahr.

185 Der Anteil der Digitalboxen an den verkauften Satelliten-Receivern lag in 2004 nach Angaben der Gesellschaft für Unterhaltungselektronik (GfU) bereits bei rund 73 Prozent [vgl. GSDZ 2005].

186 So ist anzunehmen, dass in Erwartung steigender Preise für den Kabelempfang viele Haushalte – sofern sie die Möglichkeit haben – zu Satellit abwandern werden. Mit einem ähnlichen Effekt ist bei der Abschaltung weiterer analoger terrestrischer Frequenzen zu rechnen, sofern über DVB-T kein adäquates Programmangebot bereitgestellt wird. Dies ist z. B. in einigen DVB-T-Regionen wie Leipzig/Halle und Kassel der Fall, in denen ausschließlich öffentlich-rechtliche Programm verbreitet werden sollen.

haushalten von fast 24 Prozent in 1995 auf mittlerweile nur noch rund fünf Prozent gesunken [vgl. AGF 2005]. Der Grund dafür liegt in der mangelnden Attraktivität der analogen terrestrischen Übertragung für die Zuschauer: Schon technisch sind nur acht bis zehn Kanäle möglich, die Privatsender haben zudem mehr und mehr terrestrische Frequenzen aufgegeben, weil der technische und damit finanzielle Aufwand in keiner Relation zur erzielbaren Reichweite steht. Rechtfertigen lässt sich die analoge terrestrische Fernseh-Übertragung deshalb praktisch nur noch mit der Sicherstellung der flächendeckenden Verbreitung des öffentlich-rechtlichen Rundfunks und damit der Erfüllung des Grundversorgungsauftrags. Sie hat schon seit Jahren keine Relevanz mehr für neue bundesweite Programme, erst recht nicht für Teleshopping-Sender.

Tabelle 22: Empfangssituation über Terrestrik (Zugang, Juli 2005)

	in Mio.	in Prozent
Fernsehhaushalte mit terrestrischem Empfang	3,29	9,7
Analoge Terrestrik	1,79	5,3
DVB-T*	1,50	4,4

Basis: 33,899 Mio. deutschsprachige TV-Haushalte
Quelle: GSDZ 2005

* Digitaler terrestrischer Empfang über DVB-T ist bislang nur „inselweise" in verschiedenen Ballungszentren möglich.

Mit der schrittweisen Umstellung auf den digitalen DVB-T-Standard, die bis Juli 2005 bereits in einigen Ballungszentren und Großräumen vollzogen worden ist, hat die Terrestrik jedoch wieder an Attraktivität gewonnen.[187] Neben einer höheren Bild- und Tonqualität und der Möglichkeit des Empfangs ohne Dachantenne bietet DVB-T gegenüber der analogen Terrestrik vor allem eine deutlich höhere Kanalkapazität für etwa 25 bis 30 TV-Programme. Allerdings wird dieser Empfangsweg bislang auch in den Kerngebieten, in denen der DVB-T-Empfang bereits mit einer kleinen Zimmerantenne (Portable-Indoor) möglich ist, von nur rund 11 Prozent der TV-Haushalte genutzt [vgl. GSDZ 2005].

---

187 Zu den bis Juli 2005 auf DVB-T umgestellten Regionen gehören: Berlin/Potsdam, Ruhrgebiet/Düsseldorf/Köln/Bonn, Großraum Rhein-Main, Großraum Hannover/Bremen/Hamburg/Kiel, München und Nürnberg.

In den bisherigen DVB-T-Abdeckungen – die zugleich die hinsichtlich Einwohnerzahl und Wirtschaftskraft interessantesten Regionen in Deutschland repräsentieren – findet sich ein für die Verbraucher attraktives Programmangebot, welches sowohl öffentlich-rechtliche als auch die wichtigsten privaten TV-Sender umfasst. Inwieweit ein solches Programmangebot aber auch in den künftigen DVB-T-Regionen verfügbar sein wird, bleibt fraglich. Die Privatsender werden den neuen Übertragungsweg nur dann in größerem Umfang mittragen, wenn sich daraus für sie wirtschaftliche Verbesserungen – u.a. nennenswerte Reichweiten – ergeben. Vor allem im Osten Deutschland ist dies aus heutiger Sicht nicht zu erwarten. So wird DVB-T in den Regionen Leipzig/Halle und Erfurt/Weimar zunächst lediglich mit öffentlich-rechtlichen Sendern starten. Ähnliches ist absehbar in Nordostdeutschland und im Großraum Kassel.

Aus Kosten-/Nutzensicht ist für Teleshopping-Programme die terrestrische Verbreitung auch über DVB-T nicht interessant. Da in den attraktivsten Regionen, wie skizziert, der Umstieg von der analogen Terrestrik bereits vollzogen ist, steht in den nächsten Jahren insgesamt nur eine moderate Steigerung der Empfängerzahlen zu erwarten. Zwar ist mit HSE 24 in München/Südbayern ein Teleshopping-Sender über DVB-T auf Sendung, dies hat jedoch vielmehr politische als wirtschaftliche Gründe. Problematisch ist dabei insbesondere, dass Mediendienste von materiellen und immateriellen Anreizen für die DVB-T-Verbreitung, wie sie privaten Rundfunkveranstaltern zugestanden wurden, ausgeschlossen waren. Auf die Gefahr eines möglichen dritten Verbreitungsweges unter Ausschluss der Spartensender wurde in diesem Zusammenhang in Abschnitt 6.2.5.3 bereits hingewiesen.

7.6.2 Indirekte Verbreitung

Die Möglichkeit der Ausstrahlung von Teleshopping-Fenstern über Drittprogramme ist im RStV geregelt. In Abschnitt 6.3.1 wurden die diesbezüglich geltenden Bestimmungen ausführlich besprochen. Wegen der zeitlichen Beschränkung auf drei Stunden pro Tag können solche Fensterprogramme zwar kaum eine Alternative, wohl aber eine sinnvolle Ergänzung zur Etablierung eines eigenständigen Senders sein.

Sendeplätze auf werbefinanzierten Drittprogrammen kaufen die Teleshopping-Anbieter meist zu einem Festpreis ein, der sich an den entgangenen Werbeeinnahmen für die entsprechende Sendezeit orientiert. Denkbar sind aber auch Umsatzbeteiligungs- oder gemischte Vergütungsmodelle.

7.6.2.1 Bundesweite Fensterprogramme

Mit der Belegung von Fenstern auf etablierten Privatsendern verfolgen die Teleshopping-Anbieter in erster Linie das Ziel, die eigene Marke wirksam zu kommunizieren, Zuschauervertrauen aufzubauen und auf diese Weise letztlich Neukunden zu gewinnen. Die Bedeutung dieser Fensterprogramme resultiert daraus, dass sich mit ihnen ein deutlich größeres Publikum erreichen lässt als direkt über die Teleshopping-Hauptprogramme[188], und dass sie im Idealfall einen positiven Imagetransfer von der Host-Sendermarke auf den Teleshopping-Anbieter bewirken.

Dabei besteht insbesondere auch die Chance, neue Zielgruppen zu erschließen, die ansonsten mit Teleshopping vermutlich gar nicht erst in Berührung kämen. RTL Shop setzt hierfür erfolgreich die bereits angesprochenen Spezialformate auf RTL und n-tv ein. Die Wirksamkeit der Teleshopping-Fenster als Marketing-Instrument für Neukunden ist unumstritten. Das Gros der Erlöse jedoch kommt nach einhelliger Meinung der Teleshopping-Verantwortlichen langfristig aus den Hauptprogrammen, auch wenn der Minutenumsatz in den Fenstern zum Teil deutlich höher liegt als auf dem eigenen Sender.[189]

Das Potenzial an möglichen Sendeplätzen für Teleshopping-Fenster auf bundesweiten Privatsendern ist bei weitem noch nicht ausgeschöpft.[190] Für einen neuen, unabhängigen Teleshopping-Anbieter bestünde allerdings das Problem der großen Nähe zwischen ProSiebenSat.1 und HSE 24 bzw. zwischen der RTL Group und RTL Shop. Nationale Fenster anderer Anbieter sind deshalb nur auf solchen TV-Kanälen realistisch, die nicht einer der beiden großen Senderfamilien zuzurechnen sind.[191] Hierin ist auch ein Grund für die mangelnde Fensterverbreitung von QVC zu sehen.

7.6.2.2 Regionale und lokale Fensterprogramme

Teleshopping-Fenster im Regional- und Lokalfernsehen werden in großem Umfang von RTL Shop belegt. Allerdings sind hierbei weniger Marketing-Überlegungen im Spiel;

---

188 So ist die Einschaltquote von HSE 24 im Sat.1-Fenster bis zu fünfmal so hoch wie die durchschnittliche Zuschauerzahl von HSE 24 selbst (vgl. Abschnitt 5.4.2.1).
189 Vgl. auch Horizont 8/03 vom 20.02.03, S. 29.: Der deutsche Markt steht an erster Stelle. Interview mit John Watson.
190 Teleshopping-Fenster existieren derzeit auf RTL, Sat.1, VOX, Kabel 1, n-tv und NBC.
191 Die Zugehörigkeit von RTL II zur RTL-Familie beispielsweise würde vermutlich die Fensterausstrahlung für einen anderen Sender als RTL Shop vereiteln.

stattdessen ist dieser indirekte Verbreitungsweg geeignet, die lückenhafte Verbreitung des Senders im Kabel zu kompensieren. Allein über die Fenster auf 16 Regionalsendern erreicht RTL Shop zusätzlich rund fünf Mio. Haushalte zeitpartagiert über Kabel.[192]

Darüber hinaus existiert noch eine Vielzahl von unbelegten Regionalsendern, die eine technische Reichweite von fast 14 Millionen Haushalten aufeinander vereinen.[193] Solange eine (analoge) Direktverbreitung im Kabel für neue Anbieter nur begrenzt zu realisieren ist (vgl. Abschnitt 6.2.5.2), könnte sich hierüber ein interessanter Programm-Distributionsweg und eine optimale Ergänzung zur Satelliten-Direktverbreitung ergeben. Eine Hürde stellen hierbei jedoch die technischen Gegebenheiten bei vielen kleineren Regionalsendern dar, die eine automatisierte Zuspielung von fremden Programminhalten mitunter gar nicht ermöglichen. Außerdem wird das regionale/lokale Programm oftmals nur wöchentlich aktualisiert, so dass die Einbindung eines tagesaktuellen bzw. sogar live produzierten Teleshopping-Fensters schwierig ist.

Die Hauptmotivation für den Sendezeit-Verkauf an Teleshopping-Anbieter liegt für die regionalen Host-Sender vor allem in der Generierung eines zusätzlichen Kostendeckungsbeitrags. Die durch die Einbindung von Teleshopping-Fenstern erzielbaren Erlöse sind in aller Regel höher als solche aus der Schaltung von Werbespots. Begünstigt wird Teleshopping im regionalen/lokalen Fernsehen zusätzlich durch die teilweise Aufhebung der werberechtlichen Beschränkungen für diese Sender (vgl. dazu Abschnitt 6.3.1.2).

7.7   Bestellannahme und Fulfilment

Ist die Produktpräsentation erfolgreich verlaufen und entschließt sich der Zuschauer, einen oder mehrere Artikel zu ordern, dann beginnt der letzte Schritt – zugleich einer der kritischsten – im betrieblichen Ablauf eines Teleshopping-Senders: Die Bestellung muss entgegengenommen, verpackt und versandt werden. Vor dem Hintergrund des Impulskauf-Charakters dieser Vertriebsform kommt dabei der unmittelbaren Bestellannahme und der zeitgerechten Auslieferung der Waren an den Kunden entscheidende Bedeutung zu.

---

192   Zu den von RTL Shop belegten Regionalsendern gehören u.a. Rhein-Neckar Fernsehen sowie die Sender der Veranstaltergemeinschaft TV Bayern.
193   Die konsolidierte Reichweitenangabe basiert einer unveröffentlichten Analyse von Goldmedia.

Die allgemeine Prozesskette, die durch eine Bestellung in Gang gesetzt wird, stellt sich im Wesentlichen wie folgt dar:

1. Eingang des Bestellwunsches
2. Prüfung der Kundenanschrift/Risikobewertung (Scoring)/ Selektive Zuweisung von Zahlungsmöglichkeiten
3. Einbuchung der Bestellung in das Warenwirtschaftssystem
4. Weiterleitung der Bestelldaten an die Logistik
5. Rechnungserstellung/Kommissionierung/Verpackung
6. Versand und Auslieferung an den Kunden

Die sich hieraus ergebenden Leistungsbereiche werden von den bestehenden Sendern nur zum Teil selbst abgedeckt – die Anbieter weisen diesbezüglich eine unterschiedliche vertikale Integration auf. Am weitesten geht QVC: Über eine Reihe von 100 %igen Tochterfirmen – bspw. im Bereich Call Center – agiert das Unternehmen beinahe völlig autark. Nur bei der Auslieferung der Paketsendungen an die Kunden ist QVC auf einen externen Dienstleister angewiesen, da der Aufbau einer eigenen, flächendeckenden Infrastruktur hier nicht sinnvoll wäre.[194] RTL Shop ist dagegen in das bestehende Konzerngefüge von Bertelsmann hineingewachsen und realisiert deshalb nur einige Kernaufgaben des Teleshopping-Geschäftes selbst, vor allem den Einkauf sowie die gesamte Programmplanung und Teile der Programmproduktion. Bereiche wie Studiotechnik und Fulfilment sind komplett an Dienstleister ausgelagert, die ihrerseits ebenfalls mit dem Bertelsmann-Konzern verbunden sind.

HSE 24 geht einen Mittelweg, indem der Sender alle Schritte bis zur Produktion der Verkaufssendungen selbst verantwortet, für Call Center und Logistik aber auf die Dienste von spezialisierten Unternehmen wie Quelle.Contact bzw. DHL Fulfilment zurückgreift. Ähnlich verfährt auch 1-2-3.TV.

Für beide Strategieansätze – das Insourcing wie das Outsourcing – lassen sich gute Argumente finden. Letztlich ist für den Erfolg im Markt und beim Kunden neben der Kosteneffizienz der gesamten Prozesskette vor allem die enge Verzahnung der einzelnen Schritte entscheidend: Für den Besteller muss eine reibungslose Abwicklung seines Auftrages gewährleistet sein, die bei der Äußerung des Bestellwunsches beginnt und bei der Auslieferung des Paketes noch längst nicht endet.

---

194 QVC arbeitet in diesem Bereich mit dem Dienstleister Hermes Logistik zusammen.

Dr. Peter E. Kruse Mitglied des Vorstands Deutsche Post World Net, Ressort DHL EXPRESS Europa und Deutschland.

GEFORDERT: SCHNELLIGKEIT PLUS FLEXIBILITÄT

Gesehen, gekauft, geliefert – das ist der operative Dreiklang, der die Teleshopping-Branche zu bemerkenswerten Erfolgen treibt. Die drastische Reduzierung der Prozesskette auf diese drei simplen Vorgänge wird der Wirklichkeit indes nicht gerecht. Damit Teleshopping so erfolgreich sein kann, ist vielmehr eine ausgeklügelte und leistungsfähige Logistik im Hintergrund notwendig. Denn: Die Teleshopping-Kunden entscheiden schnell und spontan über einen Kauf. Sie erwarten, dass die Ware (fast) ebenso schnell an ihrer Haustür angeliefert wird. Zwischen Bestellung und Anlieferung vergehen heute selten mehr als 36 Stunden.

Um eine derartige Liefer- und Zustellqualität zu gewährleisten, sind erhebliche Anstrengungen beim Teleshopping-Sender und seinem Logistik-Partner notwendig. Welche Größenordnungen dabei erreicht werden, illustriert in besonderem Maße die enge Kooperation zwischen HSE 24 und DHL, dem Express- und Logistikspezialisten im Konzern Deutsche Post World Net.

In Greven bei Münster errichtet DHL derzeit ein neues, hochmodernes Logistik-Center ausschließlich für HSE 24. Dort wird von 2006 an die gesamte Logistik des Shoppingsenders abgewickelt. Mit einer Investitionssumme von mehr als 35 Millionen Euro baut DHL in unmittelbarer Nachbarschaft zu seinem bereits bestehenden Paketzentrum ein zweigeschossiges Versandgebäude mit 18.200 Quadratmetern Gesamtfläche sowie ein rund 30 Meter hohes Hochregallager mit mindestens 16.000 Palettenplätzen; dazu werden maßgeschneiderte IT-Lösungen implementiert. Die wesentlichen Aufgaben, die DHL Fulfilment, ein hoch spezialisierter Dienstleister innerhalb der DHL-Gruppe, für

HSE 24 übernimmt: Warenannahme und Eingangsbearbeitung, Qualitätskontrolle, Lagerhaltung, Kommissionierung, Verpackung, Warenausgang, Track & Trace, Auslieferung an die Haustür des Bestellers sowie Retourenmanagement.

Die besondere Herausforderung, die das Teleshopping-Geschäft an den Logistikdienstleister stellt, ist die Koppelung einer hohen Prozessgeschwindigkeit mit einer erheblichen Flexibilität. Denn via TV werden 24 Stunden täglich etwa 300 verschiedene Artikel beworben sowie zusätzlich im Online-Shop das gesamte Produktprogramm von rund 20.000 Artikeln angeboten. Die Kunden bestellen per Telefon spontan Hosenanzüge, Haushaltsgeräte, Wellness- und Beauty-Artikel oder Schmuck – und erwarten, dass die Ware spätestens am übernächsten Tag geliefert wird. Aber: Trotz ausgefeilter Sendeplanung ist das Bestellverhalten der Kunden nicht immer exakt vorhersehbar. Auf Ausverkäufe oder langsam drehende Ware muss die Logistik ebenso schnell reagieren wie der Live-Verkauf on air. Daher sind durchschnittlich 20.000 bis 25.000 verschiedene Artikel, jeweils in unterschiedlichen Mengen, am Lager. Zudem muss mit erheblichen Schwankungen beim Sendungsaufkommen gerechnet werden – pro Tag kann die Zahl zwischen 20.000 und 40.000 Paketen pendeln.

Derartige Spannen können nur mit modernster technischer Ausstattung und einem flexiblen Personaleinsatz aufgefangen werden. Eine Besonderheit des Teleshopping erleichtert dabei die Aufgabe: Bei durchschnittlich 60 bis 70 Prozent der Warenbestellungen handelt es sich erfahrungsgemäß um so genannte Ein-Position-Aufträge (EPO-Aufträge). Dies ermöglicht es, die Versandabfertigung weitgehend zu automatisieren. Ein typischer Prozessablauf in Greven: In einem intelligenten, an die Anforderungen von HSE 24 angepassten Lagerverwaltungssystem (LVS) werden die Bestellungen über Nacht erfasst, für den Versand bearbeitet und an das Staplerleitsystem weitergeleitet. Vor Beginn der ersten Kommissionierschicht liefern Staplerfahrer die benötigten Artikel auf Paletten vom Hochregallager an die EPO-Module im Kommissonierbereich und stellen sie an den Versandbändern bereit. Für die Kommissionierung werden je Auftrag die passenden Versandkartons automatisch aufgerichtet und Mitarbeiter packen die Waren ein. Im Anschluss an die Kommissionierung werden die Kartons automatisch verschlossen, mit Adressaufklebern und Barcodes versehen und für den Versand über eine rund 60 Meter lange Förderbrücke direkt in das angrenzende DHL-Paketzentrum transportiert.

> Von dort werden die Sendungen über Nacht an die unterschiedlichen Zielorte geliefert.
>
> Das Beispiel Greven zeigt: Ausgefeilte logistische Abläufe sind das unverzichtbare Rückgrat für ein erfolgreiches Teleshopping-Angebot. Sie zu implementieren und im operativen Alltag auf hohem Niveau umzusetzen, gelingt in der Regel nur mit einem Logistik-Partner, der über die notwendigen Kompetenzen, Ressourcen und Erfahrungen verfügt. In Kombination mit der von DHL als einzigem Dienstleister realisierten Integration von Logistik-Center und Paketzentrum entsteht ein echter Wertschöpfungsbeitrag für HSE 24. Und auch die Formel geht auf: „Geschwindigkeit + Flexibilität = Kundenzufriedenheit".

7.7.1 Bestellwege

Die einzelnen Bestellinstrumente sind beim Teleshopping die wichtigste Schnittstelle zum Kunden. Grundsätzlich gilt dabei: Je mehr Möglichkeiten bestehen, um eine Bestellung aufzugeben, desto besser. Gleichzeitig kommt aber auch der sinnvollen Verzahnung der verschiedenen Alternativen eine hohe Bedeutung zu. Je nach Bestellweg kann unterschiedlichen Anforderungen Rechnung getragen werden. Dabei lassen sich vor allem vier Aspekte unterscheiden:

- Art der Bestellung / Bestellmotivation
- Beratungsmöglichkeit / Flexibilität
- Geschwindigkeit / Verfügbarkeit
- Verbindungskosten

Die Vor- und Nachteile eines Bestellinstrumentes im Hinblick auf diese einzelnen Aspekte bestimmen wesentlich die Art und Weise seiner Nutzung. Mittelbar beeinflussen sie auch die Zufriedenheit und das Vertrauen der Verbraucher – sein Bemühen hierum sollte ein Teleshopping-Anbieter bereits bei der Vertragsanbahnung zum Ausdruck bringen.

7.7.1.1 Telefon / Mobilfunk

Der für Impulsbestellungen – und damit im Teleshopping – am meisten genutzte Bestellweg ist das Telefon. Die Bestellannahme erfolgt hier überwiegend durch Mitarbeiter im Call Center, kann aber auch automatisiert werden, wie im nachfolgen-

Abschnitt skizziert. Zum Telefon greift der Besteller in aller Regel, während er das Programm konsumiert. Der Orderschwerpunkt liegt dementsprechend auf den Produkten, die in der aktuellen Sendung präsentiert werden. Welche besonderen Herausforderungen für die Abläufe im Call Center dies mit sich bringt, wird in Abschnitt 7.7.2 erläutert.

Es scheint nahe liegend, dass das größte Manko der persönlichen Bestellannahme in der nicht immer sofortigen Verfügbarkeit liegt: In Spitzenzeiten mit einem hohen Anrufaufkommen werden viele Anrufer zunächst in einer Warteschleife landen, bevor sie im Call Center bedient werden können. Je weniger aber die Bestellannahme direkt erreichbar ist, desto höher wird die Wahrscheinlichkeit eines Bestellabbruchs, der für den Sender schließlich zu einem Umsatzverlust führt. Dies ist umso schwerwiegender, als der Anteil von Erstbestellern auf diesem Bestellweg besonders hoch ist und Spitzenzeiten gerade durch Fensterprogramme markiert werden, die wiederum stark auf die Neukundengewinnung ausgerichtet sind. Hier ist eine präzise Planung der Call Center-Kapazitäten notwendig und es sind geeignete Instrumente zu entwickeln, um eine möglichst hohe Erreichbarkeit der telefonischen Bestellannahme sicherzustellen (siehe weiterführend Abschnitt 7.7.2).

Bei bis zu rund 50.000 Anrufen pro Tag und einer durchschnittlichen Gesprächsdauer von zwei Minuten generiert ein Teleshopping-Sender ein erhebliches Volumen an Telefonverkehr. Hieraus ergibt sich die Frage, welche Kosten dafür entstehen und wer diese trägt. HSE 24 und QVC wickeln die telefonische Bestellannahme über 0800-Servicenummern *(FreeCall)* ab, die für den Anrufer kostenlos sind. Die Anbieter sehen

Tabelle 23: Minutenkosten für den Anbieter bei 0800 FreeCall (exemplarisch)*

	Ursprung des Anrufs	
	Festnetz	Mobilfunknetz
Zuführung eines Anrufs pro Minute	0,060 Euro	0,450 Euro
Weiterleitung ins Festnetz pro Minute (Multicall)**	0,035 Euro	0,035 Euro
SUMME pro Minute	0,095 Euro	0,485 Euro

Quelle: Rufnummer.de, August 2005

*   Die angegebenen Minutenkosten sind Cirka-Werte lt. Preisliste des Nummernanbieters Rufnummer.de. Aufgrund des hohen Anrufvolumens ist davon auszugehen, dass die Teleshopping-Anbieter Sonderkonditionen genießen. Insofern ist die Berechnung exemplarisch zu verstehen.
** Multicall bezeichnet die intelligente Verteilung der Anrufe auf verschiedene Ziel-Rufnummern.

einen Baustein der strikten Kundenorientierung darin, dass sie alle anfallenden Gebühren übernehmen.

Die so genannten *FreeCall*-Nummern verursachen Zuführungskosten für die Annahme eines Gesprächs und gleichzeitig Weiterleitungskosten für die Aufschaltung auf festgelegte Call Center-Rufnummern. Die Preise differieren sehr stark – je nach dem, ob ein Anruf aus dem Festnetz oder aus dem Mobilfunknetz kommt. Cirka-Werte sind in Tabelle 23 angegeben.

Ausgehend von 100.000 Gesprächsminuten im Tagesdurchschnitt und einem zehnprozentigen Anteil der Anrufe aus Mobilfunknetzen[195] schlägt eine 0800-Nummer nach den genannten Konditionen anbieterseitig mit Kosten von rund 13.000 Euro pro Tag bzw. 390.000 Euro pro Monat zubuche.

RTL Shop minimiert diesen Kostenfaktor, indem für die Bestellhotline eine 0180-5-Servicerufnummer verwendet wird. Bei diesem so genannten *Shared Cost*-Service werden die Verbindungskosten zwischen Anrufer und Sender aufgeteilt. Dabei zahlt der Kunde eine Minutengebühr von 0,12 Euro. Der Anbieter übernimmt im Gegenzug die Kosten für die Weiterleitung des Anrufs.[196] Weil der Serviceprovider aus dem Gebührenanteil des Anrufers einen Werbekostenzuschuss an den Nummernanbieter leistet, sind die Verbindungen für RTL Shop aber praktisch kostenneutral.[197]

Der Einsatz einer für die Kunden gebührenfreien 0800-Rufnummer durch HSE 24 und QVC ist klarer Ausdruck der Serviceorientierung dieser Anbieter. Es deutet jedoch nichts darauf hin, dass sich eine kostenpflichtige 0180-Rufnummer, wie sie von RTL Shop und auch von 1-2-3.TV eingesetzt wird, negativ auf die Umwandlungsquote von Zuschauern zu Anrufern bzw. zu Bestellern auswirkt. Offenbar sind diejenigen, die ernsthaft an einer Bestellung interessiert sind, ohne weiteres bereit, die entsprechenden Anrufkosten zu tragen. Möglicherweise haben die 0180-Rufnummern sogar einen Filter-

---

195 Anrufe aus den Mobilfunknetzen haben nach Angaben von HSE 24 in Deutschland derzeit einen Anteil von rund zwölf Prozent am Gesprächsaufkommen auf der Bestellhotline – mit steigender Tendenz. In Österreich liegt dieser Anteil bereits bei ca. 30 Prozent.

196 Eine Unterscheidung zwischen Anrufen aus dem Festnetz und solchen aus Mobilfunknetzen wird anbieterseitig nicht getroffen. Je nach Netzbetreiber liegt jedoch die Gebühr für den Anrufer höher, wenn er eine 0180-Nummer aus einem Mobilfunknetz anruft.

197 Auch 1-2-3.TV nutzt eine – allerdings anrufbezogen tarifierte – 0180-Rufnummer für die Auktionsteilnahme. Der Anrufer zahlt hier 0,24 Euro je Anruf. Die Kosten für 1-2-3.TV dürften sich bei etwa 0,03 Euro pro Minute bewegen und damit immer noch deutlich unter den 0800-Kosten liegen.

effekt, indem sie von vornherein Junk-Calls entgegenwirken und so wiederum unnötige Kosten auf Anbieterseite vermeiden helfen.

7.7.1.2 Interactive Voice Response (IVR)

Eine telefonische Bestellannahme kann auch automatisiert erfolgen, wofür in aller Regel eine sog. IVR-Plattform zum Einsatz kommt. Hierbei wickelt ein Computersystem die Anrufe ab, welches Wähltöne oder Sprachbefehle verarbeiten kann. Der Anrufer kann wie in einem Menü navigieren, indem er bestimmte Tasten auf seinem Telefon drückt[198] oder z. B. Stichworte nennt. Auf gleiche Weise gibt er auch seine Bestellungen auf, die so automatisch, ohne Zutun eines Call Center-Mitarbeiters, vom Sender entgegengenommen werden.

Diese Art der Bestellannahme bietet Vorteile für beide Seiten: Beim Sender lässt sich die Service-Effizienz steigern, da die IVR-Plattform eine hohe Zahl von Anrufen parallel verarbeiten kann und damit auch bei Anrufsspitzen keine Warteschleifen entstehen. Gleichzeitig sinken die Kosten, weil weniger personelle Kapazitäten vorgehalten werden müssen und sich mit dem Wegfall von Warteschleifen das Minutenvolumen verringert. Der Besteller wiederum kann die IVR-Plattform jederzeit erreichen und muss nicht auf die Entgegennahme seines Bestellwunsches durch einen freien Call Agent warten oder mehrere Anwahlversuche unternehmen.

HSE 24 *(EASy)*[199] und QVC *(Q-Tel)* verfügen seit geraumer Zeit über automatisierte Systeme zur Bestellannahme, die sie intensiv kommunizieren. Insbesondere dann, wenn sich während einer Verkaufssendung die Auslastung des Call Centers der Kapazitätsgrenze nähert, werden die Zuschauer im Programm aktiv dazu aufgefordert, auf diese Systeme auszuweichen.

Bei deutschen Kunden sind die IVR-Plattformen jedoch insgesamt recht unbeliebt, weil eine prinzipielle Skepsis gegenüber der Technologie besteht: Hier wird nach wie vor eher das persönliche Gespräch gesucht, welches natürlich u. a. den Vorteil bietet, während des Bestellprozesses Fragen zum Ablauf bzw. zum Produkt selbst stellen zu können. Dennoch lassen sich nach Einschätzung von HSE 24 mittelfristig rund zehn Prozent aller Bestellungen über Systeme wie *EASy* abwickeln – heute liegt der Anteil bei HSE 24 bei etwa acht Prozent.

---

198 Hierfür ist auch der Begriff *Touch Tone Ordering* geläufig.
199 EASy – Elektronisches Auftragssystem

7.7.1.3 Internet

Entsprechend seiner Eigenschaft als Pull-Medium wird das Internet im Regelfall nicht für den Impulskauf genutzt, sondern eher für gezielte Bestellungen wie zum Beispiel Ergänzungs- oder Nachfüllprodukte (Continuity-Business). Umsätze, die in den Online-Shops der Teleshopping-Sender generiert werden, stehen deshalb nur teilweise in direkter (zeitlicher) Verbindung mit dem Programm. Eine Parallelnutzung von Fernsehen und Internet ist – zumal beim typischen Teleshopping-Publikum – eher die Ausnahme; das Internet hat als Bestellmedium seine eigenen Gesetze.

Dennoch bemühen sich die Teleshopping-Anbieter intensiv darum, ihre jeweiligen Online-Shops auch auf den Aspekt des Impulskaufs auszurichten, indem sie diese nicht nur inhaltlich, sondern auch funktionell und zeitlich eng mit dem TV-Programm verzahnen. So finden sich auf den Websites u. a. Links zu den aktuell im Fernsehen präsentierten Produkten, so dass die entsprechenden Artikel sich ohne Suche mit wenigen Klicks bestellen lassen. Dahinter steht die Überlegung, das Internet auch als alternatives Responsemedium für den Impulskauf zu etablieren und so – ähnlich wie mit den automatisierten Telefonsystemen – die Call Center zu entlasten.

Diese Bemühungen finden Ausdruck darin, dass jeder der Teleshopping-Sender die Internetadresse seines Web-Angebotes regelmäßig im TV-Programm kommuniziert. Außerdem wird, z. B. bei HSE 24, innerhalb bestimmter Sendungen die Möglichkeit der Online-Bestellung explizit erläutert, indem die Moderatoren die Website vorstellen und den Bestellvorgang demonstrieren. (Vgl. weiterführend zur Komplementarität von Fernsehen und Internet Abschnitt 4.1.3)

HSE 24 und 1-2-3.TV bieten dem Nutzer darüber hinaus die Möglichkeit, das laufende Programm via Live-Streaming im Internet zu verfolgen. Dabei findet bereits eine direkte Verknüpfung zwischen dem Sendungs-Stream und den zugehörigen Online-Produktinformationen statt, indem diese neben dem TV-Bild synchronisiert dargestellt werden. Der Nutzer kann so das jeweils präsentierte Produkt ohne Umwege bestellen bzw. direkt an der Auktion teilnehmen.

7.7.2 Herausforderungen bei der telefonischen Bestellannahme

Die ausgesprochene Kundenorientierung der Teleshopping-Anbieter, auf die in den vorangegangenen Kapiteln bereits mehrfach hingewiesen wurde, ist nicht gleichzusetzen mit dem Ziel der maximalen Befriedigung von Kundenbedürfnissen. Im Vordergrund steht für den Anbieter vielmehr die nachhaltige Wertsteigerung des Kundenstamms, indem die einzelnen Kundensegmente über einen möglichst kosteneffizienten Service optimal gesteuert werden. Die Arbeit im Call Center spielt hierfür eine entscheidende Rolle: Durch Erreichbarkeit, Kompetenz und Freundlichkeit soll jeder neue und bestehende Kundenkontakt möglichst viel zur Profitabilität des gesamten Senders beitragen, gleichzeitig sollen die Kosten durch unrentable Kundensegmente – zu denen vor allem die Dauerretournierer zählen – minimiert werden.

Diesen Herausforderungen muss zu einem ganz wesentlichen Teil bereits bei der telefonischen Bestellannahme begegnet werden. Daraus ergeben sich eine Reihe von kritischen Erfolgsfaktoren und Maßnahmen im Call Center, die im Folgenden jeweils kurz skizziert werden sollen.

7.7.2.1 Planung und Flexibilität

Die Linearität und Flüchtigkeit des Mediums Fernsehen, das typische Impulskaufverhalten sowie die schnelle Abfolge vieler verschiedener Produktpräsentationen im Teleshopping machen Voraussagen zur Quantität und Qualität der Zuschauerreaktionen hier besonders schwierig. Eine möglichst präzise Prognose des Anrufaufkommens ist das Ziel der Teleshopping-Anbieter, um die notwendigen Call Center-Kapazitäten entsprechend planen zu können. Dabei gilt es die optimale Balance zwischen Erreichbarkeit und Effizienz zu finden, denn wird die Erreichbarkeit zu stark auf mögliche Anrufspitzen ausgerichtet, steigt die Gefahr eines teuren Leerlaufs außerhalb der Peaks; im umgekehrten Falle wiederum gehen womöglich viele Kunden und damit Umsatz verloren, wenn Bestellungen oder auch Serviceanfragen wegen einer Überlastung des Call Centers nicht angenommen werden können.

Die *Anwahlquote* und die Kennzahl *Lost Customers* sind die wichtigsten Instrumente zur Messung der Erreichbarkeit und letztlich auch zur Optimierung der Call Center-Planung, weniger im Vordergrund steht dagegen das sog. *Service Level,* welches angibt, wie viel Prozent der eingehenden Anrufe innerhalb einer bestimmten Zeitspanne beantwortet werden können. Die *Anwahlquote* drückt aus, wie oft ein Kunde im Durchschnitt die Bestell- bzw. Service-Hotline anwählen muss, bis sein Anruf entgegengenommen wird. Ein Wert von 1,0 würde bedeuten, dass jeder Anruf unmittelbar im Call Center bearbeitet werden kann, ist jedoch unter Kostengesichtspunkten nicht sinnvoll realisierbar. In aller Regel wird von den Teleshopping-Sendern eine Anwahlquote von < 1,5 angestrebt, d. h. dass weniger als 50 Prozent der Kunden einen zweiten

Anwahlversuch unternehmen müssen.[200] Die Kennzahl *Lost Customers* gibt Aufschluss darüber, wie hoch der Anteil der verlorenen Kunden ist, die sich eindeutig auf die mangelnde Erreichbarkeit des Call Centers zurückführen lassen. Der Wert sollte bei einem effizient arbeitenden Call Center deutlich unter drei Prozent liegen.

Aufgrund einer Vielzahl von sich überlagernden Einflussfaktoren ist die Response im Teleshopping nur begrenzt planbar: Show-Events, das Programmumfeld oder Aktivitäten anderer Sender, saisonale Besonderheiten und natürlich auch das Wetter können – unabhängig vom jeweils präsentierten Produkt – immer wieder zu unerwarteten Ausschlägen oder Einbrüchen im Anrufverhalten der Kunden führen. Um dennoch eine bestmögliche Annäherung in den Anruf-Forecasts zu erreichen, wird eine detaillierte Planung auf zwei wesentlichen Stufen durchgeführt und zwischen der Einkaufsabteilung des Senders, den für die Live-Sendung zuständigen Producern und dem Call Center laufend abgestimmt:

1. Forecast für das Gesamtjahr auf Grundlage saisonaler Erfahrungswerte[201] und geplanter Programm-Events
2. Forecast auf Basis der Showplanung für einzelne Tage, Stunden und Produkte[202]

Bei guter Planung belaufen sich die Abweichungen der Ist-Anrufzahlen vom Forecast innerhalb einer Woche auf deutlich weniger als zehn Prozent. Trotzdem erfordert die Organisation aber noch hohe Flexibilität von allen Beteiligten: Peaks innerhalb einer geplanten Programmstunde – oftmals mit mehr als 10.000 Anrufen in nur wenigen Minuten – sind weder genau vorherzusagen noch durch die Schichtplanung im Call Center abzudecken. Um Anrufsspitzen bewältigen zu können, sind weitere Mitarbeiter notwendig, die z. B. außerhalb des Call Centers unmittelbar auf Abruf zur Verfügung stehen. HSE 24 greift hierfür auf sog. *Home Agents* zurück, die auf Basis der angenommenen Anrufe bezahlt werden.

Das Live-Monitoring während einer Sendung stellt einen weiteren Flexibilitätsbaustein dar: Der Producer erhält über eine Online-Anbindung an den Carrier laufend und

---

[200] Die Zahl der Anwahlversuche in Relation zur Zahl der unterschiedlichen Anrufer wird auf Ebene der Vermittlungsstellen im Telefonnetz der Deutschen Telekom AG gemessen.
[201] Erfahrungsgemäß ist das Anrufaufkommen in den Monaten März/April und Juli/August am niedrigsten, in den Wintermonaten und vor allem im November/Dezember am höchsten.
[202] Hierbei werden u. a. Live- und Wiederholungsstunden, Fensterreichweiten sowie die bereits angesprochenen Programmplatzfaktoren berücksichtigt. (Vgl. zur Programmplanung Abschnitt 7.3)

in Echtzeit Informationen über die Anzahl der momentanen Anwahlversuche, der laufenden Gespräche, der Besetztfälle sowie ggf. über die Auslastung der IVR-Plattform. Je nach Situation kann so der Abverkauf durch geeignete Maßnahmen beschleunigt oder gebremst werden. Außerdem können Producer bzw. Moderator bei Engpässen im Call Center auf alternative Bestellwege verweisen oder die Zuschauer auffordern, es zu einem späteren Zeitpunkt nochmals zu versuchen. (Siehe hierzu auch Abschnitt 7.4)

7.7.2.2 Intelligentes Routing

Ein ebenso wichtiges Instrument für die Effizienzsteigerung bei der telefonischen Bestellannahme ist das *Intelligente Routing*, d. h. die Steuerung und Führung der Anrufe auf Ebene des Telefonnetzes. Das Routing umfasst verschiedene Aspekte, vor allem:

- Unterschiedliches Handling verschiedener Kundengruppen
- Filterung von unerwünschten Junk-Calls
- Zielführung abhängig von Lastzuständen in den Call Centern, dabei Nutzung von bestimmten Affinitäten der Kunden (z. B. IVR)

Technologischer Vorreiter auf diesem Gebiet ist HSE 24 – als deutschlandweit einziger Versandhändler, der eine derartige Logik und Intelligenz als Gerüst für einen effektiven Kundenservice einsetzt. In enger Zusammenarbeit mit der Deutschen Telekom wurde hierfür ein System entwickelt, welches Anrufer anhand von beliebig vielen Regeln vorsortiert und an die entsprechenden Anrufziele weiterleitet.[203] Grundlage ist die Einteilung der Kunden in vier Segmente von A (Bestkunden) bis D (unrentable Kunden) mit jeweils bis zu sechs Unterklassen. Sichergestellt werden soll insbesondere, dass Bestkunden mit hohem Umsatz (Segment A) auch zu auslastungsstarken Zeiten immer direkt mit einem speziell geschulten Agenten im Call Center verbunden werden. Je nach Lastsituation werden dagegen Kunden aus anderen Segmenten auf eine Ansage bzw. auf die IVR-Plattform geleitet.[204] Junk-Calls lassen sich unmittelbar auf Netzebene

---

203 Das rechnergestützte Intelligente Netz prüft zunächst bei jedem Anwahlversuch, ob die eingehende Rufnummer bekannt ist. Im nächsten Schritt erfolgt ggf. anhand der Kundenbasisdaten ein Abgleich mit den voreingestellten Regeln und es wird das passende Anrufziel ermittelt. Schließlich wird der Anruf auf das entsprechende Ziel geleitet – dies kann z. B. ein bestimmter Standort oder sogar ein bestimmter Call Agent sein – bzw. vorzeitig beendet.

204 So werden bspw. B-Kunden nur dann mit einem Call Center-Mitarbeiter verbunden, wenn die Auslastung der telefonischen Bestellannahme weniger als 90 Prozent beträgt, D-Kunden werden bereits bei 80 %iger Auslastung umgeleitet. Diese Einstellung ist voll variabel.

blocken, ebenso kann sehr schnell auf Retourensünder reagiert werden, indem diese bspw. zu einer Fachberatung geführt werden und nicht direkt zur Bestellannahme gelangen.

Durch das Intelligente Routing ist es HSE 24 gelungen, die Erreichbarkeit für „produktive" Bestkunden zu steigern und die Kosten durch fehlgeleitete oder unerwünschte Anrufe zu senken. Auch die Retourenquote konnte mit Hilfe der Fachberatung von Hochretournierern gesenkt werden.[205]

7.7.2.3 Gesprächsführung im Call Center

Mit dem Anruf des Kunden muss die durch die Produktpräsentation im Fernsehen angestoßene Verkaufskette weitergeführt werden: Die Begeisterung ist aufrechtzuerhalten, Skepsis und Zweifel sind möglichst zu vermeiden. Die Emotionalität des Kauferlebnisses bedarf einer emotionalen Behandlung im Service. Der Call Center Agent übernimmt hierbei vom Moderator die Rolle des Verkäufers, der entsprechend über die Produkte Bescheid wissen und den fehlenden Direktkontakt zum Kunden durch sympathische Gesprächsführung und kompetente Hilfestellung wettmachen muss. Dies gilt besonders für die klassische Teleshopping-Kernzielgruppe – Frauen ab 45. Sie legen sehr hohen Wert auf den persönlichen Kontakt über das Telefon, das für sie vertrautes Alltagsmedium ist.

Innerhalb kurzer Zeitabstände müssen sich die Mitarbeiter im Call Center immer wieder auf wechselnde Produkte und damit auch auf unterschiedliche Kundengruppen mit jeweils spezifischen Ansprüchen und Beratungswünschen einstellen. Durch den hohen Responsedruck bei Bestseller-Produkten steigt die Erwartungshaltung seitens der Kunden noch zusätzlich – besonders dann, wenn nur noch geringe Stückzahlen eines Artikels verfügbar sind.

Die hohen Anforderungen können nur durch bestens geschulte Mitarbeiter gemeistert werden. Alle Call Center Agents durchlaufen deshalb intensive Schulungen,

---

205 Ab einer individuellen, sortimentsbezogenen Retourenquote, die entsprechend weit über dem Durchschnitt liegt, gilt der jeweilige Kunde als Hochretournierer. Vor der nächsten Bestellung wird dann mit ihm ein persönliches Gespräch geführt, um die Gründe für den hohen Retourenanteil zu ermitteln und übermäßige Retouren künftig zu vermeiden. Dieses Fachgespräch kann nach Bedarf wiederholt werden. Steigt die Retourenquote des Kunden auf 90 Prozent oder mehr, erhält er einen letzten Versuch und wird danach ggf. von weiteren Bestellungen ausgeschlossen. In diesem Falle werden künftige Anrufe vom System automatisch geblockt, so dass der Retourensünder keine weiteren Kosten auf der telefonischen Bestellannahme bzw. Servicehotline verursachen kann.

wie emotionales Training, Problembehandlungs- und Deeskalationsstrategien, funktionale Service-Lehrgänge sowie Sales- und Technologie-Einweisungen. Dies gilt in besonderem Maße für die Mitarbeiter, die eine Fachberatung leisten müssen – bei HSE 24 z. B. für die Agents im sog. *Competence Center.* Diese Kundenberater sind jeweils spezialisiert auf bestimmte Sortimentsbereiche, Produktlinien, Eigenmarken und/oder Serviceaspekte und müssen mit hervorragenden Produkt- und Prozesskenntnissen für alle denkbaren Kundenanfragen gewappnet sein.

7.7.2.4 Upsell

Aktive Verkaufsstrategien im Call Center bieten die Chance, den Umsatz gegenüber der bloßen passiven Bestellannahme deutlich zu steigern. Dabei kann es darum gehen, Alternativen aufzuzeigen, falls das vom Anrufer gewünschte Produkt vergriffen ist, vor allem aber wird mit Upsell das Ziel verfolgt, den Wert einer Kundenbestellung durch passende Ergänzungsprodukte zu erhöhen. Ein Teleshopping-Anbieter kann so mit einem geeigneten Upsell-Sortiment Zusatzerlöse generieren, ohne die entsprechenden Produkte umfangreich im Fernsehen präsentieren zu müssen.[206]

Die Teleshopping-Sender schenken dem Upsell als zusätzlichem Vertriebsinstrument zunehmend Beachtung. Langfristig soll für jedes präsentierte Produkt mindestens ein Upsell-Produkt angeboten werden, wobei der Schwerpunkt zunächst auf den Bestsellern und Tagesangeboten liegt. Unterstützend können intelligente Software-Lösungen eingesetzt werden, um das Kaufverhalten der Kunden tiefergehend zu analysieren und die Konfidenz aller Artikel untereinander, d. h. die Wahrscheinlichkeit bestimmter Kauf-Kombinationen zu ermitteln.

Bei der telefonischen Bestellannahme werden vom System jeweils automatisch passende Produkte vorgeschlagen, letztlich spielen aber die Call Center Agents eine entscheidende Rolle bei der Realisierung des Verkaufs: Sie müssen die aktuellen Bedürfnisse des Anrufers erkennen und ihm durch kompetente Beratung zu einem zufriedenstellenden Kauf verhelfen. Andernfalls kann beim Kunden leicht der Eindruck entstehen, man wolle ihm „etwas andrehen". Eine Upsell-Strategie muss entsprechend behutsam umgesetzt werden, Erhalt und Ausbau des Kundenvertrauens haben oberste Priorität: Der Kunde soll Upsell-Angebote als sinnvolle Produktempfehlungen, als zusätzliche Beratung

---

206 Theoretisch denkbar ist Upsell sogar ohne Erwähnung des Ergänzungsproduktes in der Verkaufssendung. Um den Kunden am Telefon jedoch nicht zu überfordern und die Wandlungsrate zu erhöhen, wird das Upsell-Produkt in aller Regel zumindest kurz im Fernsehen gezeigt.

und Service des Senders wahrnehmen. Dabei ist auch der Preispunkt des Upsell-Produktes wichtig, der sich an dem des Ausgangsproduktes orientieren sollte.

Mit geschickten und wohldosierten Upsell-Maßnahmen sind Wandlungsraten zwischen 20 und 50 Prozent erreichbar – so verkaufte z. B. HSE 24 die Ersatzwalze zu einem Heimwerker-Malerset an 46 Prozent aller Besteller. Ziel des Senders ist es, langfristig einen mittleren einstelligen Prozentbereich am Gesamtumsatz, d. h. in jedem Falle einen deutlich zweistelligen Millionen-Euro-Betrag pro Jahr, durch Upsell zu generieren.

7.7.3 Kommissionierung, Versand, Retouren

Ist die Bestellung vom Teleshopping-Anbieter angenommen worden und die Einbuchung in das Warenwirtschaftssystem erfolgt, wird mit dem komplexen Lieferablauf der abschließende Teil der Prozesskette in Gang gesetzt. Im Kern heißt dies: *Pick, pack* und *ship*. Die Abwicklung dieser Aufgaben übernehmen die Teleshopping-Sender zum größten Teil selbst bzw. arbeiten sie hier mit spezialisierten Unternehmen wie DHL Fulfilment oder Hermes Logistik zusammen. Zwar besteht auch die Möglichkeit, dass die Produkte direkt ab Lager des Lieferanten versandt werden, dies ist aber eher der Ausnahmefall.

Die eingehenden Aufträge werden zunächst in sog. *Lieferwellen*, d. h. in Gruppen von (ähnlichen) Einzellieferungen zusammengefasst, um den logistischen Ablauf möglichst effizient zu gestalten.[207] Für jeden Auftrag werden dann die Produkte im Lager aufgenommen und – bei Bestellungen mit mehreren Artikeln – zusammengeführt *(pick)*. Parallel dazu erfolgt der Rechnungsdruck und die Fakturierung, der Druck des Adressetiketts sowie die Auswahl und Bereitstellung einer geeigneten Verpackung. Der Prozess-Schritt *pack* ist abgeschlossen, sobald alle Bestandteile der Einzellieferung, d. h. die bestellten Artikel, Rechnung / Lieferschein und eventuelle Paketbeilagen sich im richtigen Paket befinden und dieses versandfertig verschlossen und beschriftet ist. Schließlich wird mit der Verteilung der Pakete nach Zielregionen der Versand eingeleitet *(ship)*. Bei HSE24/DHL Fulfilment sind hierfür die Kommissionierungs- und Verpackungsstrecken direkt über ein Fördersystem an ein benachbartes Frachtpostzentrum angebunden.

Die Herausforderungen beim skizzierten Lieferablauf sind prinzipiell ähnliche wie bei der telefonischen Bestellannahme: Bedingt durch die nur begrenzte Planbarkeit des

---

[207] Bspw. können in einer Lieferwelle alle Bestellungen mit nur einem Artikel zusammengefasst werden, in einer anderen diejenigen mit mehreren Artikeln.

Abverkaufs kommt der Skalierbarkeit und der Flexibilität der logistischen Systeme entscheidende Bedeutung zu. Gleiches gilt auch bereits für die Lagerhaltung, wobei sich durch das Handling von Waren mit sehr unterschiedlichen Anforderungen wie Schmuck (kleine Teile) oder Bekleidung (Lagerung hängend) zusätzliche Besonderheiten ergeben. Nicht zuletzt ist natürlich die Geschwindigkeit und Qualität der Lieferung ein überaus wichtiges Kriterium, um Kundenvertrauen aufzubauen bzw. zu erhalten und Rücksendungen zu minimieren – im Teleshopping aufgrund der hohen Erwartungshaltung der Zuschauer mehr noch als bspw. im klassischen Versandhandel.

Fulfilment und Distribution der Bestellungen sind neben der Produktion und Ausstrahlung des Programms sowie Call Center und Kundenservice die wesentlichsten Kostenfaktoren für einen Teleshopping-Anbieter. Die Versandkostenpauschale für den Endkunden, die bei 5,95 Euro liegt, ist für die Sender in der Regel nicht kostendeckend.

Ein weiterer erheblicher Kostenfaktor auf Seiten der Anbieter entsteht durch Retouren und deren notwendiges Handling: Rücksendungen müssen vom Kunden zum Versandzentrum zurück transportiert, dort angenommen und wiedereingelagert werden. Der Prozess entspricht praktisch dem umgekehrten Lieferablauf und verursacht einen vergleichbaren Aufwand. Bei einer durchschnittlichen Retourenquote von 20 Prozent ergeben sich hieraus entsprechend anteilige Kosten je Bestellung.

Darüber hinaus bergen Retouren noch andere, erheblich höhere Kostenkomponenten: In den seltensten Fällen kann ein retournierter Artikel unmittelbar wieder in den Verkauf gehen, denn dies würde zum einen voraussetzen, dass er sich weiterhin im (aktuellen) Sortiment befindet, zum anderen, dass er unbenutzt und unbeschädigt ist. Oftmals sind nicht alle diese Bedingungen erfüllt, so dass z. B. ein *Refreshing* bzw. *Repacking* des Artikels erforderlich sein kann. Je nach Warengruppe müssen zusätzliche Überprüfungen vorgenommen werden, bevor der Artikel ggf. wieder in den Verkauf gehen kann – bspw. eine Funktionskontrolle bei elektronischen Geräten. Im ungünstigsten Falle ist der Artikel nicht mehr über den „normalen" Weg des Teleshopping zu verkaufen. Sofern eine (einwandfreie) Retournierung zum Lieferanten nicht möglich ist, muss der Artikel dann der Restantenverwertung[208] zugeführt werden, wobei in der Regel hohe Abschreibungen auf den Einkaufspreis anfallen.

---

208 Für die Restantenverwertung gibt es verschiedene Möglichkeiten. Insbesondere kommt der Verkauf in Outlets des jeweiligen Senders, im Internet (z. B. eigener Online-Shop, eBay) oder durch spezielle Resteverwerter infrage.

Retouren sind also weit mehr als „nur" entgangener Umsatz. Umso wichtiger ist die adäquate Berücksichtigung der Retouren in der Kalkulation eines jeden Teleshopping-Senders und, mehr noch, das intensive Bemühen darum, das Retourenaufkommen auf ein Mindestmaß zu reduzieren.

7.8 Auf dem Weg zum Stammkunden: Instrumente des CRM

Vor dem Hintergrund des hohen Aufwands für die Neukundengewinnung (vgl. insbesondere Abschnitt 5.4.2.3) ist der erfolgreiche Aufbau und Erhalt langfristiger Kundenbeziehungen als kritischer Erfolgsfaktor im Teleshopping bereits angesprochen worden. Letztlich sind alle Aspekte des Kundenservice, die bis hierhin beleuchtet wurden, (auch) auf dieses Ziel ausgerichtet – sie sollen Zufriedenheit und vor allem nachhaltiges Vertrauen auf Seiten der Kunden schaffen.

Angefangen von der kostenlosen Bestellhotline bei HSE 24 und QVC, über die ebenfalls kostenlose Fachberatung zu speziellen Produkt- oder Themenbereichen, wie sie von HSE 24 angeboten wird, bis hin zur schnellen und problemlosen Bearbeitung von Reklamationen oder Retouren – ein umfassender Service erfordert zwar hohe Vorleistungen durch den Anbieter, ist aber essentiell für dessen langfristigen Erfolg. Dies wird nicht zuletzt deutlich in der Gewichtung der einzelnen Kaufkriterien durch die Teleshopping-Nutzer (vgl. Abschnitt 4.3.2).

Die vor allem von den klassischen Teleshopping-Anbietern eingesetzten Instrumente des Customer Relationship Management (CRM) gehen hierüber aber noch deutlich hinaus, indem sie nicht nur unmittelbar bei einer Bestellung bzw. einer aktiven Kontaktaufnahme durch den Kunden ansetzen, sondern in regelmäßigen Abständen bzw. zu geeigneten Anlässen zum Einsatz kommen.

Augenfälligstes Mittel ist dabei das Kundenmagazin, das bspw. von HSE 24 als „Magalog" in einer monatlichen Auflage von 100.000 Exemplaren produziert und hauptsächlich an Bestkunden verschickt wird. Das HSE 24 Magazin bietet neben einer Programmübersicht und einem Katalog-Teil Hintergrundgeschichten zu den Moderatoren und zum Sender allgemein. Es weckt damit Interesse und lädt dazu ein, sich immer wieder mit dem Angebot von HSE 24 auseinanderzusetzen.

Im Wege von weiteren, individuell auf ihn abgestimmten Dialogmarketing-Maßnahmen soll jeder Kunde zu Angeboten geführt werden, welche für ihn mit hoher

Abbildung 50: Kundenmagazin von HSE 24 (Titelbild September 2005)

Quelle: HSE 24

Wahrscheinlichkeit besonders attraktiv sind. Am bedeutendsten sind in diesem Zusammenhang personalisierte Mailings, die per Post oder via E-Mail verschickt werden.[209]

Erstkunden erhalten bei HSE 24 zunächst ein Welcome-Mailing, dessen wichtigster Bestandteil die Kundenkarte mit allen wichtigen Rufnummern und der persönlichen Kundennummer ist. Bei der Erstellung dieses Mailings wird unterschieden nach Produktkategorien: So erhält bspw. ein Kunde, der seinen ersten Kauf im Bereich Schmuck getätigt hat, automatisch eine Schablone zur Bestimmung der Ringgröße. Das Welcome-Mailing soll damit den Anstoß geben, dem Sender auch nach der ersten Bestellung treu zu bleiben.

Bestellt ein Kunde unregelmäßig oder längere Zeit gar nicht mehr, so wird – meist gezielt zu bestimmten Anlässen wie Ostern und Weihnachten oder zu speziellen Programm-Events des Senders – ein Reaktivierungs-Mailing verschickt. Um den Kaufanreiz

---

209 Basis für die individualisierten Angebote sind die beim Teleshopping-Sender vorliegenden Kundeninformationen, die mehr oder weniger umfangreich sein können. Aus Alter und Geschlecht, aber auch aus sehr spezifischen Daten wie Kaufzeitpunkt, Preissensibilität und Interaktionsverhalten lässt sich relativ detailliertes Kundenwissen ableiten, z. B.: Welche Produkte will der Kunde kaufen? Wann will er kaufen und zu welchem Preis? Welchen Service erwartet und honoriert der Kunde?

zu erhöhen, kann dieses eine kleine Besonderheit enthalten. Beliebt sind vor allem Rabatt- oder Versandkostengutscheine, anhand derer sich zugleich unmittelbar feststellen lässt, ob ein Kunde auf das Anschreiben reagiert oder nicht.

Gezielt auf eine bestimmte Verkaufssendung zugeschnitten sind die so genannten When-to-Watch-Mailings, die sehr selektiv in einzelnen Kundengruppen Aufmerksamkeit für eine Show generieren. Entsprechende Aussendungen erfolgen in der Regel per Postkarte an aktive Stammkunden und zeitnah zum jeweiligen Sendetermin. Ein solches Mailing von HSE 24 zum 50. Krönungsjubiläum von Queen Elizabeth, das der Sender mit der Schmucksendung „The London Collection" und exklusiven Schmuckstücken begleitete, hatte so durchschlagenden Erfolg, dass 78 Prozent der angeschriebenen Kunden tatsächlich in dieser Sendung bestellt haben.

Eine besonders „knackige", schnelle und innovative Variante der Mailings sind SMS-Dienste. HSE 24 und 1-2-3.TV bieten die Möglichkeit, sich für einen SMS-Service zu registrieren, bei HSE 24 haben dies inzwischen mehr als 8.000 Interessenten getan. Im kostenlosen SMS-Abo[210] erhält der registrierte Kunde dann Informationen zu ausgewählten Produktkategorien und wird bspw. vorab über das *Angebot des Tages* informiert.

Die Kundenbindung kann neben Kundenmagazin, Mailings und SMS noch eine ganze Reihe anderer Maßnahmen umfassen, bspw. E-Mail-Newsletter, Mini-Kataloge, Paketbeilagen oder Clubs zu speziellen Produktbereichen.[211] Als bislang einziger Sender bietet RTL Shop seit Mai 2003 sogar ein Bonuspunkte-System an und kooperiert dabei mit der Bertelsmann-Tochter *Webmiles*. Bei jedem Einkauf erhalten RTL Shop-Kunden fünf Webmiles je Euro Umsatz, die anschließend gegen Sachprämien eingelöst werden können. Hauptziel ist die Festigung des Kundenstammes, außerdem ist über Sonderaktionen in Verbindung mit dem Punkteprogramm eine Steuerung des Kaufverhaltens vorstellbar.

---

210 Für die Registrierung fallen lediglich einmalig die normalen SMS-Gebühren an.
211 Bei HSE 24 gibt es einen Kochclub und einen Puppenclub. Die jeweils rund 10.000 Mitglieder erhalten regelmäßig Informationen über Produktneuheiten sowie exklusive Extras – im Kochclub bspw. Rezeptkarten.

8 ZUKUNFTSPERSPEKTIVEN UND FAZIT

Der Teleshopping-Markt in Deutschland ist in den vorangegangenen Kapiteln unter Einbeziehung seiner Stärken und Schwächen sowie seiner medienrechtlichen und -wirtschaftlichen Besonderheiten eingehend beleuchtet worden. Zum Abschluss der Betrachtungen sollen nun seine absehbaren Entwicklungstendenzen skizziert werden. Die im Folgenden angesprochenen Punkte erheben keinen Anspruch auf Vollständigkeit, sondern sind als Aufforderung und Anregung zum weiterführenden Diskurs zu verstehen.

8.1 Umsatzpotenzial: Teleshopping 2010

Nachdem sich in den ersten zehn Jahren des deutschen Teleshopping-Marktes die drei Sender HSE 24, QVC und RTL Shop sowie der Auktionskanal 1-2-3.TV etablieren konnten, wird der Branchenumsatz auch künftig dynamisch weiter wachsen. Auf Basis der bei Drucklegung dieses Buches für das Gesamtjahr 2005 und z. T. auch bereits für 2006 absehbaren Geschäftsentwicklung der einzelnen Sender sowie mittelfristiger Schätzungen für verschiedene globale Faktoren[212] hat Goldmedia eine Prognoserechnung für das Marktsegment Teleshopping bis 2010 durchgeführt.

Folgende Basis-Daten wurden für die Prognoserechnung herangezogen:

- Umsatzangaben, bisherige Entwicklung und Planzahlen der Teleshopping-Anbieter HSE 24, QVC, RTL Shop und 1-2-3.TV
- Technische Reichweitenentwicklung der Teleshopping-Sender
- Branchenübliche Erfahrungswerte für Bestellvolumina, Bestellhäufigkeit und Retourenquoten im Teleshopping
- Umsätze im deutschen Einzel- und Versandhandel lt. veröffentlichen Zahlen des Hauptverbandes des Deutschen Einzelhandels (HDE) bzw. des Bundesverbandes des Deutschen Versandhandels (BVH e. V.) sowie entsprechende mittelfristige Prognosen

---

212 Hierzu zählen insbesondere die volkswirtschaftlichen Leitgrößen BIP und Privater Verbrauch sowie die Gesamtumsätze im deutschen Einzel- und Versandhandel.

- Bisherige und erwartete Entwicklung der volkswirtschaftlichen Leitgrößen Brutto-Inlandsprodukt nominal (BIP) und Privater Verbrauch lt. Veröffentlichungen der Wirtschaftsforschungsinstitute sowie der Prognos AG
- Entwicklungsreihen der Teleshopping-Branche in internationalen Vergleichsmärkten, insbesondere Großbritannien und den USA

Die Berechnung gründet darüber hinaus auf folgende Annahmen:

- Der rechtliche/regulatorische Rahmen für Teleshopping in Deutschland bleibt im Wesentlichen unverändert.
- Die Teleshopping-Sender, insbesondere RTL Shop und 1-2-3.TV, können ihre technische Reichweite im deutschsprachigen Raum weiter steigern.
- Durch Umstrukturierungen, Ausdifferenzierung und Forcierung von Kundenbindungsmaßnahmen wachsen Kundenbasis, durchschnittliches Bestellvolumen und der Anteil der Mehrfachbesteller im Teleshopping. Gleichzeitig wirken sich die wachsende Convenience-/Service-Orientierung der Verbraucher, die besonders 2005/06 erhöhte mediale Aufmerksamkeit für Teleshopping sowie zu erwartende Engagements von klassischen Handelsunternehmen bzw. Markenartiklern positiv auf die Branchenentwicklung aus.
- Mit zunehmender Verbreitung des digitalen Fernsehempfangs werden weitere Teleshopping-Sender in den Markt treten bzw. die bestehenden Anbieter ihre Produktsortimente und/oder Geschäftsmodelle ausdifferenzieren. Gleichwohl ist aufgrund der zunächst notwendigen kritischen Masse an Zuschauern mit einer nennenswerten Marktrelevanz rein digitaler Angebote nicht vor 2008 zu rechnen.

Ausgehend von den genannten Eckpunkten erwartet Goldmedia die nachfolgend dargestellte Entwicklung für den Nettoumsatz[213] der deutschen Teleshopping-Branche. Dabei wird keine Unterscheidung vorgenommen zwischen Erlösen, die von den einzelnen Anbietern in Deutschland und ggf. auch in Österreich oder der Schweiz generiert werden – die Betrachtung bezieht sich auf den Umsatz der in Deutschland tätigen Sender im gesamten deutschsprachigen Raum.

---

213 Siehe Begriffserläuterung im Anhang.

[8 ZUKUNFTSPERSPEKTIVEN UND FAZIT]

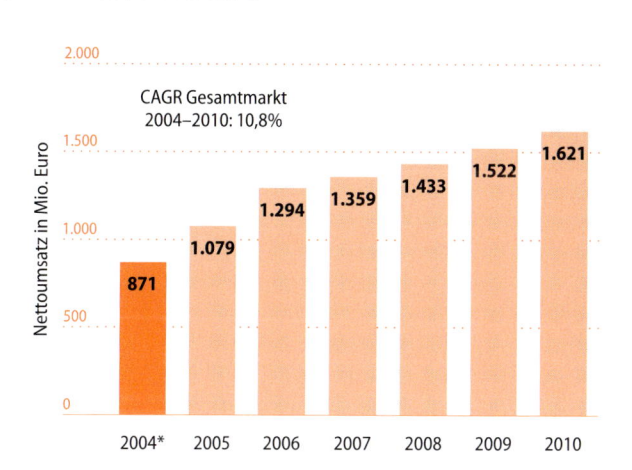

Abbildung 51: Umsatzprognose Teleshopping in Deutschland 2004–2010
(Nettoumsatz, in Mio. Euro)

CAGR Gesamtmarkt 2004–2010: 10,8%

Jahr	Nettoumsatz in Mio. Euro
2004*	871
2005	1.079
2006	1.294
2007	1.359
2008	1.433
2009	1.522
2010	1.621

Quelle: Goldmedia Prognoserechnung, August 2005

* Keine Berücksichtigung von 1-2-3.TV im Geschäftsjahr 2004; ab 2005 Prognose.

Goldmedia prognostiziert, dass der deutsche Teleshopping-Markt aufgrund des anhaltenden Wachstums im Jahre 2010 die Schwelle von 1,6 Mrd. Euro Jahresumsatz überschreiten wird.

Die Prognose orientiert sich prinzipiell an der von Goldmedia im Rahmen der Studie „T-Commerce 2009" im Januar 2005 veröffentlichten Hochrechnung für den Teleshopping-Markt 2004–2009 [vgl. GOLDMEDIA 2005]. Im Detail und vor allem mit Blick auf die Jahre 2005 und 2006 weicht Sie hiervon jedoch ab. Dies hat zwei wesentliche Gründe: Zum einen finden in der vorliegenden Prognose erstmals die Geschäftserwartungen von 1-2-3.TV volle Berücksichtigung. Zum anderen kommen in den Jahren 2005 und 2006 eine Reihe von Sondereffekten zum Tragen, die dem Gesamtmarkt einen deutlichen Schub verleihen: So wirken sich die umfangreichen Umstrukturierungs- und Kundenbindungsmaßnahmen der Sender, die besonders seit 2004 forciert worden sind, sehr positiv auf den Umsatz aus. Außerdem zeigt sich in den Jubiläumsjahren 2005 (HSE 24) und 2006 (QVC) eine erhöhte mediale Aufmerksamkeit für die Vertriebsform Teleshopping – was letztlich zu einer weiter steigenden Akzeptanz und einer Verbreiterung der Kundenbasis führen wird. Nach kräftigen Umsatzsteigerungen 2005/06 verlangsamt sich das Wachstum ab 2007, der klar positive Trend bleibt jedoch ungebrochen.[214]

Dr. Konrad Hilbers Der Autor leitet seit März 2003 als Vorstandsvorsitzender den Shoppingsender HSE 24. Er war vorher in verschiedenen Managementpositionen für AOL und Bertelsmann tätig, u. a. bei AOL Europe, der Bertelsmann Music Group und als CEO der Musiktauschbörse Napster. Seit Anfang 2005 gehört Dr. Konrad Hilbers dem Fernsehvorstand des Verbandes Privater Rundfunk und Telekommunikation (VPRT e. V.) an.

HERAUSFORDERUNGEN FÜR DIE ZUKUNFT

Seit 10 Jahren machen wir Teleshopping in Deutschland. In nur einer Dekade hat sich dieses Geschäftsmodell als neue Branche etabliert. Teleshopping ist heute ein wichtiger Wirtschaftsfaktor im Handel und Fernsehen. Mit seiner dynamischen Geschäftsentwicklung wächst auch die gesamtwirtschaftliche Bedeutung dieser Branche. Die zeigt sich eindrucksvoll anhand der Zahl der in Deutschland geschaffenen Arbeitsplätze. Rund 6.000 Menschen sind hier direkt bei einem der Teleshopping-Anbieter oder ihrer Partnerunternehmen beschäftigt, Tendenz steigend. Hiervon profitieren neben den Senderstandorten auch strukturschwache Regionen, in denen z. B. Teile des telefonischen Kundenservice angesiedelt sind. Gemessen an der Zahl der Beschäftigten übertreffen die beiden großen Shoppingsender alle anderen (klassischen) privaten TV-Sender in Deutschland bei weitem. Hinzu kommt auf Seiten der meist mittelständischen Lieferanten eine nicht näher zu beziffernde Zahl an Arbeitsplätzen, die allein auf den Vertriebsweg Teleshopping zurückgehen.

---

214 Für eine Verlangsamung des Wachstums ab 2007 spricht auch, dass der größte Teil des für RTL Shop und 1-2-3.TV möglichen technischen Reichweitenwachstums bis Mitte 2007 realisiert sein wird, so dass dann nur noch eine moderate Steigerung der technischen Reichweiten möglich ist.

Vor dem Hintergrund dieser gesamtwirtschaftlichen Bedeutung ergeben sich für die kommenden 10 Jahre neue Herausforderungen. Der deutsche Markt befindet sich in einer Übergangsphase von der analogen in die digitale Welt. Mediendienste wie Shoppingsender, die sich statt über Werbung durch Transaktionen finanzieren, sind in höherem Maße abhängig von einem breiten Zuschauerzugang. Im Sinne eines fairen Wettbewerbs zwischen den verschiedenen Angebotsformen sollten deshalb bei der Frequenzvergabe die gesamtwirtschaftliche Bedeutung des Veranstalters sowie die wirtschaftlichen Notwendigkeiten stärkere Beachtung finden.

HSE 24 als ein solcher Anbieter fordert eine ausgewogene Verbreitung in der analogen wie digitalen Welt und erachtet eine Gleichbehandlung von Rundfunk und Mediendiensten als notwendig. Vor diesem Hintergrund müssen Regulierung und Medienpolitik klare Bestimmungen finden, die auch weiterhin das wirtschaftlich faire Nebeneinander von Rundfunkangeboten und Mediendiensten ermöglichen.

In der aktuellen Diskussion befinden sich Themen wie die Abschmelzung von analogen Kapazitäten, ohne dass diese durch adäquate digitale Kapazitäten ersetzt werden. Diese Verringerung der Übertragungskapazitäten darf nicht einseitig zu Lasten unabhängiger Spartensender gehen, deren Geschäftsmodell auf analoger Reichweite fußt. So käme es zu einer ernsthaften Existenzbedrohung für die kleinen Sender. In der Konsequenz wäre mit einer Vielfaltreduzierung im deutschen TV-Markt zu rechnen.

Ähnlich verhält es sich mit dem digitalen Antennenfernsehen DVB-T – einer Technik, die aus Sicht des Fernsehzuschauers Vorteile bietet. Da die Zahl der Sender, die digital über Antenne zu empfangen sind, allerdings begrenzt ist, bleibt womöglich allein Platz für die öffentlich-rechtlichen Programme und die großen privaten Sendergruppen. Spartensender müssen befürchten, auch hier gegenüber großen Programmanbietern ins Hintertreffen zu geraten.

Eine Rolle werden auch elektronische Programmführer (EPG) spielen. Kann der Zuschauer damit in Zukunft bereits etablierte, analoge TV-Angebote in gewohnter Umgebung wiederfinden, kommt das den Spartensendern und damit der Anbietervielfalt entgegen. Eine Nennung bestimmter Genres wie *Sport* oder *Shopping* ist sinnvoll. Sowohl die Bildung der Genres, als auch die Sortierung innerhalb der Genres muss diskriminierungsfrei erfolgen. Nach dem

> Grundsatz der Gleichbehandlung sind Mediendienste hier ebenso zu berücksichtigen wie Rundfunkprogramme.
>
> Als Pionier der Teleshopping-Branche in Deutschland sehen wir mit Spannung in die multimediale, interaktive Zukunft und freuen uns darauf, diese Branche auch in den kommenden 10 Jahren weiterhin mitzugestalten und voran zu treiben.

8.2 Entwicklungstrends

8.2.1 Digitalisierung der Übertragungswege

Im Zusammenhang mit den Distributionsmöglichkeiten für TV-Programme wurde auf den laufenden Prozess der Digitalisierung der Übertragungswege hingewiesen (vgl. Abschnitt 7.6.1). Das Ende der neunziger Jahre von der *Initiative Digitaler Rundfunk* formulierte Ziel, bis zum Jahre 2010 eine weitgehende Volldigitalisierung der deutschen TV-Haushalte zu erreichen, so dass die analoge Übertragung von Fernsehprogrammen eingestellt werden kann, scheint trotz einer zunehmend dynamischen Entwicklung des Digitalisierungsgrades nicht mehr realistisch. Dennoch verbinden sich mit der langfristigen Digitalisierung weiterhin Hoffnungen, Chancen und Herausforderungen, die nicht zuletzt die Struktur des Teleshopping-Marktes grundlegend verändern könnten.

8.2.1.1 Ende der Frequenzknappheit im Kabel

Eine vollständige Umstellung auf Digitalbetrieb wird vor allem in den TV-Kabelnetzen die Probleme der Frequenzknappheit aufheben.[215] Bereits heute werden nur noch die wenigsten Kabelanlagen rein analog betrieben. Jedoch wäre eine breit angelegte Aufrüstung der Netze auf 512 oder besser 862 MHz Bandbreite notwendig, um im derzeit notwendigen Simulcast-Betrieb, d. h. bei paralleler Ausstrahlung von analogen und digitalen Programmen, eine signifikante Steigerung der Kanalkapazität für Free-TV zu erreichen. Andernfalls wird sich die Übertragungskapazität der Kabelnetze spätestens mit Umstellung auf die rein digitale Ausstrahlung deutlich erhöhen.[216]

---

215 Dies gilt eingeschränkt natürlich auch für die Terrestrik, wobei die hier realisierbaren Kanalkapazitäten nicht mit denen im Kabelnetz zu vergleichen sind. So können über DVB-T maximal rund 30 TV-Programme parallel übertragen werden – was in etwa den Möglichkeiten einer analogen Kabelanlage entspricht.

216 Jeder bisher analog genutzte Kanal kann dann ca. zehn digitale Programmströme fassen.

Da eine weitere Digitalisierung der Kabelnetze auf lange Sicht außer Frage steht[217], werden also auch die begrenzten Möglichkeiten bei der Kanalbelegung (vgl. Abschnitt 6.2.5.2) langfristig in den Hintergrund rücken: Zukünftig werden alle oder zumindest der überwiegende Teil der Veranstalter, die Interesse an der Verbreitung in einer Kabelregion haben, berücksichtigt werden können, d.h. es wird auch Platz für mehr als zwei Mediendienste geben.

Gleichzeitig erhalten dadurch aber die Netzbetreiber erheblich mehr Entscheidungsfreiheit bei der Vergabe von Kabelplätzen, was deren Marktposition stärkt. Fehlen zukünftig verbindliche Vorgaben der Landesmedienanstalten zu den zu verbreitenden Programmen, dann werden insbesondere für Teleshopping-Veranstalter individuelle vertragliche Regelungen mit den Netzbetreibern weiter an Bedeutung gewinnen. Ziel muss es sein, eine möglichst hohe Verbreitung im Kabel sicherzustellen und den Haushalten dabei ohne Zusatzkosten, d.h. innerhalb der Basis-Programmpakete, zur Verfügung zu stehen. In diesem Zusammenhang wird es im digitalen Kabel mit hoher Wahrscheinlichkeit zu Veränderungen bei der Zugangsgebühr kommen, welche die Teleshopping-Anbieter für die Programmvermarktung an die Netzbetreiber entrichten.[218]

8.2.1.2 Sinkende Distributionskosten über Satellit

Wie bereits festgestellt wurde, besteht beim Satellitenfunk keine Frequenzknappheit (vgl. Abschnitt 7.6.1.2). Die wesentlichste Verbesserung auf Anbieterseite im Zuge der Digitalisierung ergibt sich hier aus den sinkenden Distributionskosten für das Programm, da diese nicht wie in den BK-Netzen als Durchleitegebühr zu den Haushalten, sondern nach technischem Aufwand entrichtet werden.

---

217 Die Digitalisierung im Kabel verlief bislang schleppend, weil zum einen von den Netzbetreibern nur zögerlich investiert wurde und zum anderen sich die großen privaten TV-Veranstalter RTL und ProSiebenSat.1 gegen eine digitale Einspeisung ihrer Programme bisher gesperrt haben. Insgesamt bestand deshalb auch auf Seiten der Zuschauer kaum ein Grund, für die Free-TV-Nutzung auf digitales Kabel umzusteigen.

218 Bei der analogen Kabelverbreitung zahlen die Teleshopping-Sender eine Gebühr für die Bereitstellung des Zugangs zu den Haushalten, die in der Regel bei etwa 0,35 bis 0,40 Euro pro HH und Jahr liegt. Möglich sind aber auch Umsatzbeteiligungsmodelle, bei denen der Netzbetreiber eine Provision von bis zu fünf Prozent des anteiligen Nettoumsatzes im jeweiligen Versorgungsgebiet erhält (vgl. Einspeise-/Kooperationsbedingungen von HSE24, QVC und RTL Shop). Bekanntermaßen gehen zumindest die Programmveranstalter für die digitale Programmverbreitung von einem Paradigmenwechsel aus, d.h. dass die Netzbetreiber für die Vermarktung der Programme bezahlen sollen. Die Netzbetreiber verstehen sich weiterhin als Infrastrukturanbieter, die für die technische Durchleitung einen Anspruch auf Aufwandsentschädigung haben.

Schlug ein analoger Transponder auf einem der ASTRA-Satelliten der Orbitalposition 19,2° Ost bisher mit jährlichen Kosten von rund 5,5 Mio. Euro zubuche, so ist die digitale Ausstrahlung mit etwa 0,7 Mio. Euro pro Jahr und Programm wesentlich günstiger.[219] Dies liegt zum einen darin begründet, dass ein digitaler Kanal nur einen Bruchteil der analogen Transponder-Bandbreite benötigt. Zum anderen ist im Digitalbereich auch die Zahl der Empfänger-HH noch vergleichsweise niedrig. Auch bei steigender technischer Reichweite[220] werden aber die deutlichen Kostenvorteile der digitalen Übertragung weiter bestehen. Hieraus ergibt sich – unter dem Vorbehalt der im nachfolgenden Abschnitt angesprochenen Programmkonkurrenz – auch für kleinere Anbieter mit geringerer Finanzkraft die Chance zum Markteinstieg.

Dass sich simpel gestaltete TV-Programme sehr kostengünstig digital via Satellit übertragen lassen, zeigt das spezifische VIC-TV-Modell: Hierbei werden TV-Programme auf wechselnde Bildschirmtafeln mit akustischer Untermalung reduziert, auf Bewegtbild wird verzichtet. Auf diese Weise sind bspw. statische Produktinformationen (Foto + Text) einfach darstellbar. Für die Distribution des Programms genügt eine Bandbreite von nur rund einem Achtel eines digitalen Bewegtbild-Kanals, die Ausstrahlungskosten liegen pro sog. VIC-TV-Kanal bei rund 240.000 Euro im Jahr. Seit 2004 werden auf dieser Grundlage bereits mehrere Transaktionssender vor allem im Bereich Dating/Mehrwertdienste, aber auch Produktverkauf/DRTV ausgestrahlt.[221]

8.2.1.3 Wachsende Programmkonkurrenz

Aus der Digitalisierung und der damit wachsenden Zahl verfügbarer Programmkanäle resultiert, dass künftig immer mehr mediale Angebote um die Aufmerksamkeit der Konsumenten konkurrieren werden. Zielrichtung ist eine Medienökonomie, die geprägt

---

219 Bei Inanspruchnahme eines analogen Transponders waren zudem bislang die Programmanbieter i. d. R. an Vertragslaufzeiten von mehreren Jahren gebunden, wobei mit Vertragsabschluss Bürgschaften für die vereinbarte Transpondermiete über mehrere Jahre vorgelegt werden mussten. Die Anmietung eines analogen Transponders erreichte deshalb schnell Kostendimensionen von 50 Mio. Euro oder mehr, was für kleinere Programmanbieter eine kaum überwindbare Hürde bedeutete. Die genannten Distributionskosten basieren auf Unternehmensangaben von SES ASTRA.

220 Anders als im TV-Kabel ist die Ausstattung der Satelliten-HH mit digitalen Empfangsgeräten ein im Grunde selbstlaufender Prozess, der keine direkten Investitionen seitens SES ASTRA erfordert (vgl. Abschnitt 7.6.1.2).

221 Dazu gehören bspw. wellenlaenge.tv und traumkontakt.tv sowie der inzwischen nicht mehr verbreitete DRTV-Kanal Avinos Wein TV. Zuletzt startete im September 2005 ProMarkt.tv.

ist vom Kampf um die „eyeballs" der Zuschauer. Im Umfeld zahlreicher Rundfunkprogramme, welche die verschiedensten Informations- und Unterhaltungsbedürfnisse befriedigen, werden reine Teleshopping-Sender mehr als bisher ein Programmerlebnis bieten müssen, das über die bloße Produktpräsentation hinausgeht. Die Tendenz zur Vermischung bzw. Kopplung von Kaufangeboten mit klassischen Medieninhalten findet ihren Ausdruck auch im programmbezogenen Teleshopping (siehe Abschnitt 8.2.5.1).

Eine wachsende Zahl von Programmen bedeutet aber auch, dass es für den Nutzer immer schwieriger wird, im Gesamtangebot den Überblick zu behalten. Das *relevant set* der individuell genutzten Sender wird sich nur allmählich verändern, so dass für neue Programme von vornherein nur eine begrenzte Wahrscheinlichkeit besteht, überhaupt ins Blickfeld des Nutzers zu gelangen.[222] Noch verschärft wird diese Problematik dadurch, dass viele der vor allem beim wichtigen Satellitenempfang verwendeten Set-Top-Boxen keine automatische Aktualisierung der Senderliste vornehmen, d. h. Programme, die nach der Installation der Empfangsanlage auf Sendung gehen, werden erst nach einem neuen Sendersuchlauf erfasst.[223]

Für neu hinzutretende Programmanbieter stellen diese Aspekte eine ernstzunehmende Hürde dar – insbesondere dann, wenn sie über keine nennenswerte Bekanntheit in der Bevölkerung, z. B. durch die Nähe zu einer bestehenden Marke, verfügen. Dagegen sind die Voraussetzungen für etablierte Handelsunternehmen, Markenartikler u. dgl. besser – einschließlich der Möglichkeit einer umfangreichen Begleitkommunikation –, so dass diese deutlich höhere Chancen haben, im Fernsehen allgemein und speziell im Teleshopping wahrgenommen zu werden.

Es ist daher anzunehmen, dass neben den bestehenden Teleshopping-Sendern vor allem solche Anbieter aus dem Einzel- und Versandhandel oder anderen Wirtschaftsbereichen mit einer starken Marke im Teleshopping-Markt größeres Gewicht erlangen können (siehe auch Abschnitt 8.2.5.4), während kleinere Marktteilnehmer kaum über

---

222 Man stelle sich vor, dass ein neuer Sender bspw. an fünfzigster oder hundertster Stelle der Programmliste auftaucht, der durchschnittliche Fernsehzuschauer sich normalerweise aber (auch beim Zappen) kaum über die vordersten zehn, zwanzig oder dreißig Programme hinaus bewegt.

223 Nur bestimmte, meist höherwertige Set-Top-Boxen verfügen über die Möglichkeit einer regelmäßigen automatischen Aktualisierung der Senderliste, so z. B. die Premiere-Boxen, Geräte des Herstellers TechniSat mit isipro Programmlistenaktualisierung und solche mit RAPS-Technologie (Receiver Automatic Programming System). Bei anderen Geräten hängt es allein vom Nutzer ab, ob und wann ein Sendersuchlauf durchgeführt wird.

eine Nischenbedeutung hinauskommen werden.[224] Vor diesem Hintergrund ist auch die mögliche Ausdifferenzierung im Teleshopping-Bereich zu sehen, auf die in Abschnitt 8.2.3 eingegangen wird.

8.2.1.4 Programmlistung in Navigatoren und EPGs

Im Zusammenhang mit der zunehmenden Unüberschaubarkeit der Programmangebote im digitalen Fernsehen gewinnen Navigatoren bzw. Elektronische Programmführer (EPGs) an Bedeutung, um die Vielzahl der verfügbaren Kanäle für den Nutzer sinnvoll zu strukturieren und zu sortieren. Entsprechende Anwendungen, die in erster Linie von Set-Top-Boxen-Herstellern bzw. von Plattformbetreibern zu erwarten sind, übernehmen damit künftig die Rolle von „Gatekeepern" bei der digitalen Fernsehnutzung. Hierbei muss sichergestellt sein, dass Mindestanforderungen in Hinblick auf den diskriminierungsfreien Zugang von Programmveranstaltern erfüllt werden: Das Angebot an TV- und ggf. Radio-Kanälen muss vollständig erfasst werden; Spartenprogramme und Transaktionssender – wie u. a. Teleshopping – müssen in Navigatoren und EPGs adäquate Berücksichtigung finden.

8.2.2 Teleshopping und interaktives Fernsehen

Als einer der gravierendsten Nachteile des heute praktizierten Teleshopping wurde in den Abschnitten 4.2 f. die Flüchtigkeit des Mediums Fernsehen identifiziert, welche eng mit dessen Linearität einher geht. Abhilfe schaffen kann hier die durch die Digitalisierung geschaffene Möglichkeit, im Fernsehen nicht mehr nur Bild oder Ton, sondern jede Art von Datenströmen zu übertragen. Die Linearität des Mediums kann damit erstmals wirklich durchbrochen werden. Dabei ist z. B. das Hypertext-Prinzip des Internet nutzbar, um zu den präsentierten Produkten weiterführende Informationen in audiovisueller Form anzubieten, die der Zuschauer individuell abrufen kann. Während der Sendungen können dazu dynamisch Links eingeblendet werden, die mit der Fernbedienung zu aktivieren sind. Somit könnte das Teleshopping künftig eine Beratungsfunktion über den linearen Programmablauf und das Call Center hinaus bieten.

---

224 Diese Vermutung wird gestützt durch die bisherige Entwicklung in Großbritannien, wo trotz einer Vielzahl von Teleshopping-Sendern der Markt im Wesentlichen von drei großen Anbietern bestimmt wird (vgl. Abschnitt 3.4.2). Allerdings heißt dies nicht, dass nicht auch in einer Marktnische erfolgreich Teleshopping veranstaltet werden kann.

[8 ZUKUNFTSPERSPEKTIVEN UND FAZIT]

Unabhängig von der Tageszeit verfügbare, menügesteuerte Inhalte – beispielsweise zum gesamten Wochenangebot – könnten zudem diejenigen Zuschauer kanalisieren, die an der aktuellen Produktpräsentation kein Interesse haben. Eine solche Darstellung nach Art eines „erweiterten Videotextes" ist bereits heute, z.B. auf Basis der Multimedia Home Platform (MHP)[225] oder auch proprietärer Lösungen, technisch möglich. In den Fernsehhaushalten ist dafür eine entsprechende Set-Top-Box erforderlich, welche die (TV-fremden) Zusatzdaten auslesen, interpretieren und darstellen kann.[226] Hierfür wird nicht zwingend ein Rückkanal benötigt, weil alle Daten in einem so genannten Datenkarussell ausgestrahlt und ggf. auch direkt auf der Box vorgehalten werden können.[227]

Abbildung 52: Darstellungsbeispiel für eine TV-Shopping-Applikation

Quelle: SevenOne Interactive, 2003

---

225 Siehe Begriffserläuterung im Anhang.

226 MHP-fähige Endgeräte sind in den Privathaushalten bislang kaum verfügbar, weil das Dienste-Angebot noch sehr gering ist und entsprechend wenig Nachfrage besteht. Stattdessen gründet das Wachstum im Bereich des digitalen TV-Empfangs fast ausschließlich auf sehr preisgünstige Zapping-Boxen ohne entsprechende Zusatzfunktionalitäten (vgl. Abschnitt 7.6.1). Diese Situation wird auch auf absehbare Zeit weiter bestehen, da derzeit weder die Inhalteanbieter auf breiter Front in die Entwicklung und Bereitstellung von MHP-Anwendungen (o.ä. Diensten) investieren noch für den durchschnittlichen Fernsehzuschauer ein Mehrwert in diesem Bereich ersichtlich ist.

227 Das Prinzip ähnelt dem des heutigen Teletext. Ein Nachteil ist die Ladezeit, die mit wachsendem Gesamtumfang des Datenkarussells ansteigt. Die Komplexität, z.B. hinsichtlich der Artikelanzahl, ist dadurch bei einer Shopping-Applikation ohne Rückkanal begrenzt. Der Rückkanal für Bestellungen wäre nach wie vor das Telefon.

Der oben abgebildete Beispiel-Screen stammt aus dem ProSieben iTV-Portal, welches während der Internationalen Funkausstellung 2003 als interaktiver Zusatzdienst parallel zum laufenden Programm des Senders ausgestrahlt wurde. Das Portal umfasste verschiedene Services, u. a. Wetter, Programminformationen und einen Shopping-Bereich. Die einzige Shopping-Applikation indes, die in Deutschland auf Basis von MHP im Regelbetrieb läuft, ist *„Otto TV Interactive":* In Kooperation mit Philips präsentiert der Versandhändler hier ausgewählte Artikel in einem interaktiven TV-Katalog. Außerdem können alle rund 133.000 Artikel aus dem Otto-Sortiment durch Eingabe der Bestellnummer am Fernsehgerät bestellt werden.[228]

Die endgültige „Interaktivierung", d. h. eine Beseitigung des „Medienbruchs" bei der Bestellung, könnte das klassische Teleshopping-Geschäft weiter dynamisieren. Der Zuschauer müsste dann für den Bestellvorgang nicht länger auf Telefon oder Internet zurückgreifen, sondern allein auf die TV-Fernbedienung. In diesem Falle ist die Anbindung an einen Rückkanal jedoch unabdingbar – sinnvollerweise sollte dieser direkt auf der Set-Top-Box realisiert werden.[229]

Um das in Deutschland bestehende Rückkanal-Problem zu umgehen, sind Alternativlösungen entwickelt worden, die sich bei Drucklegung dieses Buches erst kurze Zeit im Regelbetrieb bzw. noch vor der Markteinführung befanden. Hierzu gehören die Dienste *Blucom* (SES ASTRA) und *Joca* (InteracT!V Gesellschaft für interaktive TV-Dienste) – bei denen jeweils das Mobiltelefon als Interaktionsinstrument zum Einsatz kommt – sowie *Betty,* eine spezielle Fernbedienung der Betty Mitmach TV GmbH, die per Funk sowohl mit dem TV-Gerät als auch mit dem Telefonanschluss in Verbindung steht und mittels eines integrierten Displays interaktive Anwendungen möglich macht. Inwieweit sich solche Alternativlösungen auf dem Massenmarkt durchsetzen können, bleibt abzuwarten. Entscheidend sind dabei viele Faktoren, insbesondere die Kosten und der wahrgenommene Mehrwert für den Nutzer, die Einfachheit der Installation und Bedienung sowie die Spannbreite und Attraktivität der interaktiven Inhalte bzw.

---

228 Sowohl bei der ProSieben-Applikation als auch beim Otto Shop kam / kommt ein direkter Rückkanal der Set-Top-Box über die Telefonleitung zum Einsatz.

229 Bei Satelliten- oder DVB-T-Empfängern wird dieser in der Regel über ein Telefon-Modem realisiert, in Kabel-HH scheint ein Rückkanal nur direkt über das BK-Netz marktfähig. Dazu ist eine Aufrüstung des Kabelnetzes auf 862 MHz erforderlich. Satelliten-Rückkanäle befinden sich in der Erprobung. Denkbar ist eine Rückkanal-Anbindung ferner über Mobilfunk-Netze, WLAN-Hot-Spots oder in sonstiger Weise drahtlos.

Anwendungen.[230] Letztlich ist es aber auch bei einer nennenswerten Marktdurchdringung sehr wahrscheinlich, dass die genannten Dienste lediglich Zwischenstufen auf dem Weg zum tatsächlich integrierten Rückkanal darstellen werden.

Auf der Plattform von Sky Digital strahlt QVC in Großbritannien seit 2001 eine solche interaktive Shopping-Applikation mit direktem Rückkanal aus, die den Namen *QVC Active* trägt. Via Fernbedienung ist hier der Zugriff auf das gesamte aktuelle Artikelsortiment und die Bestellung direkt am TV-Gerät möglich. Die innerhalb von *QVC Active* zur Verfügung gestellten Produktinformationen (inkl. Lieferbarkeit, Größen etc.) werden alle fünf Sekunden aktualisiert. Außerdem sind per Video on Demand zu jeder beliebigen Tageszeit Videoclips zum jeweiligen Tagesangebot abrufbar.

Abbildung 53: Eingangsbildschirm des Enhanced-TV-Angebotes von QVC UK

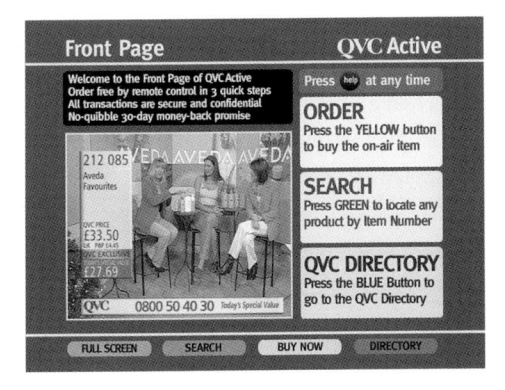

Quelle: QVC UK

Durch die skizzierten Erweiterungen des Teleshopping-Programms ergeben sich aber nicht nur funktionelle Vorteile für den Nutzer, sondern gleichzeitig auf Anbieterseite erhebliche Einsparpotenziale im Bestellwesen: Setzen sich die interaktiven Technologien am Markt durch, dann ist von einer Verschiebung des Bestellschwerpunktes

---

230 Hier sind entsprechend viele Fragen noch offen, u.a.: Wie und mit welcher Intensität werden die Dienste beworben, um sie nachhaltig im Markt zu etablieren? Welche Preisgestaltung gegenüber den Verbrauchern, aber auch gegenüber ihren Kooperationspartnern verfolgen die einzelnen Anbieter? Welche TV-Sender bzw. anderen Inhalte-Anbieter werden längerfristig mit Blucom, Joca bzw. Betty zusammenarbeiten? Vor diesem Hintergrund ist eine seriöse Einschätzung der Marktchancen der genannten Dienste derzeit noch nicht möglich.

weg von den Call Centern auszugehen (siehe hierzu auch Abschnitt 7.7.1). So wickelt QVC UK nach eigenen Angaben bereits 32 Prozent der Bestellungen über *QVC Active* ab.[231]

Durch Druck auf den *red button* der Fernbedienung gelangt der Nutzer in einen interaktiven Bestelldialog zum aktuell präsentierten Produkt, d. h. die Bestellung wird direkt aus dem Kontext der Produktpräsentation heraus ausgelöst und kann anhand weniger Eingaben abgewickelt werden. Das Teleshopping-Programm läuft parallel in einem Fenster weiter – wie in Abbildung 54 dargestellt.

Als Traum-Szenario der Teleshopping-Anbieter kann der so genannte *hot button* gelten, welcher funktionell noch einen Schritt weiter geht und (theoretisch) die Bestellung mit einem einzigen Tastendruck ermöglicht. Dabei wären überhaupt keine unmittelbaren Eingaben des Nutzers mehr notwendig.[232] Der Zuschauer müsste die typische Fernseh-Nutzungssituation nicht für eine Bestellprozedur verlassen, wodurch der Impulskauf-Charakter des Teleshopping noch verstärkt würde. Diese kontextuelle Bestellmöglichkeit könnte unter Umständen zu einer spürbaren Verbesserung der Umwandlungsquote von Zuschauern zu Bestellern führen. Demgegenüber zeigen die Erfahrungen von QVC UK, dass die beschriebene Funktionalität des *red button* insgesamt lediglich eine geringe Steigerung der Umsätze bewirkt.[233]

Die skizzierten Ansätze machen deutlich, dass die Herausforderung zum einen darin besteht, die Linearität aufzuheben und dem Zuschauer im Teleshopping eine aktivere Rolle zuzubilligen – zum anderen aber auch Linearität zu bewahren bzw. wiederherzustellen, wo sie bislang durch den „Medienbruch" bei der Bestellung teilweise verloren ging. In jedem Falle sollte es dem Zuschauer obliegen, sich je nach Bedarf für eine der (ergänzenden) Optionen zu entscheiden. Das Hauptaugenmerk muss weiterhin auf den klassischen Verkaufsshows liegen, welche den Reiz und vor allem die besonderen Stärken des Teleshopping begründen, denn auch in interaktiven Umgebungen bleibt

---

231 Aussage von Richard Burrell, CTO von QVC UK, auf der 2. Teleshopping-Fachkonferenz in Wiesbaden, Mai 2005. Der genannte Prozentsatz bezieht sich auf Bestellungen von denjenigen Zuschauern, die QVC über die Plattform von Sky Digital nutzen.

232 Es könnte hier wie im Online-Bereich nach dem Warenkorb-Prinzip verfahren werden, d. h. durch Betätigung des *hot buttons* wird ein Produkt zur Bestellung vorgemerkt und notwendige Nutzereingaben, wie z. B. die Autorisierung mittels PIN-Code, werden am Ende des TV-Konsums (vor dem Ausschalten) abgefragt.

233 Diese Steigerung ist nicht eindeutig zu ermitteln, dürfte jedoch im niedrigen einstelligen Prozentbereich liegen.

[8 ZUKUNFTSPERSPEKTIVEN UND FAZIT]

Abbildung 54: Dreistufiger Bestellprozess bei *QVC Active* (nach Drücken des *red button* im laufenden Programm)

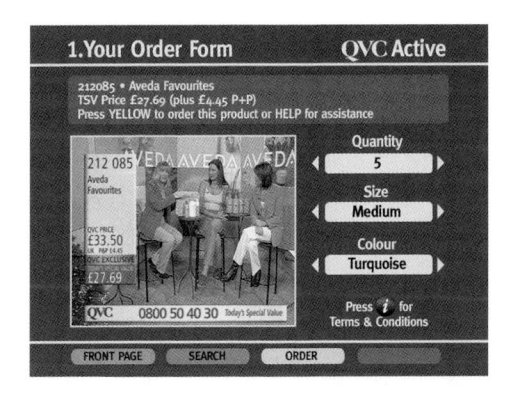

1. Eingabe von Bestellmenge, Farbe, Größe u. dgl.

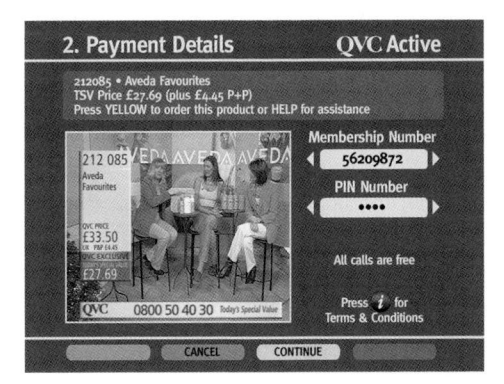

2. Autorisierung des Nutzers mittels Kunden-Nr. und PIN

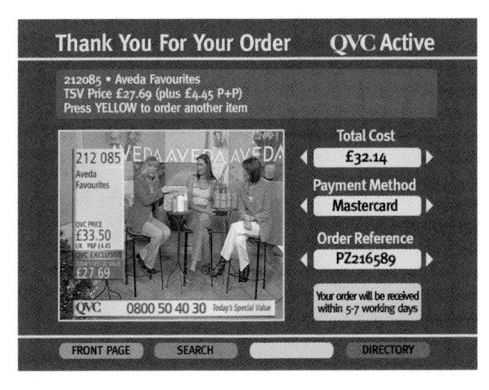

3. Wahl der Zahlungsweise und Abschluss der Bestellung

Quelle: QVC UK

[8 ZUKUNFTSPERSPEKTIVEN UND FAZIT]

der Programminhalt der Live-Sendungen das bestimmende Element, um Zuschauer erfolgreich anzusprechen und Kunden zu gewinnen.

Ein dritter Aspekt des digitalen, interaktiven Teleshopping ist die Individualisierung. Denkbar ist, dass maßgebliche Eckdaten des Nutzungsverhaltens sowie zur Bestellhistorie auf der Set-Top-Box gespeichert und zur Zusammenstellung eines individuell auf den jeweiligen Kunden zugeschnittenen Angebotes herangezogen werden können. QVC UK setzt auch diese Technologie bereits ein, beschränkt sich dabei jedoch auf die Vorauswahl der vom Kunden präferierten Zahlweise im interaktiven Bestellprozess. Grundsatz ist stets die vorherige Zustimmung des Nutzers.

Die Frage, wann in Deutschland mit einer Erweiterung des Teleshopping-Angebotes in Richtung von Shopping-Applikationen und/oder interaktiven Features zu rechnen ist, lässt sich kaum beantworten. Prinzipiell ist davon auszugehen, dass alle drei großen Anbieter in der Lage sind, im Bedarfsfall relativ schnell interaktive Applikationen zu starten.[234] Die derzeit praktisch nicht messbare Marktdurchdringung mit den notwendigen Endgeräten macht dies aber auf absehbare Zeit sehr unwahrscheinlich – zumindest mit Blick auf die klassischen TV-Empfangsebenen.

Impulse könnten von einer breiten Einführung neuer Technologien wie IPTV oder Mobile TV ausgehen, bei denen zum einen die Endgeräte von vornherein andere Voraussetzungen erfüllen, zum anderen auch die Infrastruktur per se rückkanalfähig ist.[235] Gerade bei Pilotprojekten für Mobile TV über DVB-H[236] gab und gibt es verschiedene Teleshopping-Testanwendungen.[237] Seit Anfang Oktober 2005 läuft ein DVB-H-Projekt der Swisscom im Großraum Bern, an dem HSE 24 beteiligt ist. Dieses Projekt beinhaltet die Möglichkeit, Interaktionen auf einem mobilen Endgerät ohne „Medienbruch" – d. h.

---

234 So ist der Prototyp einer interaktiven Verkaufsplattform für HSE 24 bereits vor Jahren entwickelt worden. QVC Deutschland hat über seine Schwestergesellschaft QVC UK Zugriff auf das entsprechende Know-How. Ähnliches gilt für RTL Shop aufgrund der engen Verbindung zu RTL Interactive, die entsprechende Aktivitäten innerhalb der RTL Group koordiniert.

235 IPTV – die Fernsehübertragung auf Basis von Internet-Protocol-Technologie – erlaubt z. B. Programmangebote über Breitbandnetze wie DSL in Verbindung mit einem PC oder einer PC-ähnlichen Set-Top-Box als Empfangsgerät. Mobile TV steht für den Fernsehempfang auf Mobiltelefonen oder Handhelds, die entsprechend zumeist in eine Mobilfunk-Infrastruktur eingebunden sind.

236 Siehe Begriffserläuterung im Anhang.

237 So war RTL Shop am ersten größeren deutschen DVB-H-Pilotprojekt in Berlin beteiligt, welches 2004 von dem Konsortium *bmco Broadcast Mobile Convergence* um Nokia und Vodafone durchgeführt wurde. 1-2-3.TV war im Rahmen eines entsprechenden Showcases der Medienanstalt Berlin-Brandenburg (mabb) auf der Internationalen Funkausstellung (IFA) im September 2005 vertreten.

die *red button*-Funktionalität auf dem Mobiltelefon – in einer realen Umgebung zu testen. HSE 24 erwartet sich von diesem Piloten Erfahrungen in Bezug auf das Kundenverhalten und die Anbindung der Schnittstellen an das Warenwirtschaftsystem.

Dennoch haben derartige Technologien zunächst keine spezielle Relevanz für das klassische Teleshopping – insbesondere, weil sie in erster Linie Technik-orientierte Zielgruppen und weniger den typischen Teleshopping-Nutzer ansprechen. Für die Nutzung von Shopping-Applikationen via IPTV oder Mobile TV kommen eher die bisherigen E-Commerce-Zielgruppen infrage. Eine Adaption auf breiter Front ist aber nur dann denkbar, wenn sich für diese Zielgruppen durch die neuen Technologien spürbare Vorteile gegenüber den Möglichkeiten des Online-Shopping ergeben.

Prof. Dr. Thomas Hess Professor für Kommunikationswissenschaft und Medienforschung sowie Direktor des Instituts für Wirtschaftsinformatik und Neue Medien an der Ludwig-Maximilians-Universität München
Thomas Wilde Wissenschaftlicher Mitarbeiter am Institut

InteractiveTV – STATUS QUO IN DEUTSCHLAND

Im Bezug auf interaktives Fernsehen ist Deutschland bekannter Weise ein ausgesprochenes Problemkind. Während die Briten bei *„Test The Nation"* ohne Medienbruch mitraten und mittels *red button* auf der Fernbedienung Waren bestellen, gibt es in Deutschland keine etablierten iTV-Dienste im Markt. In Großbritannien ist iTV bereits in 90 % der digitalen Haushalte bekannt, etwa 70 % davon nutzen die neuen Angebote mindestens einmal im Monat. Dabei werden Video-On-Demand-Angebote am häufigsten genutzt, gefolgt von Sport- (50 % aller iTV-Nutzer) und Shopping-Angeboten (27 %).

In Deutschland setzt Premiere mit der zeitversetzten Ausstrahlung auf zwei Kanälen ein Near-Video-On-Demand-Szenario um, befindet sich aber damit auf einer sehr einfachen Ebene von Interaktivität. Mit der Umstellung auf DVB und der damit verbundenen Verbreitung (einfacher) digitaler Set-Top-Boxen werden zudem Electronic Programme Guides (EPGs) populär. Mit der Multimedia Home Platform (MHP) liegt zwar seit fünf Jahren ein Standard für Set-Top-Boxen vor, mit dem vergleichsweise hohen Preis von 250–350 Euro (einfache DVB-T-Boxen kosten unter 100 Euro) werden diese Produkte in Deutschland aber kaum gekauft.

Nach verschiedenen Pilotprojekten und Studien lassen sich zumindest aus deutscher Konsumentensicht einige Ursachen für die schleppende Diffusion nennen. Während die Zuschauer mit geringer Technikaffinität den Nutzen von iTV-Diensten nicht einschätzen können, erwarten versiertere Konsumenten kaum hochwertige Inhalte, da sie sich der schlechten Marktdurchdringung und der damit geringen Nachfrage bewusst sind. Inhaltlich zeichnet sich in den bisher durchgeführten Studien und Piloten folgendes Bild ab: Video-On-Demand und Informationsportale (Nachrichten, Wetter etc.) sind potentielle iTV-Killerapplikationen, dahinter rangieren Homebanking, Homeshopping und Kommunikationsdienste wie E-Mail und Chat.

Durch die Möglichkeit, auf Anforderung das Informationsangebot an den Zuschauer anzupassen (z. B. Perspektivwechsel, Enhanced-Videotext) stehen dem Konsumenten mehr und zudem selektierbare Informationen zur Verfügung (Mass-Customization, variable Tiefenschärfe). So ist es zum einen möglich, gezielt nach Komplementär- oder Refillprodukten zu suchen (programm- oder sortimentsbezogene Informationen), zum anderen kann sich der Konsument noch ausführlicher als bisher über das Produkt informieren (produktbezogene Informationen). Zudem kann die Abwicklung des Bestellvorgangs einfacher gestaltet werden: Der Konsument stößt die Transaktion per Fernbedienung und ohne Medienbruch an, auf Anbieterseite ist die Abwicklung weiter automatisierbar, da die Transaktionsdaten sofort in digitaler Form vorliegen. Im Gegenzug fallen für jeden Haushalt einmalig Wechselkosten durch die Anschaffung einer adäquaten Set-Top-Box sowie u. U. laufende Kosten für einen rückkanalfähigen TV-Anschluss an.

Durch ein interaktives Angebot können Teleshopping-Anbieter Kostenersparnisse im Call Center realisieren und den Kundenkontakt erheblich präziser steuern. Zur weitergehenden Steuerung des Audience Flow können bspw. Empfehlungssysteme eingesetzt werden. Ist es dem Konsumenten zudem möglich, Bookmarks zu setzen, so lässt sich das Problem des Wiederfindens bei Verbrauchsprodukten entschärfen. Nach bisherigen Erkenntnissen dämpfen Interaktionsmöglichkeiten im TV ferner den „Zapping"-Impuls des Zuschauers, so dass der Teleshopping-Anbieter mit einer höheren Verweildauer rechnen kann. Die wesentlichen Kostenblöcke werden in den Bereichen Inhalteproduktion, IT-Infrastruktur und Satellitenbandbreite liegen.

Der iTV-Erfolg von QVC in Großbritannien belegt die Realisierbarkeit dieser Konzepte. Aufgrund der immensen Kosteneinsparung im Transaction-Handling ist die grundsätzliche Wirtschaftlichkeit einer einfachen iTV-Lösung anzunehmen. Inwieweit sich das Konsumentenverhalten durch das bessere Informationsangebot verändert und damit weitere Umsätze zu generieren sind, wird derzeit im Rahmen von Feldversuchen und Pilotprojekten untersucht.

8.2.3 Ausdifferenzierung der Teleshopping-Angebote

8.2.3.1 Verspartung

Schon WOLDT (1988) identifizierte die Segmentierung des Produktangebotes als eine der Haupttendenzen in einem reifer werdenden Teleshopping-Markt. Ausgangspunkt ist die Feststellung, dass die „Bauchladenprogramme", welche ein stark durchmischtes Produktsortiment anbieten und dabei auf das Prinzip des „hit-or-miss"[238] setzen, eigentlich ineffektiv arbeiten: Viele potenzielle Kunden werden gar nicht oder schlicht zur falschen Zeit bzw. mit dem falschen Produkt erreicht.[239] [Vgl. ebd., S. 424 f. sowie ferner Abschnitt 4.2]

Eine logische Konsequenz daraus ist die stärkere Strukturierung des Programms und letztlich die Etablierung dedizierter Teleshopping-Kanäle für einzelne Produktkategorien bzw. Zielgruppen. Ein Beispiel dafür liefert Großbritannien, neben den USA einer der Pioniermärkte für Teleshopping: Hier sind mehr als 30 Teleshopping-Kanäle aktiv, da-

---

[238] Das Zusammentreffen einer Produktpräsentation mit dem entsprechenden Interesse beim Zuschauer hängt stark vom Zufall ab – in der Regel kommt nur ein kleiner Teil der Zuschauer als Zielgruppe für das jeweilige Produkt infrage. Der andere Teil wird versucht im Programm zu halten, bis die nächste Produktkategorie an der Reihe ist usw. (vgl. Abschnitt 7.3).

[239] Zu dieser Art von „Bauchladenprogrammen" gehören alle vier deutschen Anbieter, indem sie auf ein breit gefächertes Sortiment setzen und auf Ebene der einzelnen Sendungen durchaus hohe Streuverluste in Kauf nehmen.

[8 ZUKUNFTSPERSPEKTIVEN UND FAZIT]

runter eine Reihe spezialisierter Anbieter wie Ideal Home (Produkte rund um Haus und Garten), Gems TV (Versteigerung von Schmuckartikeln) und Golf TV Pro-Shop (Bekleidung und Zubehör für den Golfsport).[240]

In Deutschland existieren derartige Spartenlösungen – abgesehen vom Reiseshopping – bislang nicht. Die digitale Verbreitung stellt mit Blick auf die hohen Distributionskosten im analogen Bereich eine Grundbedingung für die Entwicklung entsprechender Angebote dar, allerdings ist hier wie bereits skizziert noch keine genügende technische Reichweite vorhanden, als dass Nischensender mit ohnehin sehr kleiner Zuschauerbasis wirtschaftlich tragfähig wären. Zukünftig sind solche Teleshopping-Spartenkanäle aber durchaus sehr wahrscheinlich, wobei eine Ausdifferenzierung auch von den bestehenden Sendern ausgehen kann. Besonders bei RTL Shop sind seit längerem Bestrebungen zur Etablierung von verschiedenen Nischenangeboten unter einer Teleshopping-Dachmarke erkennbar.[241] Die zielgruppenorientierten Fenster-Formate von RTL Shop (vgl. Abschnitt 3.3.3) können als Schritte in diese Richtung gewertet werden.

HSE 24 startete Anfang Oktober 2005 mit HSE 24 Digital über ASTRA als erster deutscher Anbieter ein zweites, rein digitales Programm. Langfristiges Ziel ist es, die Diversifikationsstrategie auszubauen. Durch die wiederholte Ausstrahlung von Bestseller-Produkten auf HSE 24 Digital sollen weitere Erfahrungen im Hinblick auf eine TV-Multi-Channel-Strategie gewonnen werden.

8.2.3.2 Regionalisierung

Eine andere prinzipielle Überlegung besteht in der Regionalisierung des Teleshopping. Eingedenk einer Vielzahl von Lokal-, Regional- und Ballungsraumsendern, die nicht selten mit Finanzierungsproblemen zu kämpfen haben, könnte hier ein Ansatzpunkt für

---

240 Eine Strategie der breiten Ausdifferenzierung verfolgte in England bis 2003 der Anbieter Simply TV, der unter seiner Dachmarke u. a. verschiedene Teleshopping-Kanäle wie Simply Music, Simply Jewellery, Simply Health & Fitness (sowie andere Special Interest-Kanäle) betreiben wollte, damit aber schnell scheiterte, weil die Expansion nicht mit einem entsprechenden Umsatzwachstum einher ging. Heute existieren noch die drei Kanäle Simply Shopping, Simply Ideas und Simply Home.

241 Eine Dachmarke, die verschiedene Nischenangebote unter sich vereint, bietet u. a. die Möglichkeit, Bezüge zwischen den einzelnen digitalen Sendern herzustellen. Denkt man bspw. an einen künftig im Fernsehen realisierbaren interaktiven „Produktkatalog", so kann dieser gewissermaßen als Portal fungieren, von dem aus für den Nutzer der Einstieg in die jeweils spezialisierten Programme erfolgen kann.

[8 ZUKUNFTSPERSPEKTIVEN UND FAZIT]

eine neue Form des Teleshopping vermutet werden.[242] Durch eine regionale Färbung des Verkaufsprogramms ließe sich ein Vertrauensvorschuss nutzen und die Zuschauerbindung im Vergleich zu den nationalen Programmen noch verstärken.[243]

Regionales Teleshopping wurde bislang nur in kleinerem Umfang betrieben.[244] Hauptproblem ist die Relation zwischen Produktionskosten und Verkaufserlösen: Während erstere praktisch genauso hoch sind wie bei den nationalen Formaten[245], sind die Zahl potenzieller Besteller und damit die erzielbaren Umsätze naturgemäß deutlich kleiner als bei bundesweiter Verbreitung. Die Skalen-Effekte durch den Verkauf großer Stückzahlen, die das Teleshopping auf nationaler Ebene wirtschaftlich attraktiv machen, bleiben folglich im regionalen Bereich zumeist aus. Darüber hinaus fehlen regionalen TV-Veranstaltern in aller Regel die notwendigen Voraussetzungen hinsichtlich Lagerhaltung, Back-Office und Fulfilment. Hier müsste deshalb in großem Umfang mit Versandhändlern oder Logistikspezialisten zusammengearbeitet werden, was die Refinanzierbarkeit weiter erschwert. [Vgl. WIEGAND et al. 2003, S. 374 ff.]

Eine Perspektive könnte aber darin bestehen, im Regionalfernsehen Produkte mit klarem regionalem Bezug zu vermarkten, die einer punktgenauen Zielgruppenansprache bedürfen und logistisch leicht zu handhaben sind. Als Beispiele wären Veranstaltungstickets, Fitness-Abos oder Dienstleistungen regionaler Unternehmen zu nennen. Möglicherweise bietet sich hierfür eine Erweiterung der z. T. bereits bestehenden Kooperationen mit den nationalen Teleshopping-Sendern in der Form an, dass diese ihre bislang in keiner Weise regionalisierten Fensterprogramme mit entsprechenden Angeboten flankieren.

---

242 Dies gilt insbesondere auch vor dem Hintergrund der Privilegierung von lokalen und regionalen Sendern hinsichtlich der Einfügung von Teleshopping-Sendungen in des Programm (vgl. Abschnitt 6.3.1.2).

243 Dahingehende Überlegungen waren bereits vor einigen Jahren z. B. von HSE 24 angestellt worden: Mit Blick auf mögliche Kooperationen mit lokalen TV-Veranstaltern hatte der Sender u. a. auf die Möglichkeit hingewiesen, das Verkaufsprogramm mit regionalen Produkten und Moderatoren „maßzuschneidern". Umgesetzt wurden derartige Kooperationsideen bislang jedoch nicht.

244 So produziert seit Anfang 2004 die Hamlet GmbH, Stuttgart, ein TV-Shopping-Format unter dem Namen „*welcome.e Service TV*", das in Baden-Württemberg täglich von den Regionalsendern R.TV, RTF.1 und EURO 3 ausgestrahlt wird. Das Format wird vom Anbieter selbst charakterisiert als „schwäbisches Teleshopping". Der regionale Bezug ergibt sich allerdings nicht aus der Art der Produkte (vertrieben werden vorrangig Haushaltswaren und Heimwerkerartikel), sondern maximal aus der Regionalität der herstellenden Unternehmen.

245 Regionales Teleshopping muss hinsichtlich der Programmqualität mit den nationalen Anbietern konkurrieren, um von den Zuschauern akzeptiert zu werden. Einsparpotenziale bestehen bei der Produktion deshalb kaum.

8.2.4 Produkttrends

Dass die zu erwartende Ausdifferenzierung des Teleshopping-Marktes in den nächsten Jahren vor allem auf einer wachsenden Zahl von Programmangeboten fußen wird, liegt nahe. Die Ausdifferenzierung der Produktsortimente als logische Folge kann sich dabei nicht nur in Form einer Vertiefung der bisherigen Produktkategorien und deren Ausdehnung in Nischenbereiche vollziehen: Ein sehr wahrscheinlicher Trend ist auch ein verstärktes Angebot an Dienstleistungen im Teleshopping, welches mit einer wachsenden Service-Orientierung einhergeht. Heinz Scheve, Geschäftsführer von RTL Shop, spricht sogar davon, dass Serviceangebote die bisherigen Produktangebote ersetzen werden, weil der gewünschte Nutzen eines Produktes wichtiger wird als das Produkt selbst.[246]

In der Praxis bedeutet dies, dass künftig im Teleshopping immer weniger singuläre Produkte verkauft werden, dafür immer mehr „Rundum-Sorglos-Pakete", bei denen ein Artikel direkt mit einer Zusatzleistung verknüpft ist. Dies fördert zum einen die Exklusivität der Angebote und eröffnet damit neue Spielräume bei der Preisgestaltung. Zum anderen lässt sich auf diese Weise der Kundenkontakt deutlich intensivieren und ggf. verlängern, indem Serviceleistungen in einem „Abonnement" angeboten werden.[247]

Verschiedene Arten von Dienstleistungen können aber auch stärker als bisher ein eigenes Produktsegment bilden, so dass sich TV-Shopping-Sender ganz oder teilweise von Handels- zu Dienstleistungsunternehmen wandeln. Mit den Reiseshopping-Sendern hat sich bereits ein spezieller Typus von Anbietern etabliert (vgl. Abschnitt 2.3.3). RTL Shop als jüngster der klassischen Teleshopping-Sender ist – vor allem im Rahmen von Programmkooperationen – bereits seit längerer Zeit im Dienstleistungsbereich aktiv (vgl. Abschnitt 4.4.4.3). Neben der Vermittlung von Finanzdienstleistungen und Versicherungen könnte das Portfolio hier noch deutlich ausgedehnt werden, bspw. in Bereiche wie Sicherheits-, Reinigungs- und Heimwerkerdienste, oder auch in Richtung von Abo-Services für Lebensmittel, Wäsche, Medikamente usw.

In engem Zusammenhang hiermit steht ein weiterer Trend, nämlich die (teilweise) Individualisierung von Produkten, die ihren Ausdruck u. a. in den skizzierten Zusatzleistungen finden kann. Ebenso ist eine Individualisierung z. B. im Sinne von personali-

---

246 Entsprechend äußerte sich Heinz Scheve u. a. in einem Vortrag anlässlich der 2. Teleshopping-Fachkonferenz im Mai 2005 in Wiesbaden.
247 So kann bspw. ein PC-/Drucker-Set mit einem Aufbau-, Installations- und Wartungsservice verknüpft werden. Denkbar sind auch spezielle Garantieverlängerungen oder Geräteversicherungen mit Vor-Ort-Service, Nachfüllabos für Verbrauchsmaterialien und dgl.

sierten Gravuren (bei Schmuck) bzw. entsprechenden Stickereien oder Drucken (bei Textilien) möglich, außerdem durch das Anbieten von Maßbekleidung oder von On-Demand-Medienprodukten.

Nicht zuletzt sind aber auch innerhalb der klassischen Teleshopping-Produktkategorien klare Entwicklungstrends erkennbar. Dies betrifft insbesondere die stark wachsende Bedeutung von Fremd- und Eigenmarken im Sortiment. Langfristig steht zu erwarten, dass es bei den etablierten Teleshopping-Sendern keine No-Name-Angebote mehr geben wird. Während Eigenmarken sich vor allem in Produktbereichen wie Schmuck und Kosmetik anbieten, um die Handelsmargen zu optimieren und zugleich die spezifischen Kompetenzen des jeweiligen Senders zu stärken, erkennen Markenartikler das Teleshopping zunehmend als wichtigen Vertriebsweg in einer ausgewogenen Multi-Channel-Strategie und als Werbeplattform für die eigene Marke (siehe auch nachfolgenden Abschnitt). So sind im Programm von HSE 24 bereits heute eine Reihe bekannter Marken vertreten, u. a. Bosch, Kärcher und Dugena (vgl. hierzu auch Abschnitt 4.4.4.1).

Als globale Tendenz mit Blick auf die Produktsortimente ist schließlich die noch stärkere Flexibilisierung zu nennen: Dieser wesentliche Vorteil des Teleshopping im Vergleich zu anderen Betriebsformen des Versandhandels ist weiter zu forcieren, um schnelllebige Trendprodukte mit noch kürzeren Vorlaufzeiten in das Programm aufnehmen zu können. Dies hat wiederum RTL Shop bereits demonstriert mit dem Verkauf von neuesten Fanartikeln aus der Michael Schumacher-Kollektion unmittelbar nach der letzten Entscheidung zur Formel-1-Weltmeisterschaft.[248]

8.2.5 Neue Geschäftsmodelle im Teleshopping

Der Teleshopping-Markt der Zukunft wird in stärkerem Maße als heute von den Aktivitäten klassischer, etablierter Unternehmen aus den Branchen Handel und Medien geprägt sein. Ursprung dieser Entwicklung sind die Verschiebungen im TV-Werbemarkt, die mit den Umsatzeinbrüchen der Jahre 2001 bis 2003 eingeläutet wurden, und die trotz einer Stabilisierung der Netto-Werbeeinnahmen in 2004 auch in den nächsten Jahren – u. a. aufgrund der technischen Entwicklung und der Zersplitterung des TV-Marktes in eine Vielzahl von Anbietern – anhalten werden.

---

[248] Als andere Beispiele hierfür nennt RTL Shop die neueste Papst-Münze oder -Briefmarke, den WM-Siegerpokal mit dem aktuellen Weltmeister oder die portable Klimaanlage am ersten heißen Tag des Jahres.

[8 ZUKUNFTSPERSPEKTIVEN UND FAZIT]

Zum einen betrifft dies die Medienanbieter: Deren Programme verlieren als Werbeplattform aufgrund der Digitalisierung des Fernsehens selbst sowie der Endgeräte an Effektivität: Die Budgets der Werbetreibenden verteilen sich auf immer mehr Sender; gleichzeitig besteht mit Technologien wie Personal Video Recorders (PVRs) – die z. B. zeitversetztes Fernsehen (Time-Shift-TV) erlauben – die Möglichkeit, Werbeblöcke beim Fernsehkonsum zu überspringen. Anstelle der heutigen passiven und breit gestreuten Werbespots muss Werbung deshalb zwangsläufig eine stärkere Verknüpfung mit dem Programm eingehen. Zudem werden sich die Geschäftsmodelle der privaten Fernsehsender weiter in Richtung von transaktionsbasierten Diensten verschieben, wie die Aktivitäten der RTL Gruppe (neben RTL Shop auch Traumpartner.TV) und der ProSiebenSat.1 Media AG (Erwerb der Euvía Media AG im März 2005) zeigen. [Vgl. u. a. GOLDMEDIA 2005]

Zum anderen sind von der sinkenden Werbeeffektivität letztlich auch die Werbetreibenden selbst betroffen: Markenartikler, Handelskonzerne etc. werden mittel- und langfristig neue Wege der Markenkommunikation – insbesondere im TV-Bereich – einschlagen müssen, da die reine Spotwerbung zumeist schon heute nicht mehr ausreicht, um das Profil und die Identität einer Marke glaubhaft und nachhaltig abzubilden. Ein eigener TV-Kanal, eigene Sendeformate oder andere Arten der programmlichen TV-Präsenz können hier wirksame Gegeninstrumente sein. In diesem Zusammenhang nimmt der Vertrieb von Produkten und Dienstleistungen über das Fernsehen eine herausgehobene Stellung ein, weil er die Aspekte der direkten Absatzförderung und der Imagewerbung effizient miteinander verknüpft.

8.2.5.1 Programmbezogenes Teleshopping

Als Konsequenz aus den in den Jahren 2001 bis 2003 rückläufigen Netto-Werbeeinnahmen der TV-Branche unternehmen die privaten Sender intensive Anstrengungen zur Erschließung neuer Einnahmequellen sowie zur Verlängerung und Optimierung ihrer Wertschöpfungsketten. Eine bedeutende Rolle spielt in diesem Zusammenhang das Geschäftsfeld Merchandising, das im TV-Bereich allein zwischen 2002 und 2004 einen Umsatzzuwachs von 40 Prozent verzeichnete. Einzelne Sendungen verfügen über eine Auswahl von bis zu 350 Lizenzprodukten[249]; Sender wie RTL II und Super RTL

---

[249] Vor allem für Sendungen wie *„Wer wird Millionär?"* oder *„Deutschland sucht den Superstar"*, die jeweils ein Massenpublikum erreichen, existiert eine Vielzahl an Merchandising-Artikeln – vom Buch über das PC-Spiel bis hin zum T-Shirt.

betrachten Merchandising inzwischen als eine der tragenden Säulen ihres Geschäftsmodells und richten ihr gesamtes Programmkonzept daran aus.[250] [Vgl. GOLDMEDIA 2005]

Bislang wurden die entsprechenden Merchandising-Produkte von den Sendern zwar zum Teil in kurzen Werbespots beworben, aber nur selten direkt über das Fernsehen verkauft.[251] Hier wird es zukünftig mit hoher Wahrscheinlichkeit eine breite Palette an Sendungen geben, die von kurzen DRTV-Spots eingerahmt werden (back-to-back), wobei der jeweilige Sender entweder selbst als Anbieter auftritt[252] oder mit etablierten Handelsunternehmen zusammenarbeitet. Alternativ können programmbezogene Produkte bspw. im Rahmen von Laufbandwerbung oder im Teletext zur Bestellung angeboten werden. Deutlich wird eine solche Entwicklung z. B. am *„WE LOVE"*-Konzept des Senders ProSieben: Ausgehend vom Claim *„We love to entertain you"* sind hier ganze Produktlinien entwickelt worden, die derzeit noch im Wesentlichen über einen entsprechenden Online-Shop vertrieben werden.[253]

Auf Basis solcher Produkte mit mehr oder weniger starkem Programmbezug ergeben sich praktisch endlose Möglichkeiten, Transaktionen direkt aus dem Programm heraus anzustoßen. Dies geschieht bei vielen Sendern bereits in Verbindung mit telefonischen Mehrwertdiensten, indem z. B. innerhalb bestimmter Sendungen auf die Möglichkeit des Downloads von Handy-Klingeltönen hingewiesen wird. Eine Begrenzung erfahren derartige Geschäftsmodelle noch durch die schwierige Gratwanderung zwischen Transaktionsangeboten und Programmattraktivität.[254] Künftige Darstellungsmöglichkeiten und Anwendungen im Digitalen Fernsehen, wie sie in Abschnitt 8.2.2 skizziert worden sind, erlauben jedoch neue Formen der (interaktiven) Verlinkung des TV-Pro-

---

250 Zu nennen sind Lizenzmarken wie *„Big Brother", „Pokemon"* und *„Bob der Baumeister"*.
251 In der Vergangenheit haben beispielsweise Sat.1 und Kabel 1 Merchandising-Produkte via DRTV zur Bestellung angeboten. Premiere vermarktete darüber die „Premiere Collection" mit Merchandising-Artikeln bspw. der Fußball-Bundesliga.
252 Die dafür benötigten logistischen Kapazitäten sind innerhalb der Sendergruppen z. T. bereits vorhanden. So ist die RTL Gruppe über RTL Shop konkret an die Infrastruktur der Bertelsmann Services Group angeschlossen.
253 Die *„WE LOVE"*-Kollektion umfasst u. a. Bekleidung und Accessoires, aber auch speziellen Content, z. B. für Mobiltelefone.
254 Aus Sicht des Zuschauers ist die Einblendung von Kauf- bzw. Mitmach-Angeboten während des TV-Programms – ebenso wie die Ausstrahlung von Werbung allgemein – nur begrenzt akzeptabel. Bei einer zu hohen Frequenz bzw. einer zu aggressiven Gestaltung der Einblendungen wirken sich diese negativ auf die wahrgenommene Attraktivität des Programms aus.

gramms mit weiterführenden Inhalten und Produktangeboten. Nach dem Prinzip des *red button* lassen sich dann nicht nur Teleshopping-, sondern auch klassische Rundfunk-Programme mit Produkten koppeln, welche direkt per Fernbedienung bestellt werden können.

8.2.5.2 Programmkooperationen

Als bislang einziger der vier deutschen Teleshopping-Sender bietet RTL Shop offensiv Programmkooperationen für Handels- und Dienstleistungsunternehmen als spezielle Werbeform an.[255] Entsprechende Sendungen wurden bereits mehrfach realisiert, so für den Versicherer HDI, für Tchibo, die Citibank und andere (vgl. Abschnitt 4.4.4.3).

Die Programmkooperation beinhaltet die Produktion einer individuell gebrandeten Sendung für den Kooperationspartner durch RTL Shop, in welcher dieser seine eigenen Produkte präsentieren kann. Hierfür kann auf alle Kompetenzbereiche des Senders zurückgegriffen werden – von der Konzepterarbeitung über Dekorationsbau und Moderatorenteam bis hin zur Nutzung von RTL Shop Call Center und Logistik, so dass der personelle und logistische Aufwand auf Seiten des Partners möglichst niedrig zu halten ist.

Je nach Zielsetzung ist die Produktion einiger weniger Sendungen möglich, die im Programm gestreut und ggf. wiederholt werden, aber auch die Belegung fester Programmplätze über einen längeren Zeitraum, womit sich Mehrfachkontakte forcieren und Lerneffekte erzielen lassen. Im Rahmen der Programmkooperation beteiligt sich das Partnerunternehmen an den Produktionskosten pro Sendung sowie an den Ausstrahlungskosten je nach Sendedauer.[256] Zusätzlich ist an RTL Shop eine Provision je Anrufer (CpI) bzw. je verkauftem Produkt (CpO) zu entrichten.

Dieses Shop-in-Shop-Modell bietet für Unternehmen – vor allem für solche, die mit dem Direktvertrieb via TV vorher nicht in Berührung gekommen sind – die Möglichkeit, die Teleshopping-Eignung verschiedener Produkte bzw. die Akzeptanz des Präsentationskonzeptes im Allgemeinen zu testen. Das Risiko für die Marke lässt sich minimieren, indem dabei zunächst auf ein Branding verzichtet wird. Vor diesem Hintergrund stellen Programmkooperationen ein ideales Experimentierfeld dar. Branded Shops kön-

---

255 Für die Vermarktung der Programmkooperationen ist die RTL-Tochter IP Deutschland zuständig.
256 Die Produktionskostenbeteiligung liegt lt. Mediadaten RTL Shop (2004) bei etwa 5.000 Euro je produzierter Programmstunde, die Ausstrahlungskostenbeteiligung bei etwa 10.000 Euro für die Erstaustrahlung (live) und 6.000 Euro für jede Wiederholungsstunde.

nen im nächsten Schritt ein geeignetes Instrument sein, um eine bekannte Marke kommunikativ für das Teleshopping vorzubereiten.

8.2.5.3 Sende-Plattformen

Während es sich in der klassischen Fernsehwirtschaft beim inhaltlichen Begriff des Programmanbieters und beim technischen Begriff des Senders in der Regel um ein und dasselbe Unternehmen (bzw. Konzern) handelt, ist in Zukunft mit der Etablierung von reinen Sende-Plattformen zu rechnen. Diese werden als Dienstleister Kanäle für die Programmdistribution sowie die technische Infrastruktur und das Personal für Sendeabwicklung und ggf. Produktion zur Verfügung stellen. Dritte können dann entsprechende Kapazitäten anmieten, um eigene Programminhalte zu verbreiten.[257]

Für medienfremde Unternehmen erscheint dieses Modell zur Realisierung von Teleshopping gut geeignet, weil sie damit den Vertriebsweg Fernsehen ohne lange Vorlaufzeiten und hohe Anlaufinvestitionen nutzen können. Der Vorteil gegenüber einer Programmkooperation besteht z. B. in den größeren Spielräumen bezüglich der Programmgestaltung und der zeitlichen Platzierung, sofern keine Einbindung in ein (gestalterisches) Gesamtkonzept erfolgt. Da der Plattformbetreiber zudem nicht selbst als Händler tätig ist, sind Konkurrenzsituationen auf dieser Ebene ausgeschlossen und die Produktauswahl ist dahingehend frei.[258] Ein Nachteil ist jedoch in den längeren Vertragslaufzeiten zu sehen, welche mit Blick auf die Planungssicherheit des Plattform-Betreibers in den meisten Fällen wahrscheinlich unumgänglich sind.[259]

In der Vergangenheit gab es in Deutschland bereits Bemühungen, derartige Sende-Plattformen zu etablieren. Dazu gehörte zum einen das Deutsche Markenfernsehen (DMF), dessen Start im Jahre 2003 geplant war. Das Konzept sah die Bündelung von TV-Inhalten verschiedener Markenartikler in einem gemeinsamen Fernsehkanal vor, wobei die Sendungen vorrangig der Imagebildung dienen sollten. Denkbar wäre es jedoch auch gewesen, diesen Anspruch mit dem direkten Absatz von Waren zu koppeln. Zum anderen waren mehrfach Teleshopping-Kanäle geplant, auf denen Dritte die Mög-

---

[257] Im Prinzip handelt es sich dabei um Programmkooperationen, ohne dass der Betreiber der Sendeplattform selbst Inhalte anbietet – er agiert lediglich als technischer Dienstleister.

[258] Dagegen würde RTL Shop vermutlich keine Programmkooperation mit einem Anbieter eingehen, dessen Sortiment sich mit dem eigenen wesentlich überschneidet.

[259] Die testweise Ausstrahlung von nur wenigen Sendungen ist damit auf einer Sende-Plattform kaum möglich.

lichkeit haben sollten, Sendezeit-Pakete für Verkaufsshows zu buchen.[260] Die jeweiligen Konzepte wurden aus verschiedenen Gründen noch nicht verwirklicht – u. a. wegen der hohen Einstiegshürden bei der analogen Programmdistribution bzw. der noch nicht hinreichenden Zuschauerbasis im digitalen Bereich (vgl. Abschnitte 7.6 und 8.2.1.1 f.). Außerdem bestehen eine Reihe von Unsicherheiten hinsichtlich der medienrechtlichen Einordnung entsprechender Plattformen (siehe weiterführend zum Begriff der Eigenwerbekanäle Abschnitt 6.3.2). Im Zuge der hier stattfindenden, diskutierten Entwicklungen wird die Etablierung einer oder mehrerer solcher Plattformen für Teleshopping jedoch zunehmend wahrscheinlicher.

8.2.5.4 Handelsunternehmen als Veranstalter von Teleshopping

Die Anfänge des Teleshopping in Deutschland Ende der 80er Jahre gingen auf die Versandhandelskonzerne Quelle und Otto zurück, welche nach dem Scheitern jener Aktivitäten den Markt weitgehend verlassen hatten (vgl. Abschnitt 2.3.1). Seitdem sind – nach dem Ausstieg von KarstadtQuelle bei DSF und HSE 24 – nur noch verhaltene Anzeichen auf eine Rückkehr bzw. einen Neueinstieg von klassischen Handelsunternehmen in das Teleshopping zu beobachten. Am aktivsten zeigt sich hier der Versandhandelskonzern Otto, der, wie bereits angedeutet, große Hoffnungen vor allem in eine Interaktivierung des Mediums Fernsehen setzt.[261]

Nach der nun erfolgreichen Etablierung dreier klassischer Teleshopping-Sender, welche den Markt binnen zehn Jahren aus einer Pionierphase in eine frühe Reifephase geführt haben, steht trotz der bisherigen Zurückhaltung zu erwarten, dass sich Handelsunternehmen in Zukunft vermehrt selbst als Veranstalter von Teleshopping und nicht

---

260 Erfahrungen mit Sende-Plattformen existieren in Großbritannien, wo der digitale Sender Screenshop als Infomercial-Plattform seit Oktober 2002 Sendezeit an DRTV-Anbieter, aber auch an Handelsunternehmen und andere große Firmen wie beispielsweise Vodafone verkauft.

261 Im Mittelpunkt steht für Otto dabei weniger die Produktion eines konventionellen Bewegtbild-Programms, als vielmehr die Nutzung interaktiver Applikationen auf verschiedenen digitalen Plattformen als Ergänzung bzw. Alternative zum Online-Vertrieb von Produkten. So verkündete Otto im Februar 2005 eine strategische Partnerschaft mit Microsoft mit dem Ziel, eine entsprechende TV-Shopping-Anwendung direkt in das Microsoft-Betriebssystem „Windows XP Media-Center" zu integrieren. Auf der IFA 2005 wurde die Umsetzung präsentiert, bei welcher der Otto-Shop neben anderen Diensten in die Oberfläche des Betriebssystems integriert ist. Vgl. Hamburger Abendblatt vom 22.02.2005: Otto und Microsoft: Einkaufen am Fernseher, sowie Financial Times Deutschland vom 06.09.2005: Otto und Microsoft bieten Einkaufen per Fernbedienung.

länger nur im Rahmen von (Programm-)Kooperationen oder verdeckten Aktivitäten im Markt engagieren werden.[262]

Die KarstadtQuelle AG hatte hierzu bereits zwischen 2002 und 2004 mehrere Vorstöße gestartet: Im November 2002 hatte der Konzern angekündigt, mittelfristig einen Marktanteil von 30 Prozent im „TV-Commerce" realisieren zu wollen.[263] Im Mai 2003 folgte die Übernahme eines Anteils von rund 40 Prozent am Spartensender DSF. Dieser sollte als reichweitenstarke Plattform genutzt werden, um einerseits das Image des Handelsunternehmens im umsatzträchtigen Sport-Segment zu schärfen und dabei zugleich die Möglichkeit des Direktvertriebs von Sportartikeln im Rahmen von bis zu drei Stunden Teleshopping pro Tag zu nutzen.[264] Vereitelt wurden die Planungen letztlich durch die Schwierigkeiten im Kerngeschäft von KarstadtQuelle, welche Ende 2004/ Anfang 2005 einen Ausstieg aus den TV-Aktivitäten notwendig machten.

Die spezifischen Vorteile von Verkaufssendungen im Fernsehen hinsichtlich der Angebotsgestaltung und der Kundenansprache (vgl. Abschnitt 4.2), welche einhergehen mit einem weiterhin dynamischen Marktwachstum und einer steigenden Akzeptanz des Teleshopping, sprechen klar dafür, dass Handelsunternehmen dieses Medium als eine Ergänzung zu den bestehenden Vertriebswegen in Betracht ziehen. Über das Fernsehen lassen sich besonders erklärungsbedürftige Produkte vermarkten und neue Kundengruppen ansprechen; neben dem Abverkauf kann die TV-Präsenz außerdem als Teaser für den Besuch von Filialen bzw. Websites wirken, emotionalisieren, Konzern-Image und -Philosophie transportieren.

Aus dem Eintritt von etablierten Handelsunternehmen in das Teleshopping kann sich für die Branche insgesamt die Chance ergeben, hartnäckig bestehende und teilweise noch immer stark hemmende Akzeptanzhürden endgültig abzubauen. Ebenso wie die Einbeziehung von Markenartikeln in das Sortiment könnte sich das Branding von Verkaufssendungen bzw. -sendern mit seit Jahrzehnten bekannten Branchennamen

---

262 So startete im September 2005 die Handelskette ProMarkt einen Verkaufssender über ASTRA digital, wobei das Programm lediglich aus Standbildtafeln nach dem VIC-TV-Modell (siehe Abschnitt 8.2.1.2) besteht.

263 Aussage des damaligen Vorstandschefs Wolfgang Urban auf einer Pressekonferenz der KarstadtQuelle AG vom 18.11.2002.

264 Besonderes Augenmerk lag dabei auf der Fußball-WM 2006 in Deutschland, für die KarstadtQuelle und EM.TV die Merchandising-Rechte erworben hatten. Entsprechende Begleitprodukte wie Trikots und Bälle hätten sich über das DSF optimal vermarkten lassen. Vgl. u.a. Der Kontakter, Nr. 17/2003, S. 35: DSF – Neustart steht an.

als geeignet erweisen, um der nach wie vor verbreiteten prinzipiellen Skepsis gegenüber diesem Vertriebskanal entgegen zu wirken. Unternehmen wie Quelle oder Otto dürfen von vornherein mit einem höheren Vertrauen seitens der Kundschaft rechnen als die auch nach zehn Jahren noch vergleichsweise jungen Teleshopping-Anbieter.

8.3 Schlussbemerkung

Welches Fazit lässt sich abschließend ziehen? Das heutige Gesicht des Teleshopping-Marktes wird sich – so wie es in den ersten zehn Jahren der Branche stetig an Profil gewonnen hat – in Zukunft spürbar wandeln. Und dennoch kann die Erwartung formuliert werden, dass die etablierten Anbieter, allen voran HSE 24 und QVC, dieses Gesicht weiter deutlich prägen werden.

Auszugehen ist von einer langfristig wachsenden Zahl an Teleshopping-Veranstaltern. Neben den Universalangeboten werden sich Spezialformate etablieren – den Anfang hat hier 1-2-3.TV gemacht. Dies führt einerseits zu mehr Wettbewerb, andererseits aber auch zu einer breiteren Kundenbasis, weil spezifische Produktinteressen besser bedient werden können und der Einkauf via TV für verschiedenste Zielgruppen mehr und mehr zu einer Selbstverständlichkeit wird.

Gleichzeitig zeichnet sich ab, dass mit der Möglichkeit der Verlinkung jeglicher Programminhalte mit passenden Produktinformationen die Grenzen zwischen klassischem Rundfunk (mit angekoppelten Transaktions-Diensten) und Teleshopping-Mediendiensten zusehends verwischen. Dies ist sowohl Chance als auch Herausforderung für die beteiligten Unternehmen, für die Verbraucher, aber auch für die Medienpolitik: Handels- und Medienunternehmen erhalten ein neues Instrument zur Kundenansprache und müssen sich damit zugleich auf neue Geschäftsmodelle einrichten. Der Verbraucher profitiert von der intuitiven Vernetzung bislang getrennter Kommunikationsebenen, läuft dabei aber Gefahr, verstärkt auch dann mit Kaufangeboten konfrontiert zu werden, wenn er es gar nicht beabsichtigt. Die Medienpolitik muss sicherstellen, dass angesichts dieser Form der inhaltlichen Konvergenz zwischen Rundfunkangeboten und Teleshopping-Sendern hinsichtlich Privilegierung des einen und restriktiver Handhabung des anderen eine faire Balance gewahrt bleibt (vgl. weiterführend Abschnitt 6.4.3.2).

Im Mittelpunkt der Entwicklung der gesamten Teleshopping-Branche steht mehr denn je die klare Service-Orientierung der Sender, wie sie von den derzeitigen Anbietern HSE 24, QVC, RTL Shop und 1-2-3.TV – in jeweils unterschiedlicher Ausprägung – vorgelebt wird. Diese reicht von der Produktauswahl mit umfassender Qualitätssicherung über die seriöse Produkpräsentation und die Gewährleistung des reibungslosen Fulfilment bis hin zur nachhaltigen Bindung und individuellen Betreuung des Kunden. Entscheidend wird es sein, diesen Service-Charakter des Teleshopping im gesamten Auftreten des Senders glaubhaft zu kommunizieren. Dazu gehört nicht zuletzt auch ein informationsreiches und qualitativ hochwertiges Programm – mit einer alleinigen Strategie der Kostenminimierung, wie sie bspw. in Verbindung mit den neu aufkommenden Standbildsendern zu beobachten ist, wird kein neuer Anbieter eine nennenswerte Marktrelevanz erreichen können. Dies gilt ebenso für die reine Portierung von Online-Produktinformationen in die TV-Sphäre: Teleshopping ist und bleibt ein sehr spezifisches Geschäft, welches eine spezifische Kundenansprache und Dramaturgie erfordert.

Vor diesem Hintergrund ist zu wünschen, dass schließlich auch von Seiten des Wettbewerbsrechts und des Verbraucherschutzes alle Voraussetzungen geschaffen werden, um das Teleshopping mit anderen Formen des (Versand-)Handels gleichzustellen (vgl. weiterführend Abschnitte 6.4.1 f.). Rechtliche Vorgaben im Sinne des Verbrauchers sind notwendig und richtig, sie sollen jedoch nicht die Sortimentsgestaltung, programmliche Aspekte oder innovative Geschäftsmodelle beeinträchtigen, sondern letztlich den mündigen Verbrauchern genügend Spielräume für eigene Entscheidungen lassen.

ANHANG

A.1 Gesellschafterstrukturen der Teleshopping-Sender

A.1.1 Home Shopping Europe

HSE 24 befindet sich zu 100 % im Besitz des amerikanischen Unternehmens Home Shopping Network Inc. (HSN) des Medienunternehmers Barry Diller. Als Pionier des Teleshopping liegen die Wurzeln von HSN im Jahre 1977. Das Unternehmen bildet heute neben QVC USA den zweiten großen Pol im amerikanischen und im weltweiten Teleshopping-Markt. In 2004 setzte HSN insgesamt 1,9 Mrd. USD (1,4 Mrd. Euro) um.

Abbildung 55: Gesellschafterstruktur von HSE 24

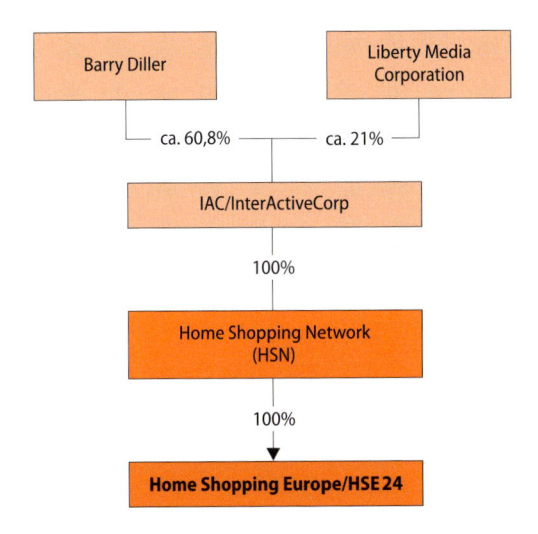

```
      Barry Diller              Liberty Media Corporation
           |                              |
       ca. 60,8%                      ca. 21%
           |                              |
           +---------IAC/InterActiveCorp--+
                          |
                        100%
                          |
                Home Shopping Network
                        (HSN)
                          |
                        100%
                          |
              Home Shopping Europe/HSE 24
```

Quelle: KEK Online 2005/Liberty Media Corporation/Goldmedia (vereinfachte Darstellung)

Die heutige Struktur mit HSN als Alleingesellschafter von HSE 24 besteht erst seit Februar 2005. Ursprüngliche Gesellschafter von HSE 24 waren im Oktober 1995 die ProSieben Gruppe sowie das Handelsunternehmen Quelle Schickedanz AG & Co. zu jeweils gleichen Teilen. Die Gesellschafterstruktur veränderte sich dann mehrfach. Im Oktober 1996 erwarb HSN einen ersten Anteil an HSE 24, dieser erhöhte sich danach schrittweise, bis die Quelle AG im Februar 2005 ihre verbliebene Minderheitsbeteiligung komplett an HSN veräußerte.

Aufgrund dieser Historie waren und sind verschiedene Unternehmen aus dem KarstadtQuelle-Konzern Dienstleister von HSE 24, so servicelogiQ (Logistik, bis Mitte 2006) und Quelle.Contact (Call Center).

A.1.2 QVC Deutschland

QVC Deutschland ist eine 100 %ige Tochtergesellschaft der QVC USA, Inc. Das amerikanische Teleshopping-Unternehmen wurde gegründet im Jahre 1986 und ist mit einem Umsatz von rund 4,1 Mrd. USD (3 Mrd. Euro) der weltweit größte Anbieter in diesem Segment. TV-Sender betreibt QVC neben den USA und Deutschland auch in Großbritannien und Japan.

Abbildung 56: Gesellschafterstruktur von QVC Deutschland

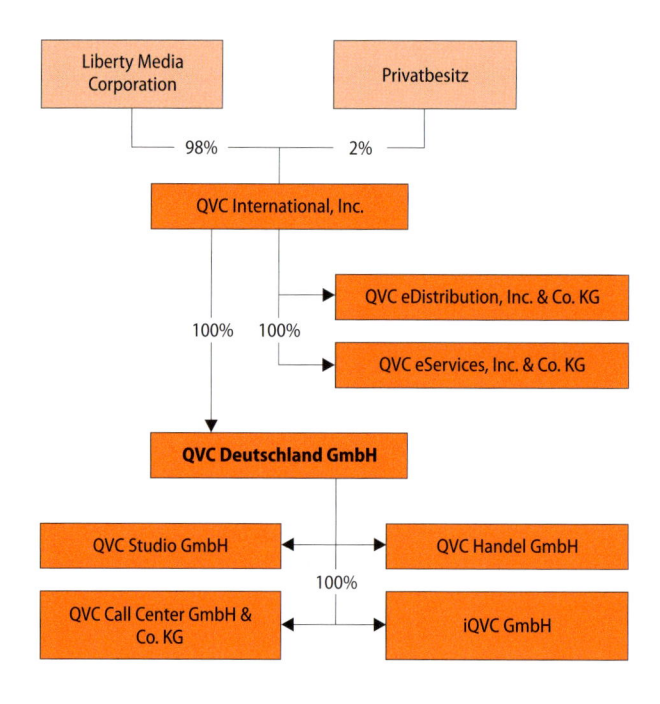

```
        Liberty Media                    Privatbesitz
        Corporation
              |                              |
             98% ─────────────────────────── 2%
                          |
                QVC International, Inc.
                   |         |
                   |         └──→ QVC eDistribution, Inc. & Co. KG
                  100%      100%
                   |         └──→ QVC eServices, Inc. & Co. KG
                   ↓
              QVC Deutschland GmbH
                       |
         ┌─────────────┼─────────────┐
    QVC Studio GmbH              QVC Handel GmbH
                       100%
    QVC Call Center GmbH &           iQVC GmbH
         Co. KG
```

Quelle: KEK Online 2005/Liberty Media Corporation/Goldmedia (vereinfachte Darstellung)

Bemerkenswert ist, dass die amerikanische Muttergesellschaft QVC USA, Inc., zu rund 98 Prozent der Liberty Media Corporation unter John Malone gehört. Liberty Media hält über InterActiveCorp auch eine indirekte Beteiligung an Home Shopping Network (HSN), dem Alleingesellschafter von HSE 24.

Zur Umsetzung der Strategie des autarken Unternehmens stehen QVC Deutschland zwei Schwestergesellschaften[265] und vier Tochtergesellschaften[266] zur Seite, durch die alle notwendigen Leistungen rund um den Produktvertrieb abgedeckt werden. Vom Sendebetrieb bis hin zum Fulfilment operiert QVC daher weitestgehend unabhängig von Fremddienstleistern (siehe auch Abschnitt 3.3.2).

A.1.3 RTL Shop

RTL Shop ist ein Joint Venture von RTL Television, RTL Interactive (ehemals RTL Newmedia) und des französischen Teleshopping-Marktführers Home Shopping Service (HSS). Der Teleshopping-Anbieter ist ein wichtiges Element innerhalb der Gesamtaktivitäten der RTL Group im B-to-C-Bereich, welche insgesamt weitestgehend von der Tochtergesellschaft RTL Interactive verantwortet werden. RTL Interactive steht aus diesem Grunde RTL Shop operativ am nächsten.

Die unternehmerische Struktur von RTL Shop ist stark geprägt von einer konsequenten Einbindung in das Firmengeflecht von Bertelsmann AG bzw. RTL Group. Es liegt nur der Kernbereich des Teleshopping-Geschäfts, d. h. im Wesentlichen die Sortiments- und Programmplanung sowie der Einkauf, bei dem Sender selbst. Umgebende Aufgabenbereiche wie TV-Technik/Produktion (Magic Media Cologne) und Vermarktung (IP Deutschland) sind an Konzern-Dienstleister ausgelagert.

Das Unternehmen Home Shopping Service (HSS), das ebenfalls zum Gesellschafterkreis von RTL Shop gehört, betreibt in Frankreich seit 1987 den gleichnamigen Teleshopping-Sender und ist eine Tochtergesellschaft der wiederum eng mit der RTL Group verbundenen Groupe M6.

---

265 QVC eDistribution Inc. & Co. KG (Betreiber des Distributionszentrums in Hückelhoven) und QVC eServices Inc. & Co. KG (Aufbau und Betrieb von Call Centern)

266 QVC Studio GmbH (TV-Produktion), QVC Handel GmbH (Einkauf und Vertrieb), QVC Call Center GmbH & Co. KG (Betreiber des Call Centers in Bochum), iQVC GmbH (Services für Internet und andere elektronische Medien)

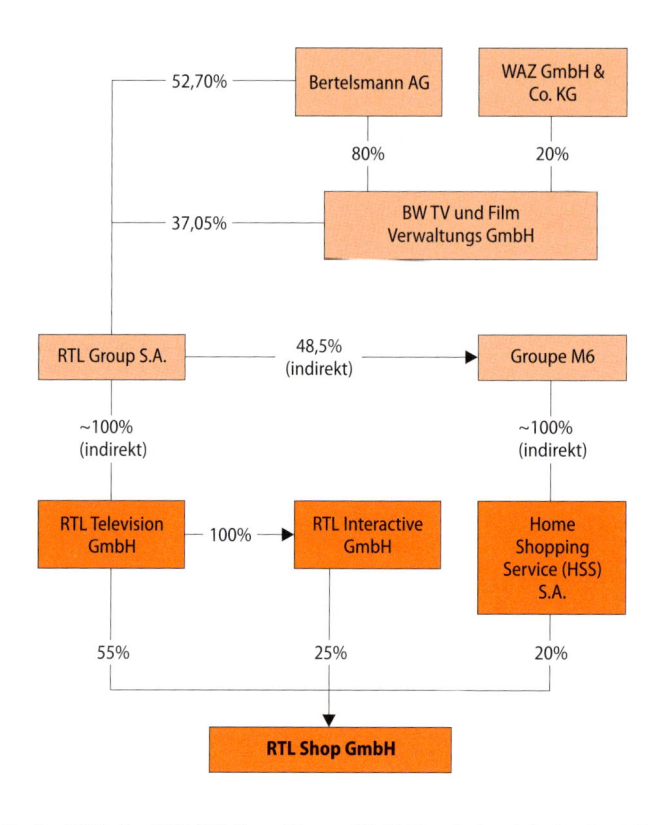

Abbildung 57: Gesellschafterstruktur von RTL Shop

```
                52,70% ─────── Bertelsmann AG      WAZ GmbH &
                                                    Co. KG
                                       80%            20%
                                          ↓            ↓
                37,05% ─────────── BW TV und Film
                                   Verwaltungs GmbH

  RTL Group S.A. ──── 48,5% (indirekt) ────▶ Groupe M6

     ~100%                                    ~100%
   (indirekt)                               (indirekt)

  RTL Television ── 100% ── RTL Interactive      Home
      GmbH                      GmbH           Shopping
                                             Service (HSS)
                                                 S.A.
       55%                      25%              20%
         └──────────── RTL Shop GmbH ────────────┘
```

Quelle: KEK Online 2005/RTL Group/Groupe M6/Goldmedia (vereinfachte Darstellung)

A.1.4   1-2-3.TV

Das Medienunternehmen 1-2-3.TV ist Venture Capital-finanziert, der Gesellschafterkreis besteht neben den beiden Geschäftsführern Andreas Büchelhofer und Henning Schnepper sowie weiteren Mitgliedern des Managements zum überwiegenden Teil aus Finanzinvestoren.

Gegenüber der abgebildeten Gesellschafterstruktur hat sich zuletzt im September durch den Einstieg der französischen Beteiligungsgesellschaft Iris Capital bei 1-2-3.TV eine Veränderung ergeben, die allerdings im Detail bislang nicht kommuniziert worden ist. Alle bisherigen Gesellschafter bleiben jedoch weiterhin an 1-2-3.TV beteiligt.

Abbildung 58: Gesellschafterstruktur von 1-2-3.TV

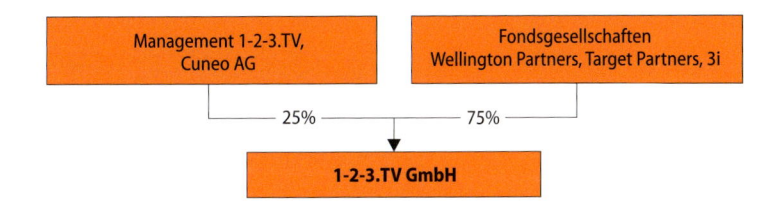

```
┌─────────────────────────┐        ┌──────────────────────────────────────┐
│  Management 1-2-3.TV,   │        │       Fondsgesellschaften            │
│      Cuneo AG           │        │ Wellington Partners, Target Partners, 3i │
└─────────────────────────┘        └──────────────────────────────────────┘
              └────── 25% ──────┐ ┌───── 75% ──────┘
                                ▼ ▼
                      ┌──────────────────────┐
                      │    1-2-3.TV GmbH     │
                      └──────────────────────┘
```

Quelle: KEK Online 2005 / Goldmedia (vereinfachte Darstellung)

Die geschäftsführenden Gesellschafter blicken auf jahrelange Teleshopping-Erfahrung zurück: Andreas Büchelhofer war von 1996 bis 2000 Geschäftsführer bzw. Vorstandsvorsitzender der H.O.T. Home Order Television AG sowie später der Europa-Holding H.O.T. Networks AG. Auch Henning Schnepper gehörte von 1996 bis 2001 als Justitiar diesen Unternehmen an. 1-2-3.TV greift denn auch heute bei Call Center (Quelle.Contact) und Logistik (DHL Fulfilment) auf die gleichen Dienstleister zurück wie HSE 24.

A.2 Programmpläne der Teleshopping-Sender (exemplarisch)
A.2.1 HSE 24

Tabelle 24: Beispielhafter Programmablauf bei HSE 24

Programm vom 7. September 2005			
8:00	Silber & Edelsteine mit Jessica Krieger	16:00	Udo Walz mit Judith Williams
9:00	Bastelstunde mit Günter Winter	17:00	LaVolta-Shea natürlich gepflegt mit Stefanie Ludwig
10:00	Alles zum Kochen mit Günter Winter	18:00	Viva Kreativ mit Judith Williams
11:00	LaVolta-Shea natürlich gepflegt mit Stefanie Ludwig	19:00	Welt der Technik mit Walter Blum
12:00	Bastelstunde mit Günter Winter	20:00	Koch-Club mit Walter Blum
13:00	La Luna mit Stefanie Ludwig	21:00	Harry Ivens' Hotline mit Britta Schweinhage
14:00		22:00	
15:00	Kreative Grußkarten mit Günter Winter	23:00	Sammelobjekte mit Barbara Steinberger

Quelle: www.hse24.de

A.2.2 QVC Deutschland

Tabelle 25: Beispielhafter Programmablauf bei QVC

Programm vom 7. September 2005			
0:00	Haushaltshelfer von AQUA CLEAN	12:00	Gesund & Schön
1:00	MENS TOUCH	13:00	Haushaltshelfer von AQUA CLEAN
2:00	Helfer für jeden Tag	14:00	
3:00	Eleganz aus Gold 750	15:00	Mikrofaser zum Wohlfühlen
4:00		16:00	Solarleuchten
5:00	Mikrofaser zum Wohlfühlen	17:00	Haushaltshelfer
6:00	Haushaltshelfer von AQUA CLEAN	18:00	Eleganz aus Gold 750
7:00	QVC am Morgen	19:00	
8:00		20:00	Haushaltshelfer von AQUA CLEAN
9:00	MENS TOUCH	21:00	PM Style
10:00	Haushaltshelfer von AQUA CLEAN	22:00	
11:00	DIAMONIQUE Epiphany	23:00	Heimwerkermarkt

Quelle: www.qvc.de

A.2.3 RTL Shop

Tabelle 26: Beispielhafter Programmablauf bei RTL Shop

Programm vom 7. September 2005			
0:00	Infomercials	12:00	Freude am Kochen
1:00	Grandios – Mode mit Gewicht	13:00	Böhmische Schätze – Granat und Moldavit
2:00	Alles für den Heimwerker	14:00	RTL Shop Auslese
3:00	RTL Shop Auslese	15:00	Freude am Kochen
4:00	Schönheit und Pflege	16:00	Magische Momente – Edelsteine in Silber
5:00	Welt der Mode	17:00	Freude am Kochen
6:00	Infomercials	18:00	RTL Shop Auslese
7:00		19:00	Freude am Kochen
8:00	Früh-Shoppen	20:00	RTL Shop Auslese
9:00	Mein Zuhause	21:00	Hochglanz mit HiGloss
10:00	Welt der Mode	22:00	Freude am Kochen
11:00	Schönheit und Pflege	23:00	Dämmer-Shoppen

Quelle: www.rtlshop.de

A.2.4 1-2-3.TV

Tabelle 27: Beispielhafter Programmablauf bei 1-2-3.TV

Programm vom 7. September 2005, 16:00–17:00 Uhr			
16:01	Organizer und Uhr	16:29	Chronograph „Cacalla"
16:05	Brillantring in Größe 18	16:33	Geschenkset „Immortal Love"
16:07	Zyklon Staubsauger	16:37	Handy Sagem MY VC3b
16:11	Digitalkamera Jay-Cam i4250	16:41	Microfaser Bettwäsche 4tlg.
16:15	Fishbone Uhr, beleuchtetes ZB	16:45	Microfaser Spannlaken
16:19	MP3/MP4 Player mit TFT 1 GB	16:48	Luxuriöses Goldset 2tlg.
16:22	Spieleset „Lucky Seven" 7tlg.	16:51	Messerkoffer 24 Teile
16:26	Portabler DVD Player 7 P120	16:55	Künstlerpuppe „Zaffira"

Quelle: www.1-2-3.tv

A.3 Qualitätssicherung bei HSE 24

Wesentliche Schritte der Qualitätssicherung bei einem Teleshopping-Sender sollen im Folgenden kurz skizziert werden. Die entsprechenden Informationen beziehen sich dabei konkret auf die Abläufe bei HSE 24, sind aber ähnlich auch bei QVC und RTL Shop zu finden. Jedoch arbeitet HSE 24 als einziger Sender in der Qualitätssicherung mit dem unabhängigen TÜV Product Service zusammen.

Die Qualitätssicherung bei HSE 24 basiert auf drei Säulen:

- Musterprüfung,
- Wareneingangsprüfung und
- Prozessvalidierung der Lieferanten.

Bevor ein Produkt überhaupt eingekauft wird, unterzieht das HSE 24 Qualitätsmanagement das entsprechende Artikelmuster einer Musterprüfung. Dies erfolgt nach strengen Qualitätsstandards bezüglich Sicherheit, Funktionalität, gesetzlichen Anforderungen usw. In ausgewählten Sortimentsbereichen greift HSE 24 bei der Qualitätsprüfung auf das Know-How des TÜV Product Service zurück. Nur die Produkte, die diese strengen Qualitätsstandards erfüllen, werden in das Sortiment aufgenommen.

Je nach Art der Produkte umfasst die Musterprüfung folgende Prüfverfahren entsprechend den einschlägigen gesetzlichen Bestimmungen und Richtlinien:

- Verpackung
- Identität und Vollständigkeit der Produkte/Produktbeschreibungen
- Auszeichnung
- Aufbau/Handhabung
- Funktion
- technische Prüfung
- Sicherheit
- Produktökologie
- Kennzeichnungspflichtige Artikel (Gefahrgut)

Die Lieferanten erhalten erst nach erfolgreicher Bemusterung die Freigabe zur Lieferung an HSE 24. Die geltenden Lieferanforderungen sind im Lieferanten-Leitfaden definiert. Diese Lieferanforderungen dienen ebenso wie die Testprotokolle aus der Musterprüfung als Grundlage für die Wareneingangskontrollen beim Sender. Spätestens bei der Anlieferung im Lager muss die Gesamtlieferung den Qualitätsstandards von HSE 24 standhalten. Dort wird zusätzlich bei der Anlieferung stichprobenartig nach AQL-Standards[267] geprüft und endgültig über die Verkaufsfähigkeit des jeweiligen Produktes entschieden.

---

[267] AQL steht für Accepted Quality Level und beschreibt die maximal akzeptable Fehlerquote innerhalb einer Produktlieferung.

ABKÜRZUNGSVERZEICHNIS

Abs.	Absatz
AGF	Arbeitsgemeinschaft Fernsehforschung
ALM	Arbeitsgemeinschaft der Landesmedienanstalten
BK-Netz	Breitbandkabel-Netz
BVH	Bundesverband des Deutschen Versandhandels e.V.
CAGR	Compound Annual Growth Rate
CpI/O	Cost per Interest/Order
CRM	Customer Relationship Management
dgl.	dergleichen
DLM	Direktorenkonferenz der Landesmedienanstalten
DRTV	Direct Response Television
ebd.	ebenda
EPG	Electronic Programme Guide
GSDZ	Gemeinsame Stelle Digitaler Zugang
HDE	Hauptverband des Deutschen Einzelhandels
HH	Haushalte
i.d.R.	in der Regel
i.S.d.	im Sinne des/der
i.V.m.	in Verbindung mit
IVR	Interactive Voice Response
Kap.	Kapitel
LMA	Landesmedienanstalt(en)
MDStV	Mediendienstestaatsvertrag
NE	Netzebene
NRW	Nordrhein-Westfalen
RStV	Rundfunkstaatsvertrag
TMG	Telemediengesetz
VA	VerbraucherAnalyse
VPRT	Verband Privater Rundfunk und Telekommunikation e.V.
zit.	zitiert
z.T.	zum Teil

BEGRIFFSERLÄUTERUNGEN

Access Prime: Zeitspanne vor Beginn der Hauptsendezeit (↗ Prime Time) im Fernsehen, meist 17:00 bis 20:00 Uhr.

Compound Annual Growth Rate (CAGR): Durchschnittliche jährliche Wachstumsrate über einen Zeitraum von mehreren Jahren. Die Kennzahl errechnet sich aus der Formel: $[(Endwert/Anfangswert)-1]^{1/i}-1$
    Anfangswert: Wert zu Beginn des Betrachtungszeitraums (Jahr 0)
    Endwert: Wert zum Ende des Betrachtngszeitraums (Jahr i)
    i: Anzahl der betrachteten Jahre

Data Warehouse: Mit diesem Begriff bezeichnet man eine universelle Analysedatenbank, die vorrangig eingesetzt wird, um Entscheidungsprozesse auf Managementebene zu unterstützen. Diese Datenbank wird dazu aus zahlreichen operationalen Quelldatenbanken mit den verschiedensten Arten von Informationen gespeist.

DVB-T/H: Digital Video Broadcasting Terrestrial/Handheld – Übertragungsstandards für terrestrisches digitales Fernsehen. DVB-T löst das bisherige analoge Antennenfernsehen in Deutschland zur stationären bzw. portablen Nutzung schrittweise ab. DVB-H basiert auf DVB-T, ist jedoch auf die Nutzung speziell mit mobilen Endgeräten wie Mobiltelefonen oder PDAs zugeschnitten (kleinere Bildschirme, geringere Leistungsaufnahme etc.).

EBIT: Earnings Before Interest and Tax – Ergebnis vor Zinsen und Steuern

EBITDA: Earnings Before Interest, Tax, Depreciation and Amortisation – Ergebnis vor Zinsen, Steuern und Abschreibungen

Fensterprogramm: Auch kurz: Fenster. Sendezeitabschnitt für ein Fremdprogramm, z. B. Teleshopping, innerhalb eines anderen Programms (↗ Host-Sender). Dabei kann, muss aber nicht, eine inhaltliche und/oder gestalterische Einbindung in das umgebende Programm erfolgen.

Fulfilment: Vollständige Erfüllung der durch Kundenbestellungen angeforderten Leistungen. Umfasst alle Maßnahmen zur Bearbeitung und Abwicklung von Kundenbestellungen, zur Abwicklung des Zahlungsverkehrs und zur Kundendienst- und Service-Kommunikation.

Host-Sender: Privates Voll- oder Spartenprogramm, welches Sendezeiten für ↗ Fensterprogramme, beispielsweise Teleshopping, zur Verfügung stellt.

[BEGRIFFSERLÄUTERUNGEN]

MHP: Die Multimedia Home Platform (MHP) ist eine Middleware, welche – ähnlich eines Betriebssystems auf PC-Systemen – auf multimedialen Endgeräten die Basis für verschiedenste Applikationen bildet. Dazu stellt MHP eine einheitliche Schnittstelle für Software-Entwickler und Gerätehersteller zur Verfügung. Die Hauptnutzung von MHP wird im Bereich des digitalen, interaktiven Fernsehens liegen. Da MHP ein offener Standard ist, kann der Verbraucher mit einer entsprechenden Set-Top-Box die künftigen Zusatzdienste zum TV-Programm unabhängig vom jeweiligen Anbieter nutzen. Entwickelt und standardisiert wurde MHP im Rahmen des internationalen DVB-Projekts – dahinter stehen mehrere hundert Unternehmen und Institutionen aus 51 Ländern.

Alle großen öffentlich-rechtlichen und privaten Programmveranstalter in Deutschland haben sich mit der „Mainzer Erklärung" vom September 2001 zur uneingeschränkten Unterstützung von MHP verpflichtet. Dennoch ist eine Marktdurchdringung von MHP-fähigen Endgeräten derzeit praktisch nicht gegeben.

Nettoumsatz (im Teleshopping): Repräsentiert die Erlöse aus dem reinen Produktverkauf, d.h. *nach Abzug* der Versandgebühren, der Retouren und der Umsatzsteuer. Zusätzlich fließen eventuelle Erlöse aus der sonstigen operativen Geschäftstätigkeit (z.B. Werbung, Provisionen etc.) ein, die allerdings kaum eine nennenswerte Größenordnung aufweisen. Sofern von Umsätzen in Deutschland die Rede ist, beziehen sich diese auf den/die Anbieter im Ganzen, umfassen also ggf. auch die Geschäftstätigkeit im deutschsprachigen Ausland (A/CH).

Prime Time: Hauptsendezeit im Fernsehen, meist 20:00 bis 23:00 Uhr.

Technische Reichweite: Anzahl der für einen Anbieter über die einzelnen belegten Empfangsebenen (Kabel, Satellit, Terrestrik) technisch maximal erreichbaren Zuschauer-Haushalte. Maßgeblich ist im Rahmen der vorliegenden Untersuchung, sofern nicht anders angegeben, die dauernde oder zumindest zeitlich überwiegende technische Reichweite des Hauptprogramms ohne Fensterprogramme.

Umsatzrendite: Errechnet sich aus der Formel: (EBITDA / Nettoumsatz)

Zeitpartagierung: Zeitliche Unterteilung einer Sendefrequenz (meist im Kabel) zur Ausstrahlung von zwei oder mehreren verschiedenen Programmen. So kann ein- und dieselbe Frequenz z.B. tagsüber durch einen Lokalsender und nachts durch einen Teleshopping-Sender belegt werden. Unterscheidet sich von einem ↗ Fensterprogramm in der Regel durch eine längere Dauer und durch die fehlende Einbindung in das Nachbarprogramm.

ABBILDUNGS- UND TABELLENVERZEICHNIS

Abbildung 1	Umsatzentwicklung im deutschen Teleshopping-Markt 1997–2004	36
Abbildung 2	Segmentierung des Versandhandels-Umsatzes in Deutschland (2004)	37
Abbildung 3	Lieferanten-Anteile bei HSE 24 nach Ländern (2005)	41
Abbildung 4	Umsatz- und Ergebnisentwicklung HSE 24 (in Mio. Euro)	46
Abbildung 5	Screenshot einer Verkaufssendung bei HSE 24	48
Abbildung 6	Umsatz- und Ergebnisentwicklung QVC Deutschland (in Mio. Euro)	52
Abbildung 7	Screenshot einer Verkaufssendung auf QVC	53
Abbildung 8	Umsatz- und Ergebnisentwicklung RTL Shop (in Mio. Euro)	56
Abbildung 9	Screenshot einer Verkaufssendung auf RTL Shop	57
Abbildung 10	Screenshot einer Verkaufssendung auf 1-2-3.TV (1-Euro-Aktion)	63
Abbildung 11	Von Versandhandelskunden genutzte Bestellkanäle (2. Halbjahr 2004)	79
Abbildung 12	Gründe für Nicht-Nutzung von Teleshopping (Top-2-Nennungen in Prozent)	91
Abbildung 13	Kaufentscheidende Kriterien im Teleshopping (Top-2-Nennungen in Prozent)	94
Abbildung 14	Am häufigsten im Distanzhandel gekaufte Artikel (Auswahl, in Prozent)	101
Abbildung 15	Kaufbereitschaft im Teleshopping nach Produktgruppen (in Prozent)	102
Abbildung 16	Umsatzanteile der Produktgruppen bei HSE 24 (2004)	104
Abbildung 17	Umsatzanteile der Produktgruppen bei QVC (2004)	106
Abbildung 18	Umsatzanteile der Produktgruppen bei RTL Shop (2001)	107
Abbildung 19	Umsatzanteile der Produktgruppen bei 1-2-3.TV (2005)	110
Abbildung 20	Allgemeine Bekanntheit und Nutzung von Teleshopping (in Prozent)	113
Abbildung 21	Anteil der Besteller an der Teleshopping-Seherschaft (in Prozent)	115
Abbildung 22	Teleshopping-Nutzung in Deutschland (2005)	115
Abbildung 23	Bekanntheit und Nutzung von Teleshopping nach Geschlecht (in Prozent)	117
Abbildung 24	Bekanntheit und Nutzung von Teleshopping nach Alter (in Prozent)	118
Abbildung 25	Bekanntheit und Nutzung von Teleshopping nach HH-Größe (in Prozent)	119
Abbildung 26	Bekanntheit und Nutzung von Teleshopping nach Bildungsniveau (in Prozent)	120
Abbildung 27	Bekanntheit und Nutzung von Teleshopping nach monatlichem HH-Netto-Einkommen (in Prozent)	121
Abbildung 28	Bekanntheit und Nutzung von Teleshopping nach Regionsgröße (in Prozent)	122
Abbildung 29	Besteller-Profil nach Geschlecht (in Prozent)	123

Abbildung 30	Geschlechterverteilung bei RTL Shop nach Zuschauern, Kundenaccounts und Umsatz (2002, in Prozent)	124
Abbildung 31	Aktive/inaktive Besteller in den Geschlechtergruppen (in Prozent)	124
Abbildung 32	Besteller-Profil nach Alter (in Prozent)	125
Abbildung 33	Aktive/inaktive Besteller in den Altersgruppen (in Prozent)	126
Abbildung 34	Besteller-Profil nach HH-Größe (in Prozent)	127
Abbildung 35	Besteller-Profil nach Bildungsniveau (in Prozent)	127
Abbildung 36	Besteller-Profil nach monatlichem HH-Netto-Einkommen (in Prozent)	128
Abbildung 37	Besteller-Profil nach Regionsgrößenklasse (in Prozent)	129
Abbildung 38	Sehverhalten der aktiven Seher und Besteller beim Teleshopping (Top-2-Nennungen in Prozent)	130
Abbildung 39	Wöchentliche Teleshopping-Sehdauer von aktiven Sehern (in Prozent)	131
Abbildung 40	Wöchentliche Teleshopping-Sehdauer nach Nutzersegmenten (Mittelwerte in Minuten, offene Antwort)	132
Abbildung 41	Besteller-Profil nach Bestellhäufigkeit im Teleshopping (in Prozent)	136
Abbildung 42	Jährliche Ausgaben für Teleshopping (in Prozent)	137
Abbildung 43	Bewertung verschiedener Aspekte des Teleshopping (Top-2-Nennungen in Prozent)	139
Abbildung 44	Veränderung der Altersstruktur, jeweils Seher/Besteller (in Prozent)	141
Abbildung 45	Neue Nutzerpotenziale (in Prozent)	141
Abbildung 46	Wertschöpfungsstruktur der Teleshopping-Branche	177
Abbildung 47	Zuschauerreichweite von Teleshopping und TV allgemein im Tagesverlauf	186
Abbildung 48	Showablauf im Teleshopping (schematisch)	196
Abbildung 49	Thematische Sets (Schlafzimmer/Wohnbereich) in den Studios von QVC Dtl.	199
Abbildung 50	Kundenmagazin von HSE 24 (Titelbild September 2005)	231
Abbildung 51	Umsatzprognose Teleshopping in Deutschland 2004–2010 (Nettoumsatz, in Mio. Euro)	237
Abbildung 52	Darstellungsbeispiel für eine TV-Shopping-Applikation	245
Abbildung 53	Eingangsbildschirm des Enhanced-TV-Angebotes von QVC UK	247
Abbildung 54	Dreistufiger Bestellprozess bei QVC Active (nach Drücken des red button im laufenden Programm)	249
Abbildung 55	Gesellschafterstruktur von HSE 24	267
Abbildung 56	Gesellschafterstruktur von QVC Deutschland	268
Abbildung 57	Gesellschafterstruktur von RTL Shop	270
Abbildung 58	Gesellschafterstruktur von 1-2-3.TV	271

Tabelle 1	Konsolidierte Vergleichszahlen der bestehenden Sender	35
Tabelle 2	Direkte und indirekte Arbeitsplätze bei den Teleshopping-Sendern (01/2005)	40
Tabelle 3	Kerninformationen zu HSE 24	45
Tabelle 4	Fensterprogramme von HSE 24	49
Tabelle 5	Kerninformationen zu QVC Deutschland	51
Tabelle 6	Kerninformationen zu RTL Shop	55
Tabelle 7	Fensterprogramme von RTL Shop (national)	59
Tabelle 8	Kerninformationen zu 1-2-3.TV	61
Tabelle 9	Die wichtigsten Vor- und Nachteile des Teleshopping aus Anbietersicht	85
Tabelle 10	Die wichtigsten Vor- und Nachteile des Teleshopping aus Verbrauchersicht	89
Tabelle 11	Bestseller von HSE 24 (2004)	105
Tabelle 12	Typologisierung der Teleshopping-Kenner und -Nutzer	116
Tabelle 13	Durchschnittliche Zuschauerzahlen der HSE 24-Fenster	133
Tabelle 14	Durchschnittliche Zuschauerzahlen der RTL Shop-Fenster	133
Tabelle 15	Response- und Bestellquote im Teleshopping	134
Tabelle 16	Kennzeichnende Unterschiede zwischen Rundfunk und Mediendiensten	153
Tabelle 17	Preisgruppenstruktur für Werbespots bei HSE 24 (2005)	185
Tabelle 18	Programmplatzfaktoren an einem typischen Wochentag (2001, exemplarisch)	188
Tabelle 19	Beispiel für Live-Informationen zum Produkt-Abverkauf (exemplarisch)	194
Tabelle 20	Empfangssituation im TV-Kabel (Zugang, Juli 2005)	208
Tabelle 21	Empfangssituation über Satellit (Zugang, Juli 2005)	210
Tabelle 22	Empfangssituation über Terrestrik (Zugang, Juli 2005)	212
Tabelle 23	Minutenkosten für den Anbieter bei 0800 FreeCall (exemplarisch)	220
Tabelle 24	Beispielhafter Programmablauf bei HSE 24	271
Tabelle 25	Beispielhafter Programmablauf bei QVC	272
Tabelle 26	Beispielhafter Programmablauf bei RTL Shop	272
Tabelle 27	Beispielhafter Programmablauf bei 1-2-3.TV	273

LITERATUR

AGF – Arbeitsgemeinschaft Fernsehforschung (2005): Entwicklung der TV-Empfangsebenen. Onlinedokument. [verfügbar unter www.agf.de am 30.08.05]

ARD Werbung (2004), Hrsg.: Arbeitsgemeinschaft der ARD-Werbegesellschaften (Hrsg.): Media Perspektiven Basisdaten. Daten zur Mediensituation in Deutschland 2004. Frankfurt/Main: Datensammlung, 2004.

Auter, Philip J./Moore, Roy L. (1993): Buying From a Friend: A Content Analysis of Two Teleshopping Programs. In: Journalism Quarterly, Vol. 70, No. 2 (1993), S. 425–436.

BayMG (2003): Gesetz über die Entwicklung, Förderung und Veranstaltung privater Rundfunkangebote und anderer Mediendienste in Bayern (Bayerisches Mediengesetz – BayMG). In der Fassung der Bekanntmachung vom 22. Oktober 2003.

Biernoth, Christian (1999): Zivilrechtlicher Erwerberschutz beim Teleshopping. Sinzheim: Pro Universitate Verlag, 1999 (Wissenschaftliche Schriften: Recht).

BLM – Bayerische Landeszentrale für neue Medien (2005): Satzung über die Belegung von Kanälen mit in analoger Technik verbreiteten Fernsehprogrammen und Mediendiensten in Kabelanlagen in Bayern (Kanalbelegungssatzung – KBS) vom 23. Juli 1998. Zuletzt geändert durch Satzung vom 23. Juni 2005.

BMWA – Bundesministerium für Wirtschaft und Arbeit (2005): Entwurf eines Gesetzes zur Vereinheitlichung von Vorschriften über bestimmte elektronische Informations- und Kommunikationsdienste (Elektronischer-Geschäftsverkehr-Vereinheitlichungsgesetz – ElGVG). Arbeitsdokument vom 19.04.2005.

BVerfG – Bundesverfassungsgericht (1994): 8. Rundfunkentscheidung des Bundesverfassungsgerichts. Urteil des Ersten Senats vom 22. Februar 1994 auf Grund der mündlichen Verhandlung vom 30. November 1993. Aktenzeichen 1 BvL 30/88.

BVH – Bundesverband des Deutschen Versandhandels (2005): Zahlen/Fakten/Grafiken zum Deutschen Versandhandel. [verfügbar unter www.versandhandel.org am 14.06.05]

[LITERATUR]

DLM – Direktorenkonferenz der Landesmedienanstalten (2000): Medienrechtliche Einordnung von „Kunden-TV". Gemeinsame Vorlage für die 129. Sitzung der DLM am 14./15.11.2000 in Düsseldorf. Onlinedokument. [verfügbar unter www.alm.de/aktuelles/presse/kundtv.doc am 10.07.03]

DLM – Direktorenkonferenz der Landesmedienanstalten (2003): Drittes Strukturpapier zur Unterscheidung von Rundfunk und Mediendiensten (Aktualisierte Fassung: Stand November 2003). [verfügbar unter www.alm.de am 07.07.05]

DVHI – Deutsches Versandhandels-Institut (2005), Hrsg.: Versandhandel 2005. Bonn: Untersuchung von TNS Emnid im Auftrag des Deutschen Versandhandels-Instituts, FID Verlag GmbH, 2005.

Eggert, Ulrich (2005): Zukunft Versandhandel – Der Versandhandel der Zukunft. Band I – Strategien für den Erfolg. Köln: Studie der BBE Unternehmensberatung GmbH, 2005.

Erlmeier, Erich/Reinwald, Gerhard (2002): Rechtsfragen bei Eigenwerbekanälen nach § 45 b Rundfunkstaatsvertrag. In: Zeitschrift für Urheber- und Medienrecht (ZUM), Heft 6/2002, S. 440–446.

Fernseh-Werberichtlinie (2000): Gemeinsame Richtlinien der Landesmedienanstalten für die Werbung, zur Durchführung der Trennung von Werbung und Programm und für das Sponsoring im Fernsehen/im Hörfunk in der Fassung vom 21.02.2000. [verfügbar unter http://www.alm.de/fileadmin/Download/Gesetze/Werberili.pdf am 25.07.05]

Goldmedia (2004), Hrsg.: Media Transmission Infrastructures 2009. Marktpotenziale von Kabel, Satellit, Terrestrik und der Wettbewerb mit Broadbad-Infrastrukturen. Berlin: Studie der Goldmedia GmbH, 2004.

Goldmedia (2005), Hrsg.: T-Commerce 2009. Marktpotenziale für transaktionsbasierte Dienste im deutschen TV-Markt. Berlin: Studie der Goldmedia GmbH, 2005.

Goldmedia/Screen Digest (2004), Hrsg.: TV shopping and T-commerce in Europe. The market players and forecasts to 2007. Berlin/London: Gemeinsame Studie der Goldmedia GmbH und Screen Digest Ltd, 2004.

Grant, August E./Guthrie, K. Kendall/Ball-Rokeach, Sandra J. (1991): Television Shopping. A Media System Dependency Perspective. In: Communication Research, Vol. 18 (1991), No. 6, S. 773–798.

Greff, Günter/Töpfer, Armin (1993), Hrsg.: Direktmarketing mit neuen Medien. 3., völlig überarbeitete und erweiterte Auflage. Landsberg/Lech: Verlag Moderne Industrie, 1993 (Management und Marketing).

Gruninger-Hermann, Christian (1999): Teleshopping: Absatz- und Programmplanung eines TV-Shoppingsenders. Stuttgart: Kohlhammer, 1999 (Schriften zur Handelsforschung, Bd. 94).

GSDZ – Gemeinsame Stelle Digitaler Zugang (2005), Hrsg.: Digitalisierungsbericht 2005. Digital-TV und Analog-Digital-Übergang. Berlin: VISTAS Verlag, 2005.

Hasebrink, Uwe (2001): Fernsehen in neuen Medienumgebungen. Befunde und Prognosen zur Zukunft der Fernsehnutzung./Hrsg.: Hamburgische Anstalt für neue Medien (HAM). Berlin: VISTAS Verlag, 2001 (Schriftenreihe der HAM, Bd. 20).

HDE (2005): Zahlen/Fakten/Grafiken zum Deutschen Einzelhandel. [verfügbar unter www.hde.de am 14.06.05]

Horton, Donald/Wohl, R. Richard (1956): Mass communication and parasocial interaction: Observations on intimacy at a distance. In: Psychiatry, Vol. 19 (1956), No. 2, S. 215–229. Zit. in: GRANT et al. 1991, S. 781 f.

Kruse, Andreas H. (1993): Teleshopping in Deutschland: Eine neue mediale Vertriebs- und Einkaufsform. In: GREFF/TÖPFER 1993, S. 301–319.

LfK – Landesanstalt für Kommunikation Baden-Württemberg (2005), Hrsg.: Merkblätter für private Rundfunkveranstalter zur Zulassung und Zuweisung von Übertragungskapazitäten durch die Landesanstalt für Kommunikation Baden-Württemberg. Stuttgart: Informationsmaterial, 2005.

LfM – Landesanstalt für Medien NRW (2004): o. T.: Kabelbelegungsplan für das Land Nordrhein-Westfalen, Stand: Dezember 2004.

LfR – Landesanstalt für Rundfunk NRW (1999), Hrsg.: Leitfaden: Medienrechtliche Aspekte von Business-TV. Düsseldorf: Informationsmaterial, 1999.

LMedienG (2005): Landesmediengesetz Baden-Württemberg (LMedienG) v. 19.07.1999, zuletzt geändert durch Gesetz vom 17.03.2005. In Kraft getreten am 01.04.2005.

LMG NRW (2002): Landesmediengesetz Nordrhein-Westfalen (LMG NRW). In Kraft getreten am 31.07.2002.

MDStV (2005): Staatsvertrag über Mediendienste (Mediendienste-Staatsvertrag) vom 12.02.1997 in der Fassung des 8. Rundfunkänderungsstaatsvertrags, in Kraft seit dem 01.04.2005.

Ridder, Christa-Maria (1995): Teleshopping – elektronisches Versandhaus oder Fernsehprogramm? Eine Analyse nationaler und internationaler Entwicklungen. In: Media Perspektiven, o. Jg., Nr. 9/1995, S. 414–427.

RStV (2005): Staatsvertrag über den Rundfunk im vereinten Deutschland (Rundfunkstaatsvertrag) vom 31.08.1991 in der Fassung des 8. Rundfunkänderungsstaatsvertrags, in Kraft seit dem 01.04.2005.

Ruppert, Andrea (1999): Lauterkeitsrechtliche Beurteilung der DRTV-Werbung unter besonderer Berücksichtigung des Teleshopping. Frankfurt am Main, Berlin, Bern, Brüssel, New York, Wien: Lang, 1999 (Europäische Hochschulschriften: Reihe 2, Rechtswissenschaft, Bd. 2744).

SES ASTRA (2005), Hrsg.: ASTRA Reichweiten Jahresende 2004. Betzdorf: Unternehmensinformation, 2005.

SevenOne Media (2004), Hrsg.: TimeBudget 10: 1999–2004. Unterföhring: Langzeitstudie der forsa im Auftrag der SevenOne Media GmbH, 1999–2004.

Thieme, Jan (2003): Versandhandelsmanagement. Grundlagen, Prozesse und Erfolgsstrategien für die Praxis. Wiesbaden: Gabler, 2003.

Wiegand, André / Goldhammer, Klaus / Zerdick, Axel (2003): Optimierung der Wirtschaftlichkeit regionaler und lokaler Fernsehsender. Baden-Baden: Nomos, 2003 (Schriftenreihe der LPR, Bd. 23).

Woldt, Runar (1988): Teleshopping – Aktuelle Entwicklungen in vier Ländern. In: Media Perspektiven, o. Jg., Nr. 7/1988, S. 421–436.